完结范畴与汉语动结式

玄 玥 著

商務印書館
创于1897 The Commercial Press

2018年·北京

图书在版编目（CIP）数据

完结范畴与汉语动结式 / 玄玥著．—北京：商务印书馆，2018

ISBN 978-7-100-16049-0

Ⅰ．①完…　Ⅱ．①玄…　Ⅲ．①汉语－语法－研究
Ⅳ．① H14

中国版本图书馆 CIP 数据核字（2018）第 081647 号

完结范畴与汉语动结式

玄玥　著

商　务　印　书　馆　出　版
（北京王府井大街 36 号　邮政编码 100710）
商　务　印　书　馆　发　行
北京市艺辉印刷有限公司印刷
ISBN 978-7-100-16049-0

2018 年 5 月第 1 版　　　　开本 850×1168　1/32
2018 年 5 月北京第 1 次印刷　　印张 14⅞

定价：58.00 元

序

《完结范畴与汉语动结式》是玄玥博士从读博阶段开始潜心钻研多年所获得的研究成果。翻阅完这部书稿，我增长了新知，扩大了视野，受益匪浅，而且深感这是一部很有学术含量的专著。

汉语动结式（或称“述结式”，或简称 VR）是汉语特有的一种句法结构，一直受国内外尤其是国内汉语学界的普遍关注，也产出了不少研究成果。但是，一般或者只专注于句法形式的考察与分析，或者仅着眼于分析描写述语和补语的及物性以及它们与动结式宾语的语义关系，或者从事件结构的视角加以分析，虽然都很重视补语 R 的谓词性质，重视 V 和 R 的初始论元及其特性的分析，重视 V 和 R 的初始论元和动结式论元的关系的分析，但分析模式都只是按着两个谓词事件的组合来作形式或意义关系的分析，且这种分析都缺乏谓词论元移动动因的说明，更缺乏语言类型学上的普遍性。也有学者运用生成语法理论特别是小句理论来探究动结式的生成，但补语和述语结合的移动动因也没有能给出合理的、具有普遍性的解释，所得出的汉语动结式的生成规则也不具有类型学意义；而且底层结构的设定和句子生成方式之间似还存在与生成语法基本理论相悖的缺憾。此外，还有其他一些分析。已有的种种分析普遍不太关注和重视对功能范畴的深入研究。

玄玥这一研究成果虽然是以生成语法的理论为背景，但同时基于两个相关的句法性质，即补语 R 的完结性和宾语论元的受影响性，提出了“完结”短语理论假设——动作投射为主要谓语动词短语的中心语 V，是句法结构的基础，在现代汉语里谓语动词 V 表达一个非状态性的动作行为，该动作行为内部没有作用的范围和到达的终点，动作的“完结”特征（“完结”是在区分动词情状类型时的一个区别特征）投射为 VP 上层的“完结短语（Telic Phrase）”，简称 TelP，在现代汉语里呈现为 R，它给动词 V 提供一个“完结”意义的功能特征；同时根据宾语受影响性与其句法位置的关系，动结式的宾语必定是受影响的论元，即补语 R 的论元，其句法位置是完结短语的指示语 [Spec TelP]。

全书就按此假设展开分析，分析了（a）现代汉语里包含动结式的有标记和无标记的“把”字结构，（b）有标记和无标记的“使”字结构（致使句），（c）“追累”类动结式，（d）意义虚化的动结式以及与动结式相关的种种述宾结构等；同时通过对 66 种语言（包括古汉语）“完结”范畴句法表现的具体分析，较为出色地求证了上述“完结”短语结构理论假设，并从语言类型学的研究角度说明，“完结”范畴在不同的语言中分别存在于语义层（词义整合）、形态层（屈折形式）、句法层（动词前副词、动词后补语、动词后小句），以呈现不同的语言类型。

这无疑是一个很新颖的研究思路，极具创新性。这将有助于对谓语“完结”范畴作出具有语言普遍性的解释，可以经受住各种语言中复杂现象的检验，最终有可能成为新的理论学说。这无论对语言学理论的补充，还是对汉语语法研究的推进，都具有一定的贡献。

科学研究都是在前人研究成果的基础上进一步探索、开拓的。开启进一步研究语言的大门，要掌握好两把钥匙，一把钥匙是事实，即需要不断挖掘、发现语言事实。这包含两层含义，一层是要去发现新的语言现象，包括过去我们没注意的习以为常的现象，你要去注意；另外一层是对已经有的现象所作的解释，可能要重新解释。这在科学领域是很常见的，比如生物学，虽然在我国甲骨文记载中就有动物、植物的区分，虽然古希腊亚里士多德也提出动植物二界划分，但真正科学地明确提出动物界与植物界的两界系统是瑞典生物学家卡尔·冯·林奈（Carl von Linné，1707—1778），从那时起，一直发展到现在的六界系统——原核生物界、真菌界、原生生物界、动物界、植物界、病毒界。为什么会六分呢？因为不断地发现新的生物体。关于对已经有的现象作出重新解释，最典型的例子就是，欧洲中世纪的“地心说”（太阳绕着地球转），后来被波兰天文学家哥白尼提出的“日心说”（地球绕着太阳转）所推翻。哥白尼经过几十年的观察研究才发现，认为太阳绕着地球转，那是错觉而已，实际是地球绕着太阳转，再加上地球自转。语言研究中也存在“新发现”和“需要重新解释”这两种情况。这方面的例子不胜枚举。该专著首先值得肯定的地方之一，就是考察多种语言的动词完结范畴，挖掘了很多新的语言事实。不断发掘语言事实，这就使语言研究有了根基。

但光有这一把钥匙不行。从科学研究的角度说，无论哪个学科，对事实的考察和挖掘固然重要，但它毕竟只是研究的基础，还未达到真正意义上的科学研究。真正意义上的科学研究，必须对考察、挖掘所得的事实及其观察到的内在规律作出科学的解释，并进一步从中总结出具有解释力的原则，而且升华为理论，能用这些原则、理论来解释更多的事实，从而使学科得以自立，得以发展。因此，真要能进一步深入研究还必须有第二把钥匙，那就是理论思考，为此一定要不断提高我们的理论意识。在中国，不敢说中国整个社会科学、人文科学，就语言科学来讲，我们吃亏就吃在理论意识薄弱上，说得更具体些，我们常常是有思想而缺少理论思考。别的不敢说，单就汉语语法研究领域来说，我们现在所说的这种“分析理论与方法”那种“分析理论与方法”，一说起来都是从外国来的。可是，我们去查一查，在上世纪 20 年代到 40 年代老前辈的语法著作里，很多语法分析的思想，如层次分析、变换分析、语义“格”分析、配价分析乃至构式分析，都有了，有的比现在讲的都还要多得多。比如“格”语法，现在一讲到“格”语法就是菲尔墨的“格”语法，他的专著 Case for Case 大家都知道。在菲尔墨的书里只提出了六种格；但是吕先生在《中国文法要略》里，提出了十几种，只是吕先生用的是“动词的补词”这一名称，而不是“格”，所指则完全一样。可是就是像吕先生这样的语法大家，他也没有能够把这样的思想和认识提升到理论层面上来进一步加以论述与深化，以致于国内外语法学界说到语义格，只知道菲尔墨，不知道吕叔湘。原因是什么呢？虽然我们有好的学术传统，那就是“求实”，特别是清代乾嘉学派以来形成的求实的学风——“例不十，法不立；例不十，法不破”。这是一种好的传统。但由于我们理论意识不强，很多语法分析理论的发明权就让给了外国人，这就很可惜了。因此，我们必须进一步提升理论意识，加强理论思考。该专著注意到了这一点。这里特别想指出的是，从该专著我们也可以体会到在科学研究中假设之重要。

在科学研究中归纳和演绎都需要，在当前假设的观念普遍薄弱的情况下，提倡一下假设是很需要的。在科学领域内，无论过去和现在，许多重要的突破都离不开科学的假设。牛顿对苹果落地的观察和思考实际上是在伽利略关于力的假想指导下进行的，从而提出了引起物理学革命的“万有引力”的牛顿定律。爱因斯坦提出相对论，就建立在如下的假设之上的：在真空中光速不变。语音学里的“音位”概念，汉语音韵学里的“零声母”概念，在语音研究、在汉语音韵研究中，起了重要的作用；生成语法学里的“轻动词”理论对推进生成语法研究也起了很重要的作用；而它们都是建筑在假设的基础上的。所以，爱因斯坦说：科学的创造性工作的重要特色是，先有理论预言某些论据，然后由实验来确认它。我国四维力学的著名科学家刘岳松教授也指出，奇迹往往从幻境中诞生，世界上哪一项伟大的发明，一开始不都是一幅奇景？从某个角度说，已有的结论或看法，都只能说是一种假设性的结论或看法。随着研究的逐步深入，其中有的将会被证明可以确认为定论，而大多数的结论或看法，将会被修正，甚至被完全放弃。我们高兴地看到，本书作者玄玥博士正是基于“完结”短语结构理论假设，对现代汉语动结式作出了不同于前人的新的研究成果。当然，既然是假设，允许人们去进一步求证和证伪。有时，也允许对同一事物或现象从不同的视角提出理论假设，做出不同的分析研究结果。譬如，对现代汉语里的“把”字句，本书作者根据其假设理论作出不同于前人的分析；而我则从语言信息结构的视角对“把”字句的生成作出了与玄玥博士不同的分析（参看陆俭明《从语言信息结构视角重新认识“把”字句》，载《语言教学与研究》2016 年第 1 期）。科学研究发展的事实告诉我们，“继承，借鉴，怀疑，假设，探索，求证，循环往复，螺旋式上升”，这可以说是科学研究发展的必由之路，这也是各个分支学科发展的必由之路，也是语言科学发展的必由之路，也是汉语语法研究所遵循的必由之路。

陆俭明

2016 年 11 月 30 日

于北京蓝旗营寓所

目　录

第一章　绪论…………………………………………………… 1
1.1　生成语法理论对动结式的研究 ……………………… 3
1.2　其他理论对动结式的研究 …………………………… 24
1.3　动结式补语并非句子的第二谓语 …………………… 29
1.4　动词体貌理论 ………………………………………… 32
1.5　内部体理论 …………………………………………… 37
1.6　动结式补语的功能 …………………………………… 40

第二章　“完结短语”理论与动结式 ……………………… 49
2.1　“完结短语”理论 ……………………………………… 49
2.2　动结式宾论元的句法位置 …………………………… 54
2.3　动结式主论元的句法位置 …………………………… 64
2.4　动结式的生成机制 …………………………………… 71
2.5　“完结”的性质和意义 ………………………………… 78

第三章　与动结式相关的动宾结构……………………… 90
3.1　结果宾语 ……………………………………………… 90
3.2　数量名宾语 ………………………………………… 100
3.3　光杆名词宾语 ……………………………………… 108
3.4　动宾结构与完结短语 ……………………………… 113

3.5 无完结短语的动宾结构 …………………………… 117
3.6 “喝醉酒”和“喝光酒”的宾语差异 ………… 122
3.7 补语指向动词的动结式 …………………………… 127

第四章 与动结式相关的句式…………………………… 130
4.1 致使句与动结式 …………………………………… 130
4.2 “把”字句与动结式 ……………………………… 139
4.3 “追累”类动结式 ………………………………… 168
4.4 小结：动结式的句式意义——兼论“把”的功能 … 181

第五章 意义虚化的动结式……………………………… 187
5.1 意义虚化的动结式的性质 ………………………… 187
5.2 意义虚化的动结式的类型 ………………………… 199
5.3 意义虚化的动结式的句法语义特点 …………… 221
5.4 意义虚化的动结式与完结短语理论 …………… 241

第六章 动结式的历时演变过程及其结果…………… 248
6.1 体标记的来源 ……………………………………… 249
6.2 语法化现象的生成语法解释 …………………… 252
6.3 完成体标记“了” ………………………………… 254
6.4 持续体标记“着” ………………………………… 269
6.5 经历体标记“过” ………………………………… 278
6.6 其他相关问题 ……………………………………… 283

第七章　趋向义动结式…… 290
7.1　趋向补语的性质 …… 290
7.2　趋向义虚化的动结式 …… 292
7.3　虚化趋向补语的“完结”意义 …… 308
7.4　趋向义动结式与完结短语理论 …… 316

第八章　动词“完结”范畴及其跨语言类型…… 320
8.1　“完结范畴”的性质 …… 320
8.2　动词性“完结”范畴的类型总论 …… 325
8.3　语义层的词义整合完结范畴 …… 329
8.4　形态层的屈折形式完结范畴 …… 339
8.5　句法层的动前完结范畴 …… 352
8.6　句法层的动后完结范畴 …… 362
8.7　句法层的小句形式完结范畴 …… 385
8.8　“完结”范畴与完结短语理论 …… 396

第九章　结语…… 419

参考文献…… 426
后记…… 456

第一章　绪论

本书主要研究的是动作－结果关系的黏合式述补结构，简称为“动结式”，表示为 VR（Verb + Resultative Complement）；也涉及动作－趋向关系的黏合式述补结构，简称为“动趋式”。吕叔湘于《现代汉语八百词》（1980）一书中最早提出“动结式”、“动趋式”的说法。“动结式”指主要动词加表示结果的形容词或动词的短语式动词，“动趋式”指主要动词加表示趋向的动词的短语式动词。也有学者称之为“述结式”，主要是为了用句法成分的名称“述”命名该结构。我们认为“动结式”中的“动”表示“动作”，和“结”表示的“结果”形成对应的语义关系，又因为这种说法使用广泛，本书主要使用这个术语。文献中“动结式”有广义用法，指所有黏合式述补结构，包括上面提到的表示结果的、趋向的、程度的等补语结构，即使其中有的类型并不表示动作和结果的关系。本书为避免混淆，主要取狭义用法。“动结式”在本书中仅限于表示动作和结果的语义关系的黏合式述补结构，与“动趋式”等对应。而书中提到述补结构时则指广义的包含多种语义关系的句法结构。

述补结构是汉语[①]中研究较多的句式类型，各种分类和研究也非常丰富。从形式上看，述补结构分为黏合式述补结构和组合

① 本书的“汉语”指汉语普通话，因为汉语方言众多，以往研究也常用“汉语”指代汉语普通话，我们也依照惯例。

式述补结构（朱德熙，1982）：黏合式述补结构是主要谓词直接加补语的结构；组合式述补结构是谓词和补语之间用“得”连接的结构。从语义上看，根据补语所表示的意义，黏合式述补结构分为结果动结式（如“睡醒”、“洗干净”）、趋向动结式（如“走出来”、“坐下”）、程度动结式（如“好极了”）等三类；组合式述补结构中的补语可以分为状态补语（如“睡得头晕”、“洗得很干净”、“洗得衣服发白了”）、可能补语（如“睡不醒”、“洗得干净”）、程度补语（如“好得很”）等三大类（陆俭明，1990）。因为状态补语所表示的动作引起的状态也被一部分认为是一种结果，所以状态补语和表示结果的动结式都被认为是结果补语。趋向补语是趋向词作补语，也可以看作表示动作的趋向、方向性的结果，所以和结果补语也有密切关系。而可能补语和程度补语与结果补语关系较远，句法表现形式也不同。

动结式是“动作－结果”关系的黏合式述补结构，是汉语颇具特点的句式结构，是汉语语法研究的核心问题之一，历来引起研究者的广泛关注。以往的诸多研究对动结式描写得十分充分详尽，并尝试采用各种方法对其构成进行解释。汉语语法对动结式的研究，在结构层次、结构关系、句法功能、语义关系、配价结构、组成成分的特征和性质等问题上有许多论述。较早的诸多研究给了后来的研究非常大的启发，但是限于篇幅，本书不一一列举出所有研究成果并阐述其贡献，只是选取与本书理论有直接关联的成果进行介绍和分析。

本书是在生成语法的框架内进行的理论创新和汉语研究，直接用生成语法理论术语进行讨论。以下我们先回顾一下以往的研究方法，总结研究成果的优长，并讨论不足，从中寻求新的解决办法。

1.1　生成语法理论对动结式的研究

采用生成语法理论分析动结式的文献也很多，如 Huang（黄正德）（1992），Cheng& Huang（郑礼珊、黄正德）（1994），Li（李亚非）（1990、1993、1995、2004），Gu（顾阳）（1992、1998、2003），Sybesma（1999），王玲玲、何元建（2002），张璐（2003），熊仲儒（2004），蒋鲤（2006），Sybesma & 沈阳（2006），彭国珍（2006a、2012），熊仲儒、刘丽萍（2005、2006），程杰、温宾利（2008），刘巍巍（2013）等等。

各家的分析方法各有特点，下面简要介绍一下生成语法分析动结式最有代表性的几种观点，从其技术细节的问题上也可以说明在当前理论前提下很难系统地解释汉语动结式这一语言现象。

以往的研究既然认为动结式是两个谓词性成分的句法组合，自然也更重视述语和补语各自的性质和其论元结构，一般根据述语和补语的及物性以及它们与动结式宾语的语义关系分为四种情况：

一是述语 V 是不及物动词，动结式的宾语只与补语 R 有论元关系。例如：

（1）张三哭湿了手帕。

由“张三哭”和“手帕湿”组成，没有多余的论元。

二是述语 V 是及物动词，动结式的宾语和述语 V 和补语 R 都有语义关系，宾语一般看作是 V 的宾论元和 R 的主论元。例如：

（2）张三打伤了李四。

由“张三打李四”和“李四伤”组成，V“打”是及物动词，“李四”是V“打”的宾论元、R“伤”的主论元。

三是述语V是及物动词，动结式的宾语是补语R的主论元，但与述语V没有直接的论元关系，只是它的旁指成分（非宾论元）。例如：

（3）张三喊哑了嗓子。

由“张三喊”和“嗓子哑”组成，V“喊”是及物动词，但其宾论元未出现，“嗓子”是R“哑”的主论元，也可以理解为V“喊”的工具格论元（“用嗓子喊”）。

四是述语V和补语R都是不及物动词，动结式的主论元也同时是V和R的主论元，是补语指向主语的动结式，整个动结式也不能再带宾语。例如：

（4）张三走累了。

由“张三走”和“张三累”组成。

动结式的研究都是在以上四种基本类型的基础上进行的，都是基于对动结式中两个成分的谓词性质和论元结构的分析。生成语法理论中对汉语动结式的研究最具影响力的方法有两个，一是控制理论下用PRO来研究，一是小句理论的研究。

1.1.1 控制理论的方法

首先，最具影响力的方法是运用控制理论，即用述语V的论元控制补语R的空论元PRO，以实现述语和补语所代表的两个事件结构的联系，如Huang（黄正德 1992），Cheng & Huang（郑礼珊、黄正德 1994），Gu（顾阳 1992、1998、2003），王玲玲、何元建（2002），张璐（2003）等。

生成语法早期研究中有代表性的 Huang（1992）首先用控制理论来研究带“得”的动结式。一般来说，动结式和带“得”的述补结构都有转换的关系，以上例句都有相应的“得”字述补结构。例如：

（5）张三哭得手帕湿了。

（6）张三打得李四伤了 / 鼻青脸肿。

（7）张三喊得嗓子哑了。

（8）张三哭得累了。

虽然有的“得”字结构由于音节数等关系而不是很自然，但是总体上和动结式的变换关系是存在的。Huang（1992）对“得”字动宾结构的分析大致如下：

（9）

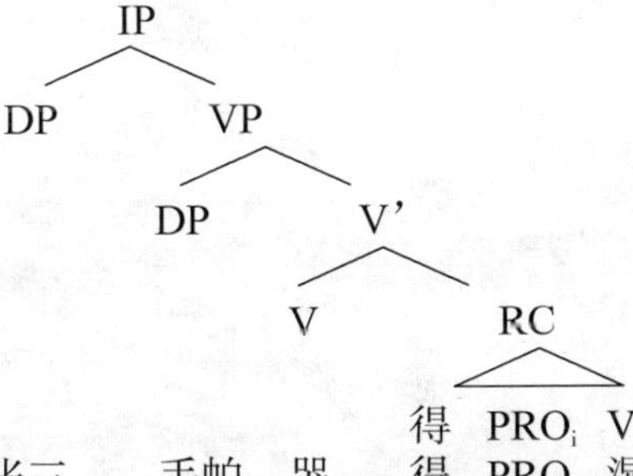

张三	$手帕_i$	哭	得	PRO_i	湿了
张三	$李四_i$	打	得	PRO_i	伤了/鼻青脸肿
张三	$嗓子_i$	喊	得	PRO_i	哑了
$张三_i$		哭	得	PRO_i	累了

这种研究方法中“得”后是一个主语为 PRO 的从句，用控制结构来处理动结式中主句动词和补语的论元关系，在不同的结构中主句动词的不同论元控制补语论元中的 PRO 来实现动补结构语义的联系。虽然 Huang（1992）及后来的 Cheng&Huang

（1994）等是将无“得”的黏合式动结式看作复合词直接进入句法系统、VR 作为整体进行论元指派的，但是这种用 PRO 的分析方法成为分析动结式很具代表性的观点。黄先生后来的学术观点有所改变，但作为研究动结式的主要文献，本书先介绍其前期观点。

王玲玲、何元建（2002）也采用控制理论的分析方法，分析较全面，细化论元关系，他们用如下三个结构处理上面四类例句。例如：

（10）a.

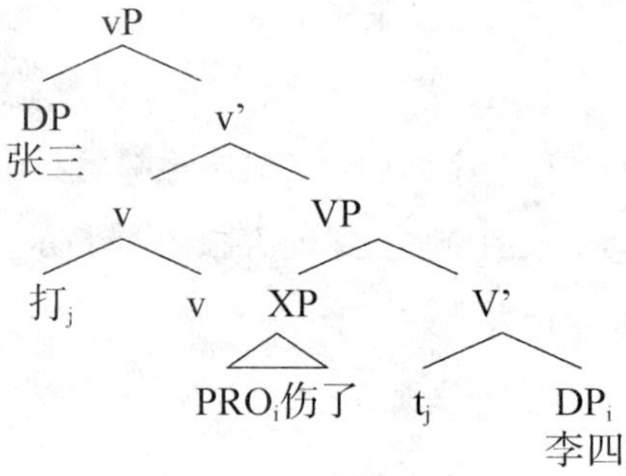

b.

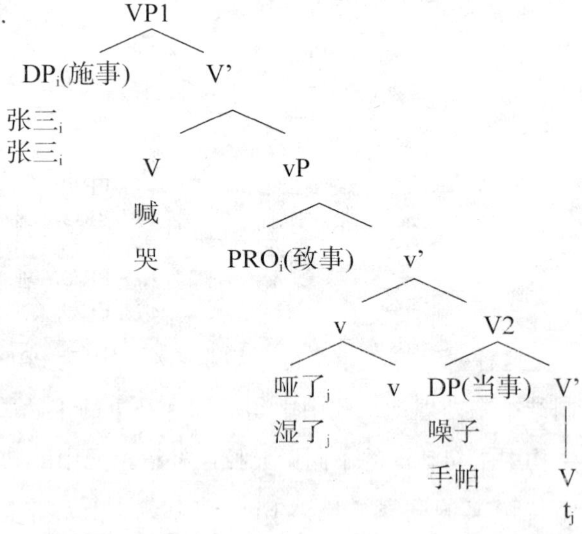

c.

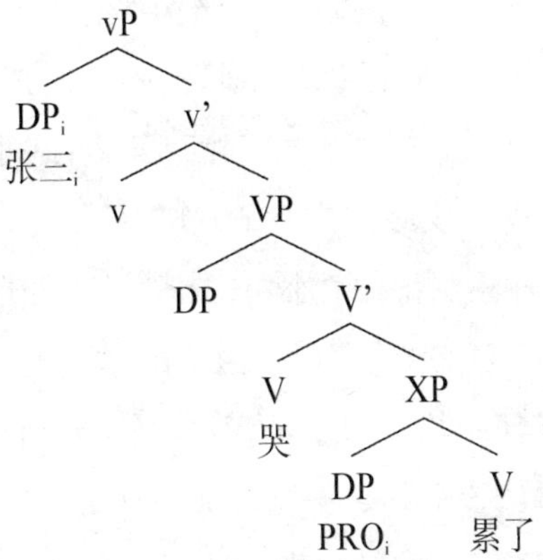

他们的方法有以下不足之处。

首先，对各种动词类型的动补结构的分析不够统一。不仅补语指向宾语和指向主语类型的动结式在结构上有较大差异，即使同是补语指向宾语的动结式结构也不同。上例处理中，a 句“打伤了李四”的述语 V“打”和 b 句“喊哑了嗓子”述语“喊”都是及物动词，但其论元对补语的空论元 PRO 的控制能力截然不同：“打 PRO 伤”中的 PRO 指“打”的受事“李四”，而“喊（PRO）哑”中的 PRO 指“喊”的施事。这种矛盾的处埋显然只是根据客观世界的语义关系而规定的，并不是根据述语动词自身结构而分析的，缺乏句法上的解释力。另外，a 句中补语指向宾语的例句中的 V“打”需要向轻动词中心语位置移动，而 b 句中的 V“喊”和“哭”却没有这种要求。“喊”与“打”同为及物动词，这种处理差异显然也受到动结式论元的语义关系的影响，而不是基于对主句动词本身性质的分析。

其次，有的底层结构有明显的理论缺陷。例（10）a 句“打伤”

类补语指向宾语的动结式中，底层结构将有小句性质的 XP 处理为指示语（Spec），带有空主语的补语小句“PRO 伤”是主动词“打”的指示语（Spec），主动词“打”虽然后来提升到前面轻动词 v 的中心语位置，形成了“打……伤”的语序，但是 V 和 R 在句法结构上没有联系。将补语小句“PRO 伤”处理为主动词“打”的指示语（Spec）也需要结构意义上的解释，这种处理明显有别于该理论中的任何结构，似乎是为语序特设；而且 PRO 在高于补足语的指示语位置上，是不能够被在补足语位置上的“李四”所控制的，也就不可能与其同指。虽然最后的语序可能和语言事实吻合，但是底层结构的语义关系无法解释，如 a 句中“PRO + R + 了”在 V 的指示语位置，即及物动词“打”的主论元是一个包含补语 R 的小句形式，为什么同样是及物动词的“喊”就不是这样的结构（如 b 句）？可以说，底层结构的特设性是这种方法的一个理论缺陷。

再次，控制理论处理汉语动结式显得过于灵活，很难体现出句法结构的控制。主要谓语动词的哪个论元控制 PRO 并不严格，有根据句子语义特设之嫌。为生成正确的语序，各种类型的动结式的生成方式也不尽相同，还如例（10）a 句由宾语“李四”控制位于高位的指示语位置的 PRO（违反高位成分控制低位成分的生成语法原则），而 b、c 句则是主语控制 PRO。研究没有更多的解释生成这样结构的移动动因和所遵循的原则等理论问题。

控制理论的处理并不相同，以上主要是针对王玲玲、何元建（2002）的研究，以下是这方面研究的总体缺憾。

第一，一个理论问题是 V 和 R 最终并没有在句法上融为一体，且中间始终夹着一个 PRO 或“得”（如例 9、10）。这直接导致这种处理方法无法在句法中生成动结式复合词。虽然我们也赞同动结式的句法生成说（详见 8.8.5 的讨论），但是我们也不得不承认汉语确实有一些动作结果式的复合词已经形成并进入词库，如“推翻、颠覆、打倒”等。以上研究对此并无关注，这种分析不能揭示句法层面生成的动结式和已经词化的动结式之间的关系，不能从句法结构上体现出一部分动结式从句法向词法过渡的语法化过程。

第二，从理论的整体构建上，生成语法前期以用 PRO 为代表的处理方法对汉语体标记“了”的结构位置重视不够，基本只研究句中出现的实义词类，对功能语类一律置于 VP 外处理（例 9、10 的“了”只是后附中动词上）。这种研究在生成语法早期的共时理论背景下没有明显不足，但是功能语料愈来愈受到重视的今天，动结式的分析不是仅仅说明动结式短语自身的生成过程，更要解释含有动结式的句子如何生成。“动结式＋体标记”如何生成？生成过程中可能出现哪些理论问题？这些是控制理论处理方法的盲点。

1.1.2　小句理论的方法

生成语法理论对汉语动结式研究的另一种方法是“小句（small clause）理论”，如 Sybesma（1997、1999），Sybesma& 沈阳（2006），彭国珍（2006a）等。

小句理论是生成语法框架内的一种理论，因为一个动词后面只能带有一个补足语（根据“短语结构双分支理论”），所以动词后面应该要么带一个名词性宾语，要么带比较复杂的补语小句。Hoekstra（1988）较早提出小句假说：

句中的结果部分是主动词的“补语”，“补语”是具有整体句法功能的“小句（XP 或写为 SC）”。“小句（small clause）”是由主语、谓语和某些功能性成分一起构成的结构，但不是 TP（即没有时态）。根据主要动词的不同类型，及物动词结果补语的句法结构如 a，不及物结果补语结构如 b，

（11）a.

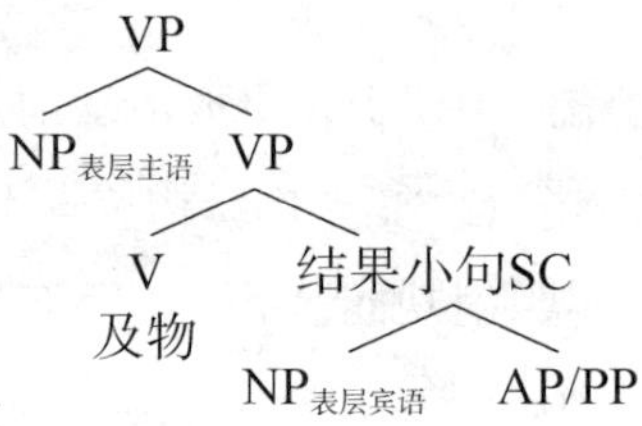

b.

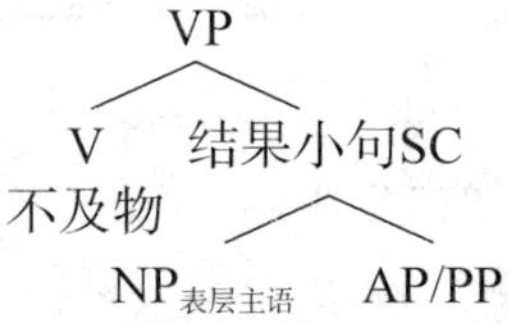

小句理论认为从句法上讲，动结式的第一个动词是句子的主要谓语，而第二个动词性成分则是小句的谓语。当然及物与不及物的主要动词有不同的底层结构，当主要动词是及物动词时，补语小句的主语是动结式句子表层的宾语，当主要动词是不及物动词时，补语小句的主语是句子表层的主语。整个动结式所表示的意义是由于发生了第一个“V”所表示的动作而导致后面的名词达到了第二个动词所表示的结果状态。

Chomsky（1995）的研究也体现了小句的观点，认为英语中“consider（认为）、think（想）”等动词后面接的是小句，句法结构是：

（12）We consider [$_{sc}$ him to be clever].

我们 认为 他（不定式）聪明

我们认为他聪明。

小句（small clause）是因为没有时态等限定形式才有别于句子（clause）。而且小句的逻辑主语只与小句的谓语有语义关系，而与主句谓语动词无关，虽然它在句法表层结构中可能得到的是宾格。名词短语的格位（Case）是可以通过移动等在后来的结构位置中得到的，与其在底层结构中的结构位置并不相同，而初始的位置才能决定其语义角色，即与什么谓语相关。

Sybesma（1992、1999）在Hoekstra（1988）提出的“小句理论”的基础上逐步完善发展，并采用该理论分析汉语的结果补语结构。他的基本假说也是：汉语结果补语结构中的主句谓语动词表达一个非状态性的动作行为，该动作行为内部没有作用的范围和到达的终点；但同时这个动词又带有一个由简单主谓结构构成的小句性补语，这个结果补语小句则为没有终点的动作行为提供其所作用的范围和到达的终点。也就是汉语动结式所表达的意义是述语动词 V_1 所代表的动作引发了一个结果，这个结果是小句形式，由动结式的宾语作为补语 V_2 的逻辑主语，补语 V_2 作为小句的谓语。无论 V_1 是否是及物动词，在动结式中，都失去了及物性，即失去了带宾语作为其补足语的能力，所以其补足语是结果小句。

无论是补语指向宾语和还是补语指向主语的动结式，对它们的分析都是一样的。

需要指出的是，虽然 Sybesma 也认为小句不是一个时态（Tense）性结构（即不是 TP），但是认为其中也有一些功能性投射。这主要基于以往的研究成果，如 Abney（1987）的研究，他证明所有的词汇投射（L（exical）-Projection）都要受到功能投射（F（unctional）-Projection）的控制。小句与完整句子结构最重要的区别就在于：小句结构没有“时态”，但是会有“体（Aspect）”。“时（Tense）”和“体（Aspect）”二者性质不同，“时”成分处于大 VP[①] 之外（高于 VP），而“体”成分处于大 VP 之内（低于 VP）。所以“体”应该更接近于动词内部。如果汉语结果补语结构的补语小句中必须包含某些功能性的投射，那么这个投射就只是“体投射”。Sybesma（1997、1999）把“了”看作是包含在小句中的“体投射（Aspectual Projection）”的中心词，而且这个位置也正是补语小句的谓语首先移至的位置。如：

① 句子是从上到下由标句词短语 CP（Complementizer Phrase）、屈折短语 IP（Inflection Phrase）、动词短语 VP（Verb Phrase）三大层级构成的，其中每个层级还细分为很多短语，如 CP 层级里有标句词短语、话题短语等，IP 层级里有时态 T（Tense）、句法成分配合关系 Agr（Agreement），否定 Neg（Negation）等层级短语，VP 层级里有轻动词短语 vP、主要动词短语 VP 等。不同的研究者所加层级略有不同，这里只介绍通常情况。这个 VP 是与 IP、CP 对应的，是大 VP，其中还包括几个投射层次，最底层常常为主要动词短语，也标为 VP。

（13）

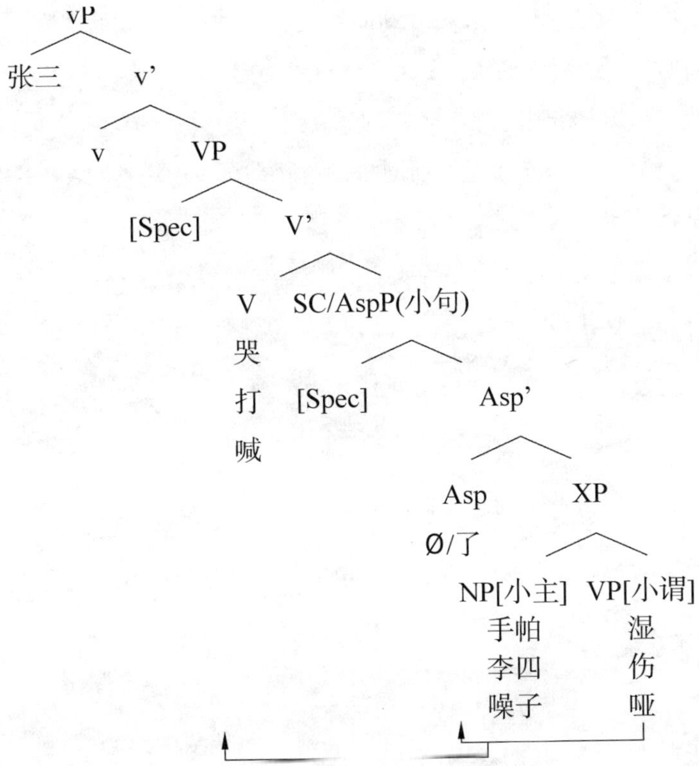

上例中以“张三哭湿了手帕”为例，述语动词“哭”带有一个小句作补足语 COMP，这个补足语是体投射“了”或者体投射为空，体的补足语是一个由小主语 NP 和小谓语 VP 形成的结构。

及物动词作主句动词才有轻动词短语 vP 层，它的主要作用是为动词短语 VP 表达的事件提供一个作为“引发者”或“致使者”的外部论元。所以动结式的主语在 [Spec vP] 轻动词的指示语位置，称为外部致使论元。主要动词“哭”表示一个动作事件，作为动词补语的小句“手帕湿”则表明这个事件的终点结果。小句的主语“手帕”由于在小句内无法获得格，所以必须前移到最临近的能被句法允准的位置，即 [Spec VP] 动词的指示语位置。小句的谓语由于没有时态，先移动到 Asp 的中心语位置，形成“湿了”，这个合并形式再一起上移到主句动词 V“哭”后，最终形成“哭湿了”的形式。

不及物动词作主句动词时没有轻动词 vP 层，动结式的主语是补语小句的主语，然后才向上移动成为整个动结式的主语，这样“张三哭累了”的结构如下：

（14）

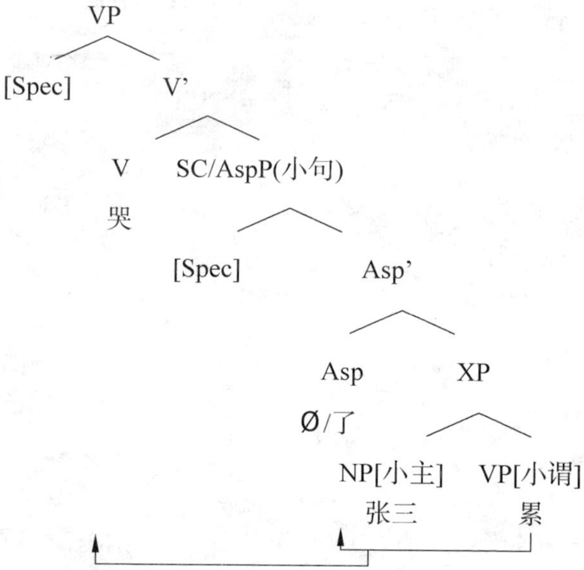

主要动词“哭”表示一个动作事件，小句“张三累”则表明这个事件的终点结果，作为动词的补语。小句的主语“张三”由于在小句内无法获得格，所以必须前移到最临近的能被句法允准的位置，即 [Spec VP]。小句的谓语由于没有时态，先移动到 Asp 的中心语位置，形成“累了”，这个合并形式再一起上移到主句动词 V“哭”后，最终形成“哭累了”的形式。

Stowell（1991）提出“谓语指称条件 PRC（Predicate Reference Condition）”来解释小句谓语的移动。该条件可以表述为：“一个谓语的中心成分必须被一个指称范畴所管辖。”Stowell 认为语言中的指称范畴有两个：D（冠词成分）和 Infl（屈折成分）。名词短语要受 D 成分的管辖，而谓词短语则主要是受 Infl 成分的管辖。按照这种处理，如果一个谓语（比如小句的谓语）没有被 Infl 管辖，那么这个谓语成分就必须发生移动，也就是要与受管辖的主要动词“合并（merger）”，以便能接受指称范畴 Infl 的管辖。因此小句的谓语就必须前移到主要谓语动词位置与之合并。Hoekstra（1992）曾把这个意思重新表述为：任何一个从属性谓语结构必须与主要事件结构中受管辖的谓语动词合并，由此这个从属性的谓语成分才能得到时态的解释。这一个观点用 Guéron and Hoekstra（1995）的另一种说法就是：句子中任何涉及谓语结构的成分，包括“时”成分、“体”成分，也包括谓语成分本身（即当谓语在词汇上为“空”时），都必须由一个“T 链条”相互连接，如果没有这个 T 链条来连接或者这个 T 链条中断，整个事件就无法得到时态上的解释，结构也就不合法。这也就是没有时态的小句内的各种成分必须移动（移出小句）的直接动因。

小句理论主要是为了解释动结式，它将汉语的完成体标记“了”放入 VP 内部的分析表明已经意识到 VP 内部有关于体的表达。

这里主要说明一下它相对于控制理论方法的改进和优长。首先是，符合动结式的事件结构，主句动词所表示的动作没有时间上的终结点，动结式的宾语论元与补语所组成的结果补语小句作为它的补足语，为其提供一个终结点。句法结构反映了句子的语义关系。并且该分析完全贯彻了动结式句法生成的假设,在最简方案的理论框架下清晰地解释了动结式的“动”和“结”的部分如何通过循环的中心语移动操作生成动结式结构。

其次是,该分析简洁明了,统一了对动结式生成的分析,没有针对不同的动结式提出完全不同的句法结构分析。不论是补语指向施事的“哭累、吃胖、听烦”、补语指向受事的“打伤”,还是补语指向旁及成分的动结式“手帕哭湿了、大树撞倒了、刀砍坏了、肚子笑疼了”等,都可以用同样的结构来分析。因为小句理论认为动结式的宾语只是补语 R 的主论元,而与主句动词 V1 没有论元结构的关系,以往所分析出的语义关系都是建立在百科知识的基础上的,而不是句法结构所体现的语义关系。

再者,这种分析将很多所谓的动结式类型相联系,使研究简化。如说明不及物结构“手帕哭湿了”与及物结构“张三哭湿了手帕”之间的区别在于外部论元,实际上后者的结构中就包含了前者的结构,及物结构是在原本没有外部论元的不及物结构的基础上、通过增加短语层来为动作事件提供外部论元,这也就使得汉语中不及物结果补语结构和及物结果补语结构的区别和联系变得简单明了。小句理论可以很容易地把汉语的结果补语结构与相关的“把”字句的分析联系起来(Sybesma1992、1999),将上层轻动词的语音形式实现为“把”,再进行“V-to-v”操作,就可以实现结构转换。本书后面也将借鉴小句理论对“把”字句的处理方法。另外,小句理论的分析不仅适用于汉语的结果补语结构,而且不需要做太大的技术调整也适用于对其他语言的分析,比如荷兰语等。

最后,小句理论对体的结构认识对本书的启发极大。我们在后文中也将介绍,它将汉语的体标记“了”置于主要谓语动词之下、补语小句之上，认为体短语所引领的结果补语小句给主句动词一个终结点。这种思想在本质上与本书一致。

小句理论虽然有一些优点，但是仍存在一些理论问题。

首先，在动结式句子的生成过程中，移动规则有严重的理论问题。我们以“张三打伤了李四”为例看一下小句理论下动结式的生成过程。例如：

（15）

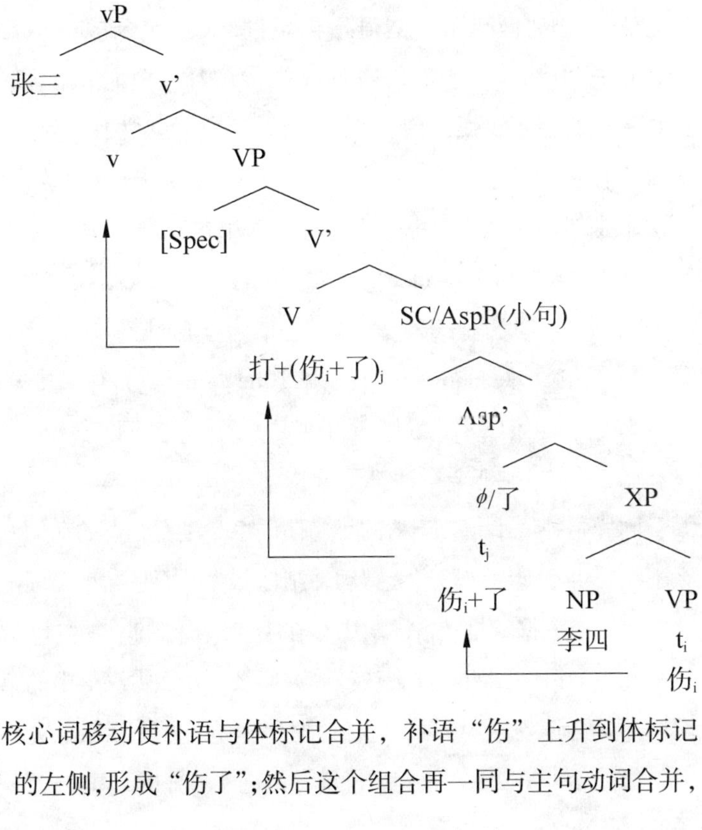

核心词移动使补语与体标记合并，补语“伤”上升到体标记“了”的左侧,形成“伤了”;然后这个组合再一同与主句动词合并，

这一过程也是核心词移动,但是形成的语序却是“打伤了”,即“伤了”组合移动到动词“打”的右侧。两次移动的性质相同，都是核心词移动（Head movement）；目的也相同，都是句中所有与谓语有关的特征或成分要连接在一起。但是两次移动的方式却如此不同，这种为了表层线性化的语序而设定的不同的移动策略就有特设之嫌，生成过程的分析是小句理论的一个很明显的不足之处。

其次，汉语动结式的生成规则不具有类型学意义。小句理论对小句内的各种成分必须移动（移出小句）做出解释，尤其是对小句谓语移动做出了“谓语指称条件 PRC（Predicate Reference Condition）”和“T 链条（T-Chain）”等解释。理论依据看似十分充足。这解释了汉语为何会产生动结式这样的结构，但是，其他语言中存在的“小句”似乎就没有这种句法要求。我们知道生成语法中是把下面的句子也分析为含有“小句”，如英语中：

（16）We consider [$_{\text{Small Clause}}$ him to be clever].
我们 认为 他 聪明。

（17）He hammered [$_{\text{Small Clause}}$ the metal flat].
他 锤－过去时 定冠词 金属 平
他把金属锤打平了。

同样是补语小句，英语的小句谓语也是没有时态的动词，为什么不需要也不能够前移形成“动补结构”呢？而且在小句理论的论证中有一个证据就是，古汉语中存在小句结构，即在主句动词后直接呈现小句语序，如“打头破”等。那么为什么古汉语中的第二个谓词不需要前移呢？可见，这种处理和解释只为现代汉语而设立的。

彭国珍（2012）在小句理论基础上进一步分析，基本思路相同，具体的处理更为细化，本书在后面宾语部分会进一步介绍她的研究。

1.1.3　句法生成的其他方法

熊仲儒（2004）将带“得”的组合式述补结构和动结式的分析结合起来，并认为汉语述补结构中存在“致使（Cause）”和“达成（Become）”等功能范畴。致使功能范畴 CausP 中心语的语音形式是“把”，其指示语是句子的致事；达成功能范畴 BecP 中心语的语音形式是“得”，其指示语是句子的役事。生成动结式的句子时，句法结构中虽然有这些功能范畴，但都是以零形式出现。他还提出词汇短语（如 VP）是核心（V）在后结构，而功能短语（如 CausP、BecP）是核心（如 Caus、Bec）在前的结构，所以动结式的基本结构为：

（18）

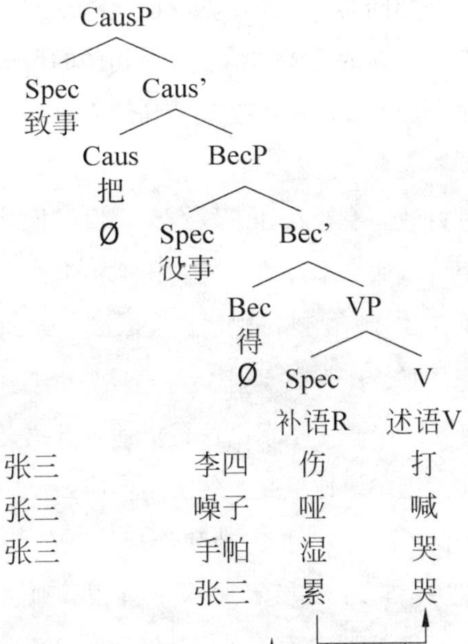

他将补语 R 处理为主要动词的指示语，为了生成 VR 结构的句子，还提出“嫁接与位移同向”假说，即补语 R 向右移动就嫁接到移动位置上的成分的右侧，形成 V-R，然后这个组合再一起向左分别移动到达成短语中心语 Bec 和致使短语中心语 Caus 的位置，Bec 和 Caus 均为空，V-R 嫁接到左侧，最终形成动结式的句子。

除了“致使”和“达成”两个功能范畴，处理给予类双宾语时有“领有（Possess）”功能范畴，索取类双宾语时有“损失（Lose）”功能范畴，此外在有意愿的施事性句子中还有“执行（Do）”功能范畴；从而形成一个多层次的句法结构。

熊仲儒（2004）的结构力图解决以往分析方法（特别是小句理论）的句法操作问题，所提出的功能范畴使句法和语义的联系不再局限于谓语动词的论元结构上、使句子的生成有了更大的空间，并用句中可能共存的多种功能范畴统一解释了与动结式相关的多种句式。

但是这种方法还是存在如下缺点。底层结构的设定和句子生成方式有悖生成语法基本理论。第一，结构中补语 R 作为述语 V 的指示语，这样的分析缺乏一定的语义基础，动词 V 的指示语虽然可以再讨论，但是补语 R 是对 V 起到补充说明作用的，在同一短语结构中补足语位置比指示语位置更适合其语义，为什么会是常常表示论元的指示语位置呢？句法结构应该反应语义关系，而不能为了句法分析而随意设定，V 和 R 虽然仍在一个短语结构中，但是句法位置决定于语义关系，如果不能很好地解释 R 为指示语的设定意义，不仅不能解释汉语的现象，也使具有普遍共性的句法结构无法解释其他语言。而且这种句法结构的分析如何处理动宾结构中动词支配的宾语的位置也是个难题。

第二，如果接受动词 V 的指示语 [Spec VP] 位置是谓词性的补语 R 的话，R 向右移动的原因不清且没有语言普遍性，指示语为什么要移到中心语的后面？移动的动因在生成语法理论中很关键，如果没有普遍性的动因，只是为生成汉语动结式特殊的语序而特设。

第三，Kayne（1994）的左向移动和嫁接（移动成分至移动目标地成分的左侧）是生成语法理论的基本原则之一，最简方案也不容许成分向下移动，句法成分移动只能爬升。熊仲儒提出的右向移动并嫁接需要更多论证支持。

第四，再退一步说，即使补语可以右向移动，R 向 V 的移动也违反了移动理论，生成语法的中心语移动和短语移动严格区分，中心语只能移动到中心语位置，短语只能移动到短语位置。很明显，V 的指示语 [Spec VP] 位置是短语位置，而 V 是中心语，如果生成动结式（如“打伤、累哭”等）就必然违反短语位置的成分不能移动到中心语位置的规则。可见这种解释方法有很多漏洞。

除了上述操作层面的问题外，还有一个问题值得讨论，那就是该分析中对功能范畴研究不够深入。熊仲儒认为“致使（Cause）”“达成（Become）”“领有（Possess）”“损失（Lose）”“执行（Do）”等等都是功能范畴，可以出现在句子中并形成自己的投射，但是又强调确定功能范畴的数量及如何决定一个句子出现多少功能范畴不是重要的问题。我们认为，功能范畴是语义在语言结构中的重要体现，应该具有人类语言的普遍性，如果只是提出动词短语 VP 内部有功能范畴，这样的提法对汉语研究和语言类型学都没有很大意义。相反，功能范畴的数量和出现情况才是句法研究的重点之一。所以这种分析也有为汉语和汉语的某些句式特设的嫌疑。

熊仲儒、刘丽萍（2005、2006），刘巍巍（2013）都在熊仲儒（2004）的框架内进一步研究。

林巧莉（2012）指出动结式是"成就体"而不是"完成体"，也就是对应动词的内部。这种认识与本书不谋而合。但是她的句法结构分析比较繁复，是补语小句和功能谓词分析的结合。她认为动结式的语法意义是个体在 V 所表达方式的作用下，经历"状态改变"后达到 R 所表述的结果状态。深层宾语和 R 所构成的结果小句，形成功能谓词 BECOME 的动词短语 vP，即补语 R 是 BECOME 的补足语，V 是 BECOME 的修饰语，V 游离于结构之外，通过某种合并将语音形式融入功能核心 BECOME。还用功能谓词 DO 和 CAUSE 实现动结式相关句式。林巧莉力图找到词汇－句法的接口，但是她句法结构中的 V 是游离的，作为修饰性成分，甚至从结构外直接通过百科知识融入句子生成中，即使认为 V 不是动结式的核心，这样的处理也过于忽视 V 在动结式中的地位。而且这种分析以补语 R 为核心，那么怎么处理有些结构隐含补语的情况呢，如"他吃了一只鸡、他打了很多盘子"等，句子没有出现补语 R，只有 V，但是补语所表达的意义仍在句子中。

王静（2008）的事件结构分析、李奉栖（2011）词汇映射分析、耿栋（2012）是事体结构分析，也都是在生成语法理论的基础上对动结式进行讨论，具体操作方法有异，因分析动结式的某一方面问题，本书不作具体引用。他们的分析模式基本相同，都是按着两个谓词事件的组合来分析的，重视补语 R 的谓词性质，重视 V 和 R 的初始论元和动结式论元的关系等。

1.1.4 词库生成的方法

以上是动结式句法生成的理论。生成语法研究中还有一种观点认为动结式不是在句法中生成的，而是在词库中生成。

生成语法经历不同的理论发展时期，但都有“词库”概念，词库是在句法之外具有独立地位的，词库中的条目（词）被提取出进入句法结构。到《最简方案》简化了语法系统，还保留了词库和运算系统两个部分。词库提供词汇和功能性成分，运算系统对它们进行生成及转换，这样的句法过程最终输出语音形式和逻辑（语义）形式。

词库生成说主要认为汉语的动结式都是复合词（compound），以一个词的身份直接从词库进入句法系统，然后向有关的名词性成分指派论元。持有这种观点的有 Li（李亚非 1990、1993、1995、1999、2000、2004），Gu（顾阳 1992、1996、2001a、2003），Cheng & Huang（郑礼珊、黄正德，1994）等，他们将汉语的动结式看成是一个词汇形式，认为在词库中生成的动结式复合词可以直接指派句中的论元，这样可以避免述语 V 和补语 R 两套论元结构在句法中比较复杂的选择、整合、增删等操作。然后再进行论元的选择，如李亚非提出题元等级为施事高于受事，论元等级为主语高于宾语，题元指派规则是两个等级相互匹配。Li（李朝，2006）也认为动结式是在词库规则中产生，认为虽然有的不是词库条目，但却是语言记忆库中的条目；并认为动结式复杂的论元关系本来就是在语义和语用层面形成的，不应在句法层面来解释。他还从类型学角度考察汉语动结式在表示结果意义上的价值，都是在语义层面上来解释。

词库生成动结式的观点的优点是省掉了动结式生成过程的麻烦，不必或很少再考虑 V 和 R 的论元结构关系。但是在减少句法操作手段的同时，很少有学者明确说明动结式的词法结构，即由什么样的词法规则形成词库中的动结式。由于汉语中的动结式复合词 VR（如果是复合词的话）并不是从古至今都存在于语言中的，持有这种观点的学者至少应该说明上古汉语词库中没有、而在某一时段的汉语词库中突然出现了这种复合词的原因。而且从语法化的理论来看，昨日的句法就是今日的词法（Givon，1991），即使在现代汉语中有一些动结式已经是复合词了，似乎不需要句法操作而形成，但是从汉语动结式的产生和发展角度，词库生成说还需要做更多的解释。

1.2 其他理论对动结式的研究

前面我们比较详细地介绍了生成语法理论关于动结式的各种分析，下面再看看其他语法理论的分析。

国内学者对动结式的描写十分全面，动结式依据补语的语义指向[①]分为三类：补语指向宾语类、补语指向主语类和补语指向动词类。由于V、R以及动结式VR自身在及物性和论元结构（或配价）上的差别，动结式可以分为多种小类。如郭锐（1995）、王红旗（1995）、袁毓林（2001）等进行配价研究时就充分地考虑了动结式的不同类型。近年来，由于对动词性质的深入研究，学者们区分了不及物动词中的非作格动词和非宾格动词等，并对作格现象给予了充分的认识。

配价研究不仅使汉语动词的研究得以深入，也将两个谓词性成分组合的动结式的研究进一步推进。配价语法（如范晓，1985；黄锦章，1993；郭锐，1995、2002；王红旗，1993、1995、1996；袁毓林，1986、1998、2000、2001a、2002a；施春宏、袁毓林，2004；施春宏，2003、2004、2005、2006b、2007、2008ab、2013；张谊生，2005；黄晓琴，2005；郭伟华，2009；姜红，2007；刘培玉、欧阳柏霖；2010）对动结式的配价都进行了有益的探讨，提出了不同的论元整合原则，都把确定动结式配价的方法规则化、公式化。比如郭锐（1995）认为，论元角色的性质不同，直接影响着动结式的配价。他将语义角色归并为主论元、宾论元、辅论元三种类型，并进一步提出论元提升的规则：

---

① “语义指向”分析法是汉语研究者针对汉语语言结构中“句法结构”和“语义结构”的复杂关系和不一致性提出并建立的一种语法理论和分析方法。语义指向具体说指某个句法成分在语义上与哪个成分发生最直接的联系。赵元任（1968）提到的“动作方向”指的就是动词的语义指向。吕叔湘（1979）第一次直接用“语义指向”分析例句，陆俭明（1990）等研究使“语义指向分析”成为考察状语和补语与句中其他成分之间的语义关系的重要方法。

（1）述语谓词宾论元和辅论元不参与提升；（2）述语谓词主论元和补语谓词主论元同指时，两者合一；（3）述语主论元是整个结构主论元；（4）补语主论元转换述结宾论元；（5）补语宾论元辅论元仍是整个结构宾辅论元；（6）规则3优于4。郭锐（2002）则只保留了论元提升的方法，用短语移位来分析动结式论元结构的衍生规则。袁毓林（2001）从动结式的价数和价质来分析动结式的配价结构，并用并价、消价和共价来概括动结式论元整合的方法。其他学者也提出自己的规则来计算如何使两个谓词的论元在动结式的论元结构中出现。具体的处理办法及其优缺点不一一介绍，但是后续研究总是找出前面研究所提规则不能处理的情况，才不断探索新的配价规则。

施春宏（2003）也主要采用配价理论。他指出复合事件由原因事件和结果事件整合，原因必然在结果之前，以体现时间顺序原则，事件结构所体现的语义关系是各种论元结构的形成和配位方式的实现的根本动因。并提出论元整合的总体原则，动结式指派的论元的论旨角色是致使者和受使者，动结式的主体论元是述语动词的主体论元或述语动词的客体论元，客体论元是补语动词的客体论元（优先）或补语动词的主体论元。

施春宏（2003）又主要依据袁毓林（1998）的计算方式，重新确定动结式的三个配价层级。用配价层级描写动结式，欲增加配价分析的可操作性和系统性。提出了“元”“位”“项”的概念，尤其“项”是指一个由动结式构成的句子中根据界限原则升上来的论元的数量和用动词拷贝结构升上来的论元数量的逻辑和。

我们认为“项”这一层面对动结式论元数量没有研究上的推

进。用了动词拷贝结构，述语动词的客体论元可以出来，但不存在与补语动词的关系问题，不能体现动结式结构上的特点。这种扩大配价的做法一定程度上回避了动结式的本质问题。

施春宏、袁毓林（2004）、施春宏（2005、2006a、2006b、2007、2008a、2008b、2008c、2010、2013、2015）一直对此有补充和充分论述，也都是在他（2003）的研究基础上，对动结式的论元配价、相关的“把”字句等特殊句式进一步阐述。黄晓琴（2005、2006）、刘街生（2006）、姜红（2007）、郭伟华（2009）、刘培玉、欧阳柏霖（2010）、刘培玉（2012）、吴淑琼（2013）等学者分析了动结式的有关句法现象，基本的研究思路都是用两个事件结构来分析。

总体上，配价语法着重研究动结式生成的过程，较少用结构层次的观念。它重视两个语素的谓词性质，并充分考虑其语义关系即论元结构，描写 V 和 R 的论元结构的调整组合并试图解释其整合方式、探寻动结式的论元结构形成的规律。

配价语法在动结式研究中有较大的影响力，因为都是探讨两个谓词的论元如何选择。配价研究不是本书研究依据的重点，所以对一些很有意义的论元结构的探讨不做过多追述，也不强调这些规则所不能涵盖的例外。本书简论配价语法研究，不仅由于本书是在生成语法框架内的研究，语言分析的观念和基本假设等不同，还由于本书不赞成将动结式简单地看成是两个谓词性成分的结合，无论这种结合发生在词汇层还是句法层。

宋文辉（2003、2007）认为以往的配价研究是自下而上的句法分析，并只从句法上考虑，在价数、价质和价位的推导中都存在例外的特设的现象。他主要引入“概念结构”（Talmy，2000）的概念，在功能主义语言学的背景下，对动结式的配价在句法和语用层面进行解释。概念结构是比题元角色更深的语义层面，它不同于纯粹客观的语义层面，其中包含人的主观体验，构成了人对不同事件的“理想的认知模型”。概念成分也不同于题元角色，其中包含着与人对事件的主观认识相关的信息。他的理论涉及以下几个方面的概念，如运动事件主要由四个概念要素组成，凸体（运动物体）、衬体（参照物体）、运动和路径；运动事件由主事件和副事件构成，副事件的主要功能是表示主事件中运动的方式和使因；汉语的动结式是运动和方式或使因合并用核心动词表达，路径是独立用附加语表达，所以补语的语义所表达的事件是主事件，而在句法上是主要谓语的动词所表达的是副事件；概念成分之间最主要的关系是概念合并和概念组合等。

宋文辉用一套比较完成的概念结构系统将掺杂语用因素的句法规律特例进行了较好的解释。比如他用“转喻”来解释补语语义指向动词的一类动结式，将V和R的论元结构巧妙地联系起来。宋文辉（2003、2007）及其系列成果是认知语法研究中对汉语动结式的分析最为系统的，本书在4.3.1节讨论具体问题时再引述其观点。

罗思明（2009）、殷红伶（2010、2011）、董成如（2014）在认知功能背景下分析英汉动结式，对汉语的动结式有所涉及。刘振平（2009）、石慧敏（2011、2013）、吴淑琼（2013）等用概念整合、转喻等认知语法手段来分析动结式。张翼（2009、2013a、2013b、2014）也在认知语言学框架下用概念整合理论对动结式进行分析，强调百科知识的语义联系，但是缺少具体的概念整合过程分析。王静（2008）、刘街生（2006、2008）也是事件结构理论，李奉栖（2003、2011）是词汇映射理论。而张全生、王宇轩（2008）、赵琪（2008）等将动结式看作一种认知构式。

因本书的理论基础是生成语法学的，与认知语法学有巨大的理论差别，我们对认知语法的研究不做过多评论。但是总体上，认知语言学的研究，让语义关联在句法解释中占有主导性，使得句法概念的论元结构的作用消失殆尽，句法分析中掺杂了过多的语义、语用因素。抛开基本研究思想的不同，认知语法对动结式的分析方法也主要是将动结式当作是两个事件结构再整合而成的，或整体是一个构式，基本对应于句法生成和词库生成理念。

1.3　动结式补语并非句子的第二谓语

小结一下，动结式的研究有很多，句法分析方法如配价语法、生成语法、认知语法、词汇映射理论、事件结构理论、构式语法等，还有对特殊动结式的诸多研究。各理论框架内的分析方法虽然具体差异较大，但是主要是两种思路。

第一种是将 VR 看成是一个词汇形式，在词库中生成动结式复合词并直接指派句子的论元。但是在减少句法操作手段的同时，很少有学者明确说明动结式的词法结构，即由什么样的词法规则形成词库中的动结式。而且由于 VR 复合词并不是从古至今都存在于汉语中的，持有这种观点的学者至少应该说明上古汉语词库中没有、而在某一时段的汉语词库中突然出现了这种复合词的原因。

而且从现代汉语来看，一方面，很多动结式的临时组合性非常强，如果说"吃饱、吃胖、吃腻"等搭配组合比较固定，那么"吃瘦（14 种食物吃瘦下半身）、吃怕（我不喜欢吃鸡蛋和鸭蛋，我吃腻了，都吃怕了）、吃哭（刚刚一个人吃饭吃哭了）、吃笑（吃面条把自己吃笑了）"等都不是词库中的固有词语。临时组合而成的 VR 的大量存在，说明句法说可信性强。另一方面，有些结果补语的使用频率很高，如"V 完、V 好、V 掉、V 住"等，如果"吃完、喝完、看完、学完、玩儿完、跳完"等都是复合词，那么词库似乎过于庞大了，如此强的组合规律也倾向于句法生成动结式的解释。

第二种被广为接受的是 VR 是可以分解分析的，即重视补语 R 的谓词性质，认为它是句子的第二谓语，将汉语动结式作为两个事件性结构来分析，述语 V 和补语 R 两个谓词性成分在句法中分别形成自己的谓词性短语，带有各自的论元，通过某种规则而组合成动结式这样的复杂谓语，并通过某种规则选择出 VR 的论元。一般认为述语和补语所表示的两个动作事件是"因果"关系或"致使"关系。将动结式当作 V 和 R 两个谓语进行分解分析的研究，除了上文分析所提到的种种技术性问题外，总体上有如下缺点：

第一，两个谓语的组合关系没有语言普遍性。即两个事件结构的谓词句法组合说没有语言类型学上的普遍性。汉语的动结式 VR 结构在以往的研究中被看作是特殊的句法现象，相邻两个谓词性成分在多数语言中是并列关系。有的语言中，致使或因果关系的谓词性组合一般是小句形式，如英语的“He hammered the metal flat”“The joggers run the pavement thin”等，即宾语是在补语之前，形成 VOR 的结构。现代汉语的特殊性在于述语 V 和补语 R 在句法上结合到一起，形成所谓的合成谓语。而“动作－结果”或致使关系的两个谓词性成分为什么在汉语中结合为一个句法结构？如果人类语言概念结构系统中的“因果”关系或“致使”关系的两个事件可以进行句法上的组合操作，为什么很多语言没有产生汉语这样的动结式呢？前人研究探讨了各种动结式生成的规则，但是如果只有汉语是由于某种谓词的句法规则而发生的 V 和 R 的移动合并、由于某种论元整合规则生成动结式的论元，不能不怀疑这种解释的可信性。

第二，两个谓语组合在一起的动因也缺乏语言普遍性。两个谓词 V 和 R 有各自的论元和句法地位，为什么要移动组合在一起呢？从技术操作上看，无论是补语 R 移动向述语 V，还是反之，前人研究提出的很多假说都难以找到合理的、具有普遍性的移动动因。很多研究方法根本就放弃解释移动动因（如控制理论的很多研究，及熊仲儒（2004）；配价语法研究等也没有解释合并的原因），而即使进行解释的研究（如小句理论）也不能将同一原因扩展到其他语言的类似现象中，不能说明为何同样条件下汉语需要移动而某些其他语言无须移动。所以以往研究中的移动也都有为汉语特设之嫌，不具有普遍共性。移动是生成语法中既灵活又尤为需要注意的理论，如果滥用必将削弱解释力。而且，支配及约束时期句法成分的移动通常不需要任何理由，只要移动结果合格即可，但是最简方案理论时期看来，这种移动过于松散，不符合经济性原则。

综上我们认为动结式 VR 的补语 R 并不是句子的第二谓语，本书力图找到解释汉语动结式句法结构的新思路。

1.4 动词体貌理论

上文讲到汉语动结式研究中的一些问题，尤其是两个事件结构合并组合成动结式的这种观点所引起的问题。我们想从语义的角度来重新探讨动结式中补语的性质和句法功能。首先介绍本书研究的两种理论背景，一个是对动词情态的研究，另一个是生成语法理论中的内部体理论。内部体理论是近年来生成语法理论框架内提出的一种理论，但是其实这种思想早已在动词情状等研究中被提及，所以两方面理论也是相辅相成的。

谈动词的情状，就离不开动词的相关语义范畴，时、体、情状。与谓语动词时态的相关时间有三个，即“事件时间（event time）”（就是动作发生的时间），“参照时间（reference time）”和“叙述时间（speech time）”，涉及事件时间和句子叙述时间的是“时（Tense）”范畴，涉及事件时间和参照时间的是“体（Aspect）”范畴[①]。一般认为时体是语法范畴，但是从类型学视角看这些首先是语义范畴[②]。

---

① Reichenbach（1947）。

② 陆丙甫、金立鑫（2015）：“以往那些所谓某一语言有体无时（如说普通话就是有体无时）或‘有时无体’等观点，在跨语言的对比以及语言类型学研究中不被采纳。”

体的研究一般分为语法体（grammatical aspect）和词汇体（lexical aspect）。在许多语言中，“体”是已经语法化的非词汇性成分，如英语中进行体、完成体等都有形态标记。汉语中也通常认为“了”“着”“过”等助词与体有关。以上是语法体，也称为外部体。一般语言学中所说的体（Aspect）范畴，就是已经在形成语法形式的这样外部体。

词汇体指由动词和其他词汇成分所表现的情状的内在时间结构，与词的意义直接相关，如事件的起点（beginning）、中间过程（middle）、结尾点（end point）等（顾阳，1999），也称为“动词的情状”，都是动词所表示的行为在时间上的分类。动词的情状，最早见于希腊语和德语这类通过动词本身的词汇形式表现行为的时间特征的语言，称为“行为类型”（aktionsart），是词汇内在的语义类型，也被看作是词汇体（lexical aspect）。进一步研究后，英语等语言通过动词以及动词的配价成分或相关的数量或时间性成分组成的短语来对一个事件的时间类型进行表现的，称之为情状类型（situation types），也可以称之为情状体（situation aspect）（陆丙甫、金立鑫，2015）。相对于外部体而言，也称为“内部体 / 内在体（inherent aspect）”。

Vendler（1967）的研究影响巨大，他将动词系统地按照体的类别来分类，他主要根据动词所描述的事件是瞬时的还是持续的、事件的终点是否出现和是否有过程形式等方面，将英语的动词分出四类：

一、状态动词（States）：描述持续的事件。例如：

know（懂得、知道、会），believe（相信），love（爱）……

二、活动动词（Activities）：描述正在进行的事件，持续的，具有模糊的时间，没有终点。例如：

run（跑），cry（哭），sleep（睡），push a cart（推一辆小车）……

三、完成动词（Accomplishments）：描述在唯一确定的时间段内发生的事件，有确定的终点。例如：

make a chair（做一把椅子），draw a circle（画一个圈），build a bridge（造一座桥）……

四、成就动词（Achievements）：描述瞬间发生且有终结点的事件。例如：

recognize（认出），reach the summit（到达顶点），lose（丢失），find（找到）……

上文动词短语的四个基本类型，汉语研究中也称情状或时相。赵元任等学者的早期汉语研究就有所涉及。

陈平（1988）根据 [± 静态]（state）、[± 持续]（durative）、[± 完成]（telic）区分出汉语的状态、活动、结束、复变、单变五种情状，马庆株（1983）、郭锐（1993、1997）、顾阳（1999、2007）等都对汉语动词的“体”有一定研究。基本上是从以上四种情态出发的，具体的区别特征和分类略有不同。

戴耀晶（1997）是第一部比较系统地研究现代汉语体问题的著作。首先把现代汉语的体分为完整体与未完整体两大类别。完整体（perfective）揭示的是事件的整体性质，句子表达一个完整的不予分解的事件。完整体包含现实体完整体（形式是动词后“了”）、经历体完整体（“过”）、短时体完整体（动词重叠）。而非完整体揭示的是事件的局部性质，句子表达一个非完整的可分解的事件，包含持续体（“着”）、起始体（“起来”）、继续体（“下去”）。他将现代汉语中动词短语的一些形式作为标记，从而把汉语的体貌系统纳入普通语言学的体貌系统之中。

陈前瑞（2003、2005、2008）全面研究汉语体貌系统，重点研究现代汉语普通话以及北京话中的体貌问题。他在 Smith（1991）的双部理论基础上，做了进一步发展。Smith（1991）认为普通语法中体貌由两部分组成，第一部分是由词汇手段表现的情状类型或情状体，第二部分是由语法手段表现的视点或视点体。陈前瑞又根据 Dahl（2000）进一步分为边缘视点体与核心视点体，进而认为汉语有四级体貌系统：底层为基本的情状类型，称为情状体，其语言形式为谓词及其论元等词汇成分，中层为阶段体（phrasal aspect，陈曾称为情状 / 视点复合体），上层为边缘视点体（peripheral viewpoint aspect）与核心视点体（core viewpoint aspect）。边缘视点体是语法化程度相对较低的视点体，包括完成体和进行体两类。核心视点体是指语法化程度相对较高的视点体，包括未完整体和完整体阶段体指情状的具体阶段，而尚未进入实际的时间流程，不直接涉及参考时间，具体包括起始体、延续体、完结体、结果体、短时体、反复体等。情状体（situation aspect）是对事件抽象的时间结构的表现和分类。抽象的时间结构是指事件的纯命题意义所具有的时间语义特征。时间语义特征主要指动态性、持续性、终结性。情状体主要理论基础为 Vendler（1967）、Smith（1991）、Olsen（1997），即动词的四种基本类型。他的四级体貌系统研究列为下表：

<table>
<tr><td rowspan="2">核心视点体</td><td colspan="3">未完整体（内部视点体）</td><td colspan="3">完整体（外部视点体）</td></tr>
<tr><td colspan="3">词尾“着”</td><td colspan="3">词尾“了”</td></tr>
<tr><td rowspan="2">边缘视点体</td><td colspan="3">进行体（内部视点体）</td><td colspan="3">完成体（外部视点体）</td></tr>
<tr><td colspan="3">“正、正在、在、呢”</td><td colspan="3">句尾“了”、词尾“过”、“来着”等</td></tr>
<tr><td rowspan="2">阶段体</td><td>起始体</td><td>延续体</td><td>完结体</td><td>结果体</td><td>短时体</td><td>反复体</td></tr>
<tr><td>起来</td><td>下来、下去</td><td>补语性的“完、好、过”</td><td>补语性的“到、得、着”</td><td>动词重叠（说说）</td><td>重叠（说说笑笑）</td></tr>
<tr><td rowspan="2">情状体</td><td>状态情状</td><td colspan="2">动作情状</td><td colspan="2">结束情状</td><td>达成情状</td></tr>
<tr><td>知道、是</td><td colspan="2">跑、玩、唱歌</td><td colspan="2">创造、建造</td><td>死、赢</td></tr>
</table>

金立鑫（2009ab）区分了“时”和“体”，汉语中“了、过、起来、在、着、下去”标记“体”的不同阶段。金立鑫（2008ab）认为动词的行为类型是构成时间进程体范畴最为底层的基础。金立鑫（2014）指出体分为边界视点体（完整体和非完整体）和时间视点体，后者又分为实现体（包括起始体、进行体、持续体、完成体）和未实现体。他还认为“有界”和“无界”这种界限的定位对汉语的体研究没有更强的解释力。他（2004）通过反驳不少学者认为的汉语属于界限体的观点证明了汉语倾向属于事件进程体范围，就是认为汉语的“着、了、过”为实现体标记，而不是边界视点体边界。

杨素英（2000）、孙英杰（2005）、田原（2011）也对汉语动词的体貌系统有所研究。

综观学者们对汉语的体研究，基本的认识都是分成语法体和词汇体，对语法体讨论得比较多，对汉语中语法体的层级、分类和标记形式的认定有所差异。对词汇体的讨论不多，或者说分歧不大，都是在 Vendler（1967）的基础上对动词进行了分类。

但是由于对“体”的汉语研究受到体是一个语法范畴的影响，着重分析汉语中哪些词语标记表达或体现“体”，缺乏对“体”作为语义范畴的深入考察。

与本书所讨论的动结式有关的结论是，动结式对应于“结束”情状（如陈平，1988；陈前瑞，2008 等）。也就是在体的研究中，学者们都意识到动结式是汉语词汇体的一种表达形式。

1.5　内部体理论

生成语法理论进入原则和参数阶段后，将体貌成分与时态成分从屈折层 Infl 里分离出来，作为独立的功能性成分（functional category）。现在的研究也倾向于细化功能短语，使句法结构更加清晰。

Travis（2005/2010）将 Vendler（1967）所分的四类动词总结出两类特征，并用矩阵表达：

（19）

	– Process（–过程性）	+ Process（+过程性）
– Definite（–界限性）	State（状态）	Activity（活动）
+ Definite（+界限性）	Achievement（成就）	Accomplishment（完成）

Travis（2005/2010）也指出“体”的概念可以分为“外部体（Outer Aspect）”和“内部体（Inner Aspect）”两大部分：“外部体”是传统意义上的由形态手段或语法手段表示的体，如完成体、进

行体等；“内部体”是情状体（situational aspect），一般由表示体的动词类别来体现，也就是以上完成、成就、活动和状态等四类。她更重视体在句法中的结构位置和表现，她认为外部体与句法联系紧密，是典型的功能性投射，一般被认为在 IP 层中；而以往被认为是动词本身特征的内部体，是一种句法结构特征，在 vP 和主要动词短语 VP 之间，是动词短语 VP 内部的一种功能投射。

Travis 将一般认为是词义表达的情状体转化为内部体概念，主要是说明被认为是动词特征的情状体其实不是在词库中带有的，而是在“形态层（Morphology）”中构成的，在句法结构上有自己的位置。所以句子中动词短语 VP[1] 的结构如下：

（20）
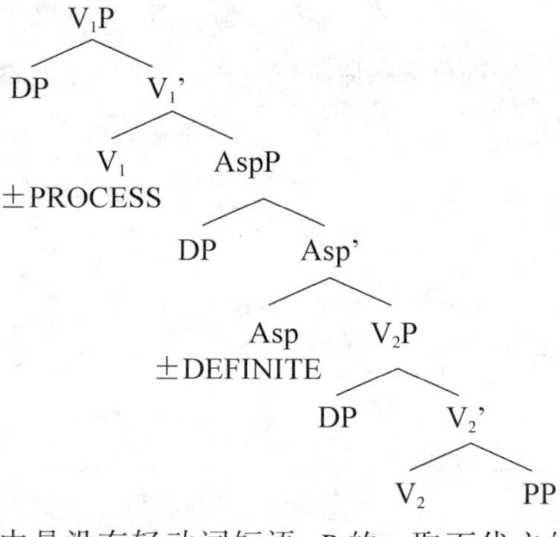

这个结构中是没有轻动词短语 vP 的，取而代之的另一个表示“过程性（Process）”的动词短语 VP 层，它和表示“界限性（Definite）”的内部体短语都在大 VP 内，共同体现了谓语动

① 这个 VP 是与 IP、CP 对应的，是大 VP，其中还包括几个投射层次，最底层常常为主要动词短语，也标为 VP。

词的两个主要的情状特征。她将动词的两种基本情态特征分别投射成动词的两个功能性成分的做法给我们处理动词的情态提供了新的思路。她所提出的结构中主要动词是 V2，而它的补足语（Complement）是介词短语 PP，而不是我们前面介绍的生成语法理论中一般认为的名词短语 DP。这对本书所提出的句法结构也有影响。她还用 Navajo、Tagalog 等形态丰富的语言来证明“内部体”的存在。Arsenijevic（2006）也提出包含“内部体”的 VP 新模型，主要处理荷兰语的动词短语。

Ramchand（2008：46）也提出相似的句法结构，将“过程（process）”和“结果（result）”分别投射于动词之上，形成功能性短语，如：

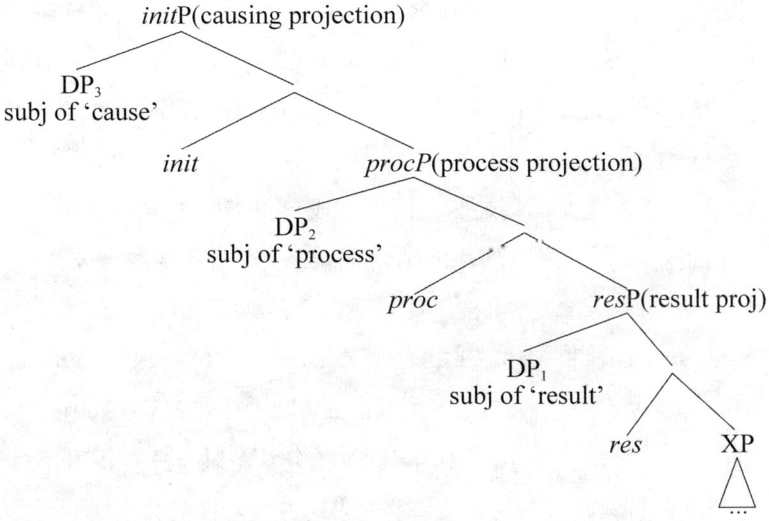

“内部体理论”及相关句法分析方法如何解释一些语言并不是我们介绍的主要内容，因为这种理论只是启发我们动词短语

VP结构可以有这样一种处理方法、语言中的体貌成分可以在VP内投射等。我们不希望使汉语事实变成对某些语言理论的注脚，本书的汉语研究只是借鉴该理论的思路，依据汉语的情况提出理论假说，并不是照搬“内部体理论”。

1.6 动结式补语的功能

上文的述评中，我们一再强调，不同意将动结式理解为是两个事件结构的句法组合，但是如果不是“动作－结果”类的两个事件的组合，动结式到底表达什么样的语义呢？带着这样的疑问，我们回到动结式语义表达的最初原点，来考察一下动结式的形式或者说其中的补语到底是什么句法功能，并希望从中寻求动结式解释的新方法。孤立地看待现代汉语动结式，容易陷入对R的意义和功能的无法证明的争辩中，所以我们也必须同时考虑人类语言的共性。

“补语”是在动词之后的谓词性成分，作用在于对主要谓语动词进行补充，说明动作的结果或状态等（朱德熙，1982）。R表示动作的“结果”也被广泛接受，丁声树等（1961），刘月华等（1983），徐枢（1985）等的观点都如此。可是根据Winkler（1997）、Washio（1997、1999）、Strigin & Demjjanow（2001）等的研究，“结果”并不是具有普遍性的句法范畴，一些语言不存在与动词有紧密联系的“结果”的表达方式。他们关注到不同类型的语言在“结果”表达上的类型差异，根据结果指称的变化意义是否为动词所固有，即VOC的形式中C是不是V的固定语义，区分不同“结果”。如果动词的意义和结果形容词的意义各自完全独立是强结果（strong resultatives）（如“The horse dragged the logs smooth.”），动词的意义和结果形容词的意义不完全独立是弱结果（weak resultatives）（如“Mary dyed the dress pink.”）。英语、荷兰语、汉语、捷克语、德语等二者都有，日语、韩语、土耳其语只有弱结果句，而法语、意大利语、俄语、西班牙语没有这样的结果句（帅志嵩，2009）。可见，动词必有的“结果”语义范畴并不具有语言共性，也可以说动词并没有关系紧密的必有的结果语义范畴。

R 如果不是“结果”，那么会是什么？功能学派的相关研究引起我们的思考。对动结式体貌特点的研究一般认为带有“结果补语”的动词表达一个有界的（bounded、telic）事件，如雅洪托夫（1958），Tai（1984），Smith（1991），沈家煊（1995）①等。吕叔湘（1984、1987），张伯江（1991）和沈家煊（1995）等指出动结式、动趋式这些复杂的动词短语有一个内在的自然终止点，是有界的。柯理思（1997）也认为动趋式和动结式在体貌特点上是一样的，也表达有界的事件。结果补语和趋向补语都能改变前项述语动词 V 的体貌特点，起有界化的标记作用。1.4 节中动词的体貌研究中，也都将动结式归为词汇体，对应“完成动词（Accomplishments）”类的有终结点的动词情状类型。以上文献将结果补语的功能认定

① 沈家煊（1995）对“有界”的研究在汉语中有广泛影响，是指在人类思维的概念结构中，物体具有空间的“有界”与“无界”的对立，事件具有时间的“有界”与“无界”的区分，是人类最基本的认知概念之一。“有界”是一个上位的概念，对应于 bounded 等，可以是名词性成分、也可以是动词性成分。

为表示动作的终结点，那么有没有句法上的证明呢？

沈家煊（1995）等学者还从句法特点上论证动结式（包括动趋式）的有界性，如指出它们与持续体标记“着”和表示动作正在进行的体貌标记“在、正在”相抵触；否定词用否定“离散性（有界）”的成分“没”,不用否定“连续性（无界）”的成分“不”；和时段短语连用表示的是事件终止后状态的持续，而不是动作的持续；可以和“一下就”、“马上就”之类的修饰语共现等等。

下面我们结合前人研究再用一些新的句法手段验证动结式VR的性质，并附以单音节动词V的对应情况，来证明补语R的性质。

第一,动结式不能进入短时尝试体。动词重叠形式（“VV”或“V一V”）一般被认为是汉语中表示短时尝试体的形式，是未完成体之一,一般的单音节动词和非动结式动词可以进入，如“打打、哭哭、喊喊、走走、尝尝、活动活动、打扫打扫、研究研究、开一开、找一找”等。动结式则不行，例如：

（21）* 你摔碎摔碎那个玻璃杯。

（22）* 他打伤打伤了李四。

（23）* 她哭湿哭湿了枕头。

（24）* 张三喊哑喊哑嗓子。

（25）* 他走累走累了。

第二，动结式不能进入进行体和持续体。赵元任（1968）曾认为述补结构有进行时态，并举例：

（26）他会睁开着眼睛老不眨巴。

我们做过语感调查，绝大多数人都认为这个句子很别扭。

汉语研究中对进行体和持续体的标记有些争议，对“着”的语法意义尚在讨论之中。本书只是用这些体貌标记对结果补语进行测试，所以不做过多讨论，主要采用“正（在）”表示“进行体”，“着”表示“持续体”的说法。其实绝大多数动结式与进行体标记“在、正在”和持续体标记“着”很难共现的。例如：

（27）* 我正在摔碎那个玻璃杯。

（28）* 你快去看看，他在打伤 / 打伤着李四。

（29）* 她在哭湿 / 哭湿着枕头。

（30）* 张三在喊哑 / 喊哑着嗓子。

（31）* 他正在走累 / 走累着。

而单独的述语 V 则可以搭配，如“正打着李四、在哭、正在喊、走着”等。不能进行或持续，说明动结式表达的动作有结点。

第三，动结式与时量短语搭配的两种情况。在动词情状的研究中，有一个著名的句法测试，就是用时框时量短语（Frame PPs，如“三分钟后（in 3 minutes）”）时段时量短语（Duration PPs，如“三分钟（for 3 minutes）”）来测试一个结构是否有终点。

首先是动结式可以和时框时量短语（Frame PPs）搭配。时框时量短语比如英语的“in 3 minutes”，也被译为汉语“三分钟后”，但是我们认为汉语的“三分钟后”只是个时间点，对后续时间没有明确界定，也就无法测试出动作的界限。而译为“三分钟内”才表示时间框，即一段明确的时间。例如：

（32）他总是毛手毛脚，进来一分钟内就摔碎了玻璃杯。

（33）他有暴力倾向，结婚三天内就打伤了小丽。

（34）她眼泪可多呢，十分钟内就哭湿了枕头。

（35）他大声喊，五分钟内就喊哑了嗓子。

（36）你身体太差了，竟然半个小时内就走累了。

上面例句的“时间段＋内”是为了刻意强调时间框的界限，在口语交流中直接用“时间段”也可以表达同样的意思。以上各例表示在一定时间段内发生并结束某个动作，说明动作是有时间性、有终结点的。而如果是单音节动词 V 和时框时量短语搭配，指一段时间之间开始某个动作行为，没有说明完成结束情况，比较一下，如“一分钟内打了玻璃杯、十分钟内哭了、五分钟内喊了、半个小时内走了”等。所以，能与时框短语搭配的动词结构表明动作是有时间性的，是有终结点的。

另一情况是与时段时量短语（Duration PPs，如“三分钟（for 3 minutes）”）搭配。句子中的时段时量短语情况有些复杂，我们依照马庆株（1981、1992、2005）、石定栩（2006）等研究成果，总结如下，与时段时量短语的搭配分两种情况，一是时段短语在谓语动词和宾语之间，表示谓语动作所表达的动作持续的时间。例如：

（37）他办了十年私立学校。

（38）老先生画了三天竹子。

另一种是时段时量短语在宾语之后，也就是整个谓语的后面，也表示谓语动作所表达的动作持续的时间。例如：

（39）他办私立学校十年了。

（40）老先生画竹子三天了。

以上是谓语动词为持续动词的句法表现。当谓语动词为非持续动词时，时段短语在动宾之间不成立，（如果成立就是理解为持续性的动作行为，）如：

（41）*我们散了三个小时会。

（42）*他死了三天。

而谓语动词为非持续动词时，时段短语在动宾之后则可以成立，但是意思和持续动词表示自身动作的持续时间段不同，时段短语表示的是非持续动词所表示的动作结束后的状态所持续的时间，一般句末有语气词“了”。例如：

（43）我们散会三个小时了。

（44）他死了三天了。

分别表示“散会”后的时间是“三个小时”，“死”后的时间是“三天”。

可见时段短语也是测试动词持续性的很有效的手段。通过下面的例句，我们看到时段短语不能在动结式和宾语之间；只能在整个谓语之后，而且不表示动作持续的时间，表示的是动作结束后状态的持续时间。这都与非持续性动词的特点吻合。例如：

（45）*他打伤两个小时我。

（46）*她哭湿了一个小时枕头。

（47）*他喊哑了三天嗓子。

（48）*他走累了一个小时。

（49）他打伤我两个小时，我才去报案。

（50）她哭湿枕头一个小时了，枕头都干了你才知道。

（51）他喊哑嗓子三天，还没吃药。

（52）你走累一个小时了，那还走什么，赶快休息。

而单独的述语 V 则不同，时段短语可以紧随其后，在动宾之间，也可以在动宾之后，二者都表示动作持续的时间。这是典型的无终结点的持续性动词。例如：

（53）他打了两个小时李四 / 他打了李四两个小时。

（54）他们喊了三天话 / 他们喊话三天了，对方就是没回应。

（55）他哭 / 走了一个小时（不及物动词无宾语不明显）。

动结式 VR 和 V 与时段短语的搭配情况，说明补语 R 表达的正是这个不能持续的结点。

第四，动结式可以与动量短语搭配。动量短语作句子的补语，表示的是谓语动作的量、次等。可以带动量短语的谓语是可以被量化的，只有不再持续、相对较完整的动作才能有此性质。例如：

（56）他摔碎玻璃杯三次，不能再不罚款了。

（57）他打伤我两回，我都不敢说。

（58）她难受得每天都要哭湿枕头好几回。

（59）一个军训下来，他喊哑嗓子三次。

（60）三天你走累五次，这样的体质不能参加野外训练了。

当然，这点并没有在结构上与单音节动词明显区分开，因为单音节动词也可以和动量短语组合，如“打我两次、每天哭几回、喊三次、走五次”，但是此时动词表示的也是可以量化的有结点的动作，而不是持续性的了。而且，“打伤我两次”和“打我两次”虽然都说明动作可以量化，但是“打伤”明显比“打”的动作结点更清晰明确。

以上四种测试方法以及前人研究所提出的种种方法，都测试出动结式表达的是一个非持续、具有内部终结点的动作。与单音节述语 V 的比较，可见表达这个动作终结点的就是结果补语 R。

另一点旁证是，与其他语言相比较，现代汉语动结式中补语 R 的作用也很明显。很多研究也都指出，人类语言中普遍存在的动词类型中的“成就动词（Achievements）”和“完成动词（Accomplishments）”在汉语中没有直接对应的单音节动词，只有动结式结构才能表达类似意义。如 Thompson（1973），Givon（1991）等指出其他语言中用一个单纯语素构成的动词表示的动作概念，在现代汉语中多用内部结构为 VR 的复合动词表示。这两类动词情态类型的最大共同之处是有终结点，或称界限性（Definite）、完结性（telic），也说明汉语动结式的结果补语是表达动作的结点。动作的“结点”是一个抽象的语法概念，是 VR 相对于 V 而言，本书 2.5 节会对结果补语的内部区别进行进一步说明。

还有一种有趣的现象就是汉语古今表达的差异。朱德熙（1982）等汉语研究者注意到古汉语中可以由单音节词表示的意义在现代汉语中大多由双音节及以上的动结式来表示了，如古汉语中的“污”在现代汉语称为“弄脏”，“损”在现代汉语常表达为“破坏”等。动结式结构是在汉语类型从综合型向分析型转变后大量发展而来的，分析型的语言倾向将一些语义特征句法化。这也说明相较于古代汉语的表达方式，现代汉语用动结式 VR 来表达相同语义，而其中结果补语 R 表达述语 V 动作的结点。

更有一些学者的研究与我们的观点相同。如郭锐（1995）对汉语动结式动词在配价上作了分类，其中很多动词具有“终点”的性质。汉语中有大量的可用作结果补语的动、形语素（最常见的有“坏、好、快、慢、进、出、满、完、掉”等一大批），它们随时可以附加在活动动词的后面构成“完成动词”。孟琮（2002）

认为汉语是一个非常重视结果的语言，动词后的补语成分占据了很高的比例。林巧莉、韩景全（2009）、杨国文（2011）也指出结果补语通过词汇意义表示动作行为的结果，使情状具有内部自然终结点。

毋庸赘言，前人研究所提出的种种方法，都证明了动结式表达的是一个非持续、具有内部终结点的动作。而通过与单音节述语 V 的比较，我们确认表达这个动作终结点的就是结果补语 R。越来越多的学者发现动结式中的结果补语表达动作终结点这样的功能，只是这方面的研究常常停留在性质认定上，没有将这个结论与句法分析相结合，这正是本书努力的方向。

第二章 “完结短语”理论与动结式

2.1 “完结短语”理论

生成语法理论是国际当代语言学理论的主要方法之一，它提供了一种新的研究视角和解释机制。运用生成语法对汉语动结式的研究已经取得较多成果，但仍存在第一章所述的一些理论的和具体的问题。

生成语法理论是一个不断发展、力求完善的理论，本书也并不拘泥于成说，在运用理论对汉语结果补语研究的同时，也提出新的理论假说，力图改进生成语法理论、用汉语的语法研究成果来丰富生成语法的普遍规律。

回顾一下，经过对前人研究的分析和反思，我们认为对动结式从两个谓词表达的事件结构进行的句法分析缺乏语言普遍共性，回到动结式补语的语义功能上，动结式是汉语表达动作行为有“完结”的意义的句法形式，补语 R 具有表达“完结”意义的功能，它们表达的是动作的完结，有体貌范畴的特点，我们认为结果补语 R 是汉语动词短语 VP 的内部体。

生成语法理论中的功能性成分和传统汉语研究中的功能词并不对等。我们以往所说的功能词汇是指和实词相对应的虚词，指汉语中副词、助词、连词、介词、叹词、拟声词等。而生成语法中大部分功能性成分是由功能语类投射的，但是还有一部分不符合所谓的功能语类。词库中的语类并不是和句法中投射的短语的性质完全对应。最简方案认为每个功能性成分都可以进行投射，形成自己的最大投射（也就是 XP 短语）。

动结式结果补语形成的投射是什么性质呢？结果补语表示动作的完结，是事件的终结点。各种动词情状研究的理论中也都认为动词的“结点”是一个重要的情状特征，是否有“结点”对一个动词或动词短语的情状有至关重要的影响。我们认为汉语动结式的结果补语正是体现动词“完结”特征的一类功能范畴，本书因此提出一个关于现代汉语动结式的句法分析方法，称之为“完结短语”假说理论。

“完结短语”假说：汉语的谓语动词 V（常为单音节）表达一个非状态性的动作行为，该动作行为内部没有作用的范围和到达的终点。动结式的结果补语 R 在句中投射为“完结短语（Telic Phrase）”，简称 TelP，它的功能是给予主要谓语动词 V 一个终结点，使之具有一定范围和到达的终点。TelP 是紧邻动词短语 VP 的功能性成分。TelP 的补足语是主要动词短语 VP。TelP 是词汇层之内的功能短语，低于 VP 内的其他功能性成分“体短语”，是“体短语（AspP）”的补足语。

这个“完结短语”假说理论只指出句子的基本结构、各短语的层级，对于其中的论元位置、结构生成过程等，下一章将进一步论述，补充完善该假说。依据此假说，汉语动结式的词汇层 VP 句法结构如下：

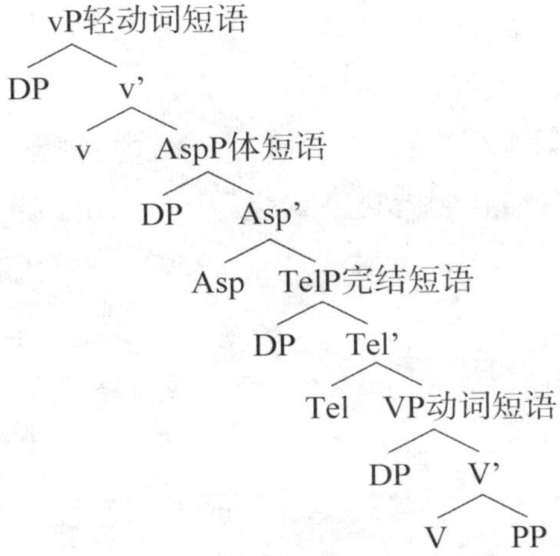

对于这个句法结构，除了明确了我们提出的主要动词短语 VP 之上有一个完结短语功能层这个假说外，还有几点说明。

一是体短语 AspP 的位置。与谓语动词时态的相关时间有三个（参见 1.4），涉及事件时间和参照时间的是“体（Aspect）”范畴，而涉及事件时间和句子叙述时间的是“时（Tense）”范畴。现在的研究多倾向于将二者分开，在句中形成不同的投射，以表明是谓语所涉及的不同的体貌性质。TP（Tense Phrase）时态短语在 IP（Inflection Phrase）屈折成分短语层中，是词汇层 VP 之外的功能性成分。所以与“时”相比，“体”是更接近于谓语动词的时间性功能成分，在句法位置上也更接近于谓语动词。“体”也常被处理为句子层面的功能性成分，是 IP 里的一个投射，句法位置高于 VP。但是这种处理并没有理论上或者经验上强有力的证据。“小句理论”（见 1.1.2 节）认为体短语是词汇层动词短语大 VP 内部的一种体貌成分，位于主要动词短语 VP 之后，体短语是 V 的补足语。我们认为“小句理论”对体短语是大 VP 内部的功能语类的界定有一定可取之处，即体短语比“时”短语位置更低，更接近 V。但是与之不同的是，体短语是动词短语大 VP 内部的功能性投射，所以在主要动词短语 VP 的上层。功能性短语在句法上都高于词汇性短语，而“完结短语 TelP”是主要动词 V 更基本的“情状”特征，与动词关系更紧密，所以体短语就有了这样的句法位置：在 VP 之内，完结短语 TelP 之上，轻动词短语 vP 之下。即体短语 AspP 是轻动词短语 vP 的补足语，AspP 的补足语是完结短语 TelP。

二是主要动词 V 的补足语（Complement，简写为 Comp）的成分。生成语法理论中一般认为作为内论元的宾语是动词 V 的补足语，但是也有不同的看法，如 Li（李艳惠 1985、1990）等就认为汉语的宾语在动词短语的指示语位置，具体讨论我们在下一章讨论论元位置时再涉及。关于 V 的补足语，我们倾向认为是介词短语 PP 等其他成分。这涉及汉语多种补语形式，汉语除了组成黏合式动结式的谓词性补语外，还有其他表示动作的结果性质的补语，也起到补充、说明、对动作限定的作用，如带“得”的结果补语从句（也称状态补语，但状态也是 V 的一种结果）（如“他笑得岔气了”“他打得手肿了”），介词结构补语（如“走到天安门”“写在黑板上”），时量短语补语（如“他哭了三小时”“他喝了三天粥”），动量短语补语（如“他来过几次”“他走了几趟”）等。这些补语形式在我们的理论假说中置于主要谓语动词的补足语位置。这些补语形式当然与动词表示的动作的完结性质也有关系，也是汉语中不可忽视的动作完结表达形式，但是句法地位在不同的语言中差别很大，本质上不是具有语言共性的对动词的限定性表达方式（参见 8.1 节）。

表示动作完结的最为密切形式是位于动词 V 后的结果补语 R，只有将 VR 形式讨论清楚后，才能思考其他成分。所以本书的专注点是黏合式动结式 VR。

这样在“完结短语”假说理论下，汉语动结式的四个基本句式都分析如下：

（1）

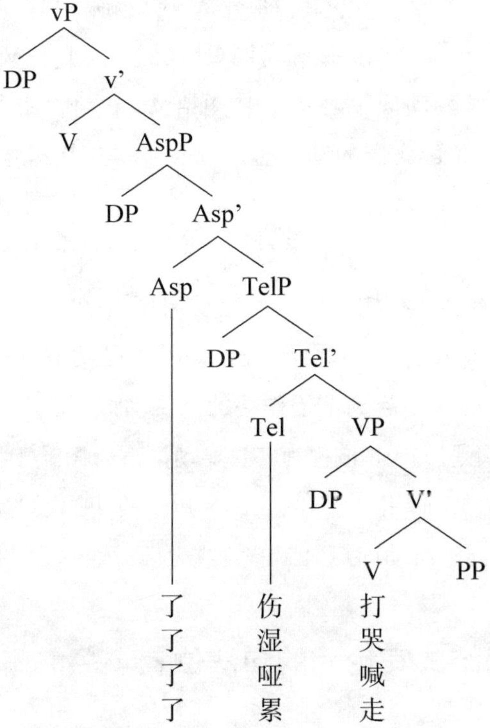

以第一句为例，汉语的谓语动词“打”表达一个非状态性的动作行为，这个动作行为内部没有作用的范围和到达的终点。结果补语“伤”给予主要谓语动词“打”一个终结点，使之具有

一定范围和到达的终点。"伤"在句中投射为"完结短语（Telic Phrase）",它是紧邻动词短语 VP 的功能性成分。"了"投射为"体短语（AspP）"，是高一级的功能性成分，轻动词短语（vP）是更高一级的功能性成分。

这是句法结构中词汇层 VP 的基本结构。句子结构分为三大层，最底层是词汇层 VP（Verb Phrase 动词短语层），上面是 IP（Inflection Phrase 屈折成分短语层），最上面是 CP（Complementizer Phrase 标句词短语层）。词汇层 VP 里包括四个短语结构：轻动词短语 vP、体短语 AspP、完结短语 TelP 和动词短语 VP。最底层的动词短语 VP，是与 vP 相对应的 VP，读法上可称之为"大 VP"，指谓词性词汇从词库中出来直接投射的一个短语。本书的研究主要集中在词汇层 VP 内部的句法结构。因为在双层 VP 结构中上层的轻动词短语 vP（以及本书下文中的"体短语 AspP"、"完结短语 TelP"）是功能性的成分，下层的 V 才是在句中起到谓语作用的主要动词，所以在行文中，句法结构中下层的 VP 被称为"主要动词短语 VP"（相应的有"主要动词 V"），而相对于 IP、CP 等句子的功能层的词汇层 VP 直接称为"词汇层动词短语 VP"，或无标记地称为 VP。

2.2 动结式宾论元的句法位置

动结式补语的性质认定相对容易，但是由此关涉的句法问题却很多，首先最重要的问题就是动结式句子中论元的句法位置及相关问题，前人研究在分析动结式结构时都已经涉及。与动结式论元有关的讨论，还有一个方面就是动结式的及物性问题。及物的动结式就是带有宾论元的动结式。这方面的研究，细化了动结式的类型，使我们认识到动结式内部的差异。关于动结式及物性的研究，有朱德熙（1982）、李小荣（1994）等，伍和忠（1996）、延俊荣（2001、2002）、黄晓琴（2006）等讨论了动结式带宾语的情况，分析中基本都是将动结式作为一个类似及物动词的整体来谈论带宾语的不同。本文因为注重动结式的生成过程，不单独考察所谓动结式的宾语情况。

2.2.1 宾语的受影响性及其句法位置

结果补语的位置是动结式结构中“完结短语”的中心语。接下来就要处理争议很大的动结式宾语的句法位置。它究竟是谁的论元？以往的研究思路大多先从语义上判断它与述语和补语的关系，然后依据关联程度确定动结式宾语的初始位置。但这种做法难免因为语感不同、对语义理解有别而出现各执一词的情况。比如很多分析方法认为“张三打伤了李四”中宾语“李四”首先是“打”的宾语,而小句理论认为宾语“李四”在句法上只是“伤”的主语，与“打”的语义联系只是百科知识上的。分歧详见第一章的前人研究。本书将从动结式宾语的性质、尤其是与句法有关的性质出发，探讨其句法位置。

Tenny（1987）指出论元的体貌信息对句法的影响。一般动词的直接论元会在时间上“度量（measure out）”动词所描述的事件，给其时间边界，所以动词与其所带宾语之间具有“限制性（delimitedness）”，这被称为论旨角色的体信息。能够对动词描述的事件进行限制(delimit)的直接论元是“受影响(affeccted)论元”；不能够进行限制的论元是“非受影响论元”。论元的“受影响性(affectedness)”是给动词所描述的事件提供一个终结点，也就是与动词的体有关。宾语受影响的动词都隐含动作结点的意思。

以芬兰语为例，芬兰语中一个宾语是否有限制性，会影响它所得到的格位。如 Tenny（1987）的例句：

（2）a. Maria kantoi kirjaa tunnin

玛丽 运 书－部分格 一小时－宾格

“玛丽运书运了一小时”

b. Maria kantoi kirjan *tunnin

玛丽 运 书－宾格 一小时－宾格

“玛丽运一本书（至某地）* 一个小时”

（“Mary carried a book（to some place）*for an hour.”）

宾语“书”，在 a 中是部分格，没有受到限制，也就是没有受到完全影响，可以和时段短语连用；而在 b 中是宾格，表明宾语受到限制，也是受影响结束，谓语动词是一个有完结点的动作，所以不能与时段短语连用。

又比如在英语中，动词“eat（吃）”也有下面两种用法的分别。例如：

（3）a. He ate an apple.

（他吃了一个苹果。）

b. He ate at an apple.

例句 a 中的用法是受影响的，宾语（“an apple（一个苹果）”）作完全理解；而 b 句只是表示尝了几口，不是整个宾语（“an apple”）

受到影响，可以说是非受影响类宾语。所以才有下面的分别：

（4）a. *He ate an apple for five minutes.

（他吃了五分钟一个苹果。）

b. He ate at an apple for five minutes.

（他吃一个苹果五分钟了。）

（5）a. *He ate an apple, but he didn't eat it up.

（他吃了一个苹果，但是没有吃完。）

b. He ate at an apple, but he didn't eat it up.

（他吃一个苹果，但是没有吃完。）

受影响宾语所在的句子，不能有时段限制，也不能在后续句中说明没有吃完，如上例 a 句；而非受影响宾语所在的句子，可以有持续的时间段，也可以在后续句中说明动作未完成，如上例 b 句。

还有很多语言有这样的情况，如北印度语（Hindi）、爱尔兰语（Irish）、日语、苏格兰盖尔语（Scots Gaelic）等。

在生成语法的研究中，Travis（2005/2010）也指出宾语的性质和它们句法位置的关系，宾语的体貌性质和动词短语 VP 内部的体短语正好吻合，将宾语的初始位置处理为内部体短语的指示语 [Spec AspP]。她的内部体短语，不是本书的动词短语内部的 AspP 体短语，而是本书中更加接近动词的完结短语 TelP。前人的研究引发我们思考。

2.2.2 动结式宾论元的受影响性及其句法位置

汉语中既没有论元的格标记、也没有不同介词的区分，是否有宾语的受影响性的表现呢？我们将动结式的宾语和简单动宾结构中的宾语进行比较，用后续句说明宾语所代表的事物没有受到谓语动作的影响。例如：

（6）a. 张三摔了那个玻璃杯，可是玻璃杯没事。

b. * 张三摔碎了那个玻璃杯，可是玻璃杯没事。

（7）a. 我叫了小王，可是他没反应。

b. * 我叫醒了小王，可是他没反应。

以上例句中的 a 句都是单音节动词 V，对其宾语预意施加影响，如“摔”应该会损坏“玻璃杯”，“叫”应该会让“小王”有动作回应，但是后续句说明宾语没有受到预期的影响，这也说明单音节动词 V 对宾语的施动影响力很弱，V 的宾语可以理解为非受影响性宾语。而 b 句谓语是动结式 VR，不能在后续句中说宾语所代表的事物没有受到影响，否则为错句，就说明动结式 VR 对宾语的影响力很强，动结式的宾语是受影响性宾语。

可见宾语的受影响性在汉语的句法结构上同样也有体现。动结式的补语是一种表示“完结”的内部词汇体，而动结式的宾语一定是受影响性的论元，也就是说动结式的宾语是补语的论元，位置是补语所投射的完结短语的指示语 [Spec TelP] 位置。

再进一步论证一下。在汉语研究中，对宾语受影响性的观察主要体现在对“把”字句宾语的考察中。而对“把”后宾语的受影响性研究也与动结式的宾语性质相关。如 Cheng（1988）同意宾语受到影响就意味着事件是有终结点的，并观察到受影响宾语与“把”字句的关系，认为只有含有受影响宾语的句子才能变成“把”字句。带有结果补语的动结式因为结构是受影响性的，就可以变成把字句。所以有一般谓语和动结式谓语变成“把”字句的区别：

（8）a. * 把张三推了[①]。

b. 把张三推倒了。

宋玉柱（1981）、Tai（戴浩一 1984）、薛凤生（1987）、Sun（孙朝奋 1996）、张伯江（2000，2009）、屈承熹（2005）、施春宏（2010）、叶狂、潘海华（2012）、李思旭（2012）等也指出“把”后宾语的受影响性。可以说，这观点被广为接受。

沈阳（1997）也观察到“把”字句的谓语一般为复杂动词结构，简单动词结构很难形成把字句。邵敬敏（2001）考察《骆驼祥子》419 个“把”字句中有 353 个是动补句式，占 84.3%。我们知道，汉语的动结式在汉语中是有完结点的事件的典型表达方式，因为汉语的单音节动词几乎没有内在的终结点。而“把”字句表示句子主语所代表的事物对“把”后宾语所表示的事物进行处置，“把”后的名词短语必然具有较强的受影响性。这样两种句型紧密相关，自然更意味着宾语的受影响性与动结式、尤其是动结式中的结果补语有密切的关系。所以这不仅是理论设想，也有汉语语言事实的支持。

以上的一些研究和其他语言中的相关现象表明，受影响性与体有着密切的联系。动结式中结果补语是主句动词的完结功能的表达方式，是一种内部词汇体，动结式的宾语具有受影响性，所以宾语名词短语在句法结构位置上也应该与动结式的补语有密切

---

① “把张三推了”在特定语境下可以成立，但是在没有上下文时不自然。这里是为了说明动词的差别，与动结式进行比较，所以按不自然情况的打 * 号。

关系，结论是：

受影响的宾语在完结短语指示语 [Spec TelP] 位置，非受影响的宾语在动词短语指示语 [Spec VP] 位置。实义动结式的宾语都具有受影响性，初始句法位置都在 [Spec TelP] 位置。

也就是说，一个动词投射为 VP 后，如果它没有补语，就没有完结短语层，宾语就是动词 V 的指示语，如下例 a；当 V 有补语 R，并投射为完结短语时，宾语是完结短语的指示语，如下例 b①。

（9）a. 张三摔了那个玻璃杯（，可是玻璃杯没事）。

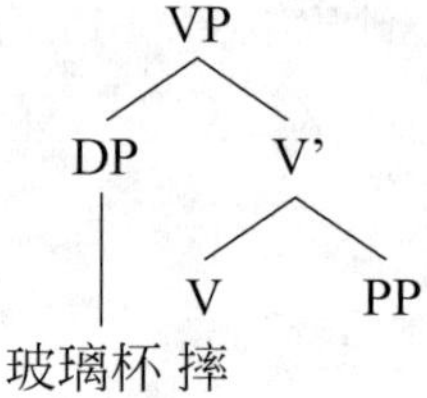

b. 张三摔碎了那个玻璃杯（，* 可是玻璃杯没事）。

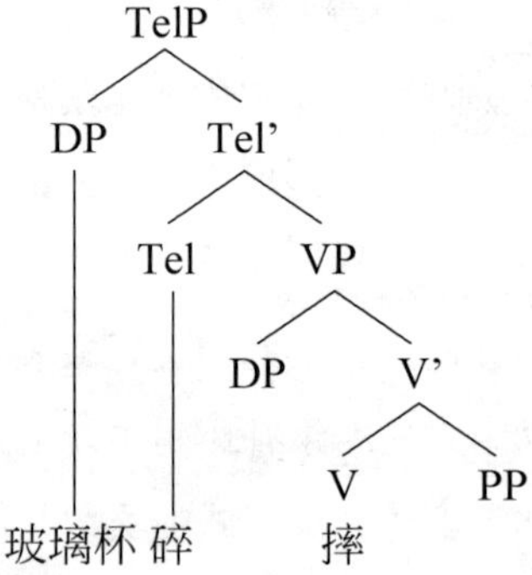

---

① 此句法结构只说明宾语与 V 和 R 的论元关系，对句子中的其他成分不作细分。名词短语都写为 DP，句中名词短语内部的结构省略。

关于宾语论元的位置，我们还需要说明一下。生成语法理论中一般认为作为内论元的宾语是动词 V 的补足语。但是也有不同的看法，如 Li（李艳惠）（1985、1990）等就认为汉语的宾语在动词短语的指示语位置，当然她论证的初衷是汉语是 SOV 语序的语言，所以宾语的底层句法位置在前面。程工（1999）也将宾语置于动词的指示语位置 [Spec VP]。我们同意将宾语放在动词短语指示语的位置 [Spec VP]，不是出于对汉语语序的考量，而是基于对语言中宾语的性质的认识。我们看到其他与谓语相关的主要功能性短语，如 vP、IP、CP 等的唯一论元位置都是短语的指示语（Specifier）位置，即无论是名词短语取得语义角色还是得到格位指派都是从指示语位置得到：依据内建主语理论的观点，主语论元在 [Spec vP] 位置，从轻动词 v 处得到语义角色；依据格理论，主语论元会移动到 [Spec IP] 位置，从屈折中心语 I 处得到格位；句子的话题（至少一部分话题）也是经过 Wh 移动到标补语 C 的指示语 [Spec CP] 位置等。所以其实把主要动词 V 的唯一论元置于它的补足语位置是和句子结构中的短语处理都是不统一的。而且 vP、IP、CP 等短语的补足语位置都是一个非名词性短语。鉴于此，我们认为动词 V 的论元也应该是在 V 的指示语 [Spec VP] 位置。另外，生成语法理论也从来不是一个必须遵循成说、不能越雷池的刻板模式，本书的处理方式在理论构建上没有问题。

我们从宾语的体貌性质出发，依据宾语的受影响性判定其与补语的论元关系，认为动结式的宾语是补语 R 的唯一论元，是

R 所投射的完结短语的指示语。生成语法的发展中，功能性成分的指示语 Spec 位置越来越重要，成为乔姆斯基理论的基石之一。而且核心词与指示语的关系，与核心词与补足语的关系一样，是基本的句法关系。所以从理论上也坚定了我们的分析：动结式的宾语是动结式中功能性成分补语 R 的论元，是 R 投射的完结短语的指示语。

这种分析支持了小句理论等将动结式的宾语作为补语 R 的主论元的分析方法。汉语动结式的研究多数认为动结式的宾语首先是述语 V 的论元，因为将动结式作为表示因果关系的两个事件分析，述语和补语的论元结构都是完整的。至于与补语 R 的论元重合，尤其在补语指向宾语的一类动结式中，或用论元整合规则、或用 PRO 控制理论来解释。小句理论认为动结式的宾语与补语一起形成一个补语小句，作为述语 V 的终结点，在主句动词 V 的补足语位置。这样动结式的宾语只与补语有论元关系，而与述语 V 没有论元关系。

其实，认为动结式的宾语是述语 V 的论元的观点，其最主要、最直接的证据是述语 V 为及物动词的一类动结式，如“张三打伤了李四”。正是因为主句动词是及物动词，和后面的名词短语才有可能有语义上的关联。如果主句动词是不及物动词（如“张三哭湿了枕头”），就不会产生这样的疑问。这样看来，讨论的重点就是主句动词是及物动词的情况，动补结构的宾语是不是一定和主句动词有语义上的论元关系？

以下是一些语料用例，我们看到动结式的主句动词 V 即使是及物动词，也和动结式的宾语没有论元关系。如：

（10）《花样年华》拍出了张曼玉和梁朝伟剪不断的绯闻，也拍断了张曼玉原本脆弱的婚姻。

（11）听众么，当然只有一个；掌声也不太热烈，因为他唱熄了灯，又唱亮了天，自己越来越精神。

（12）一曲《水煮鱼》唱红了王容。

（13）驻伊美军杀红了眼。

（14）三十回船夫号子喊破天。

（15）玩网游把电脑都玩死了。

（16）打工把心都打散了。

（17）老王教这些学生都教病了！

（18）于是打扮光亮去逛街，直到买红了双眼，买空了钱包。

（19）听众都让我给讲跑了。

这类例句不胜枚举，与“张三喊哑了嗓子”是一样的情况。也许，人们依然能分析出动结式的宾语与述语主句动词有某种语义关系，称为所谓的旁指论元。比如“嗓子”是V“喊”的工具。但是需要注意的是，我们强调是它们之间没有直接的论元关系。同一个句子中的成分，应该都会有语义关系。但只有论元关系才是反映在句法结构上的语义关系，也才是语法学研究的对象。

以上这些例句的存在，更加从事实上证明了动结式的宾语是补语的一个论元，位置应该在补语所投射的完结短语的指示语位置 [Spec TelP]。而如果“喊哑了嗓子”的宾语只是R的论元，一般认为的及物动词“喊”并没有带自己的宾论元，那么同样是及物动词“打”也应该可以生成没有宾论元的结构，“张三打伤了李四”中的“李四”也不能因为可以是及物动词“打”的宾语而必须优先理解为 V 的论元。所以所谓不同类型的动结式的结构都是如前文所述，是一样的基础结构生成的。我们这样的句法结构分析才是最简洁、最统一的。

本节的分析对动结式的宾语只与补语有论元关系这一观点做出新的解释，是因为动结式宾语是受影响的论元，它应该与“体”信息相关的投射有关联，即动结式的补语。这是理论上的推动。因为如果只纠缠于是否有语义关系，动结式宾语与述语 V 和补语 R 的关系难免会出现各执一词的局面，以往研究中争论不休可见语义关联的解释很难服众；而我们从动结式宾语的受影响性和补语的完结性的功能出发，使二者的联系具有更普遍的理论意义。

2.3 动结式主论元的句法位置

动结式的主语情况比较复杂，根据它与动结式 V 和 R 的语义关系，细分为三类情况，我们逐一分析。

2.3.1 施事主语

一类是动结式有宾语，动结式的主语是施动者，发出述语 V 的动作，对其他人或事物即动结式的宾语产生某种影响，与补语动作没有直接关系。我们称为施事性主语。各家对这种主语的处理基本相同，根据 VP 嵌套结构（VP Shell）及其对论元结构的分析（Larson，1988；Hale & Keyser，1993），结合广为接受的“动词短语内部主语假说（VP Internal Subject Hypothesis）”，述语 V 的主论元，也就是句子的主语，在轻动词指示语 [Spec vP] 位置生成，从轻动词 v 处获得论旨角色。我们也同意这种处理，结构为：

（20）

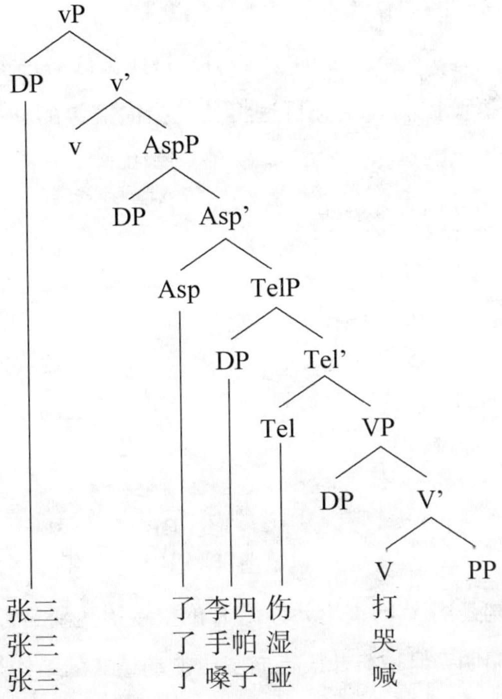

这样的分析解决了大部分动结式，我们看四种基本类型（参见 1.1 节）中的三种都得到一致的解释。因为动结式的结构分歧主要在各种宾语的语义类型上，我们对宾语的一致性处理大大简化了动结式的类型。

2.3.2 系事主语

关于动结式主语的分歧主要在第二类，主语是动结式的唯一论元，即补语指向主语的动结式，我们称为系事性主语，如：

（21）张三哭累了。

学者们一般认为动结式的主语既是 V 的主语，也是 R 的主语。这种动结式不是很多，而且动结式整体被认为是不及物的，不能再带宾语。控制理论分析法将其与指向宾语的动结式同样处理，认为句子主语是述语 V 的主论元，结构重复如下：

（22）

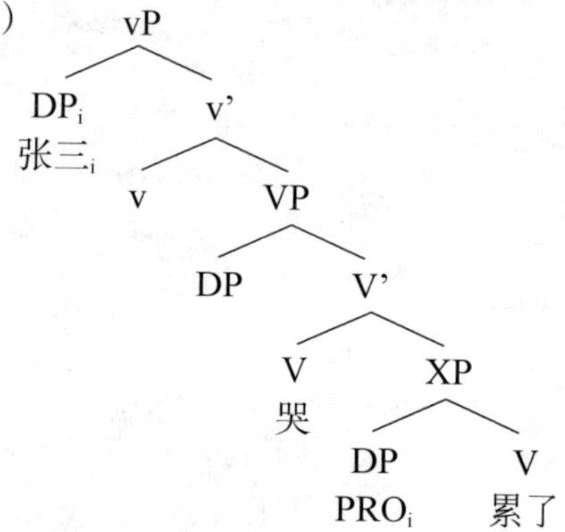

结构是用 V 的主论元控制 R 的空主语达到二者同指，这种分析比较简明，但是与补语指向宾语的动结式的结构是截然不同的，缺乏统一性。

小句理论认为不及物动词作主句动词时没有轻动词 vP 层，动结式的主语是补语小句的主语，然后才向上移动成为整个动结式的主语，这样“张三哭累了”的结构如下：

（23）

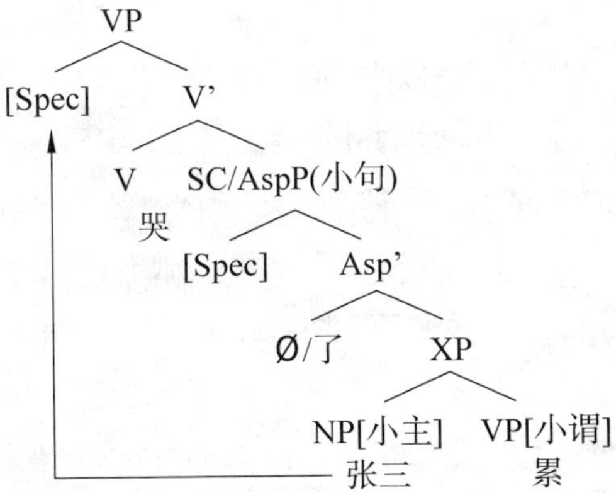

小句理论认为 V 自身是没有施事的，只是一个动词“哭”所代表的动作引起了一个结果，动结式的主语是小句的主语也即 R 的主语移动到句首形成的。这种分析可以统一处理汉语中补语指向施事的动结式“哭累、吃胖、听烦”和补语指向受事以及旁及成分的动结式“哭湿、撞倒、砍坏”；并提出小句理论也适用于对其他语言的分析，且不需要做太大的技术调整。

熊仲儒（2004）对此的分析与小句理论相同，也认为动结式唯一的论元是补语 R 的论元，位置是功能性达成短语的指示语 [Spec BecP]。

彭国珍（2006a）支持小句理论，并指出这种动结式中动词和补语所共同指向的名词性短语其实不是所谓的施事，而是当事。她用添加“故意”来测试，如：

（24）a. 张三故意哭了三个小时。

b. * 张三故意哭累了。

副词性状语“故意”是表达意愿的词，带有施事性论元的动词应该可以带有这样的修饰语。当“哭”等动词单独做谓语时，可以用“故意”修饰，如上例a句，所以主语“张三”是施事；而当动结式“哭累”做谓语时，则不可以用“故意”修饰，如上例b句，可见这些动结式不具有施动性，主语“张三”不是主动词“哭”的施事，从而证明小句理论认为它是小句的主语的观点。

彭国珍的分析只是证明了主语的位置不一样，但是小句理论的分析法从语义上，很难理解主句动词“哭”的动作不是“张三”发出来的；而且为什么主动词“哭”一般被理解为只有一个域外论元的通格动词，而在带有结果补语小句的时候就没有域外论元了，需要由小句的主语向上提升后才能生成合格的句子。也就是主动词的论元结构是个比较难解释的问题。这也是小句理论受到攻击的地方。

上文分析宾语时说过，单从语义着手很难分清动结式的论元与述语和补语的关系密切程度，我们还是依据动结式主语的性质来考察它的句法位置。前人分析的分歧主要在动结式的唯一论元是谁的论元，即是V的主论元还是补语R的论元。依据我们“完结短语”假说的观点，补语的论元是受影响性的。下面就考察“张三哭累了”中的“张三”是否是受影响性的。我们知道汉语中“把”字句中“把”后的宾语最体现受影响性，因为“把”字句的结构意义是“处置”，表明主语施予宾语所代表的事物一个很强的动作，使其受到影响，所以能够变为“把”后宾语的成分是受影响性的名词短语。我们把四类动结式变为把字句，例如：

（25）a. 张三把李四打伤了。

b. 张三把手帕哭湿了。

c. 张三把嗓子喊哑了。

d. 把张三走累了。

补语指向主语的动结式中唯一论元可以变为“把”的宾语，如 d 句，证明其受到影响（“把”字句的具体分析见 4.2 节）。

另外，将动结式的论元关系化，发现补语指向主语的动结式的主论元和补语指向宾语的动结式的宾论元表现一致。例如：

（26）a. 打伤的李四（* 张三）

b. 哭湿的手帕（* 张三）

c. 喊哑的嗓子（* 张三）

d. 走累的张三

可见无论是用“把”字结构测试，还是进行关系化测试，补语指向主语的动结式中唯一论元都与补语指向宾语的动结式中的宾语论元一样，也从句法结构上证明了二者的同质性。

我们从名词短语的性质出发，证明补语指向主语的动结式的唯一论元是受影响性的宾语，那么其句法位置也是“完结短语”的指示语，结构如下：

（27）

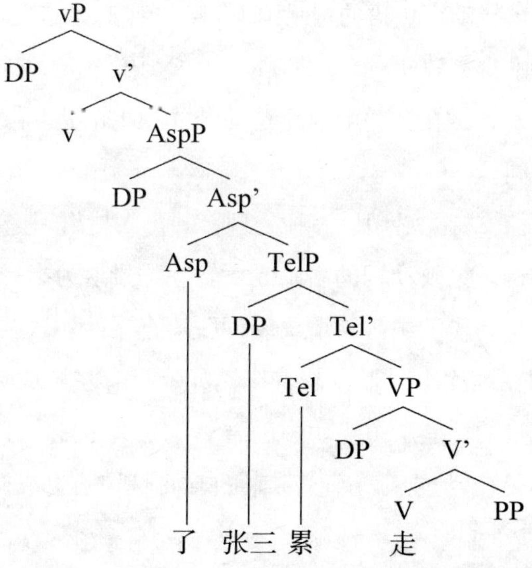

2.3.3 致事主语

第三类动结式的主语是致使性主语，不再单纯是述语或补语的主论元，而是整个结构有致使含义。此时句子的主语可能是述语 V 的宾论元，如 a 句；也可能与述语和补语都没有论元关系，如 b 句。

（28）a. 这瓶烧酒喝醉了老张。

b. 连续三天的行程走累了张三。

一种处理方法是 a 句中与述语有论元关系的主语的初始位置是述语的宾论元，动结式生成过程中移动到致使性短语的主语位置；而 b 句是话题性的主语，初始位置就是致使性短语位置。因为重视动结式的论元与述语或补语的论元关系，运用控制理论的学者们易采取这种处理。

另一种方法是如小句理论处理，动结式的主语直接是动词短语的上层轻动词短语的指示语 [Spec vP]，此处是主语生成的位置，轻动词本身有致使意义，即无论主语从语义上看与谁有语义关系、是谁的论元，在结构上都只是动结式的主论元。熊仲儒的观点也大致相同。

我们支持并沿用后一种处理，并再次提出理论上的根据：VP 嵌套结构理论及动词的主论元由轻动词投射为指示语的理论，本身就是将句子的主语与谓语动词脱离直接的句法结构关系。也就是动词在词库中并不带有其主论元，只有在生成句子的过程中，有了自身的功能层（轻动词短语 vP）后，才能有主论元。这样主语并不是由动词从词库中带来的，而是句子生成过程中赋予的。

既然简单谓语动词结构的主语是由功能层轻动词 v 指派的，复杂的动结式的主语也应是由轻动词指派，无论主语从语义上与哪个成分有关系，都不可能是论元关系，其初始位置都是轻动词短语的指示语 [Spec vP]。关于致使性动结式在第 5 章还会进一步阐释。

经过上面的分析，几种所谓不同类型的主语都得到了一致的解释，除了貌似主语、实为宾语的补语指向主语的动结式，其余动结式的主语都是在 [Spec vP] 生成。

2.4 动结式的生成机制

上节已经指出，作为宾语的名词短语的是否具有受影响性，完全取决于宾语与谓语动词的语义关系，是在句法结构中决定的，而与具体的谓语动词和宾语名词自身的词义没有必然联系。结合论元位置，我们再重述一下完结短语假说：

“完结短语”假说：汉语的谓语动词 V（常为单音节）表达一个非状态性的动作行为，该动作行为内部没有作用的范围和到达的终点。动结式的结果补语 R 在句中投射为“完结短语（Telic Phrase）”，简称 TelP，它的功能是给予主要谓语动词 V 一个终结点，使之具有一定范围和到达的终点。TelP 是紧邻动词短语 VP 的功能性成分。TelP 的补足语是主要动词短语 VP。TelP 是词汇层之内的功能短语，低于 VP 内的其他功能性成分“体短语”，是“体短语（AspP）”的补足语。对谓语有作用范围的宾语是受影响性宾语，是“完结”Tel 的论元，句法位置是完结短语的指示语

位置 [Spec TelP]；对谓语没有限制作用的宾语是非受影响性宾语，是动词 V 的论元，句法位置是动词短语的指示语位置 [Spec VP]。句法结构如下：

（29）

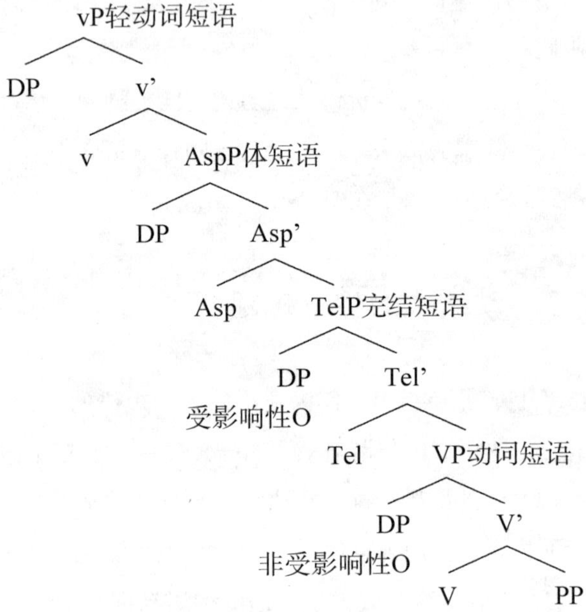

明确了动结式的基本结构和论元位置后，我们再分析动结式的生成过程。当补语为实义的完结意义即一般的结果补语结构，补语投射为体短语 AspP 和主要动词短语 VP 之间的完结短语 TelP，则动结式的四个基本形式和带有致使性主语的动结式的句法结构都是同一个，如下：

（30）

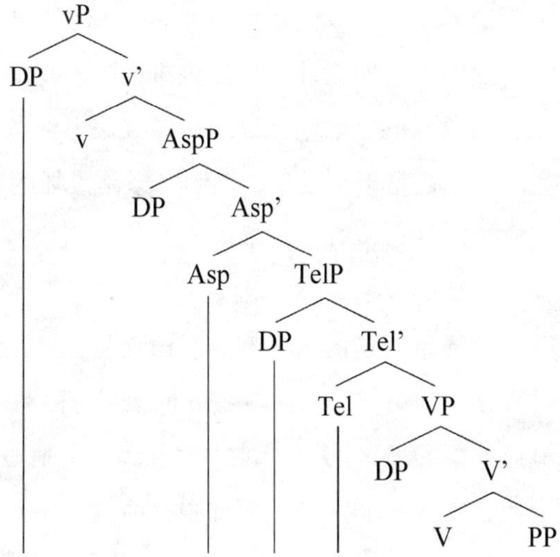

a.	张三	了	李四	伤	打
b.	张三	了	手帕	湿	哭
c.	张三	了	嗓子	哑	喊
d.		了	张三	累	走
e.	三天行程	了	张三	累	走
f.	这瓶烧酒	了	老张	醉	喝

这是动结式的底层结构，其结构的意义是，以 a 句为例，述语动词 V“打”表示的动作自身是开放性的，没有作用的范围和终结点的；补语“伤”投射出的完结短语（TelP），并带有一个受到影响的论元“李四”，构成一个事件；这个事件性的完结短语对主要动词起到终结、完结（telic）的作用，即“打”的动作发生到“李四伤”为止。其他例句相同，b 句是“哭”的动作完结于“手帕湿”这个事件，c 句是“喊”的动作完结于“嗓子哑”这个事件，d 句和 e 句都是“走”的动作完结于“张三累”这个事件，f 句是“喝”的动作完结于“老张醉”这个事件。

略微不同之处在于这整个事件的主语论元：a、b、c 三句，主语论元“张三”是动作的直接发出者；d 句整个事件没有句法上的发出者，即无外力导致该事件的发生，所以全句只有一个论元；而 e、f 句的主语论元是间接导致该事件产生的事物。总体上看，主语论元都是事件发生的动因，只是具体的语义角色不同而已。

按这种分析方法，汉语动结式的生成过程十分自然。生成过程中，动词 V 移动的动因是核查与之有关的特征。最简方案的词库中的词条，是由语音特征、语义特征、形式特征（与句法生成过程相关）组成。最简方案的框架里，移动一般总是与特征有关。最简方案的理论认为：如果 F（eature）是一个强特征，那么 F 一定包含在一个非实质性成分中，而且要由包含在实质性成分中的句法单位性成分加以核查。其中实质性成分应该为词汇性成分，而非实质性成分是功能性成分。此规定意味着，移动的方式总是词汇性成分向功能性成分移动，即功能性成分中的强特征吸引实质性成分中的相应特征，后者特征核查移动到前者处，并将自己所在的实质性成分一起带上去。

所以我们对此的解释是，动词需要核查与其有关的特征，如体态、时态、主语一致性、宾语一致性等，汉语中的动词 V 由于自身表示的是无终结点的开放性的动作，在同其他语言一样核查体态、时态等功能性特征之前，还要核查一个 [+完结] 特征。我们认为完结特征是动词的一个主要特征。本章介绍动词情状研究中已经指出四种动词类型的两个基本区别属性是过程性和完结性，有些研究虽然加入了其他特征，但是最为基本的是这两个。可见完结特征对动词的重要性。Travis（2005/2010）将过程性和完结性都作为动词的功能性投射（她用的是术语 Definite，参见 1.5 节）。我们受此启发，也认为动词的特征是一种功能性投射，但是不同的是，我们认为“过程性”在汉语中并没有显性的句法表达方式，也可以说动词V直接含有过程性，因为一个动词完全没有过程是不可想象的，只是相对的长或短的过程，所以不单独投射过程性短语。而“完结性”是现代汉语单音节动词不具备的，只有通过句法上再添加一个功能性投射才能实现。所以完结短语在现代汉语中是非常重要的词汇层内功能性短语。完结短语是一个功能性投射，带有[＋完结]特征，这个特征是一个强特征，需要实质性成分即词汇性成分V来进行核查。

具体生成过程如下。首先，动词需要移动到完结短语的中心语核查[完结 TELIC]特征。只有具备[＋完结 TELIC]特征后，动词所表达的动作才能是有终结点的，所以这样就结合成“打＋伤”的形式，如下例所示，

（31）

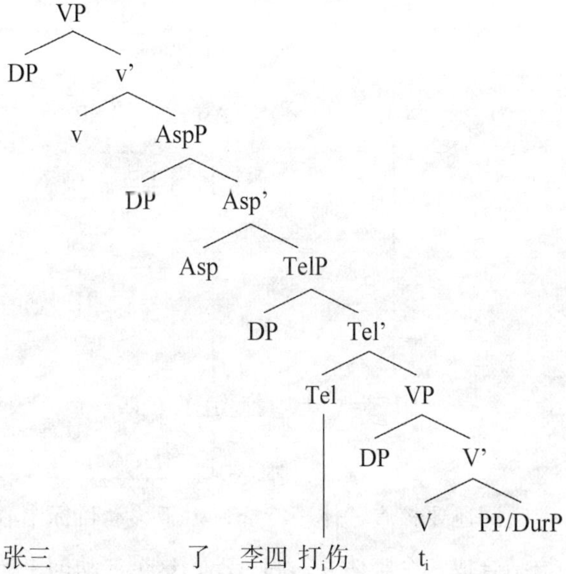

这个句法结构的意义是，主要动词 V 为了验证其谓语相关的特征进行中心语移动，先向上移动到完结短语中心语 Tel 的位置，以核查谓语的“完结”特征，所移动的中心语一般在移动目标位置中心语的左侧，即从 V 移动的动词在 Tel 中心语的左侧，形成了“动词+结果补语”的谓语结构，如上例中“打伤、哭湿、喊哑、走累”等。

然后，“打+伤”的这个组合（cluster）需要向体短语的中心语移动，以核查它们的体特征，形成了“打+伤+了”的最终形式，如，

（32）

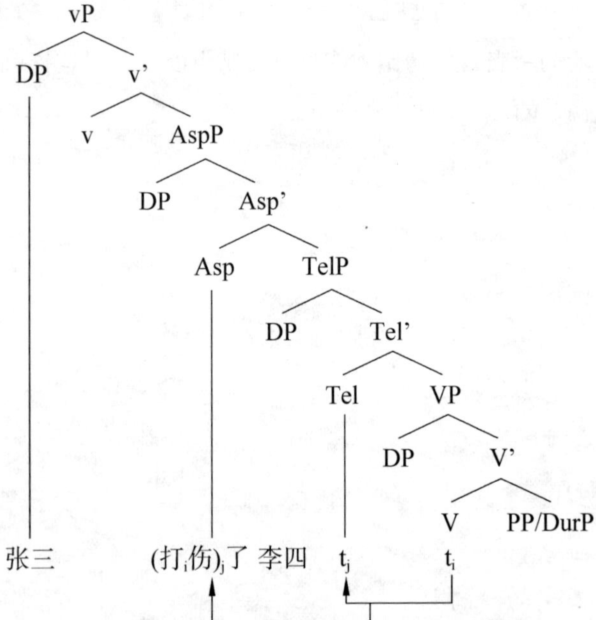

动词还要核查“体”特征，由于移动目标中心语会和移动中心语结合成一个整体并一起行动，这个“动词+结果补语”的组

合（cluster）将一起向体 Asp 中心语移动，也是移动到移动目标中心语的左侧位置。上例句子都是完成体，体 Asp 中心语就是汉语完成体的标记“了”，这样就形成了“动词＋结果补语＋了”的组合，如上例中“打伤了、哭湿了、喊哑了、走累了”等。

在 VP 内,这个组合“打伤了”的最终位置是轻动词中心语 v。因为是需要核查每个短语的特征，下层的成分要一层层向上移动。这样，句中与动词相关的中心语都会形成一个链条。

在动词短语 VP 内，由于及物动词还有轻动词 vP 功能层，表示执行等一种施事性行为，谓语动词还需要核查此特征才能确定可以带主语论元，所以“V ＋ R ＋了”组合从 Tel 中心语的位置还要向上移动到轻动词 v 中心语的位置（第 5 章还会详细阐述这部分）。以上是在词汇层 VP 内的生成过程。

表面上看，这已经形成了汉语句子的正确语序，但这些只是动词短语 VP 层面的移动和特征核查。从句子的生成过程来看，还有很多步骤。前面我们也介绍，其实这个谓语组合还需要到更高的功能层核查特征，如到屈折短语 IP 的中心语位置核查时态特征，即是过去时、现在时还是将来时等；它还要到标句词短语 CP 中核查其他功能特征。句子的生成过程在句子功能层 IP 和 CP 中还会有更多的操作和步骤。相应地，名词短语也要一步步向上移动核查其特征。由于本书讨论的重点是词汇层动词短语 VP 内结构，而且汉语谓语在 VP 之外的核查并不改变语序，IP、CP 层的生成过程从略，本书中只讨论 VP 层内的生成过程。

“完结短语”假说的分析方法，使动结式的生成过程在技术上达到统一，不会出现“小句理论”所面临的移动方向不一致的问题。而且述语和补语合并过程中，移动的动因是词汇性成分核查其功能特征，具有普遍的语法意义，不是为解释汉语貌似独特的动结式现象而特设的。

2.5 “完结”的性质和意义

2.5.1 “完结”的性质

“完结短语”中“完结”这个名称也反应出它的性质。本书用“完结”短语这个术语，由于相关体貌方面的研究非常多，这里我们想介绍一下不同术语之间的区别和联系，以及我们选择“完结（telic）”的理由。

（一）“完成体”和“完整体”

“完成体”是我们熟知的语法体概念，在英语中表现为“have done”，概念清晰，汉语中基本可以对应于动词后的“了”。虽然对汉语中是否存在完成体标记以及动词“了”是何语法功能还有争议，但是完成体与本书汉语动结式的讨论距离较远。完成体是一种语法体，是外部的、已经形式化的一种体；而动结式的结果补语一定不是语法体，只是一种内部的、词汇形式表达的体。所以动结式相关的一定不是完成体。

而与之有关的“完整体”则是需要好好讨论和理解的。先看看文献中的界定。

Comrie（1976）指出体是对情状内在时间构成所持的不同的观察方式。主要的观察方式有“完整体（perfective）”和“未完整体（imperfective）”两类：完整体从外部观察情状而没有必要去区分情状的内在结构；未完整体从内部观察情状，因而跟情状的内在结构有着密切的联系。未完整体可以分为惯常体（habitual）和持续体（continuous）；持续体又可分为进行体（progressive）和非进行体（nonprogressive），前者用于动态动词，后者用于状态动词。

Smith（1991）提出的体貌普遍理论——双部理论（two-component theory），也区分了词汇手段表现出来的情状类型或情状体（situation aspect）和由语法手段标记出来的视点或视点体（viewpoint aspect），后者包含完整体视点（perfective viewpoint）、未完整体视点（imperfective viewpoint）、中性体视点（neutral viewpoint）等。完整体是把一个情状当作封闭的整体来表述，它的观察视野包括情状的起点和终点。

Mari Broman Olsen（1997）（转引自陈前瑞 2001）指出语法体的普遍语义特征是“[＋完整体]perfective”和“[＋未完整体]imperfective”。也就是说“完整体”还是一个语法体中的概念。

根据陈前瑞（2005）的介绍，Michaelis（1998）、Dik（1997）、Dahl（2000:14）等学者也都将“完整体”作为语法体的一个分支。

“完整体”和“完成体”不同，Bybee（1994：54）界定了完成体与完整体。完成体表示情状发生在参照点之前且与参照时间具有相关性。完成体典型地译作英语的 have ＋ v.ed 并经常与“already”（已经）、“just”（刚刚）同现。完成体可以以过去时或将来时的形式出现。完整体表示情状被视为在时间上是有界的。完整体用于叙述特定事件的序列，情状是因为其自身的原因而被报导，从而独立于该情状与其他情状之间的相关性。

戴耀晶（1997）对汉语的体貌研究中也把现代汉语的体分为完整体与未完整体两大类别，指出“完整体揭示的是事件的整体性质，而非完整体揭示的是事件的局部性质”。

陈绍新（2014）认为英语中的某些动词也意味着时间的变化和事件发生的顺序，如“arrive”“break”以及“kill”之类的延续性动词的词汇意义中也暗示着动作状态的改变、事件发生的时间顺序转移以及动作本身的终止性。完整体的基本特征体现在其“终止性”或“完结性”。不管是普通词汇语义抑或是谓语组合体语义均可以体现出完整体的终结性特征。

孙敦夫（2011）、王健宜（2014）认为日语中有完整体。后者还与陈前瑞（2005）把动词尾“了”称为“完整体”的结论是一致的。由于与日语的变化动词（包括客体变化动词和主体变化动词）对应的汉语动词没有内部界限的含义，它们的完整体スル/シタ在翻译成汉语时一般要加上补语（少数情况下加状语）。

在典型的完整体形态的俄语中，完整体和非完整体与事件是否具有完整性有联系。它所关注的是事件是否完整、边界是否清晰。如果事件是完整的，边界是清晰的，则为完整体，否则是非完整体，这是区分完整体和非完整体最主要的因素。在俄语中，绝大部分动词区分为对偶形式的完整体和非完整体词汇形式（与形态屈折或其他句法手段不同），完整体和非完整体并不与事件发生在客观世界的时间轴上的进程必然相关（比如完成还是持续），完整体可以是没有完成的，非完整体也可能是完成的。金立鑫、邵菁（2010）和金立鑫（2014）也着重分辨完整体和完成体的区别。

金立鑫（2014、2016）指出在多数斯拉夫语言中，动词本身有完整体和非完整体的词形表达，比如在俄语中“请造句”和“请用动词XX造一个句子”这两个句子的动词用不同的形态，前者用动词的非完整形态，后者用完整形态。只有动词代表的行为是具体的确定的时候才会用它的完整形态。俄语中的完整和非完整也可能表达事件在客观世界中的进程，但是它与时间进程之间没有对应关系。例如俄语的完整体可以表示行为的完成或行为达到某种结果、行为的开始、行为的瞬间性、对行为延续的界限等。非完整体可以表示行为的经常性反复性、行为的延续和过程、行为存在的事实，不指明它是否到达界限。俄语中的“他在学校工作了3年”如果动词用完整体和非完整体，语法意义就不一样。俄语中，如果表示一种行为应该发生或预知要发生，但说话时因某种原因尚未发生，这时可以用完整体动词。

综述前人研究，可以看出“完整体”和“完成体”的区别是：（1）完整体是不可分割的语义、语法及语用的综合体，而完成体只是语法层面上的语法体；（2）完整体在语义阐释和时间顺序表达方面往往与情状及其特征相关，而完成体则可独立依据内部语法结构强调时间的相关性，具有时间的顺序；（3）完整体并无固定的表达形式，而完成体则借助于助动词等语法手段来表现事件发生形态和时间顺序。

虽然汉语中“完整体”的表达方式还有一定争议，但是完整体的基本语义特征亦可根据其功能被归纳为表达事件的“有界化”，其代表词汇所表达的语义具有区分性和明确性，并且内部时间上亦有结构终点。“完整体”看起来似乎适合我们讨论的动结式的结果补语。

但是我们认为不能用“完整体”来表述结果补语。一方面,“完整体”是一个体貌研究中广泛使用的概念，是某些语言中被语法化表达的体，如斯拉夫诸语，汉语中并不存在显性表达的“完整体”，我们如果用“完整体”表述动结式会引起误会。另一方面，“完整体”是一个整体的“体”概念，本书所研究的是区别动词情状的一个特征，而不是某种“体”。所以我们不能用“完整体”这个术语，而且应该严格区分“完整体”和我们所研究的“完结”范畴。

（二）“结果体”

动结式既然表达的是动作结果关系，那么补语功能的术语可否用“结果”，或者称“结果体”，或者是“结果范畴”？先看“结果体”的概念。

Bybee，Perkins & Pagliuca（1994：63）指出印欧语言中有一种称为结果体的结构（resultative construction），通常由助动词加过去分词构成，结果体的定义为：结果体表示由过去动作所带来的状态。结果体与完成体类似。在英语中，两者的区别是由结构中的助动词 be 与 have 来区别的。英语中类似于结果体的意义由 be + -ed 构成，如 He is gone，表示状态还存在（他此刻不在这里），因此不能说 He is gone and come back already；而完成体由 have + -ed 构成，如 He has gone，仅表示过去行为具有现时相关性（可能去过又回来了），可以说 He has gone and come back already。

Ramchand（2008：46）也提出相似句法结构，将“过程

（process）”和“结果（result）”分别投射为V上层的两个短语。

陈前瑞（2008）认为阶段体中有结果体，汉语典型的结果体标记包括“着、到、见”，它们除了表示动作的完成和结束以外，还表示动作获得了结果。结果体标记多用于结束情状。如“猫逮着了耗子、碰到了一件怪事、遇见一个熟人”。

我们没有采用“结果体”这个术语。一方面，与前人研究的术语易混：首先在英语中有这样的概念，也是体的一种形式，而且是一种外部体，汉语动结式的结果补语并不能上升为一种体的形式，只是可以说表示结果。其次，汉语研究中陈前瑞（2008）也用到这个术语，指“着、到、见”类的虚化结果补语，但是以前的“结果体”所涉及的范围是比较小的，如果本书用这个术语必须有扩大和说明。另一方面，动结式常常被认为是“动作－结果”两个事件结构，这是本书极力更正的地方，我们认为动结式的结果补语不是表达动作的结果，而是动作的终结、完结。所以如果我们使用“结果体”会使我们的观点不明确。

（三）“Telic”及其译名

为什么选择“Telic”？前人研究提出过类似结构的假说，V上层的功能投射也具有内部体的意义，如Travis（2005/2010）用“Definite”，Ramchand（2008）用“Result”等。“Definite（界限性）”，因这个术语也对应名词的特征，时常被翻译为“有定性”，所以为了区别，我们倾向于用其他更能表现动词性质的术语Telic。而“Result（结果）”，1.5节中也介绍有研究表明“结果”范畴并不具有语言普遍性，不是动词的必有语义范畴；而且我们认为“结果”范围较大，因果关系可以在词之间、分句之间，甚至句子语篇中。而 V 后最为紧密的句法关系应避免这样涵义宽泛的术语。

术语“Telic”在体貌研究中早有表述。陈前瑞（2001）介绍 Mari Broman Olsen（1997）的观点，认为词汇体包含的普遍性语义特征主要有完成性（telicity）、动态性（dynamicity）和持续性（durativity）。后来陈前瑞又把 telicity 翻译成“终结”。Mari Broman Olsen（1997）给出这样的基于缺值对立的情状体表格。

情状体的类别	终结（Telic）	动态（Dynamic）	持续（Durative）	例证
状态情状（State）			+	知道、是、有
动作情状（Activity）		+	+	跑、画、唱
结束情状（Accomplishment）	+	+	+	摧毁、建造
达成情状（Achievement）	+	+		死、赢

Rothstein（2004）也用 telic 作为特征来区分四种动词情状类型，如：

	[± stages] =occurs in progressive	[± telic] =naturally heads telic VP
State（状态）	−	−
Activities（动作）	+	−
Accomplishments（结束）	−	+
Achievements（达成）	+	+

说明用“telic”这个特征来区别动词的情状类型已经有先例。接下来的问题就是汉语用什么词来翻译“telic”。陈平（1988）将“telic”翻译为“完成”。陈前瑞（2001），林巧莉、韩景全（2009）等学者将“telic”翻译为“终结”。沈阳、Sybesma（2012）将telic称为“有界性”，认为补语（指补语小句）为没有终点的动作行为提供作用的范围和到达的终点，实现结构的有界性。

首先，译为“完成”，不妥，因为“完成体”作为外部体、语法体深入人心，而“telic”本意也不是“完成”，而是有终结点，无论是从区分语法术语、还是准确达意的角度，都不能译为“完成”。

其次，“有界”的译名也不佳。由于沈家煊（1995）对“有界”的研究在汉语学界中有广泛影响，他的“有界性”概念比较广，此术语意在说明，人类思维的概念结构中，物体具有空间的“有界”与“无界”的对立，事件具有时间的“有界”与“无界”的区分，是人类最基本的认知概念之一。“有界”是一个上位的概念，对应于bounded等，可以是名词性成分、也可以是动词性成分。名词的有界无界性在汉语表现为数量名结构和光杆名词的区别，动词的有界性体现为带有配价成分、时量、动量、介词结构等成分。而telic是动词所表达的事件的性质，是动词在时间性上的“有界”。所以如果本书只把动结式的结果补语作为动词的“有界”特征，会与其他有界的表达方式混淆，动词中的telic性质应该另用他词。

再次，译为“终结”也是一个选择，在语法术语中也比较单一，沈家煊先生[①]翻译为“终结”。但是我们更倾向于用“完结”。

① 见Crystal（1997），沈家煊译，“telic（ity）”词条。

原因是这个动词情状类型的结点特征，是一个开放的、多种意义的类（参见 2.5.2 节），“完结”的特征是相对于动作过程性而言的，并不是动作一定是“终止”的。如汉语的“增长”，作为“增”这个动作的“完结”状态是“长”，但是“长”也是有过程性的，不是“终结”了的，所以还可以有进行时态等。我们认为“终结”容易让人误会这个结点是“终止”性的，故而弃用。

另外“完结”的一个优势是相近术语表达相近语法概念。由于本书第六章还会讲到汉语的结果补语与体标记产生的关系，并从理论上论证了由内部的词汇体（“完结”）发展到外部体（“完成体”）的过程，“完结”的译法使术语具有相关性、连贯性。

“完结”这一术语，也继承了对动结式的研究，动结式是一个广泛接受的名称，指代汉语中的 VR 结构，但是我们以往认为是“动作－结果”，现在厘清语义关系后，可以仍然称为动结式，只是这时代表的语义关系是“动作－完结”。

2.5.2 “完结”的意义

完结短语假说对汉语动结式的分析也使补语的功能进一步明确，补语给述语动词所代表的动作提供一个完结点。但是“完结”的意义到底是什么，是完成、结束了吗？

蒋严、潘海华（1998）、王媛（2011）曾指出部分汉语动结式可以有进行体，当补语终结性的获得需要一个逐渐发展的内部过程时，具有持续性。例如：

（34）我国正在改良水稻品种。

（35）政府正在提高人民的生活水平。

（36）这种做法正在拉大贫富差距。

这类动结式可以有进行式，和“正在/在”搭配，蒋严、潘海华（1998）甚至认为这类动结式表示活动性情状，那么就是没有完结点的动结式。

“完结”是在区分动词情状类型时的一个区别特征，是指动作是否有结点，还是动作一直持续、没有结点，而这个结点是什么样的，还需要区分。尤其在汉语中，由于“完结点”是在句法中生成，又是用词汇性成分来形成句法结构中的这个功能层，所以词汇本身的意义对功能范畴“完结”有影响。这个完结点自身可以是完结状态明确的词语，如“死”“断”“谢”等，也可以是完结状态不明确、有一定持续意义的词语，如“长”“善”“加”等，这些词语有程度性，“长”“1 厘米”是“长”，“长”“10 米”也是“长”，范围很难确定，这类补语就表示可以变化的状态，而不是一个定点的终结状态。以“提高”为例，“提”是一个活动（Activity）情状的动词，没有结点，而“高”给“提”提供了一个“完结”结点，“提高”就是一个完成（Accomplishment）情状动词。也就是在“提高人民的生沽水平”这句中，“提”的动作是以“高”为终结点的，只要“人民的生活水平”“高”了，“提”的动作就有完结了；但是这个结点“高”是个有程度变化的结点，“高”的程度性导致这种终结状态难以确定，所以整个动词还可以有状态的持续，可以有进行式“正在提高人民生活的水平”等。“完结”点的程度变化，不能说明动结式本身没有结点。“提高”只是比“提醒”具体持续性，但是相对于“提”这个动作，已经具有了“完结”范畴。

以上是理论上的分析，再看句法表现上的证明。这类动结式，虽然有进行体，但是不能进入持续体（标记为“着（zhe）”）。例如：

（37）* 我国改良着水稻品种。

（38）* 政府提高着人民的生活水平。

（39）* 这种做法拉大着贫富差距。

时段短语也只能在句末表示状态实现后的时间，不能在谓语和宾语之间表示谓语动作的持续时间。例如：

（40）* 我国改良了三年水稻品种。

（41）* 政府提高了三十年人民的生活水平。

（42）* 这种做法拉大了十年贫富差距。

（43）我国改良水稻品种三年了。

（44）政府提高人民的生活水平三十年了。

（45）这种做法拉大贫富差距十年了。

以上两种比较典型的对于动作结点的句法测试说明这类带有程度性结果补语的动结式仍然符合动结式的基本特征，所以程度性结果补语也适用于我们的分析方法。

此外，一些动结式的小类，如 R 指向 V 的动结式“抓紧时间”、评价类动结式“（杯子）买贵了”①、动趋式（广义动结式包括动趋式）等，都是在“完结”这一基本语义的基础上形成的语义分化，是 R 的语义对动结式的影响。如起始动趋“飞起来了”，“起来”虽

---

① 动作“抓”发生到“时间紧”为止，意义抽象性较高；动作“买”发生到“杯子贵”为止，常用 OVR 形式理解为评价义，但首先是 SVRO，如“买完才知道自己买贵了 / 中国买贵了俄罗斯石油？”。所以 R 的完结功能是基础，R 的具体意义只是小类。

然表示起始，但是VR表达的是动作“飞”直至“起来”，“起来”仍然给“飞”一个结点，这个结点不是“飞”的动作结束了，是“飞”发生到“起来”为止。起始义是R“起来”的语义给VR带来的,但R的功能仍然是给V完结特征。可以比较“它飞啊飞啊，终于飞起来了”。再如持续动趋“飞下去”，是动作“飞”发生直至“下去”，“下去”的持续义，并不是“飞”本身V的持续。“完结”不是动作的结束，而是动作的某种形态的结点。

综上所述，动结式的结果补语所表达的“完结”意义，不是字面上的“完成、结束”意义，而是动作达到一定的阶段状态。所以当补语表示程度性的或趋向性状态时，动结式的完结点就不是一个强制性的终结性动作，而是述语动词具有状态可变化的阶段性结点。结点虽然可以有变化，但是结点所体现出的“完结性”仍是动结式的基本特征。

第三章　与动结式相关的动宾结构

本书对动结式结构的理论假说和分析方法对动宾结构的分析也产生影响，由于补语是在句法上使主句动词完结，使一部分所谓汉语动词（动结式）进行了句法上的分解，所以对动词系统的解释有较大影响。我们提出的通过宾语的句法性质，即宾语受影响性，来判断宾语的句法位置、及其与谓词的论元关系，也将对动词论元结构的分析产生影响。下面就根据上文中提出的谓语动词的完结性与宾语论元的受影响性的关系，探讨一下汉语中有关宾语的系列问题。

3.1　结果宾语

现代汉语中有一类宾语，叫作“结果宾语”，是指由于谓语动词所表示的动作行为完成后产生或出现的结果。也有人将其语义角色定义为成事。例如：

（1）他盖了一间房子。

（2）我编了一个筐。

（3）他跑了一身汗。

（4）他身上叮了两个包。

针对结果宾语学界讨论比较多，如丁声树等（1961），孟琮等（1987），马庆株（1987），朱文雄（1990），董晓敏（1990），吴为章（1985、1998），林杏光等（1994），谭景春（1997），陈昌来(2002),王秀珍(2000),彭国珍(2006a、b)等。廖玉萍(2009)、孟艳华（2012）等学者讨论了带有结果宾语的动结式中结果补语出现的功能作用。

各家对结果宾语语义特点和句式都有很细致的描写，比较一致的看法是结果宾语根据其所在句子是否有直接的动宾关系可分为两类。例如：

（5）他盖了一间房子。——盖房子

（6）我编了一个筐。——编筐

（7）他跑了一身汗。——* 跑汗

（8）他身上叮了两个包。——* 叮包

前两例是一类，有直接的动宾关系，即结果宾语就是动词本身的受事论元；后两例是另一类，没有直接的动宾关系，结果宾语不是动词本身的论元。

一些研究主要集中在结果宾语的范围、类型及所形成的句式等方面。后来逐渐有学者力图解释这种类型差异，如郭锐（2002）用语法的动态性来解释相关问题，指出“跑”是个一元动词，但在“我跑了一身汗”中，增加了一个结果论元。这种论元结构的变化是组合中临时发生的，不能认为是词库中的动词具有的，词库中的“跑”还应该看作是一元动词。词在句法层面上可以产生词汇层面未规定的属性，他称之为“语法的动态性”。语法的动态性的其中一个主要表现就是论元结构的变化，即谓词可以产生与词库中的论元结构所不同的句法表现，那些临时增加或减少的论元成分需由句法规则控制。他用这种观点还解释了相关的动结式中论元结构的整合所引起的论元抑制和论旨角色转化等情况。

本书用生成语法理论，一直希望在句法结构中解释语言现象，所以不采取这种“动态性”的看法。

彭国珍（2006a、b）用生成语法理论中的结果补语小句理论进行解释，力图从句法结构上找到原因。她首先将结果宾语看成是省略谓语的结果补语小句，用小句理论来分析结果宾语的结构；并认为两类结果宾语的结构不同，有直接动宾格式的结果宾语是补语小句的主语论元，结构如下：

（9）

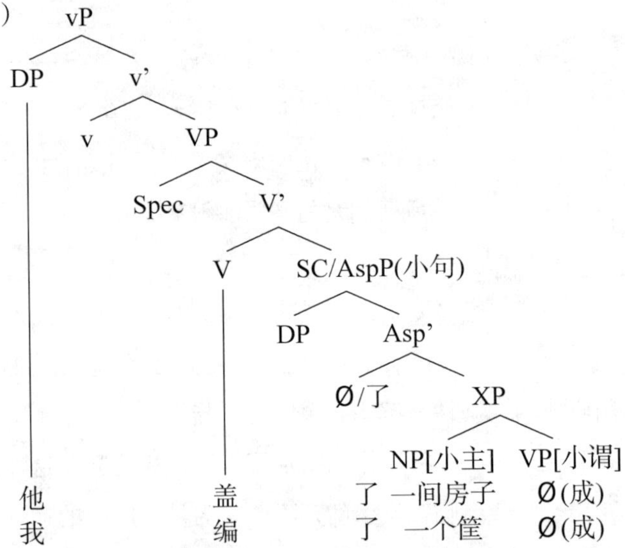

而没有直接动宾格式的结果宾语，不是结果补语小句的主语，而是补语小句谓语的宾语论元，此时的结果补语小句的谓语是及物性的①，结构如下：

① 这种观点是玄玥（2005）用补语小句理论对“成为”意义的“成”分析时首次提出的，彭国珍（2006b）采纳并用于分析结果宾语。

（10）

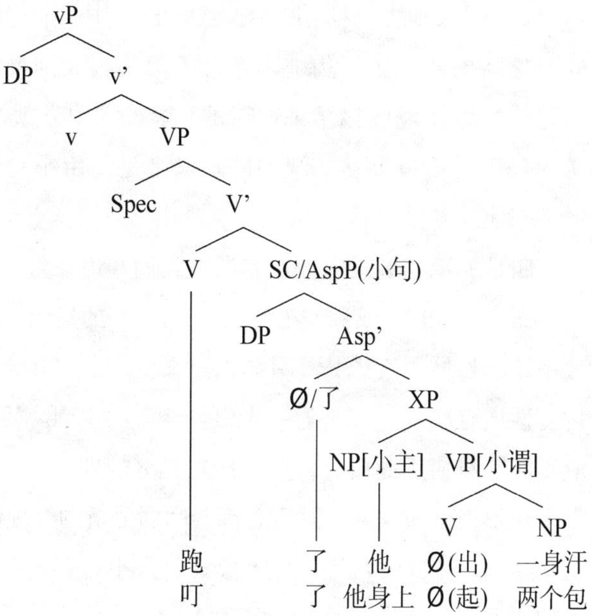

彭国珍（2006ab）的分析带来一定启发，但是由于她用小句理论方法，也不可避免地带有小句理论的缺点，如 1.1.2 节详细指出的，一是生成过程有严重理论问题，补语（虽然为零形式，但与有语音形式的一样，可以补出）进行与谓语动词特征有关的移动时，与体标记合并是移动到它的左侧，但再向上却移动到主要动词 V1 的右侧，两次移动在理论上很不一致。二是补语小句的设立及其生成规则缺乏语言类型学意义，所以在此基础上对结果宾语的分析也难有语言普遍性和共性。三是很难处理虚化结果补语。彭文虽然没有直接分析虚化结果补语，但是将实义结果补语、虚化结果补语和零形式的结果补语进行比照，得出结果宾语的句法结构，可见她是将三种形式都作为补语小句的谓语来处理，我们上文已经指出用补语小句直接处理汉语的虚化结果补语在句法结构意义上面临很大困难，这样的分析不能很好地体现虚化结果补语的结构意义和类型特征。这样彭文的分析也不再是整齐统一的。以上是使用小句理论所引出的连带问题。

四是关于零形式的设定有误。我们知道在生成语法中“空语类（empty/null）”或称“零形式（zero）”的提出，是为了解释语言中缺乏显性语言成分却有语法意义的现象，在语言分析中保持均衡性或对应性，或是为了作出较经济的说明。研究者一再被提醒不能随意使用此概念，要有比较充分的理由，一旦分析中引入太多或不当引入“零”的概念都会削弱分析的合理性。

彭国珍（2006a、b）将零形式引入小句理论中，把结果宾语处理为谓语动词为零形式的补语小句。当然这样的假说也能自圆其说，但是存在两个关键的理论问题。一方面，一种语法假说首先要看是否有人类语言的普遍性，作为句子（无论是完整句子还是小句）的谓语直接变为零形式，尚未得到有效的证明。补语小句理论中的小句虽然也起到对主要谓语动词补充的功能作用，但因为它是小句的谓语，更多具有实词性的谓语功能，有较强的词汇意义。“省略”的实词性成分并不能做体现语法意义的零形式的分析。

另一方面，补语小句的谓语的语法意义，即它的结构意义只是说明动结式宾语所代表的事物在主要动词V作用下的一种结果，既然只是表明结果意义，任何状态都可以视为结果，而不单是完成义。彭国珍（2006a、b）是在生成语法理论框架内对小句理论进行改进，认为结果宾语和结果补语具有相同句法结构，结果宾语是省略结果补语的形式，只能指出所空缺的语音形式表达的意义相当于“出”“完”“成”“好”等，将零形式对应的语音形式扩大成一类具体的词语。朱文雄（1990），谭景春（1997），陈昌来（2002）等也都提到结果宾语中动词和宾语之间可以补出“成、出”等成分，和彭文的生成语法分析并无本质区别，这些分析都是凭借已经得到的结果宾语意义的语感得出的，虽然正确，但是仍带有一定随意性，停留在研究者的语感描述上，缺乏语法理论支撑。沈阳、司马翎（2010），沈阳、Rint Sybesma（2012），沈阳、魏航（2011）等对动词结果补语的结构特征都有类似的表述，认为结果补语可以是空的，并形成了汉语中相关的句式。

生成语法理论中的与谓词相关的零形式，较早从双层 VP 结构提出，作为上层动词短语的轻动词 v 可以是零形式、并具有强语素特征、吸引下层动词 V 移动至此，也可以实现为语音形式，直接成句。这样看，最有可能兼具零形式和语音形式的成分应该是功能性成分。最简方案也最终明确指出一个可以造成移动的强特征一定包含在非实质性成分、即功能性成分中。

我们看到既然结果补语还可以为空，还可以不出现在句中而实现自己的完结功能，这样的表现形式使我们意识到结果补语更接近于功能性成分。我们提出的完结短语假说可以很好地避免小句理论对结果宾语所省略的谓语随意补充的问题，因为结果补语所投射的完结短语的句法结构意义就是“完结（Telic）”，即使中心语是零形式，它的句法意义仍然存在，它的指示语 [Spec TelP]

也仍然得到完结的意义。所以现代汉语中才会有宾语直接表示结果的句式。

以上的分析，一方面体现完结短语假说的优越性，可以较好地解释结果宾语这类语法现象；另一方面，结果宾语的存在也进一步证明汉语结果补语的功能范畴性质，反过来证明完结短语假说的合理性。

有无直接的动宾关系，为什么会造成两类结果宾语呢？我们认为这与宾语论元是否受影响有关。前面谈到，汉语的把字句是测试宾语是否受影响的有效结构：能够充当“把”后名词短语成分的为受影响的宾语，反之则为非受影响的宾语。例如：

（11）他把那间房子盖了[①]。

（12）？我把那个筐编了。

（13）* 他把那身汗跑了。

（14）* 他身上把这两个包叮了。

另外，名词短语的指称性也有一定作用。虽然不是有指称的名词短语一定是受影响性的宾语，但是非指称性名词短语一定是非受影响性的宾语，因为一个名词短语连所指称的事物都没有、或不明确，自然谈不到受到影响。例如：

（15）他盖了那间房子。

（16）我编了这个筐。

---

① 将宾语名词由不定形式换成有定形式，是考虑到把字句的成句要求，这种要求是把字句结构特点所至，此处不作深究，仅作为测试手段。但无论如何，两类结果宾语的差异还是可以显现的，第一类结果宾语也不是很自然，但可以说，而第二类结果宾语根本不能成句。

（17）* 他跑了那身汗[①]。

（18）* 他身上叮了这两个包。

通过以上两种句法测试，我们认为第一类结果宾语是受影响性宾语，是完结短语的论元，虽然完结短语的中心语在句中表现为零形式，但是它的句法位置仍然在 [Spec TelP]。因此，对第一类可以有直接动宾关系的结果宾语例句结构的分析如下：

（19）

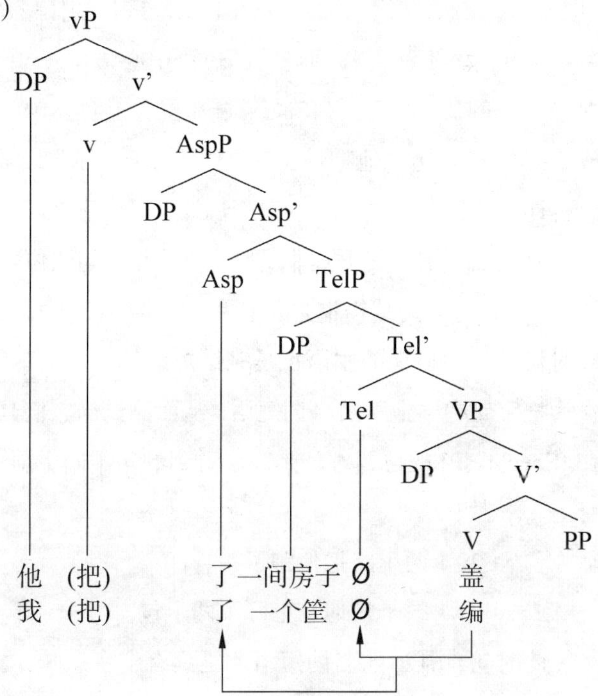

① 可以说“他跑了那一身大汗”等，但是这里的“那”不是指称作用，而是一种描写作用。

当轻动词短语中心语为零形式时，主要动词“盖”先向上移动到完结短语中心语位置 Tel，虽然为空，但仍要核查动作完结点这样的特征；然后再向上移动到体短语中心语位置 Asp，形成“盖＋Ø＋了”；这个组合再向上移动到轻动词短语中心语位置 v，最终形成句子“他盖了一间房子”（“一间房子”也由 [Spec TelP] 位置上移至 [Spec AspP]）。当轻动词短语中心语实现为语音形式“把”时，谓语动词前面的移动不变，只是到体短语中心语位置 Asp 处停住，不能上移到轻动词短语中心语位置 v 了，同时名词短语“一间房子”也由 [Spec TelP] 位置上移至 [Spec AspP]，形成最终的把字句“他把那（/一）间房子盖了”（“把”字结构的分析详见 4.2）。

而第二类结果宾语是非受影响性宾语，句法位置只能是 [Spec VP]。那么这样的结构中是否有完结短语 TelP 呢？当然有，而且有时候句子中显现的主语正是完结短语的指示语。因为它们可以作为把字句中“把”后名词短语，从而测试出它们具有受影响性，在 [Spec TelP] 的位置。就是表层看到的句子的主语“他”和“他身上”，例如：

（20）两里路**把**他跑了一身汗。

（21）蚊子**把**他身上叮了两个包。

此时句首补出的名词短语才是具有施事意味，由轻动词 v 指派的论元，句法位置在轻动词短语的指示语 [Spec vP]。宾语已经论证不能是有定形式，说明是非受影响宾语，在 [Spec VP]。句子结构如下：

（22）

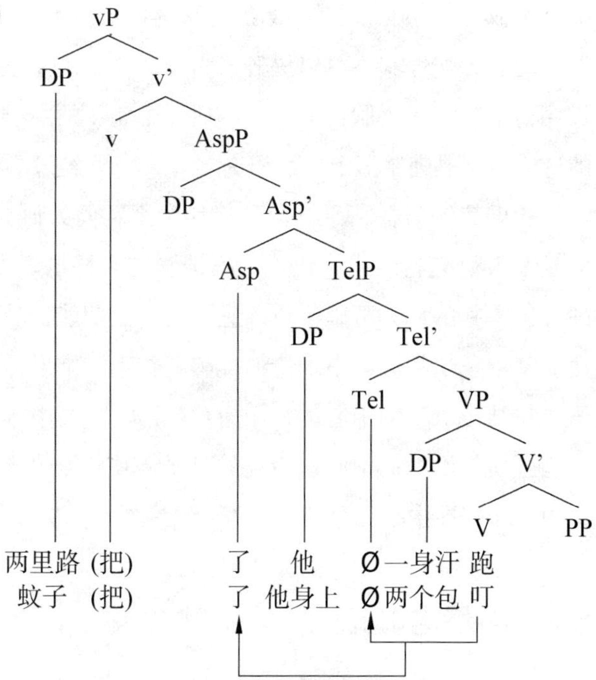

当句子所有的名词短语论元都出现时，即出现三个论元时，句子经过层层与谓语相关的移动（此处不赘述），轻动词实现为“把”，谓语动词词串只能在体短语中心语 Asp 位置，可以生成上面的例句“两里路把他跑了一身汗”和“蚊子把他身上叮了两个包”；而轻动词为零形式时，谓语动词词串上移到轻动词中心语 v 的位置，还可以生成类似于双宾语的句子，“两里路跑了他一身汗”和“蚊子叮了他身上两个包”。

当轻动词指示语 [Spec vP] 位置没有域外论元时，[Spec TelP] 位置上的受影响性宾语可以提升到 [Spec vP] 的位置，形成一般讨论的结果宾语的句子“他跑了一身汗”和“他身上叮了两个包”。

结构生成方式与“张三哭累了”是一样的。可见，[Spec TelP] 位置上的受影响性宾语可以提升成为句子的主语并不是特例，而是贯穿整个完结短语假说的分析。而一个句子的主语到底是述语 V 的论元，还是完结短语中心语 R 的论元，要经过测试和辨别。

结果宾语与空结果补语的密切关系在前人研究中有所体现，但是前人研究将结果补语作为实词、作为补足语（Complement）的分析，并解释其可以为空，还保留它的功能，是不符合生成语法的基本理论的。本书理论的优势就在于，结果补语是功能性短语“完结短语”的中心语，作为功能语类，其中心语才有为空的可能，功能语类的中心语为空的时候，其功能才能保留在整个短语中，才能在中心语移位中核查到“完结”的特征。

3.2　数量名宾语

上节我们只讨论了结果宾语，那其他语义类型的宾语是否也具备受影响性的句法特征呢？下面就将研究进一步扩展开来，考察总体的宾语情况。先看一个语言学讨论的经典例句。

（23）a. 我昨天写了一封信，可是没写完。

b. 我昨天画了一张画，可是没画完。

这样的句子是否成立，是汉语研究中的经典问题，尤其是动词情状研究必须回答的问题。由于主要是说明“写一封信”中宾语“一封信”是否对动词所表达的动作起到某种语法作用，主要指终结动作的作用，尤其是与“写信”中的宾语“信”对应讨论，所以我们称前者带有数量短语修饰的名词短语为数量名宾语，后者为光杆宾语。

英语等一些语言中宾语的单复数、有无数量限定成分等直接关系到情状有无终结，如 Verkuyl（1972）、Dowty（1979）、Jackendoff（1991）等，汉语中着重讨论数量限定形式的宾语和光杆宾语的差别。

一种观点，Tai（戴浩一，1984）认为汉语的上例 a 句是成立的，尤其与下面一句英语相比较，如：

（24）*He wrote a letter yesterday, but he has not finished it.

所以，汉语中的“数量名”宾语可以不隐含达到目的的意思，如虽然“a. 我昨天画了一张画；b. 我昨天写了一封信”大多情况可能被理解为宾语“画”和“信”已经完成了，但是上面汉语的例句也足以证明这种隐含意义不是绝对的，可以被后续句否定。

另一种观点，如邓守信（1985），陈平（1988），蒋严、潘海华（1998）等认为汉语和英语等语言一样，数量名宾语关涉动作终结，所以上例不可接受，尤其换作其他动词更明显，如：

（25）* 我吃了一个苹果，可是没吃完。

戴耀晶（1997），陈前瑞（2008）等认为宾语是否受限会影响动作终结与否的语义特征，而杨素英（2000）、陈振宇（2007、2009）承认例（23）的可接受性，并以例（23）和例（25）的差异区分出不同的动词情状类型。

沈家煊（1995）用有界性的概念解释这种宾语问题，指出数量名短语相对于光杆名词短语具有有界性，后来他（2004）进一步指出动宾结构中动作和事物的有界 / 无界匹配的复杂性，并用功能学派的认知域进行解释。如“吃了苹果”在“动作”认知域中，相对“吃苹果”而言代表有界动作；在“事件”认知域中，即句子层面，相对“吃了苹果了”和“吃了一个苹果”而言代表无界的事件。而且“吃苹果”的动作和事物都是无界的，但是“十分钟吃完苹果”中的事物“苹果”就要“识解”为有界的“一堆苹果”。以动宾结构的宾语不同形式对应有界和无界的情况，本书分别举例形成下表：

	数量名宾语	光杆名词宾语
有界	A1 我昨天吃掉三个苹果。 A2 我昨天吃了一个苹果。	B1 十分钟吃完苹果。 B2 我吃了苹果就走。
无界	C 我写了一封信，可是没写完。	D 我喜欢吃苹果。

无论是情状研究还是有界无界的认知解释，我们都看到宾语形式和其所起语法作用的复杂对应关系。以往的情状研究，比较充分，是从体貌、情状等角度进行的语义解释，所做的研究基本是对情状进行分类，并用句法手段进行测试甄别以区分不同的动词情状类型。但是在情状研究中，有些学者混淆了时态、体（传统意义上的体、本书称为外部体）、情状类型（动作类型）等层次。情状类型是动词所表达的动作的类型，是无关外部体（了、着、过、正在等）的，学界用不同体的句子来测试，是为了说明和什么样的体标记结合证明动词（或动词短语）是哪种动词情状类型。可是，比如陈振宇（2007、2009）认为“正在看电视”和“看电视”是不同的情状，就是将动作类型的情状与时体混为一谈，这里只涉及“看（电视）”的情状，而“正在”是外部体，与情状无关。我们认为情状研究本来就是比较纯粹的动词和其相关成分

的研究，后期的研究将情状分层复杂化，曲解了情状的本质。这一点也参见前文 1.4 节的体貌系统研究。所以我们回归到情状以动词为中心的本源，用上表 6 种情况进行考察研究。

本书力图从句法结构角度进一步解释这种复杂对应关系，也会逐步展现我们提出的“完结短语”假说的理论分析优势。主要讨论如下的几个问题。本节总论动宾结构中数量名宾语对动词起到什么作用，与动词的哪种情态特征有关。并讨论如果带有数量名宾语的动宾结构表示“有界”，那么数量名宾语本身是不是一定是“有界”的事物，与光杆名词宾语有什么区别？并解释表 6 中典型的 A1 和 D 的情况。3.3 节讨论汉语光杆名词指称的复杂性，即 D 和 B1 的区别情况。3.4 节从完结短语的空语类角度讨论简单动宾结构，也就是 A2 和 B2 的情况。3.5 节讨论不同类型动词在完结短语为空语类时的差异性，并解释 C 的情况。

首先，动宾结构中数量名宾语对动词起到什么作用？以上的不同意见，可以归纳为数量名宾语究竟是与动词的哪种情态特征有关系。

我们上文已经介绍过 Vendler（1967）的动词情态研究，Travis（2005）也将“体”的概念分为“外部体（Outer Aspect）”和“内部体（Inner Aspect）”两大部分，涉及事件时间和参照时间的是“体（Aspect）”范畴，是外部体，而与动词情状类型有关的体是内部体。如 Comrie（1976）和 Smith（1991）也提出“体”的分别。内部体就是动词的情状类型在句法结构上的功能性投射，与体范畴对应的“外部体”无论是语义上还是句法结构上都有严格区别。而本书的句法结构中的“完结短语”可以说是内部体短语。

在早期研究中，带有数量名宾语的动宾结构是否具有内在的自然终结点，是与汉语中有没有“完成”（Accomplishments）情状类型相对应的。由于 Accomplishments 的译名，很容易让人误解为外部体“完成体（Perfect）”，以往讨论较为不畅。本书重申，术语“完成”是指谓语动词的动作行为的时间先于参照时间，而“完结”则是指动词的一个情状特征，是强调动作行为的界限性质的特征。

单纯看“吃一个苹果”这样的动宾结构很难判断其语义是否表示“完成”，尤其在完成体的句子（“他吃了一个苹果”）中不利于理清动宾结构和句子的情态关系。将这个结构不加任何体标记、放在连动式或紧缩复句的前一个谓语位置再考察一下。例如：

（26）a. * 他经常吃一个苹果去上课。

b. 他经常吃完 / 掉一个苹果去上课。

（27）a. *（女方提出要求，）我盖三间瓦房才能结婚[①]。

b.（女方提出要求，）我盖完 / 好 / 成三间瓦房才能结婚。

（28）a. * 他总是写一封信就寄出去。

---

① 此句打“*”号是在“盖三间瓦房”表示“盖”的动作完成结束的语义基础上，如果表示动作开始并延续，“我盖三间瓦房才能结婚”表示“盖”的动作开始就“能结婚”，句子是成立的。

b. 他总是写好一封信就寄出去[①]。

以上例句显示，带有数量名宾语的动宾结构不是必然表示动作的“完成”。例句中前一个动词短语都带有数量名宾语，但是a句的谓语动词是简单动词，虽然带有数量名宾语也不表示动作行为的完成，所以在有后续动作行为的句子中不成立。而b句中的前一个动词短语的谓语动词是复杂的动结式结构，带有数量名宾语时表示动作行为完成，可以直接进行下一个动作，句子成立。可见，谓语动词所表示的动作不会因宾语所代表的事物的有界性（数量名短语）而变得“完成”；只有在有完结点的结构中，如动结式结构中，宾语与表示动作结点的完结短语具有相关性后，才能表示或协助表示动作的完成。

所以宾语形式是与动词的情状有密切关系的，在本书中就是表示完结的内部体，为避免与外部“完成”体混淆应舍弃术语“完成”情状，而用“完结”。“完结”不是一种情状类型，而是区别情状类型的特征，当然“完结”是动作的内部性质，宾语形式可以辅助表示动作的性质，但宾语本身不具备“完结”性质，所以沈家煊（1995）的术语“有界”也比较恰当，体现

① 有的学者指出句子的复杂性，如“他总是写一封寄一封、他总是写一封信就把它寄出去、他经常先吃一个苹果再去上课、把张三（狠狠地）推了一把（后文提到）”等句子的动宾结构表完结，但是这些句子或者加入状语补语、或者是紧缩复句形式，并且单音节动词加入了焦点重音才能得到这样的解读，这已经将语用层面的句型混入到句法研究中了。句法研究应尽力离析复杂的语用，语用问题当然要研究，并且有重大的研究价值，但是在句法分析时应先研究单纯的句法问题。生成语法研究对象本来就是去除一些语用条件的句法，所以有些句子加上一些成分或者改变结构可以说，并不能反驳我们研究的句法结构。

了宾语和动作类型的界限性关系。本书就借用宾语和动作等都可以使用的性质“有界”来讨论宾语形式与动词情状类型匹配的复杂关系，也就有了本节标题名称。

第二个问题就是，如果带有可数数量宾语的动宾结构表示“有界”，那么可数数量宾语本身是不是一定是“有界”的事物，与不可数数量宾语或光杆名词宾语有什么区别？名词宾语是否带数量短语与所表示事物的“有界”、“无界”范畴的对应性较为复杂，沈家煊（1995、2004a）的认知域的解释固然是一种方法，但是这么复杂的对应关系是否只存在于认知领域？它们只是由心理感知上的区别造成的吗？它们的句法结构都是完全一样的吗？它们会不会由宾语不同的句法结构位置而导致呢？

第二章对宾语的受影响性和它的句法位置的关系做出分析和说明，通过芬兰语、英语等语言中的宾语的受影响性与其句法结构的关系的介绍，用后续句和“把”字句来考察现代汉语中的宾语受影响性。例句再提示如下：

（29）a. 张三摔了那个玻璃杯，可是玻璃杯没事。

b. * 张三摔碎了那个玻璃杯，可是玻璃杯没事。

（30）a. 我叫了小王，可是他没反应。

b. * 我叫醒了小王，可是他没反应。

（31）a. * 把张三推了。

b. 把张三推倒了。

说明现代汉语中宾语的受影响性也是十分重要的，与其句法位置密切相关。得出结论是，受影响的宾语在完结短语的指示语 [Spec TelP] 位置，非受影响的宾语在主要动词的指示语 [Spec VP]

位置。实义动结式的宾语常常具有受影响性，前面处理为在 [Spec TelP] 位置。

数量名短语是从词汇基本意义角度的“有界”，就是数量成分给名词一个量化的界限，整个名词短语是有界性的。但是我们用“把”字句测试，数量名宾语的例句变成“把”字句的情况是否符合这种观察，如：

（32）a. * 他经常把一个苹果吃去上课。
b. 他经常把一个苹果吃完 / 掉去上课。

（33）a. *（女方提出要求，）我把三间瓦房盖才能结婚。
b.（女方提出要求，）我把三间瓦房盖完 / 好 / 成才能结婚。

（34）a. * 他总是把一封信写就寄出去。
b. 他总是把一封信写好就寄出去。

可见，数量名短语作宾语，不是以其词汇意义决定是否有界，而是与前面的谓语动词的性质有密切的关系：宾语在动结式这样的有完结性谓语后面时，具有有界性，如 b 句；而在非完结性谓语后面时，则是无界的，如 a 句。这样看我们解释了表中的 A1 和 D 的情况，也是比较容易想见的基本的对应情况。

那么，一个具体句子中宾语的“有界”与“无界”，我们认为不同的认知域的解释是对名词短语的句法性质做出不同的判定，最根本还是因为它们的句法结构位置有别。从“完结短语”假说的句法结构上分析，我们认为非受影响性宾语，即无界的名词短语在句法上是非受影响性的，是主要动词 V 指派出来的，是 V 的论元，位置为 [Spec VP]；动结式补语 R 是表示完结的内部体 Tel，它就是 V 的上一层功能性投射的中心语，而受影响性宾语即有界性的数量名词短语，是 R 的论元，在完结短语的指示语 [Spec TelP] 位置生成。这样分析后，表中 A1 的“吃掉三个苹果”和 D 中“吃苹果”的结构如下：

（35）

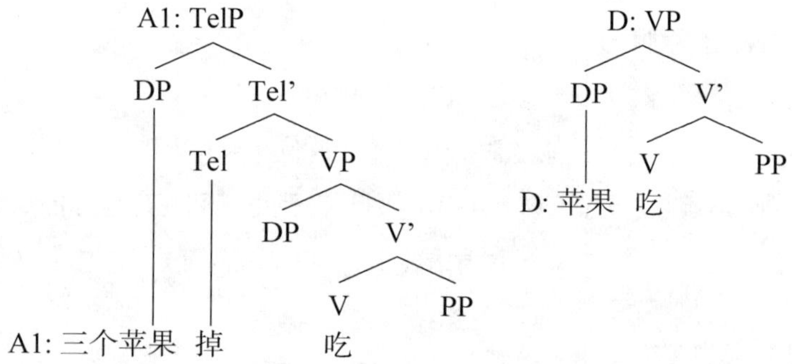

一个宾语如果是“有界”的宾语，对动作事件有限定的作用，就一定是受影响的宾语，该宾语的句子一定有完结范畴，投射出完结短语。所以，认知域的解释正与我们句法结构的解释对应，“动作”认知域是底层的动词短语 VP 结构，“事件”认知域是有动词完结范畴投射的完结短语 TelP 结构。

3.3　光杆名词宾语

上节讨论宾语“有界”性的问题已经涉及“吃苹果”这类光杆名词宾语的情况，下面着重谈一下做宾语的光杆名词情况。汉语中的光杆名词，一般认为是无指性（nonreferential）或称通指性成分。例如：

（36）他很会写材料，总结能力很强。

（37）天冷快穿衣服。

（38）在家里吃饭很安心。

但是也有学者注意到光杆名词也有定指的用法。例如：

（39）他写完材料了，请你看看。

（40）他穿脏了衣服。

（41）我吃了饭就去上学。

关于光杆名词，陈平（1987）认为宾语位置上的光杆名词的不定指性是受到汉语宾语位置的不定指性强的句法结构制约，语境使受话人确认其定指性。黄南松（1989）用句式（命令句、双宾语结构的间接宾语、数量名宾语前的受事宾语等）解释光杆名词做有定宾语，只是分类，解释效果不强。沈家煊（1995）对此的解释是光杆普通名词可以被有界化，而加入数量词直接变成有界的数量短语，与在句中加入“已经”或“了”或表示结果意义的补语等使动作有界化的手段起到同样作用①。刘丹青（2002）提出类指说，文卫平（2010）提出性质说，都认为光杆名词的定指解读是特例。

数量名短语是从词汇基本意义角度的有界，就是数量成分给名词一个量化的界限，整个名词短语是有界性的。而汉语的光杆名词则不同，它们自身没有界限，但是在有体貌成分的句子中就可以表示定指的有界事物，我们认为正是由于光杆名词的受影响

① 陈前瑞（2010）不同意“了”可使动作有界化的表述，我们也认为将“了”“已经”等外部体和结果补语放在一个层面说明能使动作有界化不十分妥当。

性和所处的句法位置不同才导致以上这两种用法。

汉语的光杆名词是无指或通指成分时，它们是非受影响的宾语论元；而且我们看到“他很会写材料”中的“写材料”和“在家里吃饭很安心”中的“吃饭”都可以不是句子的主要谓语，而是动词不定式形式，所以作为宾语论元的光杆名词在 [Spec VP] 的位置上，是最底层的动词短语 VP 内部的论元成分，就是上文讨论的 D 栏的情况，重复其结构如下：

（42）

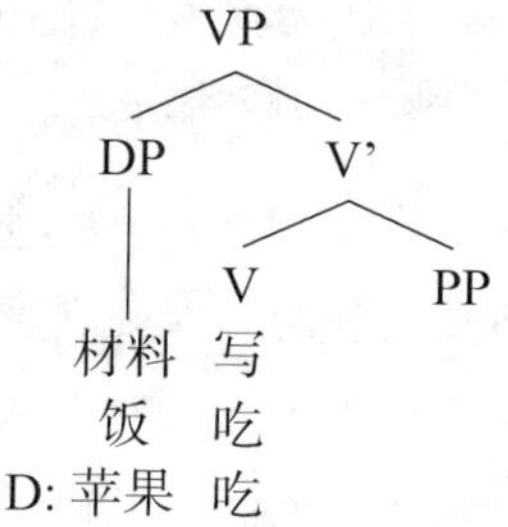

而在某些情况下，光杆名词可以得到有界化。其中一个方式就是谓语中带有表示结果意义的补语。带有结果补语的句子就是句子中结果补语所投射的完结短语，而此时的光杆名词宾语是结果补语的论元，在完结短语的指示语 [Spec TelP] 位置上，上例和表中 B1 的情况一样。这样看，B1 的句法结构与 A1 相同，唯一差别是非数量名词短语，也就是光杆名词为受影响性宾语，“他写完材料了”[①]、“他穿脏了衣服”，以及 B1“十分钟吃完苹果”的结构如下：

---

①“他写完材料了”中的句末“了”一般属于更高一层的时态成分，应在动词短语 VP 之上，本书限于 VP 内的结构，对句末“了”暂不作讨论。

（43）

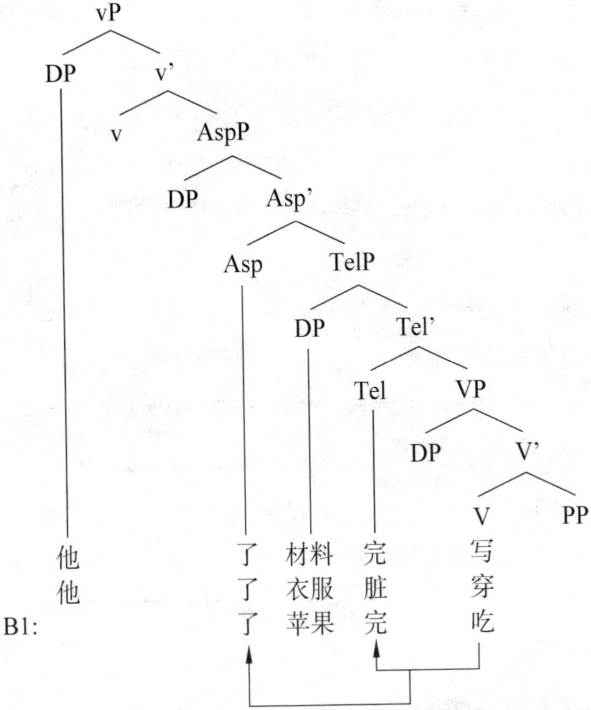

也许有人会误认为只有动宾结构中的光杆名词宾语才是无指性的，动结式的宾语都是有指性的，都在 [Spec TelP] 位置生成。其实不然，我们看动结式带宾语所构成的结构在非时态句中的情况，例如：

（44）a. 摔碎杯子要赔偿。

b. 吃饱饭是以前很多人一辈子的理想。

c. 我们的目的不是写完材料，而是写好材料。

上例中的“摔碎杯子”、“吃饱饭”、“写好材料”等都不是句子的主要谓语，而是动词不定式形式。虽然谓语动词“摔碎、吃饱、写好”具有完结意义，但是光杆名词宾语并没有受到影响，比如在原句意义上不能变为“把”字句，如：

（45）a.？把杯子摔碎要赔偿。

b.？？把饭吃饱是以前很多人一辈子的理想。

c.？我们的目的不是把材料写完，而是把材料写好。

当然句子意思随着句式变化会有改变，c 句可接受度更强，因为易于做出对光杆名词宾语的有定解读，而 a 句就难接受一些，因为是未发生动作，宾语不易受影响。b 句是最难接受的，但又与补语指向不无关系。可以说，我们做出的句法判断不容易证明，因为一旦使用“把”字句测试，句式带来的意义就改变了光杆名词宾语的属性。我们只能是在表格 6 种情况下，做出对比性解读。上例结构中的光杆名词宾语都是非受影响性的，是无指性名词短语，初始句法位置就是主要动词的指示语 [Spec VP]，结构是：

（46）

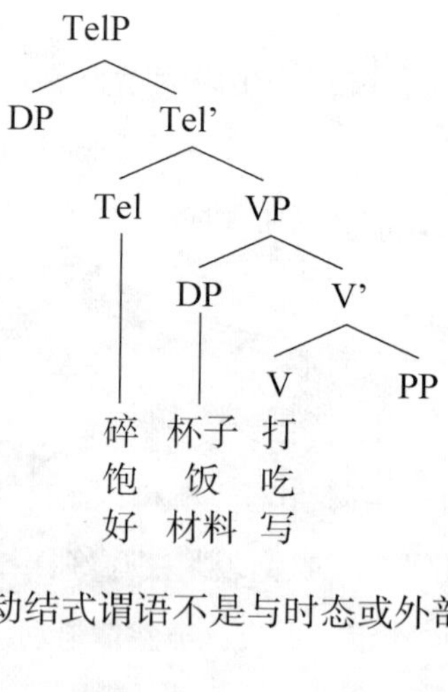

也就是说动结式谓语不是与时态或外部体必然联系的，而是

与内部的“完结体”有关的，其完结性才是动词内部的情态性质。我们认为正是由于作宾语的光杆名词所生成的句法位置不同，决定其是否具有受影响性，才导致以上这两种不同的用法。

3.4　动宾结构与完结短语

以上分析可见，表示“有界”的或称定指的光杆名词，都是在完结短语的指示语 [Spec TelP] 位置，似乎只能在动结式的结构中出现。可是我们却有这样的句子：

（47）我吃了饭就去上学。

（48）张三吃了苹果就走了。（B2）

谓语动词为单音节，宾语是光杆名词，按上文分析似乎不应该是有界的情况，但无论谓语还是宾语确实都是表示有界意义，也是表中 B2 的情况。再看 A2（我昨天吃了一个苹果），也是简单动词带有宾语，但是表示的是有界的动作，宾语也是有界的受影响性宾语。本节讨论 A2 和 B2 的情况，它们看起来都是简单动宾结构。既然讨论动宾结构的宾语，与此相关的一个问题是简单动宾结构宾语的受影响性与动词是什么关系，有必然的联系吗？

对宾语受影响性的研究，以往一般认为，动词和宾语的关系就固定地有受影响的和非受影响的，是由动词的词汇意义决定的，如 Cheng（1988）等。比如“看”这样的动词就其自身词义来讲是不能影响宾语的。如，

（49）张三看了电影《英雄》。

从语义上看，短语“看电影”中的动作“看”对“电影”本身没有任何影响，“看”其实是客观事物作用于人的眼睛的动作，可以算对发出动作的主体有影响，而不会是对客体“电影”有影响。用体现受影响性最强的“把”字句测试，一般会得到宾语未受影响的结论，如，

（50）？张三把电影《英雄》看了。

上例不是很自然，似乎宾语“电影《英雄》”没有受到动作“看”的影响。但是，我们却能在下面语境中使用“把”字句，如，

（51）我先把《英雄》看了（，明天再看《无极》）。

此例句不仅很自然，而且是我们经常使用的一类“把”字句。沈家煊（2004a）曾指出汉语“把”字句的主观处置性，使困扰学界多年的一些不是对宾语客观处置的“特殊”把字句得到较好的解释。这里的“主观”概念很重要，即语言使用中的语义关系不是指客观事件的实际关系、而是说话人想表达的主观认定的事物间的语义关系。所以，上例是说话人主观将宾语“《英雄》”做了处置，也认定它可以受到动作“看”的影响而达到一种完成结束的状态。可以说，这种受影响的动宾结构中是存在一个内部体完结短语的，动作是完结的，宾语也是受影响的，只是完结短语的中心语在句中未出现、是空的[①]，但是完结的语义还是传达到它的指示语（Specifier）上了。结构如下，

---

① 本书是在生成语法的理论框架中进行的研究，内部体完结短语是一种功能范畴，根据生成语法理论的通用规则，功能范畴的中心语可以是空语类，但其功能依旧。

（52）

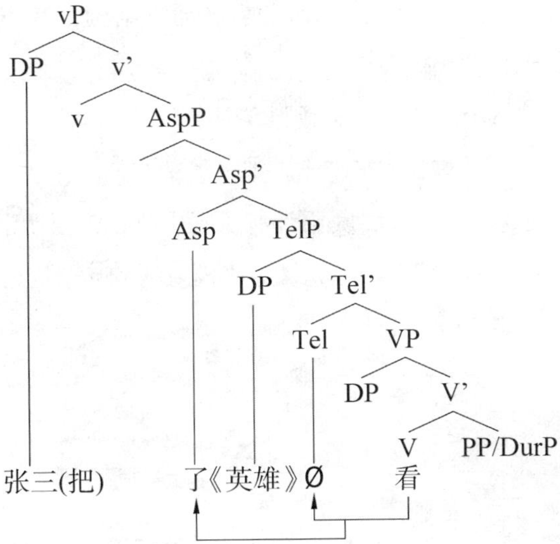

主要动词“看”通过中心语移动逐层核查[完结]特征、[体]特征和[处置]特征（轻动词“把”），最终形成带有完结意义、宾语为受影响性宾语的句子“张三看了《英雄》”。轻动词“把”出现时，语链停留在Asp中心语处，形成“张三把《英雄》看了”。（详见4.2）

“看”这种表面看难以影响宾语的动词都可以带有空的完结短语，其他动词更是如此。所以A2和B2也是含有一个空的完结短语，宾语为受影响性的，只给出完结短语下面的句法结构，上层从略，如：

（53）

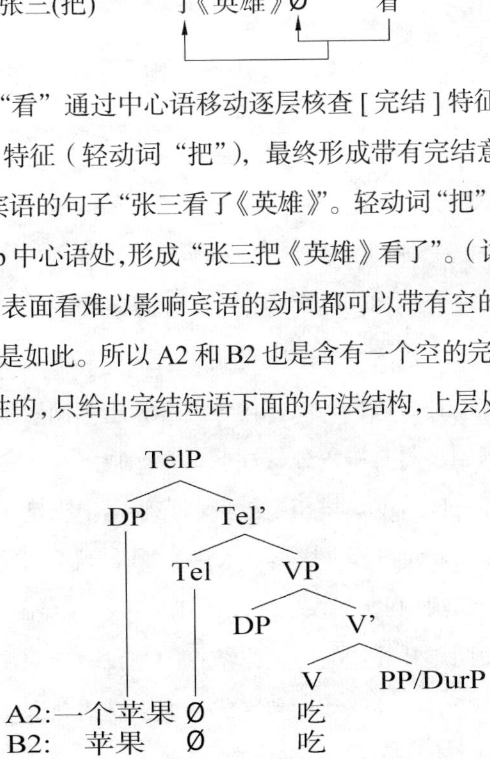

当然，宾语没有受到影响的动宾结构，其宾语的位置是在[Spec V]，如：

（54）a. 张三昨晚看了一场精彩的电影。

b. * 张三昨晚把一场精彩的电影看了。

在这个意义上，宾语没有受到影响，也说明谓语动词没有完结特征，句子就是没有完结短语投射的，其结构为，

（55）

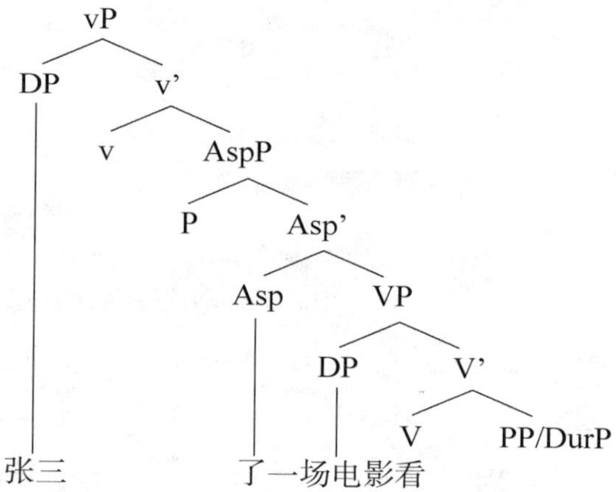

我们反复强调这样的观点：一个动宾短语是不能单纯从动词和宾语名词的语义关系来断定其宾语的受影响性的。任何动宾短语都存在两种可能性，要在句子的释义中来断定其句法结构。前面我们提到汉语是一种分析性的语言，很多在其他语言中是词法形态（Morphology）内的语法范畴，在汉语中则是在句法（Syntax）中的生成，如使役等（详见第八章）。我们认为汉语动词的完结性质也是在句法中的。Hoekstra（1988）和 Sybesma（1999）早指出汉语的动词是开放性的、无终结点的。我们进一步推断，汉语中不存在单音节的成就动词和完成动词，汉语动词在词库中都是无

完结点的（atelic）。汉语的所谓复合词，如本书主要讨论的动结式复合词，都是在句法中生成的，而不是在形态层中，所以它们是短语（phrases），而不是真正意义上的直接投射短语的中心语“词（heads）”。但是汉语中存在的表示完成和成就意义的结构，也可以说是短语。所以如果汉语中的动词在使用中有了完结的意味，就一定是在句中有完结短语的投射，无论是实义的补语，还是空语类。有完结范畴的句子的意义是，主句动词所代表的动作不是一直持续的，其宾语所代表的事物也使该动作达到了一种完结状态。这也是动词体貌研究中观察到的不仅动词自身具有完结性质，而是动词短语（动词与其宾语或其他修饰补充成分）整体具有完结性质。所以简单动宾结构中的宾语都有两种可能的位置，一是具有受影响性的 [Spec TelP]，另一个是非受影响性的 [Spec VP]。

3.5　无完结短语的动宾结构

最后就是争议最大的也就是 C 栏的情况，有的学者认为下例都不成立，

（56）a. 我写了一封信，可是没写完。

b. ？？我吃了一只鸡，可是没吃完。

c. ？？我杀了一个人，可是没杀死。

但是，很明显，a 句比 b 句和 c 句的可接受度强很多，起码有一部分母语使用者认为是可以接受的。我们就要研究这其中的差异。用“把”字句测试前半句，可以看到，

（57）a. ？？我把一封信写了。

b. 我把一只鸡吃了。

c. 我把一个人杀了。

从一方面证明 a 句的宾语“一封信”是非受影响性的，按上文的分析，它的句法位置是动词 V 的论元：

（58）

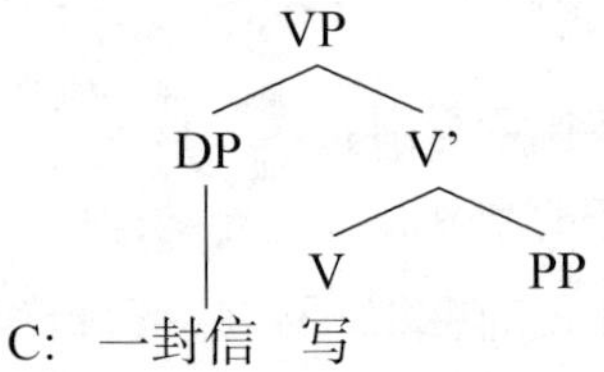

但是一个巨大的疑问是，为什么 b 句和 c 句却有不同的理解呢？我们认为这是动词类型导致的差异。

首先，相关的一个问题是所有的动词都能有完结功能吗？不是，无时间特征的表示状态的动词没有体态，一般也不会有完结功能，如“是”“会”等。但是有时间特征的动作动词在完结功能上也有很大差异。

其次，以往研究也指出这是由于动词类型不同而造成的，如杨素英（2000）区分为“有结果指向词”（如“修、造、写、打”）和“有结果实现词”（如“死、到、毁、忘”），陈振宇（2007、2009）区分为“隐形终结情状”和“显性终结情状”。这些有益的探讨加深了对问题的理解，本书同意学者们的观点，但是会深入解释为什么以及什么情况下这些词所带有的句法结构有不同的语义解释。

我们已经论证，动结式是有完结点意义的，后续句不能否定这个终结点。一个存在完结短语的句子，是可以通过后续句来对其完结性进行测试的。

（59）a. * 他打死了李四，可是李四没死。

b. * 他学会了打字，可是他不会打字。

以上两例中后续句与前面动结式的小句是矛盾的，说明动结式的终点一旦实现是不能被否定的。其他语言也存在同样情况，以英语为例，如：

（60）*Mary ate up the apple, but she didn't eat it up.

玛丽 吃 光 这个苹果，可是她没有吃完。

因为"eat up（吃光）"相对于"eat（吃）"是有很强终结性的，当这样的动作发生后（在过去时中），这个终结的结果不能再被取消。

完结点"死"和"会"都是明确的，达到了就不会改变的，后续句否定该情况将产生不合格的句子。

另一种情况，句子虽然有完结短语，可是完结短语的中心语为空，即动宾结构隐含完结意义，如这些表示明确完结意义的补语不出现时，所形成的动宾结构。表示完结的内部体短语的最核心的意义是动作的结束，所以空的内部体作为一种动词的内部情态体，它缺省表达的意义是"完结"，或者说动作的完成、结束，这个缺省的意义和结果补语所表达的意义有一定强度差别，可以在后续句中被更改。所以"我写了一封信"作为一个独立句，倾向于理解为"写"的动作完成，"一封信"也是一个完成的状态，此时结构与 A2 相同，有空的完结短语；但是当有后续句"可是没写完"时，前面的理解被否定，"一封信"重建为非受影响的状态，此时结构为 C。

例句中"吃了一只鸡"和"杀了一个人"同样是空的完结短

语，但是完结状态却不可更改，主要因为主句动词的性质不同。“吃”“杀”都是破坏性动词，是完全影响其宾语论元由存在到完全改变状态甚或消失。所以这样的受影响性宾语发生了质变，是极性受影响宾语。当破坏性动词在完成体的结构（有完成体标记“了”）中，会隐含动作已经完成、宾语完全受到影响并发生质的改变的含义。所以我们可能难于接受后续句中对结果没有发生的叙述。而对于非破坏性动词，如例句“写了一封信”，尤其是创造性动词（creative verb）（如“张三盖了一间屋子，可是没盖完”，“张三做了排骨，可是没做熟（完）”），它们的宾语不是立即、一次性受到影响，是有一定的过程的，没有完结短语就不能说明其完成的终点情况，也就可以对宾语的受影响性进行否定。这也是为什么有的学者认为汉语的动词后体标记“了”表示开始（inchoativity）或起初（inception）意义（如 Rohsenow，1978），应该是看到体标记在这类动词后的句子所隐含的意义。

完结短语的最核心的意义是有结点，所以它为空的时候，最可能隐含动作有一个结点、已经完成的语义，而不能是其他的。而它由词汇词来填充的时候，就不会有词义的限制，一般来说谓词性的词语都可以成为一个动作的完结点，可以投射出完结短语。

小结一下，为清晰起见，将表格中所涉及的情况再统一列出，句法结构也放在一起比较。

	数量名宾语	光杆名词宾语
有界	A1 我昨天吃掉三个苹果。 A2 我昨天吃了一个苹果。	B1 十分钟吃完苹果。 B2 我吃了苹果就走。
无界	C 我写了一封信，可是没写完。	D 我喜欢吃苹果。

（61）

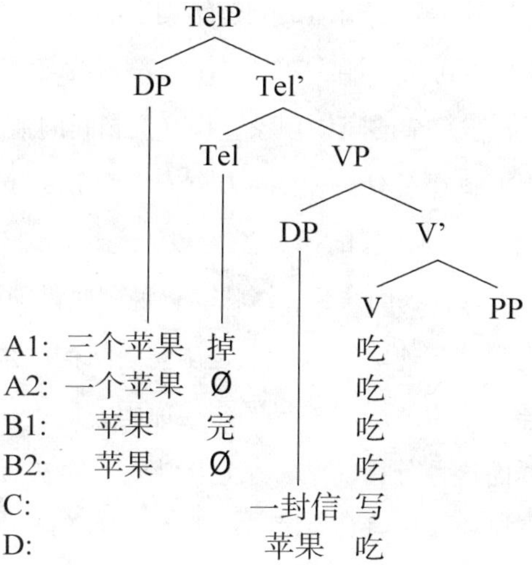

名词是否带数量短语，并不决定其是否有界，它的句法位置（是动词 V 还是动词完结短语中心语 R 的论元关系）才决定其是否有界，从而决定其是不是受影响性宾语。当宾语的句法位置是动词 V 的指示语 [Spec VP] 时，宾语是非受影响性的，表示无界的事物；当宾语的句法位置是完结短语的指示语 [Spec TelP] 时，则宾语是受影响性的，表示有界的事物。

沈家煊（2004a）后来进一步指出动宾结构中动作和事物的有界 / 无界匹配的复杂性，也是说明需要区分名词的有界或无界还是事件的有界和无界。名词带数量修饰语，标记着名词自身的有界性，但对名词所表示事件的有界性构成并无充要条件关系。A1、A2 句中名词的有界形式和事件的有界相融，D 句中名词的无界形式和事件的无界相融；而 B1、B2 句中名词的无界形式却表示有界的事件，这与以往研究所观察到的汉语光杆名词的特殊性质一致，本书的解释有别；C 句中名词是有界形式，而事件无界。

事件的有界性就是我们指出的句法结构上的不同表达。

本书从 3.2 到 3.5 全面考察了作为宾语的名词短语的各种情况，解释了纷繁复杂的宾语现象，将看似相同的情况进行了梳理，在句法结构上解释了具有相同表层结构的深层差异。以往的研究也探讨了相关问题，有的研究说得很清楚，但是偏重语义解释、情状类型归类等，我们认为，情状问题说到底是动词结构的问题，和句法结构紧密相连。所以本书是从句法结构的角度对此问题进行分析解释，希望能解释差异的深层原因，而不是分类上的归纳总结。一方面这种分析简洁，结构清晰，另一方面，这种分析是探寻内部规律的，将更具有语言的普遍性。

也许还有人对本书的分析有点疑问，认为有时有完结短语，有时没有，宾语的受影响性也都是根据句子语义而定的。我们认为解释歧义就是在相同的表象中寻找不同的特质，如结构主义语法学对“咬死了猎人的狗”的歧义分析，都是在语义辨析的前提下进行句法结构的阐释。本书讨论的名词短语的语义，不是语言呈现的表面的短语意思，而是名词短语的有界性、受影响性，这都是与其句法性质密切相关的性质，所以从句法结构的角度对名词短语进行解释更为有效和可靠。

3.6 “喝醉酒”和“喝光酒”的宾语差异

上文对光杆名词的解释，也有利于我们认识汉语中补语指向主语的动结式。一般认为，补语指向主语的动结式是不及物性的，很难带宾语，如“走累、睡醒、吃饱、喝醉、穷怕”等，而下例一直被认为是一种特殊现象。例如：

（62）a. 张三喝醉了酒。

b. 我吃饱了饭。

c. 他睡醒了觉。

d. 张三骑累了马。

e. 张三打累了篮球。

马真、陆俭明（1997）认为形容词结词语义指向主语时，一般不能带宾语，即一般不说“* 干累活儿了、* 睡熟孩子了、* 学笨他了、* 跑富了张三、* 说糊涂了许多话、* 学聪明了那个人”等，而“喝醉酒”“吃饱饭”等是例外，很多学者都不承认它们的合法性，比如 Cheng（1997：184）认为“喝醉酒、吃饱饭”是不合语法规范的，黄晓琴（2006）认为类似表达在现代汉语中出现率很低可能是“错误形式”，施春宏（2008c）否定了此类动结式的主语指向解读（王红旗（1996）、李讷和石毓智（1997）、袁毓林（2001）也持这种看法），而李临定（1984）则认为动词拷贝式应是常用形式，“喝醉、吃饱”等动词带宾语的情况只是特殊形式。

当然也有学者持相反的观点（郭锐，2002），他们认为除了“喝醉酒”“吃饱饭”这两个经典的补语语义指向主语例子之外，还有一些表达也是可以接受的，如“干累了活”“开累了车”“洗累了衣服”“跑累了买卖”，这些表达虽然可接受度不高，但是的确存在，且宾语的信息量越小，表达的可接受度就越高。

以往的研究尝试各种方法进行解释。多数认为这是配价等句法规则的特例，因为动结式宾语只能是无指性的光杆名词，不具有普遍性，与受事性宾语不同，如木村英树（1983），黄锦章（1993），郭锐（1995），王红旗（1995），马真、陆俭明（1997），袁毓林（2001）等；施春宏（2003）认为“酒、饭、觉”只是动结式“喝醉、吃饱、睡醒”的影子论元（shadow arguments），相当于“同源宾语（cognate object）”，是动结式语义所蕴含的，可以推导出来；宋文辉（2003、2007）用概念结构解释，认为上例中动结式宾语所在的事件不是主要事件，其凸显程度低，一般不显现，即使显现，在形式上也要受到限制（光杆名词形式）。这些观察都是正确的，但是都只是从语义上解释不符合句法规则的句法现象。我们认为这些不是语法现象的特例，相反还印证了我们句法结构的分析，下面我们在生成句法框架内用完结短语假说结构来解释。

研究中都注意到这类动结式宾语的无指性特征，即只能是光杆名词，如果是有所指的非光杆名词，句子则不成立。例如：

（63）a. * 张三喝醉了一瓶酒 / 白酒。

b. * 我吃饱了那顿饭。

c. * 他睡醒了一大觉。

d. *# 张三骑累了那匹马 / 三匹马。

e. * 张三打累了一个新篮球。

d 句，如果可以成立时，指的是动结式后的宾语“马”“累”，而不是主语“张三”“累”，即此时补语“累”指向动结式宾语，就不是这里讨论的补语指向主语的结构了。

我们用最小对比对清晰地比较语义指向主语的动结式和语义指向宾语的动结式，如：

（64）a. 张三喝醉了酒 /* 一瓶酒。

b. 张三喝光了酒 / 一瓶酒。

补语指向主语的动结式所带的宾语只能是光杆名词，这样的无指性宾语自然也不可能受影响，所以也是非受影响性的。这些宾语与补语没有直接的句法关系，都是主要动词自己的直接论元，我们也就知道了它们的句法位置是 [Spec VP]。

另外，我们在 2.3.2 节已经指出补语指向主语的动结式的唯一论元在底层结构中是完结短语的结构论元，句法表现和“宾语”一致，具有受影响性，因为可以变为“把”字句，如“把张三喝醉了 / 吃饱了 / 骑累了”，句法位置在 [Spec TelP]，所以补语指向主语的动结式结构如下：

（65）

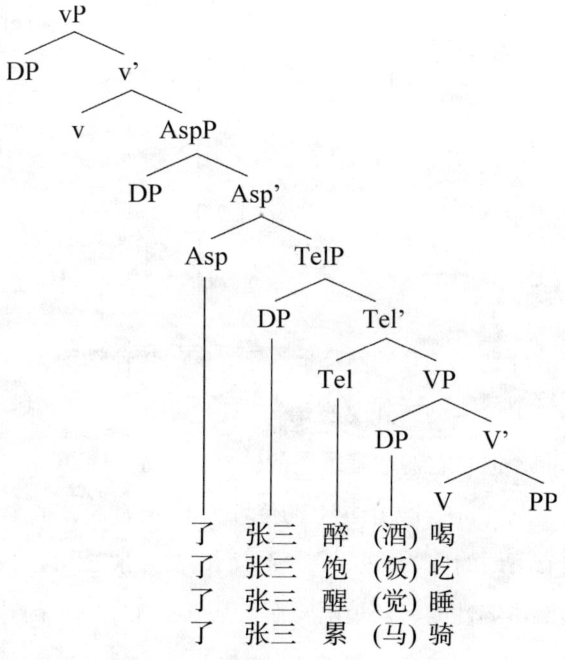

与“喝醉（了）酒”相对的“喝光（了）酒”是补语指向宾语的动结式结构，宾语“酒”也是光杆名词形式，但却是有定的，因为可以有“张三喝光了一/那瓶酒”等句子，也可以有“张三把酒喝光了”,说明“喝光（了）酒”中“酒”是受影响性的宾语，结构为：

（66）

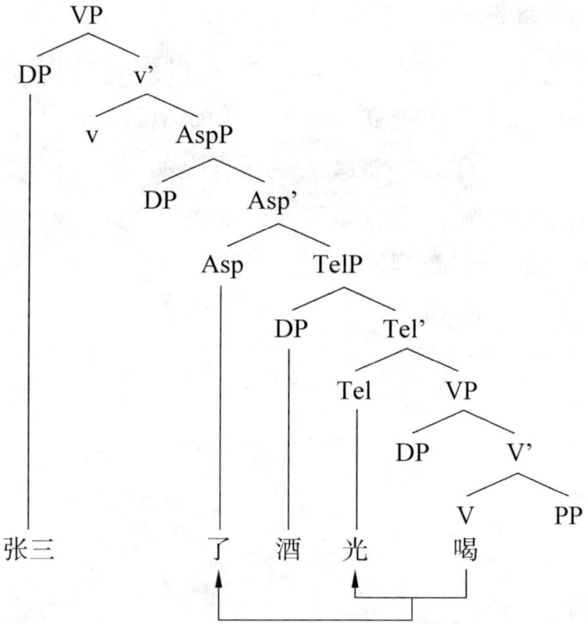

可见，“喝醉酒”和“喝光酒”两种结构，虽然表面上看都是“主语＋动结式＋宾语”，只是动作“喝”所导致的结果动词不同，但是它们却有重要的区别。区别一是宾语“酒”是否具有受影响性，在句法结构上的位置也不同；动结式的主语论元“张三”也有不同的位置，“张三喝醉了酒”的“张三”是完结短语的论元，是受影响性的名词短语，而“张三喝光了酒”的“张三”是句子

的主语，是轻动词的论元。

3.7　补语指向动词的动结式

补语指向动词的动结式主要指下面的例子，

（67）a. 张三抓紧了绳子。

b. 张三来晚了。

这类动结式在国内学者的描写中很清晰。b 句一般没有太多异议，补语就是指向动作的时间。而 a 句在配价讨论时就需要有异于补语指向主宾语的计算规则了，所以在讨论中往往是单独列出来的例外格式。

陆俭明先生曾指出这是带“得”组合动结式的紧缩形式，成为多数学者的共识。宋文辉用概念结构来解释，认为 a 句中补语语义并不是指向动词，而也是符合动结式的概念结构的，即，

（68）主事件 [我 AMOVE 绳子 TO 紧]，副事件 [我抓绳子]

“紧”主要指抓“绳子”的“手”的状态，这里说“绳子”“紧”，是用“手”的状态来转喻“绳子”的状态。总体说，这是从认知上来解释这种句子与大多数动结式的差异，用“转喻”来抢救 V 和 R 貌似不合理的论元结构。

补语指向动词的动结式在生成语法领域内讨论的不是很多。小句理论是力图都用小句来解释所有的动结式，所以在解释补语指向动词的动结式的时候，仍然把补语看作是小句的谓语。但是“绳子紧”在事理感觉上不为大家接受。后来彭国珍（2006a）认

为“紧”并不影响宾语“绳子”做动词“抓”的受事,也不是“抓绳子”的结果，所以“紧”的作用类似于一个状语，在结构中是附加语（adjunct)。

我们认为彭的这种分析也有不妥之处，第一，a句可以变为“把”字结构“张三把绳子抓紧了”，根据沈阳（1997）和小句理论等系列研究，“把”后名词性成分是小句的主语，也即补语R的主语，所以“绳子”也应是“紧”的主语；第二,一般而言,动宾关系是结合最为紧密的句法关系，之间不应该插入其他成分,何况还是在VP内部就插入了一个附加语（有的语言在动宾之间会有状语，但是那很可能不是在VP内部的，而是向上特征核查的时候所形成的线性语序如此，或语音层面形成的)；第三，附加语一般是与V’为姊妹节点，而彭文处理“紧”是与主动词的补足语NP为姊妹节点，起码汉语中没有类似的结构，这种处理难免有特设之嫌。

本书的处理方法都是从动结式中的各个成分的句法性质出发的，不过多纠缠于各成分间的语义联系。所以指向动词的补语也同样是述语V的完结点，位置仍是完结短语中心语；而至于有的补语指向动词的动结式还有宾语，就要看这个宾语的句法性质，即受影响性，如果是受影响性宾语，在结构上就是[Spec TelP],非受影响性的宾语就在[Spec VP]上。上例a句的宾语是光杆名词，有两种可能，就看具体语境中宾语“绳子”是有指的（a1句结构，宾语是受影响的）还是无指的（a2句结构，宾语是非受影响的)，具体分析同3.3节。因为名词短语“绳子”是现实中的具体事物，所以有两种可能性，但是如果是抽象的名词短语，不能

作“把”的宾语，就只有非受影响性一种情况了，如，

（67）c. 张三抓紧时间。

c’. * 张三把时间抓紧了。

上例中三种补语指向动词的动结式，结构如下：

（69）

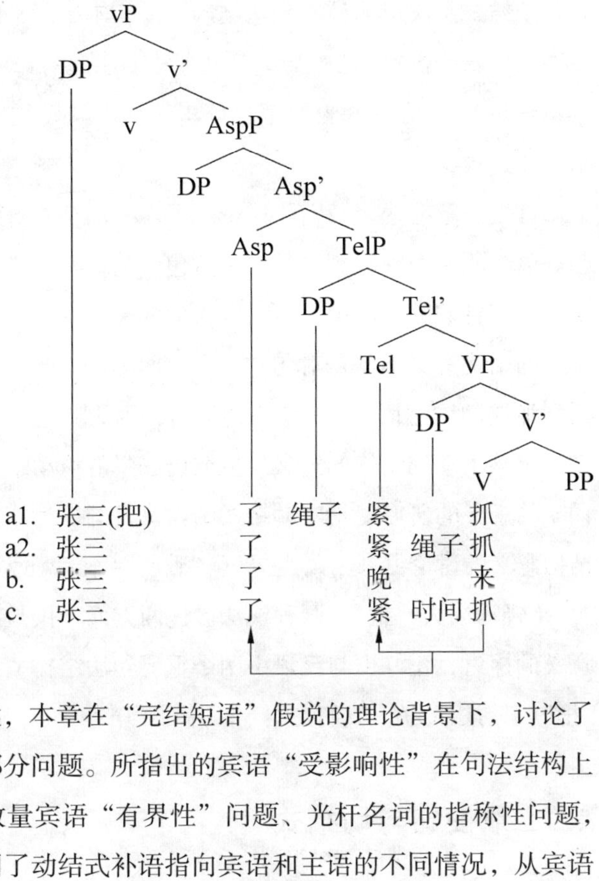

综上所述，本章在“完结短语”假说的理论背景下，讨论了动宾结构的部分问题。所指出的宾语“受影响性”在句法结构上解释了可数数量宾语“有界性”问题、光杆名词的指称性问题，并且有效说明了动结式补语指向宾语和主语的不同情况，从宾语性质、结构位置等方面说明“喝醉酒”和“喝光酒”的区别，并讨论了补语指向动词类动结式的结构。

第四章　与动结式相关的句式

动结式是汉语的核心句法结构之一，本书对动结式的句法结构做出新的分析，也必然影响到其他很多相关的句法结构的分析。本章试图用完结短语假说理论分析汉语中与动结式有关的其他结构。

首先本章前两节我们要讨论一下有关动结式的结构意义的问题。语法研究力图找到一种句式所包含的结构意义，汉语的动补结构以其特殊的语法地位更受到人们的关注。对于本书而言，动结式的结构意义不仅是对句式意义方面的进一步研究，也是对汉语词汇层动词短语 VP 内结构的探讨，因为其上层轻动词 v 的意义决定整个动词结构的意义。生成语法中的对动结式结构中轻动词 v 的意义的研究就是对动结式结构意义的探讨。对于动结式的结构意义的讨论由来已久，主要有“致使”（轻动词为“使”）和“处置”（轻动词为“把”）两种说法。这两方面不仅是对动结式结构意义的探讨，正好也与汉语中两个重要句法结构“致使结构”和“把”字句相关联，我们在本章一并讨论。

4.1　致使句与动结式

4.1.1　研究回顾

王力（1943）曾提出了“使成式”的概念：“凡叙述词和它

的末品补语成为因果关系者，叫作使成式。”从王力先生所举例子来看，这里的使成式也包括我们所说动补结构中的动结式和动趋式。后来王力（1958）对此说法有所改变，只将述语动词是及物动词、补语动词是不及物动词或形容词这类最典型的动结式认定为“使成式”（causative）。汉语史研究者也沿用这个术语，如祝敏彻（1963）、志村良治（1984）等。我们可以从命名上看出这是较早认定动结式的结构意义是“使成”，也可以说是某种“致使”意义。后来的很多研究都注意到动结式和使动结构的转换关系，也使动结式所体现的致使意义有更多的描写。

生成语法的研究中也注意到致使性的动结式。Li（李亚非 1995）提出致使层级（causative hierarchy）来解释论元的选择。王玲玲、何元建（2002）是在生成语法领域内对此问题研究的代表作。他们对使役结构曾有深入的研究，也将动结式的致使性列为研究重点。他们认为使动句和役格句（指词的使动用法）在句法结构上相同，前者含有实在的使役动词，后者含有零形式的使役动词。

根据致事（句首 NP）的类型，致使类动结式可分为施事改作、客事改作和独立成分三种类型，分别对应于下面 3 个例句，

（1）a. 张三气死了李四。（施事改作）

b. 苹果吃坏了肚子。（客事改作）

c. 这件事气死了李四。（独立成分）

王玲玲、何元建认为致使者是由施事和客事分别在原来位置移动到致使者位置形成。a 句是施事改作致事的句子的结构如下例 a 句，“张三”是从 V_1“气”的施事位置，移到致事的位置。b 句是受事（他们称作客事）改作致事的句子的结构如下例 b1 句，

其中 V_1 的受事“苹果”是从动词后受事的位置移到致事的位置，图 b2 其中是述题（XP）“坏了肚子”的结构。这两种动结式的生成方式是一样的，如，

（2）a.

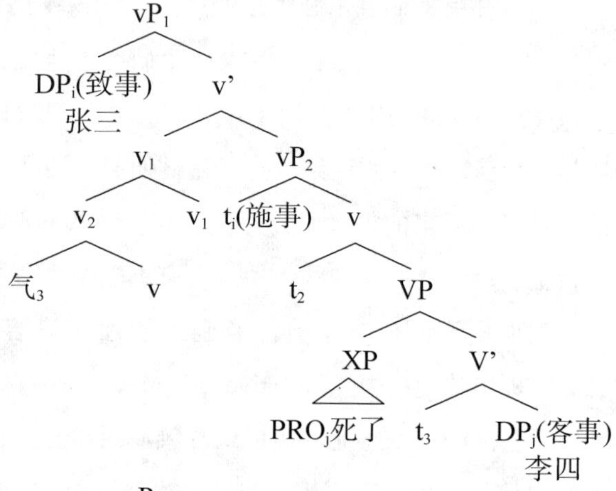

b1.

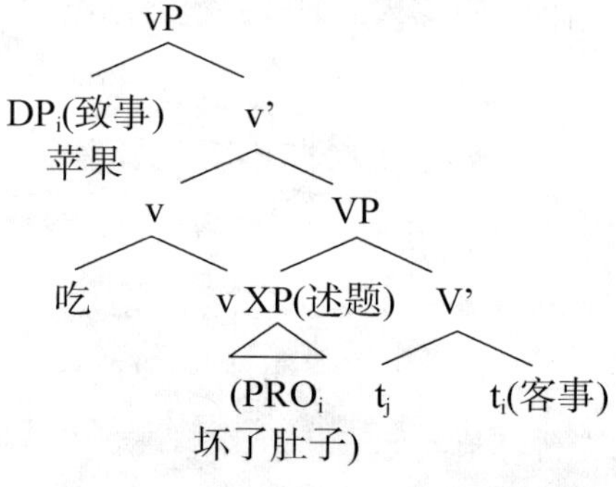

b2.

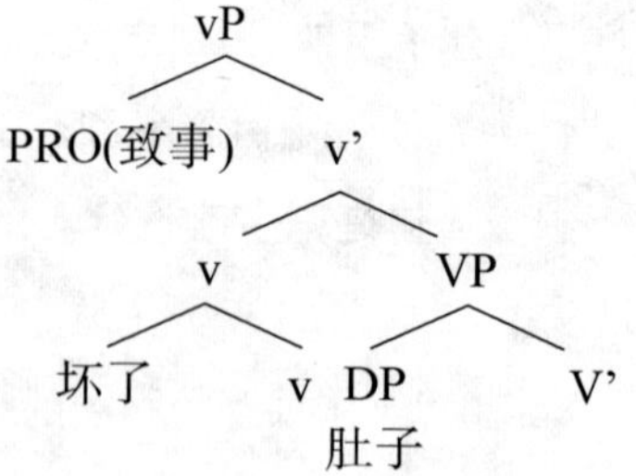

在施事改为致事的 a 图中 vP_2 是及物谓语套组结构，做使役动词 v_1 的补语，v_2 是执行轻动词。“气”先移到 v_2 的位置，再移到 v_1 的位置。“李四”在逻辑形式中移动到 PRO 的位置，与其合二为一。在受事改做致事的 b1 图中，“苹果”是“吃”的客事，“肚子”是“坏”的当事，v 是使役轻动词。并且 XP 本身也是一个使动结构，其结构细节如 b2 所示。b1 和 b2 合起来的意思相当于“苹果使肚子坏了”，b2 中的 PRO 受控于 b1 里面的致事主语。

而 c 句中致事“这件事”是独立成分，即不是 V 或 R 的论元，所以它的生成位置就是句首的 vP 指示语位置，不存在从下面移动上来的过程，句法结构相对比较简单。

这种分析把由施事和受事改作致事的句子统一分析起来，用“只有使役动词才能指派致事题元”的原则，使汉语使役句法统一分析于一个原则之下。句子的轻动词是致使性的 v，只有它可以指派致事题元，其他动词如宾格动词、作格动词都不能指派；具有致使性的名词短语一定都在 [Spec vP] 的位置上获得致事语义角色；致事题元或是独立生成于该位置的，或由施事或客事改作的。这种处理办法对有致事意义的各种动结式作出了统一的解释。

这种分析还有一个优点就是将使动用法和动结式结合起来分析，有一定的语言类型学意义（参见 8.8 节）。生成上述动结式的句子，如果其致使轻动词是有语音形式的“使”，就可以形成使动句。以 a 句为例，其相应的使动句及句法结构为，

（3）张三使李四气死了。

（4）

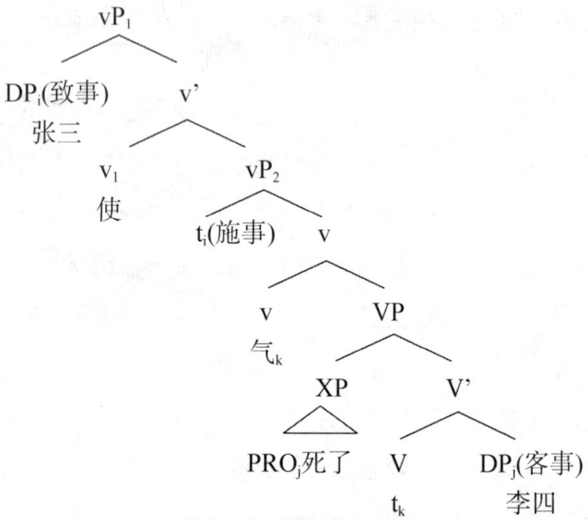

但是，这种分析凸显了我们前面（详见 1.1 节）提到的结构问题：由于将补语处理为主句动词的指示语，动结式的宾论元“李四”为主句动词的补足语，这不仅违反了名词短语对 PRO 的控制原则，也使在生成使动句时“李四”无法出现在整个谓语的前面（上面没有可以移入论元的空位），形成正确的语序。还有一个理论缺陷是频繁移动。如受事改作致事的底层结构 b 句中是两层致使结构的嵌套（述题 XP 又是一个使动结构，如 b2），这样处理十分繁琐，频繁移动的句法代价很大，不符合生成语法所追求的移动的经济性原则。

以上的批评主要是针对王玲玲、何元建（2002）的技术处理，而不是动结式的致使意义。

施春宏（2003）系列研究认为致事具有事件性，所以致使类动结式前面的致事都有事件性，他的例子是，

（5）a. 山西假酒喝死了不少人。

b. 喝山西假酒喝死了不少人。

他认为两句意思相同，动结式中的致使者是述语动词所表示的整个事件，有时由于突显侧面的不同而将事件的不同参与者作为整个致使关系的致使动力，所以才会有 a 句名词短语为致事。但后来又提到"山西假酒"是由底层施受关系"不少人喝山西假酒"的受事提升而来的，却未给出句法生成机制。施春宏主要用概念结构和论元结构来解释致使性动结式，没有明确的句法结构说明，论证性不是很强。但他与彭国珍（2006）等都注意到了致事的事件性，并力图用类似重动句的形成来解释这类动结式的生成。以上研究指出的致事的相关性，将不同形式的致事统一处理的方法，对我们很有启发。

熊仲儒（2004）也认为动结式是一种致使表达，反映使因事件和致果事件，前者是一种活动。其他学者，如顾阳（2001b）、张璐（2003）等，也都对动结式的致事性结构意义进行了有益的探讨，但处理方式与他们对动结式的句法分析相似，本节不再一一复述。

4.1.2　致使性的动结式

我们通过上文的分析可以看出，并不是所有动结式都具有致使性，下面再复现一下各类动结式的句法结构图：

（6）

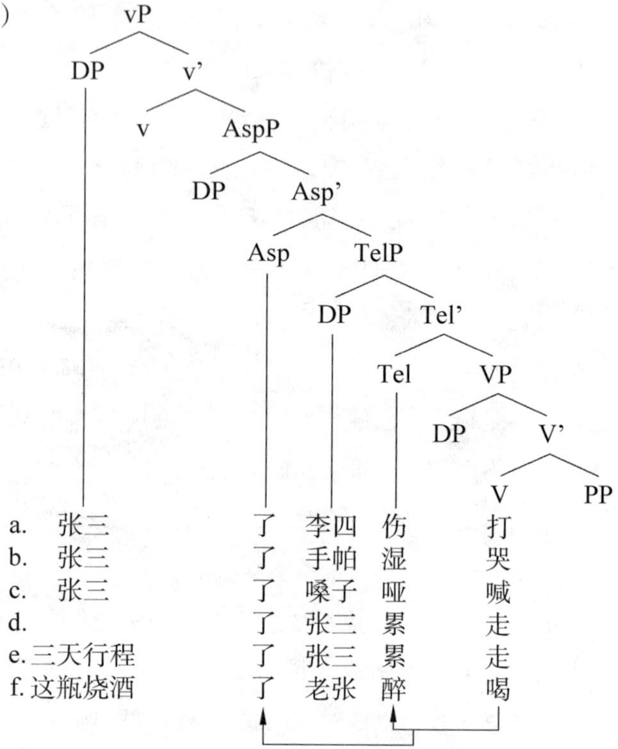

动结式的基本类型中，（6）a 句一定不能变为致使性结构，b、c、d 句将 VP 内的轻动词实现为致使性词语，有些奇怪，但是可以接受，如：

（7）a. * 张三使李四打伤了。

b. ？张三使手帕哭湿了。

c. ？张三使嗓子喊哑了。

d. ？使张三走累了。

还有一部分动结式具有致使性意义，如 e 和 f 句。现在再补充前人研究的句子类型，重述如下：

（8）a. 张三气死了李四。

b. 苹果吃坏了肚子。（句型同“山西假酒喝死了不少人”）

c. 这件事气死了李四。（句型同“喝山西假酒（一个事件）喝死了不少人”）

下面我们用本书的句法结构来分析这些致使性的动结式句子，与动结式的基本结构无异，VP 内的结构不变，只是轻动词位置上是致使性轻动词，如，

（9）

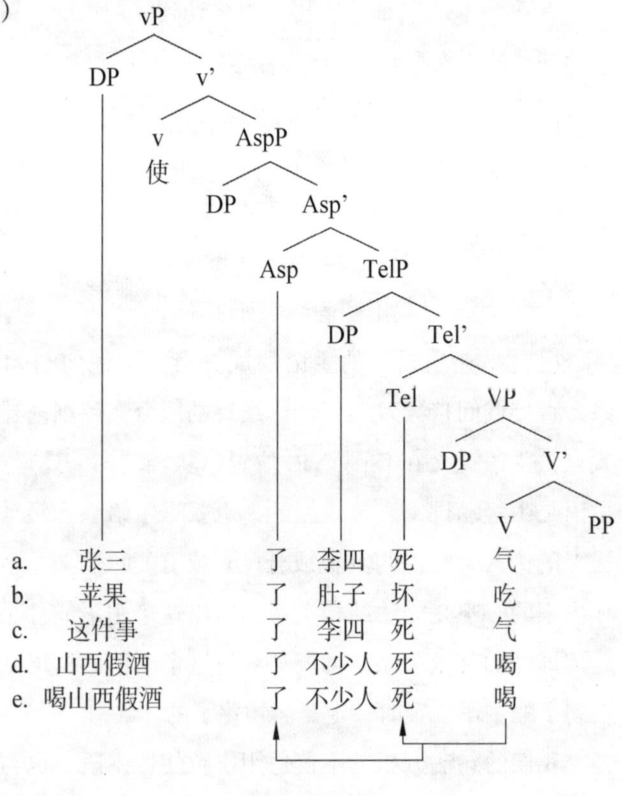

当使役轻动词“使”出现时，上述结构中，主要动词 V 核查完结特征、体特征后，在 VP 内停止上升，形成这样的句子：

（10）a. 张三使李四气死。

b. 苹果使肚子吃坏了。

c. 这件事使李四气死了。

d. 山西假酒使不少人喝死了。

e. 喝山西假酒使不少人喝死了。

当使役轻动词不出现时，上述结构中，主要动词 V 核查 [完结] 特征、[体] 特征后，再向上移动到轻动词的位置，核查致使轻动词 v 的 [致使] 特征，形成这样的句子：

（11）a. 张三气死了李四。

b. 苹果吃坏了肚子。

c. 这件事气死了李四。

d. 山西假酒喝死了不少人。

e. 喝山西假酒喝死了不少人。

也就是充当句子的主语的成分可以是任何与句子谓语有关系、直接或间接导致谓语动作结果的成分。依据内建主语理论的观点，主语论元在 [Spec vP] 位置，从轻动词 v 处得到语义角色，主语是由轻动词 v 直接指派的，也就是主语只和轻动词有句法结构上的论元关系。与其他成分（V 或 R）的语义关系只是我们推导出来的，不是句法结构关系。所以这个主语成分是名词性的还是谓词性的都没关系，何况如 e 句这个所谓的谓词性的事件短语在句子的主语位置时一定是名物化了的。

我们的句法分析，不仅适用于致使性主语，也与动结式的其他形式保持一致性，还避免了过多的句法操作步骤，实现了句法生成的经济性原则。

4.2 “把”字句与动结式

上文研究中经常出现“把”字句，因为“把”的宾语具有很强的受影响性，所以是我们测试宾语性质的最佳方法。完结短语理论假说对“把”字句也有很好的解释。

4.2.1 研究回顾

“把”字句是汉语的一个重要句式，王力（1943）以“处置式”定义把字句之后，各种研究不断涌现，研究其生成来源有这样几种观点。一是提宾说，即把字句与动宾结构有句式转换关系，“把”后宾语是动词V的宾语，如黎锦熙（1924）、吕叔湘（1948）、王力（1958）、李临定（1984、1988）等，但随着语言事实的不断挖掘，一些类型的把字句无法还原为主动宾结构，尤其保留宾语类把字句更是一个重大挑战，所以这种说法逐渐退出。二是原位受事主语说，朱德熙（1982：185）、李人鉴（1988/1991）等认为把后宾语是受事主语，没有移位，把字句对应的是受事主语句。这两种观点都揭示出把后宾语和动词的关系，对后来的研究有所启发。还有把后宾语是补语小句的主语前移（Sybesma1992；沈阳1997；郭锐2003）等观点。

把字句结构中谓语的性质也是大家广泛讨论的问题。从形式上考察，吕叔湘（1942、1948）提出“行为动词”和“谓语复杂”说。

丁声树等（1961）、朱德熙（1982）认为“把”字句里的动词不能是光杆动词，前后要有其他成分。邵敬敏（1985、2001）、吕文华（1994）、崔希亮（1995）、沈阳（1997、2003）、刘玉培（2001）、杨国文（2001）、王璐璐、袁毓林（2016）都明确指出动结式和把字句关系密切。从语义上考察，学者们也观察到把字句的谓语具有“强完成持续性”语义特征（金立鑫 1997）、有终结的事件（杨素英 1998）、表达有终结点的复合型动词（马志刚、戴丽丽 2016）等。

前人研究所指出的这些谓语特点，都是动词完结性的体现。可以说学者们对把字句谓语的完结性质是达成共识的，只是从不同角度、补充各种谓语形式加以论述。我们同意这些研究结论，“得”字补语（把衣服洗得发白）、动词重叠形式（把衣服晾（一）晾）、数量补语（把衣服洗三遍 / 一下）等形式是谓语有界性的体现，然而把字句的核心谓语形式是动结式（张三把衣服洗干净了，张三把衣服洗破了）（参见 8.1 节）。所以本书的动结式句法分析也适用于把字句。

生成语法研究如 Huang（黄正德，1982，1992），Li（李艳惠 1985，1990）等也都从不同角度对把字句进行了分析。但是这些研究往往对把字句和动结式分别分析。

部分动结式研究考虑了相对应的把字句如何分析，如小句理论等，我们再次介绍一下。生成语法理论中的小句理论，以 Sybesma（1992、1999）为代表，认为动结式句中的轻动词是“把”，而不是“使”。V 为及物动词的动补结构中都有一个轻动词“把”，不论是否为所说的使役类动结式。及物性结果补语结构的上层 vP 投射的中心词 v，将吸引动结式上升到这个位置、形成最终的语序；

也可以实现为语音形式的“把”，形成动结式的“把”字句。所有动结式的主论元都是在轻动词短语的标示语位置 [Spec vP] 上生成，从轻动词 v 处得到致使者的论元角色，致使者与述语动词没有句法结构上的论元关系，其作用就在于引起述语动作并得到补语所表述的结果状态。

Sybesma（1999）用事件发起者（initiator）来指致使性动结式句首的名词短语 NP，而不是以往通常所说的致使者（causer）。他认为即使在及物性结果补语结构中，即“张三气死了李四”句中，主句主语和主要动词 V 也没有论元关系。此句的表层大主语“张三”跟主句的谓语动词“气”，从严格的句法和语义分析上说没有什么联系。因为“张三”是在 vP 的标示语（Spec）位置生成的，语义角色也并非是“气”这个动作的发出者（施事），而只是事件的“引发者”或“致使者”。同样如果把“张三”理解为就是“气的人”，或者说即使极大可能就是“张三”在“气”，这也无非是受人们头脑中百科知识的影响，二者在句法和语义上也并没有必然的联系。同样道理，所谓受事（即小句理论中认为的小句的主语）改作事件发出者的例句“苹果吃坏了肚子”也是一样的。也就是说在结果补语小句理论中，无论是补语小句的主语还是主句的主语都和主句动词没有论元关系。致使性主语的动结式都有相应的“把”字句，如，

（12）a. 张三把李四气死了。

b. 苹果把肚子吃坏了。

c. 这件事把李四气死了。

而其基本结构也与动结式小句结构的一致，只是 vP 的轻动

词是有语音形式的，实现为“把”，结构为：

（13）

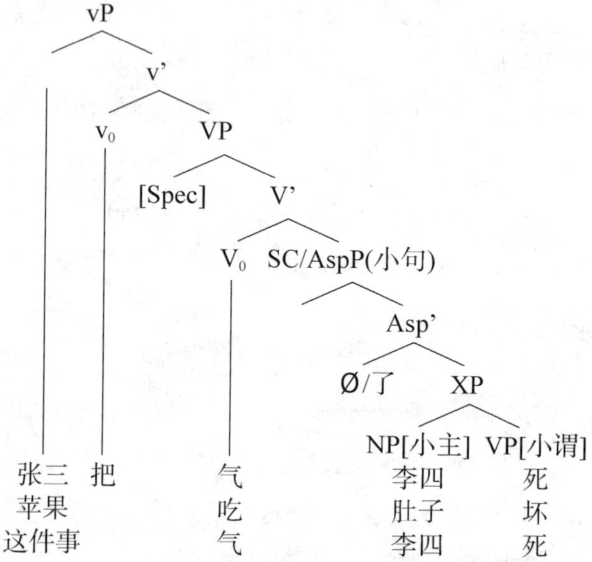

用“把”作轻动词的小句理论在处理动结式的致使意义以及与“把”字句的关系上都比较简洁、一致。

彭国珍（2006a）基本同意小句理论的处理，但认为及物性结果补语结构中的主句主语也和主句动词有题元关系。她又根据郭锐（2003）[1]的研究，支持表致使的轻动词是“把”的观点，认为动结式的致使性由上层轻动词 v 来表达，“把”是这个轻动词 v 的语音表现形式。如果轻动词是零形式，动结式复合词前移。如

① 郭锐（2003）认为“‘使 / 让’和‘把’意义不同。‘使 / 让’字句属于使动型，其致使事件由纯粹表示致使义的抽象动词‘使 / 让’表示，‘使 / 让’后面的其他谓词表示被使事件。而‘把’字句表达的致使是复动型，V1 是致使事件，V2 是被使事件，‘把’本身并不表示致使事件或被使事件”。

果轻动词实现为“把”，则动结式复合词保留在受影响者名词的后面。不论是否有“把”，句法分析都是一样的，只是两个句子表达的视点不同。她认为施事性主语或者致事就在 [Spec vP] 直接生成，所谓的致使的含义就是由及物动词外层的执行轻动词 v 来表达的。

但是彭国珍也不完全同意 Sybesma 结果补语小句理论对致事的分析，认为那不能解释有些受事改做致事的句子有歧义的现象，如：

（14）这首歌唱哭了我。

这句话句首的“这首歌”可以是“我唱”的，也可以是“别人唱”的。她认为 Sybesma 的分析也不能解释为什么有的成分也可以看成动作的致使者但是却不能形成正确的致使句式，即不是所有相关成分都可以作致事。彭国珍认为受事致事句是由重动句第一个 VP 前移生成的。上例的两种可能源于下面的不同结构：

（15）a.

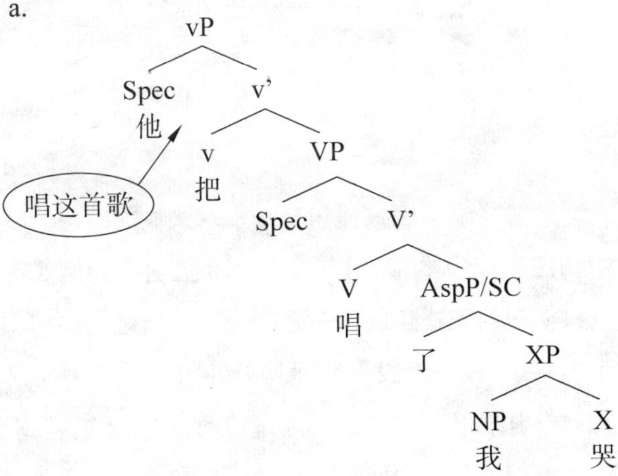

b.

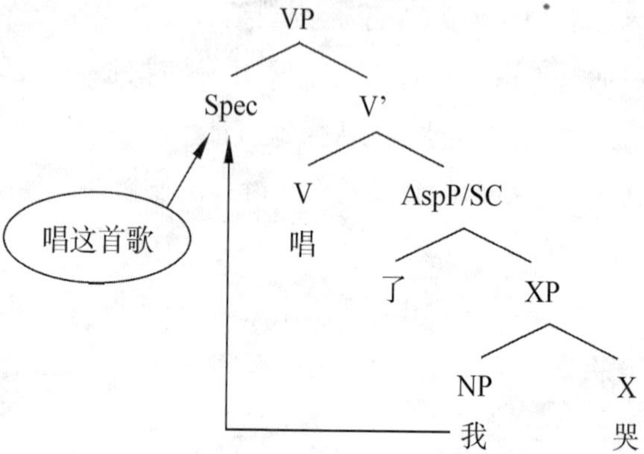

c.

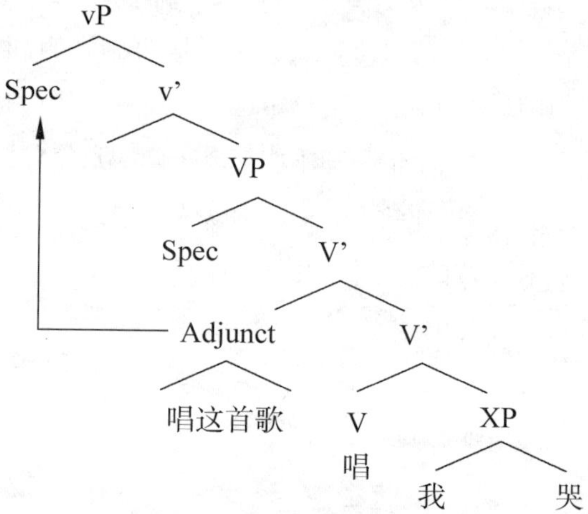

她解释施事性致使句是一个及物性的结构，施事性决定了其中句法生成中本来就存在一个 vP 投射，如例 a 句；但是在受事性致使句的句法生成中，是一个不及物性的结构，其中不存在一个表示执行的 vP 投射，而是另外附加了一个纯粹表示致使的轻动词投射，如例 b 句，然后通过移动，把受事前移到了致事的位置，从而形成了受事致使句，移动过程如例 c 句。由于重动句第一个

VP 在及物性和不及物性（指述语 V）句子中作为附加语（Adjunct）插入的位置不同（vP 或 VP）而产生歧义。

彭国珍虽然区分了唱的不同施事的结构情况，即：

（16）a. 他唱这首歌把我唱哭了。

b. 我唱这首歌唱哭了。

c. 唱这首歌唱哭了我。

但是三个句法结构差异太大，仅仅因为话题中的动词动作的发出者不同，就用三个不同的句法结构来生成，句法结构的代价过大，如果语义关联都体现在句法结构中，那样人类头脑内的句法结构就过于庞大了。而且我们研究的语义是在句法结构中体现出来的语义，而不是与客观世界直接联系的语义，“这首歌唱哭了我”在语言中的关注点就是“这首歌”“唱”出来后导致“我哭”这样的结果，语言表达中并不涉及“谁唱这首歌”。因此我们并不同意这样复杂的分析。

可见把字句的研究，如果重视了谓语与动结式的关系，在句法结构分析中也往往出现第一章中论述的理论问题。另一方面我们也注意到新近的研究（如刘彬 2002；张厚振 2005；张杰 2006；刘培玉、许海命 2010；黄新强、黄婷婷 2011；张庆文、邓思颖 2011；熊仲儒 2013、2015；马志刚、戴丽丽 2016；周长银、尹晓静 2016），这些生成语法分析略为繁复，篇幅所限不再一一列举他们的分析方法，本书用“完结短语”分析方法，力求更加简洁。

4.2.2 “把”字句的生成机制

汉语的动结式在汉语中是有完结点的事件的典型表达方式，因为汉语的单音节动词几乎没有内在的终结点。而“把”字句表示句子主语所代表的事物对“把”后宾语所表示的事物进行处置，“把”后的名词短语必然具有较强的受影响性。这样两种句型紧密相关，自然更意味着宾语的受影响性与动结式、尤其是动结式中的结果补语有密切的关系。

细心的读者一定发现上文将“把”置于轻动词的位置。本书基本同意小句理论对“把”字句的处理，即认为双层 VP 结构的上层 vP 的中心语 v 的语音形式是“把”。一般把字句“张三把衣服洗破了”“张三把橘子吃掉了”的结构是：

（17）$[_{vP}\ [_{v'}\ v\ [_{AspP}\ [_{Asp'}\ Asp\ [_{TelP}\ NP_{受影响}\ [_{Tel'}\ Tel\ [_{VP}\ NP_{非受影响}\ [_{V'}\ V\ PP]]]]]]]$

	（把）	了		R	V
张三	把	了	衣服	破	洗
张三	把	了	橘子	掉	吃

前面对宾语受影响性和动结式复杂谓语的关系已有论述，本章主要说明这种关系下句法结构的生成过程。下例的生成过程如图，说明动结式在动词短语 VP 内部的生成过程；而下例 b 动结式的“把”字句就是例 a 中轻动词短语 vP 的中心语由语音形式“把”填充的结果，结构分别如下所示，

（18）a. 张三打伤了李四。

b. 张三把李四打伤了。

（19）a.

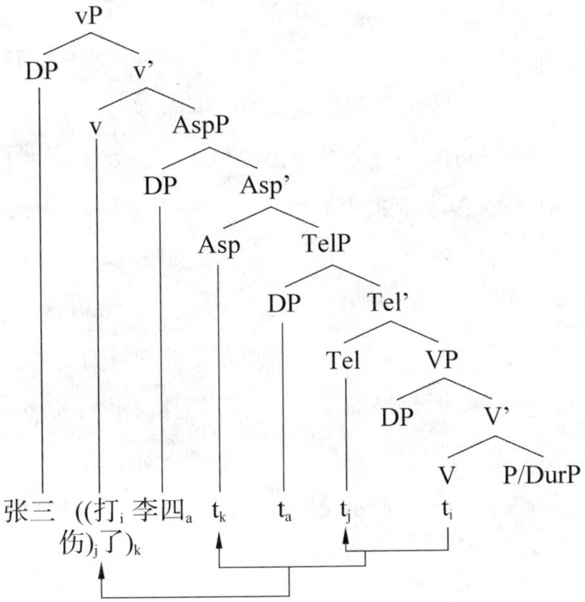
vP
DP
v’
v
AspP
DP
Asp’
Asp
TelP
DP
Tel’
Tel
VP
DP
V’
V
P/DurP
张三　((打$_i$ 李四$_a$ 伤)$_j$ 了)$_k$ t_k t_a t_j t_i

b.

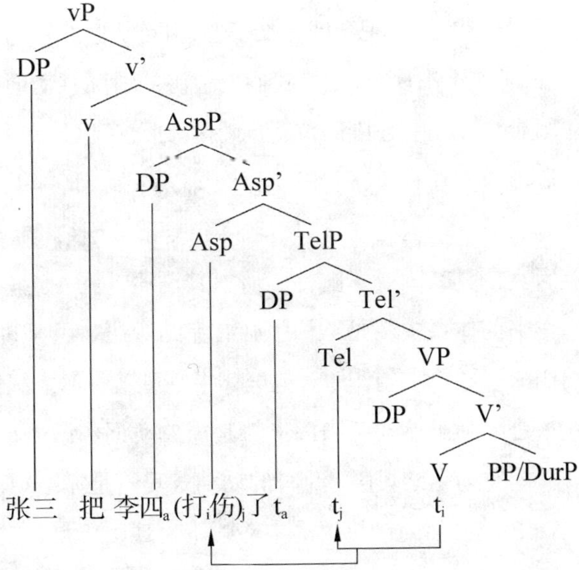
vP
DP
v’
v
AspP
DP
Asp’
Asp
TelP
DP
Tel’
Tel
VP
DP
V’
V
PP/DurP
张三　把 李四$_a$ (打$_i$伤)$_j$了 t_a t_j t_i

动结式的生成过程是一样的，“打伤了”是主句动词“打”需要核查其完结特征和体特征、经过两次中心语移位到达了体中心语 Asp 的位置而生成的。动词短语是双层 VP，具有施事论元的及物动词一定会投射出 vP 层。所以词串“打伤了”应该继续向上移动至 vP 的中心语位置，这里才是主句动词在 VP 层的最终位置。而动词的受影响宾语“李四”也需要向上移动至 v 的后面，即 [Spec Asp]，以从轻动词中心语 v 处取得格位。

轻动词 v 是可以有语音形式也可以为空的，在正常的施动及物性结构中，轻动词是“把”。当句子中的轻动词有语音形式，即“把”出现时，谓词性成分“动词＋结果补语＋了”组合只能停留在体短语 AspP 的中心语位置上，不能再向轻动词短语的中心语 v 位置移动，而动词的宾语论元“李四”仍然需要向上移动到 [Spec AspP] 位置，从 v 处得到格位，就形成了 b 句的“把”字句形式“张三把李四打伤了”。当句子中的轻动词没有语音形式，即“把”不出现时，就是我们上节讲的情况，“动词＋结果补语＋了”组合从 Tel 中心语的位置向上移动到轻动词 v 中心语的位置，最后形成主动宾语序“张三打伤了李四”，如 a 句。

前一章也提到对“把”字句复杂动词结构的解释，因为“把”后宾语具有强受影响性，所以其谓语动词一定具有完结状态，在本书的体系中就是结构中必有完结短语。可是也存在简单动词结构的“把”字句，如“他把苹果吃了”、“你快把作业写了”等句，这是因为虽然句子表面上看是简单动词作谓语，实则为结构中有一个空的完结短语，此时的动结式宾语是完结短语的指示语 [Spec TelP]，虽然完结短语的中心语不出现，但是其功能不变，所以动结式宾语仍然是受影响性的。

可见本书也是同意小句理论对“把”字句的处理的，只是由于我们的完结短语理论在其他方面优于小句理论，所以显示出更大的理论统一性和分析的经济性。本节只说明带有动结式的“把”字句是如何生成的，至于前人研究中所涉及的轻动词到底是“把”还是“使”的问题，我们留待 4.3 节统一讨论。

4.2.3　“把”后宾语的有定性解释

将动结式与把字句的分析结合中一个句法结构中。除了谓语的句法特征紧密联系外，我们也认为把字句和动结式的密切句法关系还体现在句法结构中论元的性质上。上文 3.3 节的结构分析，我们看到光杆名词只有作为受影响性宾语论元，也就是 [Spec TelP] 位置上的名词短语，才能变成“把”后宾语或句子的话题。无指性、非受影响的宾语论元不能作“把”后宾语，句子也不能变为把字句。例如：

（20）* 张二把酒喝醉了。

（21）* 我把饭吃饱了。

（22）* 他把觉睡醒了。

（23）*# 张三把马骑累了[①]。

本书认为在完结短语指示语 [Spec TelP] 位置上的名词短语才能成为“把”后宾语。例如：

（24）他把那间房子盖了。

---

① 宾语“马”为定指时，句子成立，下同。参见 4.3.2，但不是本节讨论的情况，所以打星号。

（25）我把那个筐编了。

（26）* 他把那身汗跑了。

（27）* 他身上把这两个包叮了。

（28）两里路把他跑了一身汗。

（29）蚊子把他身上叮了两个包。

前面只是提到这样的情况，列举“把”后宾语的强受影响性，说明它和 [Spec TelP] 位置上的名词短语的关系。一种现存理论中可行的解释是，补语投射的完结短语的论元，也就是 [Spec TelP] 位置上的名词短语，由完结短语中心语赋予论旨角色，本身具有 [＋受影响] 性质；而“把”的宾语也要求 [＋受影响]，二者匹配，补语的受影响的论元就可以前移成为“把”的宾语。非受影响性的论元恰恰相反，主要动词短语的论元从 V 处得到论旨角色，由于自身的 [－受影响] 性质，与“把”的宾语所要求的性质不匹配，所以不能前移。因此能前移的一定是受影响的论元，“把”的宾语也一定是受影响性的。

但是这种说明看似是句法性质的解释，不局限于语义上的解释，却仍似乎有循环论证之嫌。下面我们提出另一种解释，可能并不成熟，但起码也说明一些问题。

我们知道生成语法中的移动（movement）有两种，短语移动（Phrase movement）和中心语移动（Head movement）。两种移动的性质并不相同。本书一直讨论的与谓语动词相关特征的移动属于中心语移动。短语移动根据移动短语的性质又可分为两类，一类是论元移动（Argument movement），称为 A 移动，主要是名词短语 NP 的移动，移动的起点和终点位置都是论元位置，以英语中的被动句和提升结构中的名词短语移动为代表；一类是非论元移动（non-Argument movement），称为 Ā 移动，移动的起点和终点位置都不是论元位置，又因为以疑问词移动为代表，也称为 Wh 移动（英语中的疑问词基本都以 Wh 为首），所以这类非论元移动包括疑问词移动、话题移动等。

汉语的把字句中“把”后的名词短语位置是论元位置，而一般也认为“把”后宾语和句子谓语动词的宾语论元有很密切的关系，所以我们认为汉语所形成的把字句经过了名词短语的论元移动。鉴于此，这里先介绍一下英语中的提升结构来说明论元移动（名词短语移动）的特点[①]。

英语中的提升结构（raising construction）是指含有“提升动词（raising verb）”，如“seem（好像）、appear（出现）”或“提升形容词（raising adjective）”，如“be likely（可能）”。因为这类谓词可以使其补语从句中的名词短语移动至主句的主语位置，故而称为“提升”。我们以动词 seem 为例：

（30）　It　　seems　that　Mary knows nothing about it.

（代词$_{单三}$ 好像 引导词 人名　知道　　无　 关于 它）

（好像玛丽对此一无所知。）

（31）Mary seems to know nothing about it.

（玛丽好像对此一无所知。）

Mary 既可以是“seem（好像）”的补语从句的主语论元，又可以提升到“seem”前，作主句的主语。又因为，“seem”的主

① 此处参考温宾利（2002）的介绍。

语位置不能有论元成分。例如：

（32）*Mary seems that she knows nothing about it.

（33）*That Mary knows nothing about it seems.

所以，无论是名词短语、还是补语从句都不能在 seem 的主语论元位置，也就说明 seem 只能指派一个论旨角色，而不是两个，这个论旨角色通常为小句形式。

既然这样，“Mary seems to know nothing about it”中谓语 seem 前的 Mary 就和从句中的主语一致，生成语法理论认为这里发生了名词短语移动，即“seem”的补语从句中的主语被提升到主句主语的位置。名词短语提升的原因是为了获得“格位（Case）”，因为“to know”是不定式形式，这样的谓词不能赋予主语格位，“Mary”虽然从“to know”处获得了论旨角色，但是没有格位，所以它要向上移动到主句主语的位置，从主句谓语动词处得到格位。名词短语移动会留下“语迹（trace）”，生成过程如下：

（34）$[_{IP}$ Mary$_i$ seems $[_{IP}$ t_i to know nothing about it]]

名词短语移动还有很重要的一个原则就是循序渐进，不能越层。在提升动词和被动句混合的结构中，有的名词短语需要移动多步才能到达最终位置、取得格位，例句如下：

（35）John's story seems to be believed by Mary.

“John's story”最初的句法位置是在动词“believe”之后，因为它是“believe”的宾论元，但是被动式动词不能给自己的宾论元格位，所以它通过被动句中的名词短语移动移到被动式的补语小句的主语位置。在被动句的主语位置本来可以得到格位，但是由于此时被动句谓语是不定式（to be believed），仍然不能给其主论元位置的名词短语格位，所以该名词短语继续向上移动到主句主语论元位置，从主句定式谓语动词“seem”处得到格位。名词短语移动都会留下语迹，比较清晰，整个过程如下：

（36）[$_{IP}$ John's story$_i$ seems [$_{IP}$ t'$_i$ to be believed t$_i$ by Mary]]

通过上面以提升结构为例对论元移动、也就是名词短语移动的介绍，我们总结其特征如下：

1. 移动是为了名词短语取得格位，从无格的位置移到有格的位置；

2. 从论元位置移到空的论元位置，不能挤占其他论元的位置；

3. 从有论元角色的位置移到没有论元角色的位置；

4. 移动向上进行，并留下语迹，形成语链；

5. 移动是循序式的，每次在某个局部范围内进行。

现在，再来看汉语的“把”字句。无论把字句的谓语是简单动宾结构、还是动补结构，都有不用“把”的 SVO 句式；而且在转换成把字句后，其原来宾论元位置上不能再出现其他论元成分（“保留宾语”类把字句见下节）。例如：

（37）a. 我把那个苹果吃了。

b. 我吃了那个苹果。

c. * 我把那个苹果吃了苹果。

（38）a. 张三把李四打伤了。

b. 张三打伤了李四。

c. * 张三把李四打伤了人。

把字句与 SOV 句式基本意义相同，二者还可以转换，说明“把”后的名词短语是从句子谓语的宾论元位置经过移动而得来的。

而“把”后的名词短语也具有论元性质，所以这种移动应该是论元 / 名词短语移动。把字句中名词短语移动也要遵循以上规则。

“把”后宾语的初始位置是哪里呢？很多研究都指出汉语把字句的谓语结构一般比较复杂，如沈阳（1997）等。复杂谓语结构主要指汉语的动补结构，可以是动结式，也可以是其他补语。而这样的复杂结构意味着句子有终结点，所以句中会有完结短语投射。

普通的动宾格式一直是这种观点不好解释的情况，如“我把那个苹果吃了”，但是结合本书前面对汉语完结短语的零形式的讨论，动宾格式在本书的理论框架内就不成问题；是因为表面上的动宾结构句子实际上有空的完结点，同样具有完结短语。结构如下：

（39）

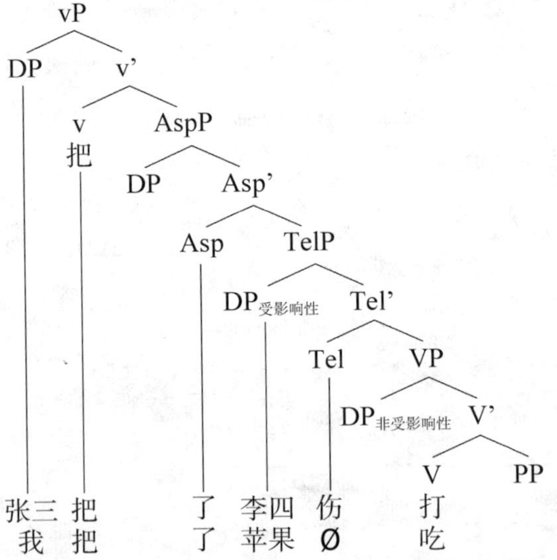

根据这样的句法结构，我们也可以解释，为什么“把”后名词短语具有比较强的受影响性，因为它是从 [Spec TelP] 的位置上移动

而来的名词短语。作为体现动作完结点的完结短语，它必然给其论元很强的影响性，致使其发生某种改变，并且已经产生了结果。

一个名词短语如果初始位置是 [Spec VP]，即这个论元是非受影响性的，那么它是不可能直接变为“把”后宾语的，因为名词短语移动必须是循序式的，只能在某个局部范围内进行，不能在移动过程中越过任何一个性质相同的位置。经过这样循序渐进的移动，[Spec VP] 位置上的非受影响性论元只能先到 [Spec TelP] 的位置上，再向上到达 [Spec AspP] 的位置，称为“把”后宾语。而经过完结短语的指示语 [Spec TelP] 的时候，这个名词短语的性质就是受影响性的了。或者说 [Spec VP] 位置的论元的 [－受影响性] 本身就与 [Spec TelP] 位置的 [＋受影响性] 不匹配，根本就不能向上移动，但又不能越层移动到 [Spec AspP] 的位置，所以非受影响性的宾语不能成为“把”的宾语。句法操作过程如下，

（40）

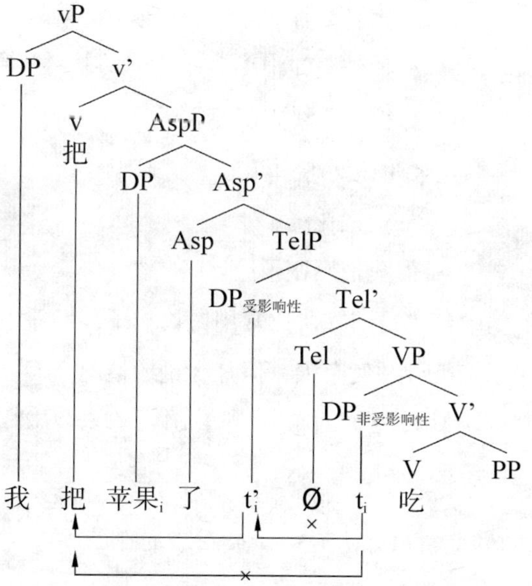

以上，我们从句法结构上解释了“把”后宾语必须是受影响性的名词。

4.2.4 带“保留宾语”的把字句

带“保留宾语”[①]的把字句引起许多学者的关注，尤其在生成语法理论中遇到理论难题，一个动词V因赋格等问题无法在句法上同时带有两个宾语，带保留宾语的V大多数都是单宾动词，只能带有一个受事论元。所以生成语法研究更为关注这类把字句的结构和生成。我们把该句式写为“把＋NP1＋V＋NP2”以便于论述。随着学者们的深入研究，带“保留宾语”的把字句有如下类型，

（41）a. 张三把橘子剥了皮。

b. 李四把纸门踢了一个洞。

c. 他们简直把下流当有趣。

d. 他转眼间把那一篮苹果吃了八个。

e. 她把毛线织了毛衣。

f. 他把水浇了花。

g. 他把花浇了水。

h. 我把墙刷了漆。

上例中各句是前人研究常用讨论句子，涵盖以往讨论的不同类型。每个类型举例有限，但是讨论的情况全面。如“老杨同志把材料记了一大堆”（丁声树等1961）、“把杂志翻了几页、把衣

① “保留宾语”在讨论时也常指“张三死了父亲”这类句子，本文讨论的是把字句中的保留宾语问题，不涉及此类非把字句的句子。

服脱了一件”（吕叔湘主编 1980）、“他把眼睛闭上了一只”（刘月华等 1983）都与（41d）一样。另外，例（41）中动词都是单音节动词形式，但是还有如“张三把李四打断了一条腿”“教练把他培养成世界冠军”等动结式作谓语的情况，根据第三章论述，我们认为二者具有一致性。

这在传统语法的讨论中分歧不大，但是在生成语法理论中却遇到理论难题。一个动词因赋格等问题无法在句法上同时带有两个宾语，而且似乎只有一部分动词才能有保留宾语情况，缺乏普遍性。

（一）NP1 和 NP2 的语义关系

对把字句“保留宾语”的研究，早期主要针对 a 句的情况，学者们看到了 NP1 和 NP2 的领属语义关系，而提出一些处理办法。如 Li（李艳惠 1985、1990）依据控制理论，用 pro 同指来表示 NP1 和 NP2 的领属语义关系。认为 NP1 和 NP2 分别是所有者（possessor）和被所有者（possessed），a 句结构为：

（42）
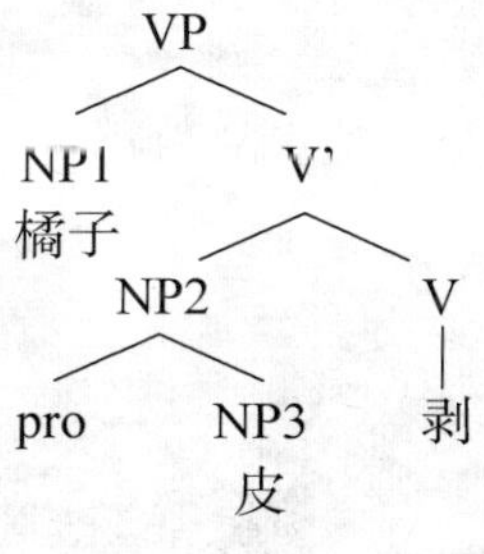

但是这种所有关系的分析，不适合解释其他例句，如果说 b 句“纸门”的“洞”、d 句的“那一篮苹果”的“八个”还勉强可以认为是领属关系，那么其他例句就很难用这个句法结构解释了，如 c 句的“下流”和“有趣”是同指关系，e 句“毛衣”和“毛线”是原料和成品的关系，f 句的“水”可以说是“浇花”的工具，

可是“水”和“花”的语义关系难定义，而 g 句的“花”和“水”、h 句的“墙上”和“漆”，只能说前者是后者的处所。可见，多数带“保留宾语”的把字句中的 NP1 和 NP2 并不存在领属语义关系，所以用 pro 来确立二者关系的分析方法并不适合。

Sybesma（1992）用小句理论分析动结式和把字句，对此类结构也用小句来分析，其结构是动词“剥”的补语小句是 [sc 橘子 皮]，这是由两个名词短语组成的非谓小句，二者之间有固定的语义联系，如不可分离的所有关系（inalienable possession）或者部分与全部关系（part and whole）等。这也可以解释为何两个名词短语也可以看成是一个整体，作为动词的单宾语，如“张三剥了橘子皮”，因为以上的语义关系可以用复杂名词短语的形式来表达。句子转换过程中将其中一部分前移到“把”后面，形成保留宾语的形式，如“张三把橘子剥了皮”。当然句子也能将动词后宾语全部前移，形成一般的“把”字句，如“张三把橘子（的）皮剥了”。结构为：

（43）

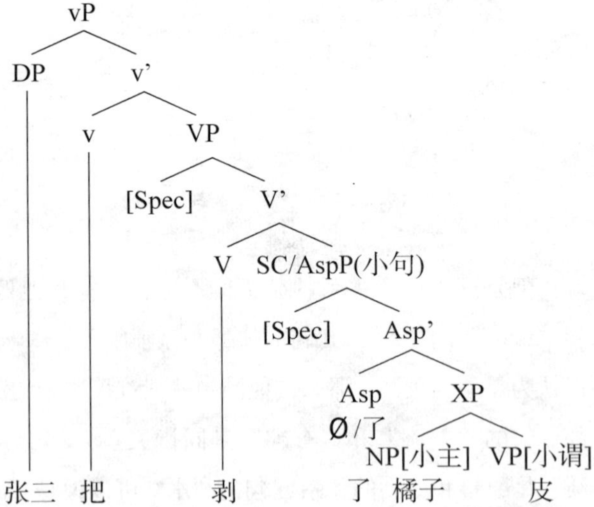

这种分析除了同样不能解释其他例句中NP1和NP2缺乏语义关系之外，还有其他理论问题：小句的谓语如果是名词短语，那么当可以补出补语时，如"张三把橘子剥掉了皮"，按小句理论"掉"应为小句谓语，那么此时"皮"如何处理。所以小句理论的这种处理考虑不够全面。

总体上，受提宾说思路影响，"把＋NP1＋V＋NP2"中的NP1也是从V后宾语位置向前提升而来的，所以会纠结于NP1和NP2的语义关系。但这只在发现a句类的把字句时被考虑较多，后来发现更多其他类型的"保留宾语"，NP1无法与NP2有领属关系，张庆文、邓思颖（2011）、熊仲儒（2013、2015）将有无领属关系的把字句分别处理。而多数研究力求统一解释，也不再考虑在句法结构上解释NP1和NP2的语义关系，如黄正德（2007）、施春宏（2010、2015）等。本书同意统一处理，也认为NP1和NP2没有句法上的语义关系[①]。

（二）V与NP1和NP2的关系

研究逐渐注重V分别与NP1和NP2的关系，即谁是V的宾语，尤其是V可以赋格的宾语论元。一些研究认为NP2和V的语义关系更为密切，动宾结构共同带有宾语NP1。

如Hashimoto（余蔼芹1971）认为"把"后是一个小句"橘子剥了皮"，"把"后宾语"橘子"其实是小句的主语。那么"剥了皮"是谓语陈述NP1"橘子"的。Li（李艳惠1985，1990）、

① 句法上的语义关系是指句法结构上体现的语义联系，而不是百科知识中的语义联系，句法学家关注的是结构上的语义。

Huang（1988）、黄月圆（1996）等都认为 V 与 NP2 先形成动宾结构，然后整个动宾结构再带有一个宾语 NP1，我们以黄正德（2007）的结构为代表，a 句的“橘子”是动宾结构“剥皮”的宾语，如：

（44）

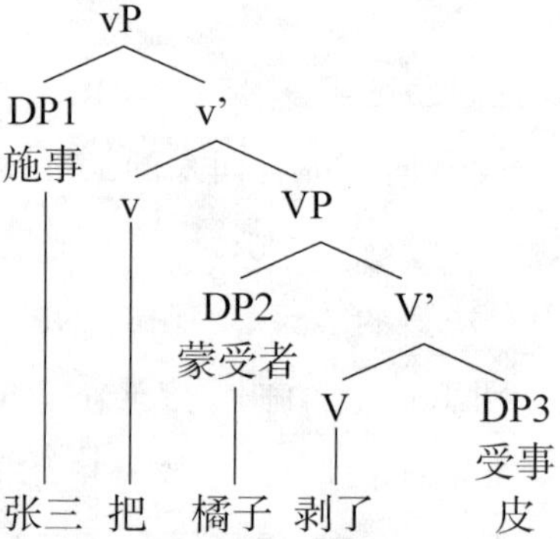

石定栩（1999）认为 Thompson（1973）的分析方法是解释力最强的，基本思想是引进新的及物性概念，以 c 句为例，“踢了一个洞”代表一个动作，该动作影响到“纸门”，使原来完整的“纸门”变得有了“一个洞”。如：

（45）

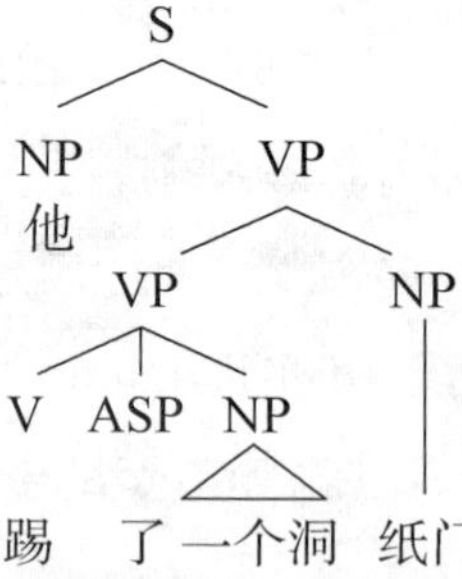

以上两例的理念是一致的，以 a 句为例，NP1“橘子”受到动宾结构 V ＋ NP2“剥皮”的作用、影响，但是具体处理方式不同，

例（44）中的NP1“橘子”是动词短语VP的指示语[Spec VP]，而例（45）的NP1“纸门”是VP的补足语。

我们同意这些分析的基本思路，即不考虑NP1和NP2的语义关系，而是认为V与NP2形成为一个更紧密的句法结构，共同作用于NP1以施加影响。但是上述研究中基本都是直接讨论此类把字句，对一般的把字句及其他相关句式缺少系统地统一地解释。比如，a句“张三把橘子剥了皮”，可以补出结果补语变为“张三把橘子剥掉了皮”，b句“李四把纸门踢了一个洞”，也可以补出补语变为“李四把纸门踢出了一个洞”等。句子基本意义没有变化，而是进一步加强了原有语义关系，那么如何处理这种把字句与动结式的关系？上述分析都很难直接体现这种谓语的差异性和相关性。除非认为，现代汉语动结式也是词库中生成，可以从词库中直接提取进入句子，才能用上述句法结构同时分析意义相同的两种句子。但是这样的词库生成动结式的说法一直不占主流，上述学者分析动结式时也并不认同（见第 章）。

（三）保留宾语是非受影响性论元

很多学者看到a句的“橘子”是受到动宾结构“剥皮”的作用、影响。这些分析想法与本书的理论分析具有一定一致性，都是看到“把”的宾语是受影响性的论元，动词动作给这个宾语施加了一个影响。

我们的理论认为，一般把字句只有一个把后宾语，就是受影响性宾语，而带“保留宾语”的把字句中的主要动词本身还带有一个非受影响性的论元，即所谓的“保留宾语”，位置是[Spec

VP]。保留宾语 NP2 是动词 V 的句法结构上的论元。这与黄正德（2007）等学者观察和分析的结论一样，即 NP2 是动词的宾语，或称内宾语。

还有一点证明，动词后宾语 NP2 多数情况是无指的，或者句子能勉强接受有指的事物，也是无定的。将定指标记加在保留宾语上进行测试，句子都不合法，如，

（46）a. * 张三把橘子剥了这块皮。

b. * 李四把纸门踢了那个洞。

c. * 他们简直把下流当那种有趣（乐趣）。

d. * 他转眼间把那一篮苹果吃了那八个。

e. * 她把毛线织了那件毛衣。

f. * 他把水浇了那朵花。

g. * 他把花浇了那盆水。

h. * 我把墙上刷了那桶漆。

受影响性论元是具体的有所指的，才能受到动词施加的影响，反过来说，一个无所指或者指向模糊的无定论元，应该是非受影响性论元。保留宾语的句法特征，证明我们对其句法位置的论断。

（四）把字句的“完结”空范畴

我们一直论证把字句的谓语是动结式，可是本文主要讨论的例句中谓语动词都是单音节动词。很多学者也观察到这些把字句的谓语都可以加上一个补语，变为动结式，如，

（47）a. 张三把橘子剥**掉**了皮。

b. 他把纸门踢**出**了一个洞。

c. 他们简直把下流当**成**有趣。

d. 他转眼间把那一篮苹果吃**掉**了八个。

e. 她把毛线织**成**了毛衣。

f. 他把水浇**完**了花。

g. 他把花浇**上**了水。

h. 我把墙上刷**上**了漆。

可见，谓语是动结式的把字句，与例（41）一样，“张三把李四打断了一条腿”结构就是 a 句，“教练把他培养成世界冠军”的结构就是 c 句。

郭锐（2003）、沈阳、司马翎（2010），沈阳、Rint Sybesma（2012），沈阳、魏航（2011）彭国珍（2006a）、施春宏（2015）等对动词结果补语的结构特征都有类似的表述，认为结果补语可以是空的（或称隐含 R），并形成了汉语中相关的句式。

这样分析的思路正确，但是句法操作遇到问题，因为前人分析中动结式的 R 是第二谓语，我们提出的完结短语理论可以很好地避免小句理论等对所省略的谓语随意补充的问题。（参见 3.1 节）结果补语所投射的完结短语的句法结构意义是“完结（Telic）”，即使中心语是零形式，它的句法意义仍然在，它的指示语 [Spec TelP] 也仍然得到完结的意义。

这也可以解释朱德熙先生（2010《语法分析讲稿》）提出的问题，“除了少数情况一时还无法解释以外（“他把我救了”、“他把我骗了”），肯定地说，‘把＋ V ＋了’的动词在语义上表示‘去掉’或‘消失’的意思。”如，

（48）a. 把衣服脱了　　a’.* 把衣服穿了

b. 把房子拆了　　b'.* 把房子盖了

c. 把手绢丢了　　c'.* 把手绢捡了

d. 把橘子卖了　　d'.* 把橘子买了

我们认为，“脱、拆、丢、卖、救、骗”动作的过程性极短，完结范畴为空时，该动作的结点容易理解，而“穿、盖、捡、买”这类词，过程性明显，如果没有明确的完结点，很难缺省理解其完结性质，所以缺少语境的情况下，似乎难以理解。但是事实上，有语境的情况下，后者也是可以有空范畴的完结短语的，如，

（49）a. 新娘把婚纱穿了，把妆化了，新郎却跑了。

b. 为了娶媳妇，他把房子盖了，把戒指买了，就等找到女朋友了。

c. 贾芸把手绢捡了，事情就成功一半。

所以能进入把字句的谓语都具有“完结”性质，句法结构中也都投射了“完结短语”，把字句的单音节动词作谓语是补语R省略；反过来，这种情况的大量存在也说明动结式的R是一个功能性成分，证明本文的完结短语假说具有一定的理论分析优势。

（五）把字句的生成过程

这样根据完结短语理论，不用特设某种特殊的结构，把字句和动结式的基本句法结构一样。“把”后宾语是受影响性论元，位置在 [Spec TelP]，“保留宾语”的句法位置是 [Spec VP]，句子结构为，

（50）

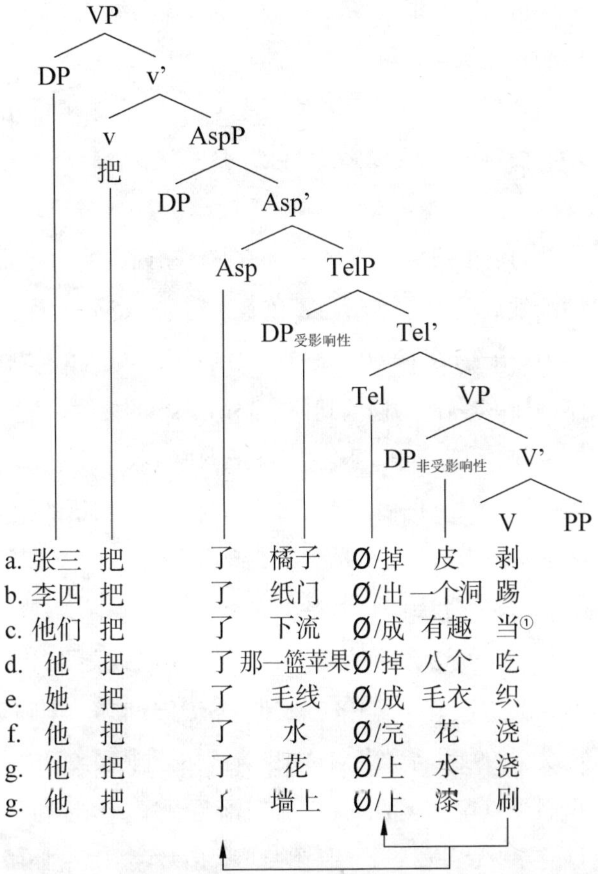

以 a 句为例，这个句法结构的意义是动词“剥”投射为句子的主要谓语，“剥”没有终止，是一个只有过程性的动词，它带有一个论元“皮”，（所以如果没有完结短语，会生成没有结点的动词结构，“剥皮”。）当谓语动词具有完结性质时，现代汉语是

① “他把下流当有趣”似乎进入完成体不自然，但“他把下流当成（了）有趣”可以。

R 在句法中投射完结短语，形成 VR 动结式结构，R 的论元是受影响性论元，a 句就是“橘子”。该句是完成体，体短语的中心语是“了”。动词短语是双层 VP，具有施事论元的及物动词一定会投射出 vP 层，汉语轻动词是“把”，轻动词的论元是句子的主论元。

句子生成的动因是动词核查其动词有关的特征，生成过程是词汇性成分 V“剥”为了核查 [完结] 特征，向上移动到完结短语中心语 Tel 位置 R“掉”，左侧并入形成 VR“剥掉”; 还需核查体特征，“剥掉”移动到体中心语 Asp 的位置，左侧并入形成“剥掉了”。生成句子“张三把橘子剥掉了皮”; 完结短语为空时，生成句子“张三把橘子剥了皮”。带有保留宾语的把字句中的“把”必须实现为语音形式[①]。

（六）句法结构与语义角色

有人可能质疑，例（41）中各句把后宾语 NP1 的语义角色并不相同，詹开第（1983）、邵敬敏（1985）、李临定（1988）、兰宾汉（1992）等学者对“把”后宾语进行了细致的语义角色分析，我们可以说例（41）a 把后宾语是受事，b 是处所，c 是系事，d 是受事，e 是材料，f 是工具，g 是对象，h 是处所等。但是这种语义角色是建立在 V 和 NP1 之间的，或者 VR 和 NP1 之间。这种语义联系或许存在，但是并不是把字句句法结构呈现的，把字句的句法结构只是要表达其谓语的完结性，及把后宾语的受影响性。所以潜在的语义角色的多样性，不是把字句分析的重点，而

---

① 应该与 NP 的格位有关，本书暂不展开。

且我们的完结短语分析也认为NP1是R的论元，与V没有句法关系[①]。

关于NP1和NP2的关系，初看我们的分析和（二）节中的前人研究差不多，都是动宾结构“V＋NP2”先结合，然后对NP1施加影响，NP1都是受到影响的论元。前人研究，一方面是对把字句的谓语结构没有很好地交待，谓语为VR或V时是什么样的关系，VR的句法结构和把字句的结构是如何生成的，缺乏综合地考虑。另一方面，无论NP1是这个动宾结构的指示语还是补足语，那么这个动宾结构带什么样的指示语或者补足语，如何在句法结构上得到限制呢？如果没有句法限制，只用语义知识来限制不合法句子的生成，这种结构分析解释力不强。本文的完结短语理论，结构上也是动宾结构“V＋NP2”先结合，然后再共同与NP1产生关联，但是这种关联是源于动词的完结语义特征。没有完结意义的谓语，句中不投射TelP，直接生成“张三剥了皮”这类没有终止点的句子；而一旦句中谓语动词有完结语义特征，才有受影响性宾语，即投射完结短语才可以生成带保留宾语把字句“张三把橘子剥了皮”。动宾结构“V＋NP2”与NP1的句法联系是基于对动词语义特征的句法分析，谓语动词的性质决定是否出现NP1。

也许还有人质疑，那么“张三剥了橘子皮”，都在动词后的“橘子”和“皮”是什么性质的论元呢？我们认为这个问题不成立，“张三剥了橘子皮”与“张三把橘子剥了皮”，没有句型变换的关系，

① 许多学者也持同样观点，如施春宏（2010）指出把后宾语提取的是动结式的宾论元。

从 b 至 h 句不能将 NP1 和 NP2 组合为一个短语可见。所以我们认为“张三剥了橘子皮”中“橘子皮”是一个论元，至于是受影响性论元，在 [Spec TelP] 位置，还是非受影响性论元，在 [Spec VP] 位置，取决于句子是否有完结短语，单纯看此句是句法歧义结构。

这样我们就运用“完结短语”假说理论下的句法结构分析了有关“把”字句的各种问题，在用其他生成语法理论分析当作难题的问题上，我们的结构可以有效、简洁地进行统一分析，充分显示了“完结短语”理论的优势。

4.3 “追累”类动结式

上文分别讨论了致使句和把字句，本节将其结合起来解释动结式的一个疑难问题。

“张三追累了李四”是讨论动结式的经典句式之一，也是各种分析方法优劣的集中体现的问题。该多义结构与动结式的补语指向、动结式论元的性质和句法位置以及动结句式的结构意义等都有密切的关系，是动结式研究的热点和难点之一。

4.3.1 研究回顾

“张三追累了李四”的三个可能释义：

a. 张三追李四，张三累——R 指向主语

b. 张三追李四，李四累——R 指向宾语

c. 李四追张三，李四累——施受倒置，R 指向宾语，致使义

生成语法理论一直讨论这三种释义的句法结构生成问题，也与动结式 VR 的生成有直接关系，承接第一章中的理论评述。

一是词库生成说，具体到“追累”句，Li（李亚非 1990、1995）用题元显著性（题元等级为施事高于受事，论元等级为主语高于宾语，题元指派规则是两个等级相互匹配）处理一般动结式，并引入致使层级（Causative Hierarchy）来解释释义 c。词库生成动结式的观点的优缺点已经介绍，本书持否定态度。

另一种是句法生成说，分为两种不同的处理。一种观点是认为句法生成动词（syntactically derived verbs），如 Shi（石定栩 1994、1998）等。Cheng（1997）认为 VR 有词汇性的也有句法性的，“追累”属于词汇性的复合词，生成于词汇句法层（Lexical-Syntax）中。动结式是在句法中生成为复合词，还可以分析其句法结构，如：

（51）[$_{VP}$[V□追][$_{VP}$NP[$_{V'}$V[$_{AP}$[A□累]]]]]

李四

主语是“张三”形成释义 b，是“李四”形成释义 c。她不认为有释义 a。这个结构与下面的小句理论异曲同工，下文一并评析。

句法生成说的另一种处理是认为动结式是合成谓语（complex predicates），早期的研究有 Hashimoto（余蔼芹，1965），Lu（陆孝栋，1977）和汤廷池（1992）等，但没有涉及“追累”句。后来的研究又可以分为小句理论（Sybesma Rint，1999；Sybesma、沈阳，2006；彭国珍，2006a），和控制理论（王玲玲、何元建，2002）等为代表。小句理论对宾语指向的释义 b 的处理应该是：

（52）
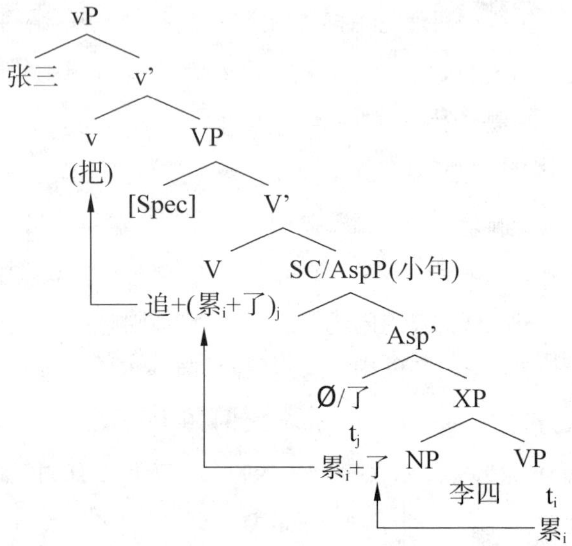

Sybesma（1999）用事件发起者（initiator）来指致使性动结式句首的名词短语 NP。“李四 O ＋累 R”构成补语小句，作 V 的补足语。轻动词为“把”,表示致使义,因为释义 b 也可以变为“张三把李四追累了”。但是遗憾的是对追累句的其他释义没有讨论。以上两例的句法结构都较为清晰，但是生成过程都违反了核心词移动（Head movement）的左向并入原则，即核心词移动到左侧，例（51）两次都移动到右侧才形成“追累”，例（52）第一次移动到左侧形成“累了”，第二次移动到右侧，形成“追累了”。

合成谓语的控制理论方法，始于 Huang（黄正德 1992），讨论的句子是“张三骑累了马”，用广义控制理论（Generalized Control Theory）和最短距离原则（Minimal Distance Principle）解释补语的语义指向，认为其中 R“累”既可以指向主语“张三”，也可以指向宾语“马”，空代词（PRO）选取一个潜在的离它最近的名词短语为先行词。这只讨论了 a、b 释义的情况，没有 c。

（53）
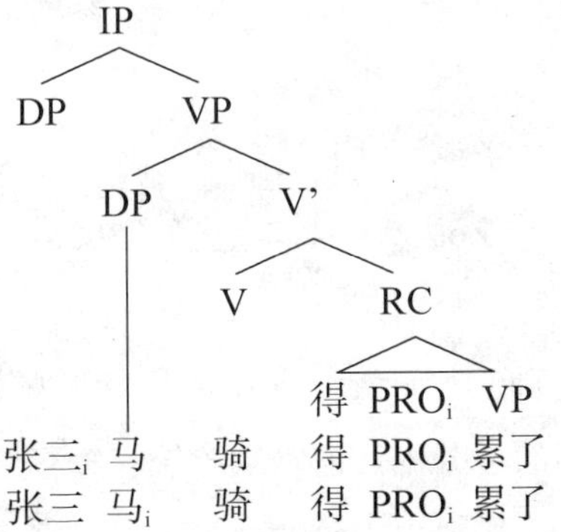

王玲玲、何元建（2002）细化了动结式的分析，区别不同类型的句法结构，又将致使类动结式分为施事改作、客事改作和独立成分三种类型，并认为“累”是个很特殊的词，与其他补语指向主语的动结式不能带宾语不同，“V＋累”能带宾语，如“写累了书、干累了活儿、看累了电影、听累了歌剧、玩累了计算机、打累了字、和累了面、讲累了故事”等。所以有“张三追累了李四”的歧义解释。他们讨论时主要是引入致使结构，把 PRO 的分析方法保留下来，简图如下，

（54）a. $[_{vP}$ 张三$_i$（施事）$[_{v'}$ 追$_j$ $[_{VP}$ $[_{XP}$ PRO$_i$ 累了]

$[_{V'}$ t_j 李四（客事）]]]]（张三追，张三累）

b. $[_{vP}$ 张三（施事）$[_{v'}$ 追$_j$ $[_{VP}$ $[_{XP}$ PRO$_i$ 累了]

$[_{V'}$ t_j 李四$_i$（客事）]]]]（张三追，李四累）

c. $[_{vP}$ 李四$_i$（致事）$[_{v'}$ 追$_j$ $[_{VP}$ $[_{XP}$ PRO$_i$ 累了 李四]

$[_{V'}$ t_j t_i]]]]（李四追，李四累）

其中 c 句中 XP 的结构是，

（54）d.$[_{vP}$ PRO（致事）$[_{v'}$ 累了 $_{k}[_{VP}$ 李四（当事）$t_{k}]]]$

关于他们的分析的具体过程和优缺点，参见 1.1 和 4.1.1 等节的讨论。这种细致的分析使生成结构过于繁复，且失去不同类型的动结式直接的内在联系。以上是影响较为广泛的分析方法。

王立弟（2003）、Zou（1994）、赵杨（2006）、熊仲儒、刘丽萍（2006）等也进行了分析，除了周长银（2012）评介中指出的理论问题外，总体看，我们认为前人的生成语法分析方法都较为复杂，对不同类型的区分细致但是缺乏统一解释，尤其涉及“追累”中的致使意义，需要再加致使层级，通过多次移动、甚至嫁接或插入等手段，才能生成施受倒置的致使意义句子。

生成语法理论追求构建具有充分解释力的、简约的理论。所以，本文提出“完结短语”假说理论来分析“追累”句，力求提出一种具有普遍原则的简洁的分析方法。

除了生成语法理论，其他研究方法也讨论了该句式。宋文辉（2003、2007）在功能主义语言学的背景下、从概念结构出发对此问题进行解释，具体分析如下，

（55）a. [张三$_{\text{（凸体）}}$ MOVE INTO 累$_{\text{（衬体）}}$]$_{\text{主事件}}$＋
[张三$_{\text{（凸体）}}$ 追 李四$_{\text{（衬体）}}$]$_{\text{副事件}}$（张三追，张三累）

b. [张三$_{\text{（使事）}}$ AMOVE 李四$_{\text{（凸体）}}$ INTO 累$_{\text{（衬体）}}$]$_{\text{主事件}}$＋
[张三$_{\text{（凸体）}}$ 追 李四$_{\text{（衬体）}}$]$_{\text{副事件}}$（张三追，李四累，致使义）

c. [张三$_{\text{（使事）}}$ AMOVE 李四$_{\text{（凸体）}}$ INTO 累$_{\text{（衬体）}}$]$_{\text{主事件}}$＋
[李四$_{\text{（凸体）}}$ 追张三$_{\text{（衬体）}}$]$_{\text{副事件}}$（李四追，李四累，致使义）

*d. [李四$_{\text{(使事)}}$AMOVE张三$_{\text{(凸体)}}$INTO累$_{\text{(衬体)}}$]$_{\text{主事件}}$+
[李四$_{\text{(凸体)}}$追张三$_{\text{(衬体)}}$]$_{\text{副事件}}$（李四追，张三累）

宋文概念结构的操作与本书理论有别，所以这里引用其原文术语。他认为a类自动变化事件的解释，需要有后续句才可接受，因为“李四”只是副事件的“衬体”,凸显程度低,显现要受限制。b、c类，都合乎价位规则，都是等级高的使事“张三”作主语，等级低的凸体“李四”作宾语。b句的主事件和副事件的事件角色凸显等级一致,“张三”和“李四”在主事件中分别是“使事”和“凸体”,在副事件中是“凸体”和“衬体”,两事件联系紧密,最自然。而c句中,“张三”和“李四”在主事件中仍分别是“使事”和“凸体”,在副事件中却是颠倒为“衬体”和“凸体”,主副事件联系不够紧密,理解有一定困难。d句则角色的指派都违背指派规则，“李四”无论在主事件中作“使事”、还是副事件中作“凸体”，角色等级都较高，却被指派为宾语，所以释义不成立。

宋文又用概念结构的规则来解释此句在不同句式中的不同歧义情况。如把字句“张三把李四追累了”，只有b、c两种释义。a句自动事件释义不成立的原因是主事件凸体“张三”凸显独立显现作主语，衬体“累”显现为补语，这样只剩副事件的衬体“李四”与把字宾语位置匹配。但“把”字宾语凸显程度高，一般只有受影响程度较高的凸体才能进入,而衬体“李四”凸显程度低,二者不匹配。

被字句“李四被张三追累了”，只有b的释义，c的释义又被排斥。心理学研究表明主动句和被动句的关键在于说话人注意力所集中的对象，所以被动句的主语是注意力集中的事物，也就是心理上最凸显的事物。c的凸体“李四”是追人者，主观上所受到的影响比较小，凸显程度低，与被字主语对凸体受影响程度较高的要求不匹配。

他还解释了为什么只有“追累”可以有歧义，而“张三打累了李四”却不可能得到b等致动事件的解释。这是由于人们对“打”事件和“追”事件的“理想认知模型”不同，追人者和打人者都会累，而被追者会累，被打者不一定会累。这样与“追累”释义b对应的概念结构由于主事件和副事件没有联系，因此不合法，如，

*[张三$_{（使事）}$AMOVE李四$_{（凸体）}$INTO累$_{（衬体）}$]$_{主事件}$＋[张三$_{（凸体）}$打李四$_{（衬体）}$]$_{副事件}$

张璐（2003）研究了“NP_1追累了NP_2”这类歧义句产生的两个语义条件：一是NP_1或NP_2都有可能成为V的施事，而且当NP_2可以理解为施事时，NP_1在语义层级上绝不可以比NP_2高，或者NP_1不能比NP_2优先理解为动作的施事；二是补语谓词R在语义上可以和NP_1搭配，也能和NP_2搭配，或R既可以描述V的施事者行为状态，也可以用来描述V的受事者或间接成分。而且，容易产生歧义的谓词类型主要是出现在动作动词和感受谓词中的“追赶”义动词、“寻盼”义或“爱恨”义动词、“言说”义动词等，其语义特征可归为[－自动][－受损][－泛义][－直接作用][＋致使]。这些语义特征使这些容易引发歧义的动词有些近似于作格动词，如“气、吓、感动、激动”等，在小句补语句中，动作者可以作主句主语也可以作补语小句主语，而自身的语义角色并没有太大变化，语义上形成作格谓语结构。

“追累”句究竟有几个意义？生成语法研究基本认为是三个意义，但是也有学者提出异议。Cheng（1997）认为没有主语指

向（张三追李四，张三累）的释义 a。施春宏（2003）也如此，认为王玲玲、何元建（2002）举出的一系列“V 累＋宾语”的句子都难以接受，还借助语料和语感调查来支持他的观点。这也是国内一些学者经常指出的问题。生成语法学者由于用内省的方法来发掘语言材料，还通过考察语言生成能力的极限来探求语法，有时候会把一些使用极不常见的句法结构作为讨论重点。

综上所述，近年的研究对“NP_1 追累了 NP_2”这类歧义句有了新的推进，不仅较深入地讨论了歧义的句法结构、生成过程、认知心理等问题，还考察了进入该句式的名词性成分和动词性成分的性质特征，使研究不再停留在理论研究的层面，而是与实际的语言环境相结合，加深了人们对此类句式的认识。

4.3.2　轻动词与动结式的语义

本书将解释 VR 在何种情况下生成哪种意义，以及不同释义之间的内在联系。

根据 VP 嵌套结构（VP Shell）及其对论元结构的分析（Larson，1988；Hale & Keyser，1993），结合广为接受的“动词短语内部主语假说（VP Internal Subject Hypothesis）”，VR 的主论元就是句子的主语，在轻动词指示语［Spec vP］位置生成，从轻动词 v 处获得论旨角色（Radford，1997）。轻动词主要作用是谓语动词上层的事件结构意义，Huang（黄正德 1997）细化轻动词，行为动词上层的 v 是 DO，起始态动词上层的 v 是 BECOME 或 OCCUR，状态动词上层的 v 是 BE 或 HOLD，使役结构中的 v 是 CAUSE。学者们基本认同轻动词理论，目前的句法结构分析都用轻动词层来表示句式的结构意义。

轻动词的意义不是单一的，在不同的句子结构中有不同意义的轻动词。所以“完结短语”假说理论中，一部分动结式句子的轻动词是“行使”意义轻动词 Do，汉语中以“把”为代表；一部分动结式句子的轻动词是“致使”意义轻动词 Cause，汉语中以“使”为代表，也可以是其他致使意义的词语，如“令、叫、让”等。结合前人讨论的各类型动结式的代表例句，我们用完结短语假说理论进行句法分析如下。

（一）轻动词为“把”：释义 b

释义 b，轻动词为行使义轻动词 DO，汉语是“把”，结构为：

（56）

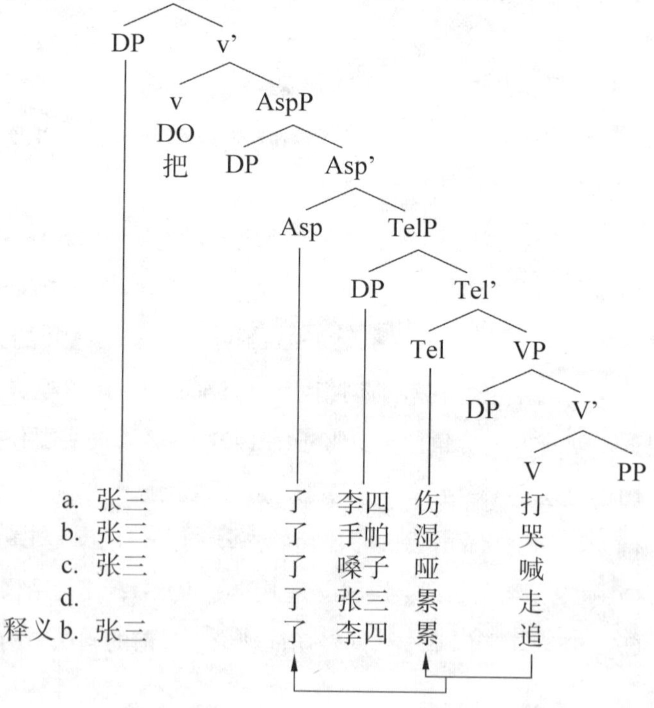

虽然上例在不同分析方法中类型有别，但是基于本文“完结短语”假说理论，主要动词 V 有一个 R 投射的完结功能，使动作有终结点，动结式的意义即轻动词是行使 DO，再根据论元的受影响性来确定句法位置，所以结构都是相同的。这就是 R 指向宾语的释义 b，“张三”行使了如下动作，主要动作“追”是开放的无终点的动作，“累”给动作“追”提供完结点，“李四”受到影响，是“累”的直接论元，也就是“张三”行使的动作“追”发生到“李四累”为止。

句子的生成过程是动词核查与其有关的特征，如体态、时态、主语一致性、宾语一致性等，汉语中的动词 V 由于自身表示的是无终结点的开放性的动作，在同其他语言一样核查体态、时态等功能性特征之前，还要核查一个 [＋完结] 特征。完结短语 TelP 是一个功能性投射，带有 [＋完结] 特征，这个特征是一个强特征，需要实质性成分即词汇性成分 V 来进行核查。“追”为了验证其谓语相关的特征进行中心语移动，先向上移动到完结短语中心语 Tel“累”的位置，以核查谓语的“完结”特征，所移动的中心语都在移动目标位置中心语的左侧，即从 V 移动的动词在 Tel 中心语的左侧，形成了“V ＋ R”“追累”。这个组合（cluster）需要向体短语的中心语移动，以核查它们的体特征，形成了“追＋累＋了”。谓语动词还需要核查轻动词所带的特征才能确定可以带主语论元，当“行使义”轻动词为空语类时，“V ＋ R ＋了”组合从 Tel 中心语的位置还要向上移动到轻动词 v 中心语的位置，生成“张三追累了李四”“张三打伤了李四”等句。当“行使义”轻动词语音实现为“把”时，生成“张三把李四追累了”“张三把李四打伤了”等句。

（二）轻动词为“使”：释义 c

释义 c，轻动词为致使义轻动词 CAUSE，汉语代表是“使”，结构为：

（57）

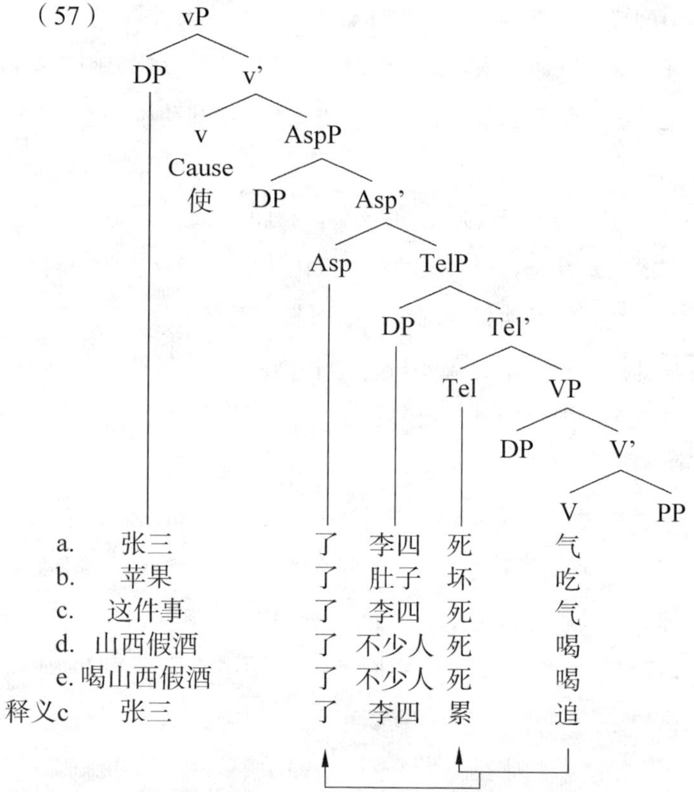

充当句子的主语的成分可以是任何与句子谓语有关系、直接或间接导致谓语动作结果的成分。主语论元在 [Spec vP] 位置，从轻动词 v 处得到语义角色，主语是由轻动词 v 直接指派的，也就是主语只和轻动词有句法结构上的论元关系。与其他成分（V

或 R）的语义关系只是人们理解推导出来的，不是句法结构关系。所以这个主语成分是名词性的还是谓词性的都没关系，何况如 e 句这个所谓的谓词性的事件短语在句子的主语位置时一定是名物化了的。主语论元从致使义轻动词处获得致事的语义角色，是直接获得。所以释义 c 中，“张三”与 V“追”和 R“累”没有句法上的论元关系。

施受倒置的释义 c 的意义是，“张三”致使了如下动作，主要动作“追”是开放的无终点的动作，“累”给动作“追”提供完结点，“李四”受到影响，是“累”的直接论元，也就是“张三”致使的动作“追”发生到“李四累”为止。

生成过程也是，动词“追”为了验证其谓语相关的“完结”特征和体特征进行两次中心语移动，以核查它们，左侧并入，形成“追＋累＋了”。谓语动词还需要核查轻动词所带的特征，当“致使义”轻动词为空语类时，“V + R + 了”组合从 Tel 中心语的位置还要向上移动到轻动词 v 中心语的位置，生成“张三追累了李四”“张三气死了李四”等。当“致使义”轻动词语音实现为“使”时，生成“张三使李四追累了”“张三使李四气死了”等。这就是施受倒置的致使意义的释义 c。

（三）非受影响性宾语的误解：释义 a

最后我们看争议最大的释义 a，R 指向主语，VR 带有宾语。用完结短语假说结构的解释，与 3.6 节结构一致。

补语指向主语的动结式所带的宾语只能是光杆名词，是非受影响性的，句法位置是 [Spec VP]。

而主语在底层结构中是完结短语的结构论元，句法表现和“宾语”一致，具有受影响性，因为可以变为“把”字句，如“把张三喝醉了/吃饱了/骑累了”，句法位置在 [Spec TelP]，所以补语指向主语的动结式结构如下：

（60）

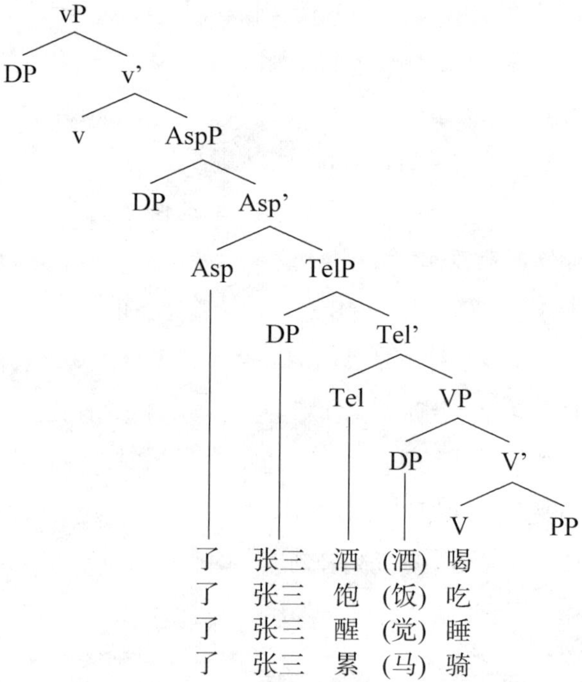

释义 a“张三追李四，张三累”的结构，是从“写累了书、干累了活儿、看累了电影、听累了歌剧、玩累了计算机、打累了字、和累了面、讲累了故事”等一类补语指向主语的动结式结构推演而来的。释义 a 只有当动结式的宾语为非受影响性宾语时才能生成，而如“李四”这样的专有名词有具体所指的人物，很难不受影响，不能出现在 [Spec VP] 位置。换一个宾语可能更容易看出其中的差别，如：

（61）a. 张三追累了小孩儿。

b. * 张三追累了一个小孩儿 / 那个小孩儿 / 李四。

上例 a 句比 b 句自然得多，对比一下才更显现出，a 句的宾语是无所指的，“小孩儿”是类指的用法。而 b 句很不自然。

所以我们认为释义 a 不成立。不能生成“追累 $NP_{有指}$”（张三追累了李四），只能生成“追累 $NP_{无指}$”（张三追累了小孩）。这样看，原来讨论的“张三骑累了马”，由于补语指向的多种可能性和宾语 NP 性质的不确定性才形成三种释义，而后来讨论变为“张三追累了李四”，宾语为专有名词，减除了释义 a 的语义可能性。宾语的受影响性与句法结构位置不是单一对应关系。

4.4　小结：动结式的句式意义——兼论“把”的功能

本文前面一直将“把”处理为轻动词，但是没有指出轻动词的意义。把字句的功能是什么？“把”的语法意义是什么？两种影响较大的观点是“处置”说（王力 1943；如王还 1957；潘文娱 1978；赵元任 1968；马真 1981；宋玉柱 1981；邵敬敏 1985；刘培玉 2009；袁毓林 2012；沈家煊 2002）和“致使”说（薛凤生 1987、1994；戴浩一 1989；张伯江 2000；郭锐 2003；叶向阳 2004；熊仲儒 2004；王红旗 2003；邓思颖 2010；胡文泽 2005；Sybsma1992；王广成、王秀卿 2006；张杰 2006；施春宏 2006a、2010 等）。李人鉴（1988/1991）、李大忠（1996）、徐燕青（1999）等还考察了“使”字句与“把”字句的替换的情况，将二者紧密联系起来。语言现象是部分把字句有致使意义，而部分把字句确实没有致使意义。

我们认为这种争论与汉语动结式的句式意义有关[①]。一直以来动结式的句式意义也存在是致使还是行使（处置）的争论，即生成语法理论框架内对动结式的句式意义用轻动词来体现时，轻动词是 CAUSE 还是 DO 的问题。按照以往大家较为习惯的研究结论，对 V 和 R 的谓词性质（及物性、与论元的关系）进行区分后，动结式主要有下面几类：

（62）a. “张三打伤了李四”——V 是及物动词，动结式的宾语 O 和 V 和 R 都可以有语义关系，O 一般看作是 V 的宾论元和 R 的主论元。

b. “张三哭湿了手帕”——V 是不及物动词，O 只与补语 R 有论元关系。

c. “张三喊哑了嗓子”——V 是及物动词，O 是 R 的主论元，但与 V 没有直接的论元关系，只是它的旁指成分（不是宾论元）。

d. “张三走累了”——V 和 R 都是不及物动词，动结式的主论元也同时是 V 和 R 的主论元，是补语指向主语的动结式，整个动结式也不能再带宾语。

（63）e. 张三气死了李四。（施事改作）——张三使李四气死了。

f. 苹果吃坏了肚子。（客事改作）——苹果使肚子吃坏了。

---

① 梅广（1978）认为把字句的处置义来源于 VP 有处置义，而不是“把”；蒋绍愚（1997）也认为表致使的功能也不是由“把”产生，而是由于句中动结式产生的。

g. 这件事气死了李四。（独立成分）——这件事使李四气死了。

我们看到例句（62）是动结式的四种基本形式，包含 V 和 R 和论元的各种可能性，例（63）是致使性的动结式，根据三种来源的致事而分类。上例都可以变为把字句例（64），大部分可变为致使句例（65），情况如下：

VR	（64）把字句	（65）使役句
a. 张三打伤了李四	a. 张三把李四打伤了。	a.*张三使李四打伤了。
b. 张三哭湿了手帕	b. 张三把手帕哭湿了。	b. 张三使手帕哭湿了。
c. 张三喊哑了嗓子	c. 张三把嗓子喊哑了。	c. 张三使嗓子喊哑了。
d. 张三走累了	d.（十里山路）把张三走累了①。	d.（十里山路）使张三走累了。
e. 张三气死了李四	e. 张三把李四气死了。	e. 张三使李四气死了。
f. 苹果吃坏了肚子。	f. 苹果把肚子吃坏了。	f. 苹果使肚子吃坏了。
g. 这件事气死了李四。	g. 这件事把李四气死了。	g. 这件事使李四气死了。

以动结式为谓语的句子，把字句和致使句紧密交融，但并不完全一致。而且例句 a 不能变为“使”字句的动结式也是较为主要的形式（张三吃掉了那个苹果，他找到了手机）。

我们认为动结式的句式意义表达致使和行使，生成语法理论中句式意义是由上层的轻动词功能层来承担的，用本文的完结短语理论来解释，汉语动词结构为：

---

① 研究常认为这是把后宾语为施事的把字句。我们认为，R 指向主语的动结式结构中，主语“张三”的受影响性与动结式宾语一致，故而实际句法位置是 R 的论元。

（66）$[_{vP}\ [_{v'}\ v\ [_{AspP}\ [_{Asp'}\ Asp\ [_{TelP}\ NP_{受影响}\ [_{Tel'}\ Tel\ [_{VP}\ NP_{非受影响}\ [_{V'}\ V\ PP]]]]]]]]$

CAUSE（使）	了		R	V
DO（把）	了		R	V
张三	了	李四	死	气

动结式的轻动词为 CAUSE 时,汉语的轻动词以“使”为代表,“使”语音实现时生成使字句((63)a 为例“张三使李四气死了”),轻动词为空语类时,VR 结构也会移动到 v 的位置,得到致使意义,动结式句式意义为致使，生成“张三气死了李四”。

另一方面，动结式的句式还可以不是致使意义，而是行使意义，轻动词是 DO，汉语的对应轻动词是“把”，轻动词语音实现时生成把字句，如例（64）中各例，及“张三把李四气死了”;“把”为空语类时，VR 结构也会移动到 v 的位置，得到行使意义，动结式句式意义不是致使，而是 do，生成“张三气死了李四”。

这样分析，我们看到有两个不同的“张三气死了李四”，轻动词是 CAUSE 时,“张三”获得致事格位,动结式也是致使意义;轻动词是 DO 时，“张三”获得施事格位，动结式也是行使意义。这也是有学者称为施事转化为致事的动结式。以往的研究往往通过大量的句法移动生成各类动结式，而完结短语理论的句法结构简介，分析清晰，减少不必要的移动。以上讨论的“张三气死了李四”，其实是不同意义的两个句子，之所以产生不同的语义，是因为轻动词的差异。

也有很多学者提出动结式的句式结构意义是致使，我们认为这与认为把字句的功能是致使一样，都是看到了动结式为谓语的结构中大部分情况可以转为致使结构的现象，我们认为动结式的句式结构意义是致使和行使二者皆有，且不分伯仲。

关于轻动词。再回顾前人研究，其中不乏通过繁复的移动手段以期将致使和行使等意义关联起来的方法，如 4.1.1 中王玲玲、何元建（2002）把施事和致事用两层轻动词投射区分，这样的方法看起来是将动结式的分析统一起来，其实并不能说明为何有时句子有更高层的“致使”义轻动词，而有时句子并不需要轻动词。而且往往这样的句子的主要谓语动词 V 都是一样的，其基本结构也都是及物性的句法结构，此时轻动词只是句子无法在基本结构中得到解释的一根救命稻草。

本书对各种动结式的句法分析都是一致的，之所以产生不同的语义，是因为轻动词的差异。可能有人觉得这样处理是不是轻动词太容易转换了，具有随意性。其实不然，这正是符合轻动词理论的意义，轻动词是及物性谓语动词的核心，运用于所有的动词类型（Chomsky，1995；Huang 黄正德，1997），任何一个有域外论元的动词结构都有一个 VP 嵌套结构，其上层是轻动词短语 vP，v 的补足语是一个实义的词汇性动词组 VP[①]。轻动词的主要作用是帮助谓语动词表达一些语法意义，可以有如“事件（event）”“执行（performance）”“使役（causative）”等意义。VP 句法结构内部的轻动词短语只表明它是一个功能性短语，并没有限定它必须具有什么样的含义，它所具有的不同属

① 当然这是原有的 VP 嵌套结构，本书由于在轻动词短语 vP 和主要动词短语 VP 之间加入了两个功能性短语——体短语 AspP 和完结短语 TelP，所以 vP 的补足语是 AspP。

性才真正决定句子结构的不同意义。所以本书前面对动结式结构的处理，可以同时解释其表现出的“致使”意义和“行使”意义等，这些结构意义都具有存在的可能性，具体到一个句子是何种意义只能看它选取的功能。可见对动结式结构中的轻动词是“使”还是“把”的争论都没有揭示动结式和轻动词的真正含义，而本书的方法才是通过对轻动词理论的彻底贯彻真正地将各种释义在句法上统一在一起。

此外，这里借机再谈一下轻动词短语层的问题。前面提到句子中有施事性的名词短语论元才有这一个短语层。此处的“施事性”不是狭义的论旨角色“施事”，而是指包含一种主动性的一系列论旨角色，大致有其他研究中定义的“致事”、“施事”、“当事”、“领事”等（相对应于郭锐（1995）的主论元）。所以，“施事性”论元成分与谓语动词的对应就不只是及物性和不及物性那么简单，及物性动词作谓语也可能不带有施事性论元，如“他身上叮了两个包”中的“叮”，就没有带可以发出“叮”这个动作的施事性成分，动词前的名词短语反而是它所影响的宾语论元。而不及物性动词作谓语也带有施事性论元“致事”，形成致使意义，如“两里路跑了他一身汗”中的“跑”，在词库中是不及物动词，只能带有一个论元“他跑了”，但是当句子中出现轻动词短语，就多指派了一个致事“两里路”，而且句中还有完结短语给动作终结点，又多指派一个论元，形成最终出现三个论元的句子。

第五章　意义虚化的动结式

5.1　意义虚化的动结式的性质

上文分析了实义动结式的各种情况，本章要分析一类特殊的动结式。

汉语结果补语中有一个小类，即作为补语的词语在动结式中自身的谓词词汇意义很不明显，主要表示动作事件“完成”的意义，与前项动词 V1 有比较广泛的搭配，具有很强的能产性，本书称为意义虚化的动结式，其中的补语称为虚化结果补语。它们在现代汉语中基本上是一个封闭的类。主要是由实义动词虚化而来的，有“完、好、掉、住、成、了（liǎo）、着（zháo）、过（guò）”等。例如：

（1）我早就擦完了客厅。

（2）小朋友们捂好了眼睛。

（3）我彻底忘掉了那个约会。

（4）你盯住那个可疑的人。

（5）他好不容易听成了演唱会。

（6）你把鸡蛋吃了（liǎo）再上学。

（7）他惹着（zháo）了小丽，现在正道歉呢。

（8）我们昨天放过（guò）了那片子（，今天不放了）。

虚化结果补语都是由实义补语语法化而来的，所以这些动词都可以（至少曾经可以）作实义结果补语。

黏合式述补结构，是汉语重要的句法结构，历来引起研究者的广泛关注。但是主要集中在实义补语部分，意义虚化的结果补语的研究相对于总体述补结构的研究来说比较少，未引起足够的重视。虚化结果补语的研究比较少，因为在广泛讨论动结式的论元的规律时，这类指向动词的补语并不需要特别注意。从国内的语法研究来讲，有一定研究意识却缺乏系统的有理论背景的研究。从国外的生成语法理论研究来讲，较少引起注意，是句法结构分析中的空白点。

以往专门针对虚化结果补语的研究虽然不多，但是这类语法现象已经引起学者们的注意，前人研究主要从结果补语、词类划分、体貌系统、语法化等角度展开，提出了一些值得我们借鉴的观点；而且对此类词语的分别研究也使对此类现象的描写比较深入。下面我们回顾一下前人不同的研究视角及其成果。

（一）结果补语角度的研究

Chao（赵元任，1968）提出“phase complement”的概念，“phase”，可以译为“阶段”“相”等，是指情状的某一特定阶段（Comrie，1976）。吕叔湘（1979）译为“动相补语”，丁邦新（1980）译为“状态补语”，国外有些学者称为“趋向轻动词”（directional light verb）。Chao（1968）指出汉语中有少数补语是表示动词中动作的“相（阶段）”，而不是表示动作的结果，如“着（zháo）”“到”“见”“过”等，而“完”“好（吴语）”“得（北京话）”“了（liǎo）”等被赵元任认为是表示一般的完成意思，经常不轻声，总带动词后“了”，还不是动相补语，仍是普通的结果补语。

郑良伟（1988）也把汉语中作补语的“起来、完、见、成、掉”等表示的意义叫“阶段（phase）”。

范晓（1985）将作补语的“到、着（zháo）、住、上、完、好、掉、起来、下去”等作为与表示动作的结果和动作的程度相并列的动作的“态”（情貌），认为这种意义是词的引申的或者虚化的意义。王红旗（1996）则认为只有“见、住、着、到”几个意义很虚的词是结果补语，其他的都是状态补语。

薛红（1985）对虚化补语做了专门研究，穷举这个的封闭类中有“掉、住、走、好、完、见、成、了、着、透、坏、死、动、定”是虚化补语，并用扩展为组合式动补结构、反复问句、带宾语等句法手段来验证此类别的性质特征。虽然有的句法手段（如“带宾语”）值得商榷，但是该文的总体思路都很好，对虚化补语的细化研究具有一定开创性。

吴福祥（1998）在论述完成体标记“了”的形成过程时，对动相补语与结果补语和完成体助词做了区分。动相补语在基本语义（表示动作／状态的实现或完成）、表述功能（表示动作的完成）、语义指向（只能指向动词）、扩展形式（不能变为组合式述补结构）等方面区别于结果补语；在有可能式、不能用于动结式之后、可后接完成体助词、音韵形式较重等方面区别于体标记助词。吴福祥（2001/2002）还定义动相补语为表示动作（或状态）已实现或有结果的补语性成分。虽然没有全面描述汉语中的这类补语，但所指出的虚化结果补语的性质特点很准确。

刘子瑜（2004）将指向述语、说明施事动作行为给述语动作本身所造成的结果的补语称为结态述补结构。指出这类补语是由半虚化成分充当，在语义上呈类型化分布。还分为两小类："着、到、及、见、住"等作补语，表示动作达到了目的，或有了结果，是一种"涉及"性结果；"完成"义动词"成、就、却、取、了"等作补语时，表示动作行为的完成实现。她还为了与补语成分语义的类型化分布相适应，将述语动词的语义也作类型化分析，进行较细致的描写。这其实是一种语义选择限制问题。由于刘子瑜（2004）是从历时角度研究，主要说明述补结构在历时发展中的情况，虽然对现代汉语中虚化结果补语的研究较少，但将此类动结式进行分类研究显现出很强的研究意识。

相比动结式所引起的广泛兴趣，对虚化结果补语的总体研究算是很少，在分类、定性等方面还没有形成统一的认识。而且从一些研究所举的例句上可以看出，有的研究混淆了这些虚化结果补语的虚化用法和实义用法，主要是从语义表述上来判断哪些为这类虚化的补语，缺少验证手段，对语言事实描写尚不够清晰，不利于进一步分析研究。

（二）词类划分角度的研究

吕叔湘（1955）曾指出"动词之后的一个成分，表方位之'上、下'，表向背之'出、入、来、去'，表起讫之'起、住'，表效验之'了、着、定、成'，以及其他诸多限制动态及至说明宾语之词：凡此种种皆以结束动词之势向为其作用，姑称之为结动词。"

刘丹青（1994）提出"唯补词"的概念，是指某些义项上只能做补语（结果补语或可能补语）、不能单独做谓语的词，它们紧附于动词而且不能扩展、意义抽象空泛、组合范围广、可以充当句子的焦点。在确立唯补词概念的同时，也从句法表现上总结出这类词语的以上特点。他列举出比较典型的有“着(zháo)、到、住”，它们既可做可能补语，也可做结果补语，虽然它们作补语时也有基于词义的用法，如“点着了火、走到车站、雨停住了”，但组合有限，忽略不计，而“打着了头、抓到小偷、站住”等才是它们比较普遍的用法。“了（liǎo）、来、起、得”等，只能做可能补语，如“管得/不了、做得/不来、买得/不起、看不得”等。还有不是很典型的唯补词“走、开、掉、动”等，它们的语义更实在些；而“完、尽、好、拢”处于谓词和唯补词的过渡状态；“得”和“见”都有一定特殊性（“见”在“看见、听见、碰见、撞见”中介于唯补词和构词语素之间）；还有一部分趋向词。

唯补词的后附性、黏着性、不能进行语义指向分解式变换、不能进行扩展分析等句法特征，都是与其语义较虚、宽泛、抽象相关的。它们主要用来表示结果或可能（在“V得/不C”句式中表可能）的范畴意义。他的描写说明主要是站在词汇系统的角度，而不是对一类特殊动结式的分析，但是我们也从中看到他对虚化补语的认识。

“唯补词”的提法虽然还没有进入到教学语法中的词类系统，但是得到学界的一定重视，钱乃荣（1997）也用唯补词的概念来描写上海话的句法，指出了10多项趋向“唯补词”和“着、到、好、光、完、煞、脱、走、跑”等结果唯补词。

（三）体貌系统角度的研究

“体”对译于英语中的“aspect”，本书采取多数学者（高名凯1960；李临定1990；宋玉柱1996；张双庆1996等）的译法，称为“体”或者“体态”（aspectuality）。对其他译法如“时态”（陈平，1988）、“动态”（胡明扬，1996）等都将统一名称。“时态”在本书指“tense”。

随着体貌系统的深入研究，汉语研究者们已经不局限于汉语是否有时体标记，“着”“了”“过”等所表示的到底是什么体貌意义等问题，而是把目光投向了更多的表示体貌意义的词汇，其中虚化结果补语这一类是重中之重。

高名凯（1948）将作补语的“着、住、得、到、见、中”等所表示的意义称为结果体，并指出“完成体”（此处指词尾“了”）和结果体是一类，在用法和意义上都很接近。

张秀（1957）较早划分汉语的体貌系统，提出“限界体”概念，是与零形态的动词和持续体相对应的，大致与其他语言中的“完成体”相应，但是不完全相同，“限界体”表现的是动作的限界性，即本书所说的含有结点。包括：

1. 终结体：完、了（le）、过、罢、了（liǎo）

2. 开始体：起来、开（如“说开”、“笑开”）

（动作或状态的开始也是一个限界，这与动作或状态的完成、结束是一个限界一样，因为一个动作或状态一经开始，便算开始，不会开始很多次，也不能一直持续地开始，所以开始也是限界体。）

3. 经验体：过

（因为经验体动词表现某种动作已经发生了，此后就具有这种经验。）

4. 结果体：点着、看见、拿开、站起来、坐下、烧热、染红、长高、走偏、装满、跑光等

（表示具体的结果，所举例都是汉语的实义动结式。）

5. 继续体：说下去、写下去、保持下去

（都是从这一时间点起开启了一种状态。）

詹开第（1987）总结汉语的体有五种：时体助词“了、着、过”；趋向动词“上、起来、下去”等放在动词之后的引申用法；动词重叠（表示短时态或尝试态）；动结式（动词后出现“住、着（zháo）、了（liǎo）、掉、走、完、好、动”等，类似完成态）；动补结构中间插入“得、不”（表示可能态）。

陈前瑞（2003）认为在一般的情状体和语法体之间有一个语法化的中间状态，称为阶段体，虚化的补语是主要的部分。阶段体的说法应该也源于“phase（阶段）”，通常指情状的某一特定阶段，一个完整的动作一般包括开始、继续和结束三个基本阶段。汉语里动作的开始和继续分别是由“起来”和“下去、下来”标记，并很早就被命名为起始体、延续体或类似的名字。他将动词后的补语“完、好、过”等主要表示动作的完毕或结束的体貌意义称为完结体，而把动词后的补语“到、得、着”等表示动作有结果及结果状态的体貌意义称为结果体，两者都属于基本阶段体。（参见 1.4 节）

研究汉语体貌范畴的学者也渐渐注意到虚化结果补语所表达的体的意义。但主要的研究是使虚化结果补语对应到各种体态中去，对汉语的体貌系统进行深入地描写和说明，本书的旨趣和他们不同，主要不是对现代汉语体貌系统进行完善、提出一个“体”的中间状态，而是在于通过探讨虚化结果补语的体貌功能来揭示它们的句法结构位置。

（四）语法化角度的研究

赵元任（1968）已经提到表“相（phase）”补语和表“态（aspect，现在一般译为“体”）”后缀的发展传承关系，指出前者表示动词中动作的“相”而不是表示动作的结果，其中有的轻声并且有时候元音变质，这样变成了表“态”的后缀。“相（phase）”就是动词的内部时间结构，“态（即“体”）”描述的就是结果补语向体标记虚化[①]的过程。

由于语法化理论的产生和引入，对虚化结果补语的语法化历程的研究也比较多，如李晋霞（2005）对“好”的研究；杨敬宇（1999）对“住”的研究；曹广顺（1995），孙朝奋（1997），陈宝勤（2006），林新年（2004），张爱民、王媛媛（2004），陈艳阳（2004），蒋绍愚（2006）等对“着（zháo）”的研究；张晓铃（1986），孔令达（1986），木霁弘（1989），徐丹（2004）对“过（guò）”的研究等。

对“了（le）”“着（zhe）”“过（guo）”等体标记的语法化演变研究更是不胜枚举，是汉语史研究的重点，在对它们发展过程的研究中自然会谈到虚化结果补语这种中间状态。如王力（1958），太田辰夫（1958），赵金铭（1979），志村良治（1984），刘坚、江蓝生、白维国、曹广顺（以下称“刘坚等”）（1992），柳士镇（1992），曹广顺（1995），蒋冀骋、吴福祥（1997），吴福祥（1996、1998、2003），杨秀芳（1992），孙朝奋（1997），张赪（2000），

① “虚化”是传统语法中的概念，与引进的“语法化”理论基本一致。本书中二者的使用不作区分。只是“语法化”倾向于理论介绍中的名词用法，而“虚化”倾向于叙述过程的动词用法。

蒋绍愚（1994、2005、2006）等对“了（le）”“着（zhe）”的研究；梅祖麟（1981），潘允中（1982），廖名春（1990），孙锡信（1992），冯春田（1988），曹广顺（2000），石锓（2000）等对“了”的研究；吕叔湘（1942），梅祖麟（1979、1988、1998），曹广顺（1986），江蓝生（1995），李讷、石毓智（1997），俞光中、植田均（1999），龙国富（2005a），陈宝勤（2006）等对“着”的研究等。这些研究基本都是从这些词在上古时的动词用法开始，描写它们在汉语史中的发展历程，在什么时候、什么著作中有怎样的用法变化，一直到现代汉语中的不同义项。这些语言事实的描写很细致，也给我们提供了丰富的语料，但是由于个人判断的不同，对它们演变的历史时期等发展进程也有一些分歧。

除了以上这些专门从汉语史角度的研究外，研究虚化结果补语的文章对其从实义谓语动词语法化而来的过程都有涉及。但对虚化结果补语的总体研究比较匮乏，李锦姬（2003）也讨论的虚化结果补语类的语法化问题，只是从描写角度泛泛而谈。

（五）对虚化结果补语的分别研究

除了以上对虚化补语的总体研究，近年来，出现了一批对“V＋虚化结果补语”的分别的详细描写的研究，如关玲（2003），崔广华（2007），李思旭（2008）对“完”的研究；周琴（1999）对“好”的研究；丁萍（2009）对“好”和“完”进行比较研究，周磊磊（1999），朴奎容（2000），黄小平（2005），刘焱（2007）对“掉”的研究；麦穗（2002），彭小川（1996），杨敬宇（1999）对汉语方言（粤语）中的“住”的研究；吴为章（1985），邵敬敏（1988、1990），胡建锋、郭文国（2001），赵贤德（2006）对“成”

的研究；木村英树（1983），马希文（1982），毛敬修（1985），房玉清（1992a），曹广顺（1995）对“了（liǎo）”的研究；木村英树（1983），马希文（1987），刘宁生（1985），房玉清（1992a），马庆株（1992），赵伟（2006），陈宝勤（2006）对“着（zháo）”的研究；刘月华（1988a），房玉清（1992a），曹广顺（1995），孔令达（1985、1986、1995、1997），李妍（2006）对“过（guò）”的研究等。

虽然只是单独描写某一种虚化补语，但是很多研究已经意识到这些所谓的虚化补语是和体貌有关系的一类词。如关玲（2003）比较全面地描写“V完”，并认为其表示体；刘焱（2007）认为“掉”也有动态助词的用法。

一些研究注意到了虚化结果补语与时体表达的关系，并在与实义结果补语和体标记的比较中发现了虚化结果补语的一些特点。如关玲（2003），崔广华（2007）通过“完”与完成体标记“了”的比较总结出一些虚化结果补语不表示绝对的时间、不是句子结束的充分条件等特点。

还有一些研究从方言角度考察来佐证普通话的虚化结果补语，如杨敬宇（1999）认为广州方言中“住”有动态助词用法；麦穗（2002）观察了广西贵港方言的“住”，并认为是一种动态助词，都相当于北京话中的“着（zhe）”等。

综上所述，前贤从各个角度对虚化结果补语进行了较深入的研究，词汇系统角度的研究是一个新的视角，在学界也有比较广泛的影响，虽然并没有成为教学普遍接受的新词类；体貌系统的深入研究使人们对虚化结果补语重新定性，提供了新的研究思路；

而语法化理论的引入，也使虚化结果补语个别词语的发展轨迹得到很好的描写研究，还为进一步研究提供了丰富的历时语料。但是仍然存在不足之处，有些尚未解决的问题。

第一，缺乏对虚化结果补语的系统研究。以往的研究过于散乱，系统性不强。从总体角度的研究缺乏细化分类，特点探究得不够深入；对个别具体结果补语的研究更是缺乏总体关照，使研究较为零散，没有总结出类的特点。

第二，对虚化结果补语的结构特点描写得不够全面。对虚化结果补语的总体研究往往是在界定了哪些是虚化补语后进行的，缺乏对其总体特点描述；而对虚化结果补语的分别研究虽然描写得比较深入，但是基本上是训诂式的随文释义，义项之间的界限也比较模糊，在对各种引申义都详加细致描写的同时导致忽略句法意义，缺乏全局视角的观察，不能全面研究相关的句法现象。

第三，理论薄弱。由于虚化结果补语是一个语法化的过渡阶段，研究也主要依据语法化理论，主要集中在对语法化过程的描写上，多数也说明它们从实义动词做补语虚化而来的语法化轨迹。但是对句法结构的描写和说明很有限，从生成语法理论角度对此也几乎没有研究，没有引起足够的理论重视。

第四，虚化结果补语向体标记的演变缺乏理论解释。完成体标记“了”、持续体标记“着”和经历体标记“过”等都是从虚化结果补语的结构位置上发展而来，语法化理论虽然也描写了这个句法转变过程，但只是从历时语料出发，探讨如何判定句法演变等。不同体标记都是由补语位置演变而来，但是它们如何在同样位置上演变为不同的体标记，是否发生语义转化，以及如何分工，还缺乏深入的探讨。

第五，对虚化结果补语在生成语法相关理论中的解释更没有涉及，如生成位置、与实义结果补语、结果宾语、趋向补语等相关句法现象的关系等。因为生成语法理论的语法化研究比较晚近，生成语法的汉语研究者对这类语法现象没有很多重视，自然也不会研究相关的问题。

本书将采用完结短语理论从以上几方面推进意义虚化的动结式的研究，主要是本章和第六章。

关于术语问题，这类意义虚化的动结式的结果补语，在有些研究中称为“动相补语”，这源自于 Chao（赵元任）（1968）的术语“phase complement”，及吕叔湘（1980）的翻译。相（phase）多数情况下指情状的某一特定阶段（Comrie，1976）；郑良伟（1988），郭锐（1997），吴福祥（1998）等都采用这种说法。陈平（1988）所说的“时相（phase）”主要指句子的体貌。而语法学研究中还有研究将“aspect”，通常译为“体（体态、体貌）”，称为“动相”，如吕叔湘（1942）的《中国文法要略》，这里它指一个动作过程中的各个阶段。可见有关“相”的术语用法并不统一。而且从字面上理解，“动相”也表示动作的“相（阶段）”，这里应该不只包含动作的完成结束状态，还包含动作过程的其他阶段，如开始、进行等。本书认为“动相补语”这一术语虽然有一定的使用基础，但是容易造成误解，所以我们不采用它。而张洪年（1972），丁邦新（1980），梅祖麟（1994），吴福祥（2001/2002）等研究中都使用“状态补语”这个术语，但这与我们前面介绍的表示结果状态的带“得”组合式述补结构的称谓也有冲突，所以也不采用它。其他如“唯补词”“指动补语”“时相词”等术语也都有一定使用局限。本书采用体现这类补语语法演变过程的术语“虚化结果补语”，显示其本来是一种结果补语，在发展的过程中虚化了，较好地体现了这类结果补语的性质。

本书不对虚化结果补语的词类性质做出最终的判断，因为它们还在语法化的进程中，在现代汉语中有实义动词的性质，但句法表现却与实义动词独立作谓语或作实义结果补语很不相同。我们将基本已经语法化为表示体的助词称为体标记。在传统的词性分类中体标记也是一种助词，前人多称之为“动态助词”“体助词”或“体态助词”等，是指表示谓语动词动态（体貌）特征的一类词。本书在叙述前人研究时会直接用到“动态助词”等名称，使这类语法性质易于理解，不区分它们与“体标记”的差别，只是行文论述中使用后者。

5.2　意义虚化的动结式的类型

意义虚化的动结式的类型，主要指其中虚化结果补语的类型。前面我们提到，以往的研究缺乏对虚化结果补语的系统研究，没有在分类的基础上对虚化结果补语进行细致的描写和说明。本节将它们分为两部分介绍：保留一定词汇意义的和与现代汉语体标记有关的虚化结果补语。这种分类充分考虑到虚化结果补语的来源及有关的语法化过程。因为这部分虚化结果补语是由作实义结果补语的动词发展而来的，并且语法化的前进方向是体貌标记词。

保留一定词汇意义的虚化结果补语，就是未彻底虚化的一类；而作为汉语体标记的前身的虚化结果补语由于有进一步虚化的语法形式、自身情况变得复杂一些，也单独列出。另外一节介绍相关易混淆的虚化补语，如前人列入虚化结果补语、但本书分析后并不符合的一些词语。

本节还将逐一说明虚化结果补语的情况，对单个虚化补语的描写在一定程度上吸收了前人的研究，更加细化和整合。对作为虚化结果补语的词语在现代汉语中不同用法进行较详细地描写，重点则放在它们虚化结果补语用法和相关的实义结果补语用法的区别上。我们辨别这些结果补语是否虚化的主要依据是这些补语在语境中是否可以从动结式中分解出、作独立的谓语，是否可以和句中的论元组合成句，即它们是否有自己的论元结构，句中的论元是否是它们的论元。为了描述简洁清晰，我们姑且用一般的动结式由两个谓词结合、代表两个事件的测试方法（这与本书前面的分析方法不同，但是此处只是为了说明实义结果补语的谓词性质，对动结式是否由两个事件结构组成、论元与述语和补语的关系等问题不作过多纠缠）。带有实义结果补语的动结式都可以这样变换，如：

（9）张三摔碎了一个杯子。（＝张三摔一个杯子＋一个杯子碎）

（10）张三哭醒了。（＝张三哭＋张三醒）

所以本书的标准就是可以分解、带有论元的结果补语是实义的结果补语，不能分解、没有自己的论元的结果补语是虚化的结果补语。下面我们先描写各个虚化结果补语在现代汉语中的使用情况，并用这个标准来区别它们做实义和虚化结果补语的情形。

5.2.1　保留一定词汇意义的虚化结果补语

（一）“完”

“完”表示“完毕、完成、结束”，可以独立做谓语。例如：

（11）电影完了，大家走吧。

（12）您放心，明天就能完活儿。

“完”在现代汉语中独立做谓语的情况比较少，经常做结果补语时，可以是表示具体的事物“完成、结束”的实义结果补语。例如：

（13）他吃完了三大碗面。（＝他吃三大碗面＋三大碗面完了）

（14）张三写完了语法学的作业。（＝张三写语法学的作业＋作业完了）

（15）电影放完了，大家走吧。（＝放电影＋电影完了）

以上例句中，“完”表示动结式的宾语论元所代表的事物的“完成”“结束”，动结式的宾论元正是结果补语“完”的论元，所以动结式可以分解。

当动结式的宾语是比较抽象的事物，不能被量化完成时，作为结果补语的“完”就是比较虚化的意义，不是表示具体事物的“完成”，而是说明动作的完成。例如：

（16）他砍完树，在一旁休息。（≠他砍树＋树完）

（17）我批评完他再说你的事。（≠我批评他＋他完）

（18）我已经通知完家长了，你不用管这事了。（≠我通知家长＋家长完）

（19）他天天想完宝马想奔驰，最后买什么了？（≠他想宝马＋宝马完）

由于“完”自身的词汇意义就是“完成”，所以本来就可以表示V1动作的完成、结束，也更容易成为这样的虚化结果补语，与之搭配的谓语几乎没有什么语义特征限制。

（二）“好”

“好”在现代汉语中除了有形容词用法（表示“优点多、令人满意”）、副词用法（强调程度，如“好甜啊”）外，还有动词用法，本义是“健康”。例如：

（20）老师身体好吗？

（21）我的病就快好了。

引申为“完成”义。例如：

（22）饭好了，来吃吧。

（23）这壶水好了，你先拿去喝。

表示“完成”的“好”做结果补语的情况更常见，当它表示具体事物的完成时，是实义补语。例如：

（24）他修好了我的自行车。（＝他修我的自行车＋自行车好了）

（25）养好身体再来上班。（＝养身体＋身体好）

也会表示事件的完成、结束，是虚化的结果补语。例如：

（26）小朋友们捂好了眼睛。（≠小朋友们捂眼睛＋眼睛好了）

（27）你锁好门再睡觉。（≠你锁门+门好）

（28）国家队已经挑选好了队员。（≠国家队挑选队员+队员好了）

（29）我准备好了你要的材料。（≠我准备材料+你要的材料好了）

与“好”搭配的前项动词范围也比较广泛。

（三）“掉”

现代汉语中“掉”是动词，基本义是“脱离、落下”，也有“遗失、降低、回转”等义。例如：

（30）树上的叶子都掉了。

（31）刚才掉了一支笔。

（32）做这事太掉价了。

（33）掉头向东走。

作补语时，“掉”基本保留以上的意义，也表示“脱离”“遗失”“去除”等义，是实义的结果补语，因为有自己的论元结构。例如：

（34）他手里的杯子被打掉了。（=他手里的杯子被打+杯子掉了）

（35）我跑掉了一支笔。（=我跑+一支笔掉了）

（36）他删掉了一部分来信。（=他删一部分来信+一部分来信掉了）

“掉”可以作为许多动词的补语，不是表示动结式宾语的状态，逐渐失去它的词汇意义，表示一种完结的状态。例如：

（37）特务从后门溜掉了。（≠特务从后面溜+特务掉了）

（38）我彻底忘掉了那个约会。（≠我忘那个约会＋那个约会掉了）

（39）水气渐渐散掉了。（≠水气散＋水气掉了）

（40）他大概早就死掉了。（≠他死＋他掉了）

这里的“掉”不能带论元，只表示动作的完成、结束。

（四）“住”

“住”的本义是“居住、住宿”，主要做谓语。例如：

（41）他一个人住一间宿舍。

（42）对面一直没有人住。

还表示“停止”，“使停止”，是非宾格动词。例如：

（43）雨住了。

（44）住手，不许这么打孩子。

作为动结式的补语时，也主要表示“停止、止住”等。例如：

（45）他挡住我的路。（＝他挡我的路＋我的路住）

（46）他忍住悲伤，平静地讲话。（＝他忍悲伤＋悲伤住）

（47）你快叫住小丽。（＝你叫小丽＋小丽住）

（48）咱们可别叫他给吓住啊。（＝他吓咱们＋咱们住）

由此义引申为“牢固、稳固”，是得到了一个结果。例如：

（49）抓住他。（＝抓他＋他住）

（50）我被这悠扬的琴声吸引住了。（＝我被这悠扬的琴声吸引＋我住）

以上“住”作结果补语时，虽然与动结式宾论元所组成的主谓结构是现代汉语中很少用的，但是人们都理解它们之间的支配关系，是动结式宾论元“停留、止住”的意义，也就是说此时的“住”

是有论元结构的。

当“住”逐渐虚化，表示的不是句中论元的持续状态，而是V1所表示的动作完成后结果的持续状态，与动结式的论元就没有直接论元关系了，大致相当于“着”。例如：

（51）盯住那个可疑的人。（≠盯那个可疑的人+那个人住）

（52）记住今天的教训。（≠记今天的教训+今天的教训住）

（五）“成”

“成”单独作谓语，可以表示“完成”“成为”“可以”等意义。例如：

（53）事情已经成了。

（54）两个人成了好朋友。

（55）什么时候都成。

由于“成”有“完成”和“成为”两种基本词汇意义，所以带有补语“成”的动结式相比其他虚化结果补语复杂些。当“成”为“完成”意义时，有实义结果补语的用法，表示动结式的宾语所表示的事物在主要动词所表示的动作的作用下“完成”了。例如：

（56）张三做成了红烧排骨。（=张三做红烧排骨+红烧排骨成了）

（57）文章昨天才写成。（=写文章+文章成）

“完成”义的“成”，在补语的位置也很容易表示虚化的意义，即表示的是整个事件的“完成”“成功”。例如：

（58）张三听成了张学友的演唱会。（≠张三听演唱会+演唱会成了）

（59）他好不容易看成了决赛。（≠他看决赛+决赛成了）

（60）她终于熬成了正式的夫人。（≠她熬正式的夫人+正式的夫人成了）

上例中的宾语所表示的事物，都不是由述语所代表的动作影响而形成的。而下面的例句，述语是一些表示破坏性意义的动词，更不可能表示由于述语所表示的动作发生而形成或完成宾语所表示的事物。如：

（61）他们终于拆成了最后几个钉子户的房子。（≠他们拆房子+房子成了）

（62）他决定抢成这笔钱后立即离开广州。（≠他抢这笔钱+这笔钱成了）

所以上面的“成”在句中没有论元结构，都是表示整个事件的成功，是“成”由表示具体事物“完成”的意义虚化而来的意义。

“成”与其他虚化结果补语不同之处在于，它还有“成为”的意义，在这种义项下，它是二元动词，有“成为”前的原料和“成为”后的结果两个论元。所以它作补语时，再加上述语的一个论元，整个动结式有三个相关的名词短语。由于动结式本身是一个二元谓语——除了使用“把”字句、话题句、被动句等句式可以将三个论元都表现出来——在实际使用中，往往只出现其中的两个或一个。在语料分析时，我们注意分别从述语和补语的论元结构的角度判断名词短语的语义关联和句法位置。例如：

（63）a. 荒山开垦成了农田。

b. 青年们把荒山开垦成了农田。

c. 荒山，青年们开垦成了农田。

d. 荒山被青年们开垦成了农田。

上例中，“荒山成农田”是述语动词“开垦”的结果，形成一个小句。三个论元都出现的句子，如：

（64）愣二妈把煮熟的山药蛋捣成泥。

（65）这时太阳已经把山的顶尖染成一片金色。

当述语为非自主动词时，还可以有致事（即致使者）出现。例如：

（66）刺骨的寒风使张三哆嗦成一团。

（67）高烧了一周都快把他睡成个植物人了。

实际语料中，“成为”义“成”只出现两个论元的句子比较多见，两个论元是变化前后的事物，具有相关性和同质性。例如：

（68）房间弄成了猪圈。

（69）他的脸笑成了一朵花。

（70）眼睛哭成桃儿了。

这种“成为”义的“成”与本书所研究的虚化结果补语没有语义上的关联性和承接性，此处提出主要是为了厘清语料、避免混淆。

5.2.2　与体标记有关的虚化结果补语

对体标记语法化演变过程的汉语史研究有很多角度。由于本书的主要目的是研究共时层面的句法结构，更关心虚化结果补语和体标记在句法结构中的位置及其转化关系；所以对体标记的形成年代采用通说，对学界的分歧不做详细介绍，历时研究给我们提供了丰富的语料，只要这个语法化的过程是确定的，本书的句法分析就是有意义的。

（六）“了（liǎo）”（完成体标记“了（le）”前身）

“了（le）”在现代汉语中是表示完成或实现的体标记。对于动词后“了$_1$”的研究很多，我们本章只采用通说，认为它是完成体标记。它的前身是动词“了（liǎo）”，表示“完毕、结束”，可以单独做谓语。例如：

（71）这件事已经了（liǎo）啦。

（72）可算了（liǎo）了（le）这桩心愿。

（73）昨天的活儿还没了（liǎo），今儿这又来任务了。

作为动结式的补语时，吕叔湘主编（1980）和刘丹青（1994）等都认为“了（liǎo）”只能在可能补语位置，即在“动词+得/不+补语”中。例如：

（74）这么多饭吃不了啊。

（75）你放心，这病好得了。

（76）真的假不了，假的真不了。

但是，我们发现在北方方言中“了（liǎo）”也是可以做结果补语的。例如：

（77）你把鸡蛋吃了（liǎo）再上学。（=你吃鸡蛋+鸡蛋了（liǎo））

（78）今天扫除得把所有窗户都擦了（liǎo）了（le/lou）。（=擦所有窗户+窗户了（liǎo）了）

（79）我一天就打了（liǎo）了一张电话卡。（=我打（电话）+一张电话卡了（liǎo）了）

可见，“了（liǎo）”也可以出现在非“V得/不C”句式中，表示结果，也可以作结果补语。上例中“了（liǎo）”还是表示动结式的论元的“完结、终结”,是实义的结果补语。当“了（liǎo）”表示 V1 动作的完成，就是虚化的结果补语了。例如：

（80）他一周里体会了（liǎo）了人生的喜怒哀乐。（≠他一周里体会人生的喜怒哀乐＋喜怒哀乐了（liǎo）了）

此处只是从虚化结果补语的角度简单提及这种语言现象，关于“了”的详细讨论见 6.3 节。

（七）“着（zháo）”（持续体标记“着（zhe）”前身）

“着（zhe）”一般认为是现代汉语的持续体标记。它的前身是动词“着（zháo）”。“着（zháo）”在普通话中少数情况下可以单独作谓语，表示“接触、感受、燃烧、入睡”等义。例如：

（81）他的脚还不能着地。

（82）他昨天夜里着了凉。

（83）着了火麻烦可就大了。

（84）不要着忙。

（85）孩子快着了，别说话。

这些意义的“着(zháo)”用法基本固定,所以也有人认为“着地”“着凉”“着火”“着忙”等词汇化了,“着（zháo）”不能单独作谓语。

当与动词结合在一起构成述补式时，也可以保留它的词汇意义,表示动结式宾语论元的“燃烧”“入睡”或“接触到”等状态。例如：

（86）小孩点着了柴草。（＝小孩点柴草＋柴草着了）

（87）小明睡着了。（＝小明睡＋小明着了）

（88）他踮脚才拿着柜子上层的东西。（他拿东西＋柜子

上层的东西着了）

由“接触到”引申为表示“达到目的”，再进而发展为表示动作成功、完结的意思，可轻声，这是虚化结果补语的用法。例如：

（89）别把孩子冻着了。（≠冻孩子＋孩子着了）

（90）吃不着葡萄说葡萄酸。（≠吃葡萄＋葡萄着了）

（91）这些资料今天可用着了。（≠用资料＋资料着了）

（92）我猜着了三条谜语。（≠猜谜语＋谜语着）

（93）我可找着这本书了。（≠找这本书＋这本书着了）

有人认为“着（zháo）”对前项动词的[＋附着]语义特征有严格的选择限制（如赵伟，2006），因为它的词义有“接触”的意思，所以如果不存在两体的接触，就不能用“着（zháo）”作为补语。但是我们认为“着（zháo）”语义虚化后，不存在这个语义特征的限制。例如：

（94）这帮小孩子累着我了。（≠小孩子累我＋我着了）

（95）他惹着了小丽，现在正道歉呢。（≠他惹小丽＋小丽着了）

（96）他突然一动吓着了孩子。（≠他吓孩子＋孩子着了）

这里的“着（zháo）”都表示事件的完成，有“到”义。这样虚化的用法并不表示前项动词的附着或留存在某处。

（八）“过（guò）”（经历体标记“过（guo）”前身）

一般认为现代汉语中有表示经历的动态助词“过”，我们称为经历体标记。它与作虚化结果补语的“过”有着渊源关系。

现代汉语中“过”也作动词，表示“经过”，基本义是指空间上的经过，也可以表示时间上、范围限度上的经过等。例如：

（97）游行队伍正好从我家门前过。

（98）日子过得真快。

（99）赛程过半，还看不出结果。

作补语时，“过”仍会保留实义动词的用法，表示物体有所移动或经过，动结式的宾语和“过”有语义上的联系，可以看作是补语“过”的论元。例如：

（100）他递过一块热毛巾。（=他递一块热毛巾+毛巾过）

（101）请再翻过一页。（=再翻一页+一页过）

（102）他一不留神使过了劲。（=他使劲+劲过了）

（103）我们已经开过了天津。（=我们开（车）+天津过了）

作为虚化的结果补语时，“过”表示述语V动作的完结，没有自己的论元结构了。例如：

（104）吃过饭他就上课去了。（≠吃饭+饭过）

（105）他放过不少好片子。（≠他放不少好片子+片子过）

（106）我问过主任这件事了。（≠我问主任这件事+这件事过/主任过）

而经历体标记“过”，读轻声，表示“过去至少有过一次”。

（107）我去过（guo）荷兰两次。

（108）我们曾经谈过（guo）这个问题。

虚化结果补语“过”与经历体标记“过”的一个显著区别是，作为动结式的语素的虚化结果补语还可以进入其他体貌语境。例如：

（109）吃过（guò）了饭他就上课去了。

（110）我们已经谈过（guò）了这个问题，下一个。

上例中的“过”还是虚化结果补语，可以进入完成体。

而经历体标记“过”，就不能与完成体标记共现，即不能进入完成体等其他体态。例如：

（111）* 我去过（guo）了荷兰两次。

（112）* 我们曾经谈过（guo）了这个问题。

也就是作结果补语的“过”与现时相关，可以与“了”连用；而经历体标记“过”与现时无关，指向较远过去的，不能与“了”连用。所以，只有表示述语 V 动作的“完成、过往”、且未完全虚化为经历体标记的结果补语“过”才是虚化结果补语。

5.2.3 不是虚化结果补语的几种形式

本书讨论的是在现代汉语中结果补语的虚化情况，它们表示的意义都是前项述语动词所代表的动作的“完成、完结”，并且都是从表示结果的实义补语成分虚化而来的。这是某些结果补语所发生的句法上的语法化演变，本书的研究对象在语义、句法结构、语法化方向和程度等方面都有内在联系，而一些和虚化结果补语有关、在以往研究中处理得相对混乱的几种形式需要澄清，并不属于本书所研究的虚化结果补语。

（一）与“程度补语”有关的虚化补语

现代汉语中由谓词性成分虚化而来的程度补语主要有“透、坏、死”三个。薛红（1985）、吴长安（1997）、刘兰民（2003）和侯瑞芬（2005）等对此都有一定研究。我们要注意区分它们凭自身词汇意义作结果补语的情况，和虚化后作程度补语的情况。它们有作实义结果补语的用法，作补语有自己的论元，句子也可以进行分解。例如：

（113）墙已经凿透了。（＝凿墙（句首话题）＋墙透）

（114）他砍坏了几把刀。（＝他砍＋几把刀坏）

（115）他几拳就打死了张三。（＝他打张三＋张三死）

以上补语都是几个词语的基本词汇意义。当它们用作引申义时，也不能进行句子分解。例如：

（116）他看透这种选秀节目。（≠他看这种选秀节目＋这种选秀节目透）

（117）他吓坏了小孩。（≠他吓小孩＋小孩坏）

（118）后门已经堵死了。（≠堵后门＋后门死）

（119）开会的时间要定死。（≠定开会的时间＋时间死）

上例中动结式的补语不是该词语的基本义，“透”从表示“穿透、渗透”到表示“透彻”，“坏”从表示“缺点多、品质差”到表示“身体或精神受影响而损坏”，“死”从表示“失去生命”到表示“固定、不活动”，都是引申义，从语义上看也很难单独带论元表示论元的状态，句子也很难分解成两个主谓短语；但是这种难以分解的情况是因为补语的义项问题，而不是补语虚化为某种类义（前面讨论的词语的类义是“完成”，这里的是“程度”），与最终虚化为程度补语还是不同的，所以还是谓词作结果补语的用法。而下面的例句中“透、坏、死”不再表示结果，只表示程度，与其本来的语义没有关系。例如：

（120）他烦透了这样闷热的天气。（≠他烦这样的天气＋这样的天气透）

（121）这回老奶奶可乐坏了。（≠老奶奶乐＋老奶奶坏）

（122）没有参加上比赛，他后悔死这件事了。（≠他后悔这件事＋他死）

这时候的“透、坏、死”作补语也是不能分解的，从这个句法测试上看并没有什么区别，但是上文讨论的表示事件“完成、结束”的虚化结果补语是可以作为一个动宾短语的高级谓语的。例如：

（123）我批评完他再说你的事。＝我批评他，（这件事）完，再说你的事。

（124）小朋友们捂好了眼睛。＝小朋友们捂眼睛，（这件事）好了。

（125）我彻底忘掉了那个约会。＝我彻底忘那个约会，（这件事）掉（完）了。

（126）盯住那个可疑的人。＝盯那个可疑的人，（这件事）住。

（127）他听成了张学友的演唱会。＝他听张学友的演唱会，（这件事）成了。

（128）他一周里体会了（liǎo）了人生的喜怒哀乐。＝他一周里体会人生的喜怒哀乐，（这件事）了（liǎo）了。

（129）他惹着了小丽。＝他惹小丽，（这件事）着（到）了。

（130）吃过饭他就上课去了。＝吃饭，（这件事）过，他就上课去了。

而“透、坏、死”作补语虚化后则不能作为动宾短语的高级谓语。例如：

（131）他烦透了这样闷热的天气。≠他烦这样闷热的天气，（这件事）透了。

（132）这回老奶奶可乐坏了。≠老奶奶乐，（这件事）坏了。

（133）没有参加上比赛，他后悔死了。≠他后悔，（这件事）死了。

可见“透、坏、死”修饰补充的不是整个事件，而只是表明谓语动词的程度，功能相当于极性程度副词，和它们原来的词汇意义相差很远。可以看作是程度补语。

程度补语与本书所讨论的虚化结果补语不同，虚化结果补语表示是动作的一种结果状态，和汉语的体貌系统有关，而以上三个程度补语虽然也是由实义结果补语语法化而来，但是最后是程度补语的范畴，与结果补语语法化后成为表示事件“完成、结束”的虚化结果补语很不同。虚化的程度补语不是本书的研究对象。

（二）“动”“走”“定”等

孟琮等（1987）、薛红（1985）将“动”列为虚化结果补语，认为表示本义“移动、行动”时，是实义结果补语，表示“有能力进行”时，是虚化的结果补语（见下例）；“走”也被薛红（1985）列为虚化结果补语；还有吕叔湘（1955）、薛红（1985）等认为“定”也是虚化结果补语。

我们认为以上几个词语作补语的虚化意义都属于词义的引申、扩展，大部分还可以进行语义分解。例如：

（134）我累了一天，晚上赶不动路了。（＝我赶路＋我（不）动）

（135）那架飞机飞不动了，掉到海里去了。（＝那架飞机飞＋那架飞机（不）动）

（136）这首歌打动了很多人。（≠这首歌打＋很多人动了）

（137）他赶走了前来说和的人。（＝他赶＋前来说和的人走了）

（138）张三拉走了一车煤。（＝张三拉煤＋煤走了）

（139）他拿定主意要这么做了。（＝他拿＋主意定）

（140）老大爷坐定了才说话。（＝老大爷坐＋老大爷定）

只有“打动”例不能分解，说明“动”在有些时候虚化程度比较高。总体来说，这几个词的语义都比较实在，且是表示动结式中某论元所受到的结果，并没有语法化为表示主要谓语动词动作的完成、结束，后文我们将分析到只有在后者这个意义上，虚化结果补语才形成独特的类义，才有结构上的研究价值。所以这几个词在本书中并不被看作是虚化结果补语。

（三）“得”

现代汉语里主要作为补语标记的“得（de）”，孟琮等（1987）认为它是虚化结果补语，并用它对汉语的动词进行动结式构成能力的测试描写。刘丹青（1994）认为“得”在“看得、看不得”中也是唯补词，并认为是表补语标记的结构助词与唯补词的重合。我们认为“得”在现代汉语普通话中作补语的用法很有限，这似乎是古汉语遗留的用法，在一些方言中也有使用。汉语史学者们也研究过“得”的语法化历程（参考岳俊发，1984；曹广顺，1995；吴福祥，1996、1998、2001/2002；杨平，2001 等），和虚化结果补语是一致的，都是首先作为动词，表示“获得、取得、得到”，可以独立做谓语，金文中也有这样的用法。例如：

（141）求乃人，乃弗得。(《曶鼎》《殷周金文集成》2838)

（142）以此谋事则得，举事则成。(《墨子·尚贤中》)

又如在连动结构中，“如求得其情与不得（《庄子·齐物论》)”；然后也可以做实义的结果补语。例如：

（143）宋元王之时，渔者网得神龟焉。(《论衡·讲瑞》)

至汉魏六朝时期始，在非获得义动词后作补语时表示动作已经实现、完成。例如：

（144）汉王道逢得孝惠、鲁元，乃载行。(《史记·项羽本纪》)

（145）先嫁得府吏，后嫁得郎君。(《焦仲卿妻》)

（146）我令之罘归，失得柏与马。(韩愈《招杨之罘》)

（147）牡丹枉用三春力，开得方知不是花。(司徒空《红茶花》)

（148）争如这多情，占得人间，千娇百媚。(柳永《玉女摇仙佩》)

这种用法和本书讨论的虚化结果补语是一样的，是表示“完成、完结”意义的虚化结果补语。但是“得”的语法化并未到此为止，而且也没有虚化成为体标记，而是虚化成为汉语中的补语标记。这可能与“得”的基础词汇意义是“得到、获得”有关，不仅表示动作完成，还可以表示完成后获得的一种状态。所以当结果状态是一个比较复杂的成分时，用“得”来描述很有优势，后面接主谓结构后，并且“得”在这样的句式中更加弱化其谓词性质，成为连接述语和补语的功能性成分，语法研究中归为结构助词类

（与“的”“地”并列）。唐宋时期，“得”出现在“动词＋得＋补语”的格式中，作为补语标记的结构助词。例如：

（149）两地三江踏得遍，五年风月咏将残。（白居易《咏怀》）

（150）趁得东风汗漫游，见他歌后怎生愁。（辛弃疾《鹧鸪天》）

这是“得”语法化历程的主线，在汉语史上“得”还有类似于持续体标记“着”的用法等，本书不一一做介绍了。在现代汉语普通话中“得”的主要功能是补语标记，读音也为轻声。做可能补语的情况比较多。例如：

（151）这个苹果没坏，吃得。

（152）这种事情是违法的，可做不得。

“得”作结果补语的用法在现代汉语中比较少见，在一些方言中保留这样的用法，音读阳平。例如：

（153）你吃得饭再走吧。

（154）豆浆熬得了。

这是“得”作虚化结果补语的用法，是语法化过程某一阶段的体现。后来“得”再语法化为补语标记，是一种结构助词，常出现在组合式述补结构中，形成状态补语（如“睡得头晕”“洗得很干净”“洗得衣服发白了”）、可能补语（如“吃得饱”“洗得干净”）、程度补语（如“好得很”）三大类（陆俭明，1990）。“得”在组合式述补结构中的作补语标记是现代汉语中最常见的用法，说明它语法化的程度很深。所以，由于“得”的虚化结果补语用法在现代汉语普通话中很不常用，与本书讨论的其他虚化结果补语不在语法化演变的相同阶段中，本书不把它作为研究对象。

（四）“见”

“见”一般在研究中也被列为虚化结果补语，始于 Chao（赵元任 1968）。王红旗（1996），薛红（1985），吴福祥（1998），刘子瑜（2004），张秀松（2006）等研究中也都将“见”作为虚化结果补语。“见”的本义是表示视觉活动有结果，在古汉语中与“看”“望”“观”“窥”“察”等表示视觉动作的动词的主要区别就在于它的达成结果性。在现代汉语中，“见”可以做主要谓语，表示“看见，看到”。例如：

（155）只见树木不见森林。

（156）这种事我见多了。

也由此引申出“遇到”“显现”等意义。例如：

（157）冰一见热就融化了。

（158）他的病开始见好了。

在动结式中，作补语的“见”，表示本义“看到”时，是作视觉活动词的补语。例如：

（159）他们远远望见一片梅林。（＝他们望＋见一片梅林）

（160）我昨天瞧见赵大爷了。（＝我瞧＋见赵大爷）

因为“见”从有结果的视觉活动“看到”，引申为“接触到”，并具有结果义，所以“见”作为动结式的补语时，不单表示与视觉活动有关的意义，还可以表示各种感觉有结果、“感觉到”的意思，作感觉、知觉活动词的补语。例如：

（161）我听见他在叫你。（≠我听＋见他在叫你）

（162）他突然闻见一股香味。（≠他闻＋见一股香味）

最后虚化到可以作一般动词的补语，表示结果达成，相当于“到、着”等，连“接触到”的意义也失去了，这就是虚化结果补语的用法。例如：

（163）宝玉梦见林妹妹了。（≠宝玉梦＋见林妹妹了 / 林妹妹见了）

（164）那天我在大街上撞见他了。（≠我在大街上撞＋见他了 / 他见了）

（165）你找见他或偶尔得到他的消息，你给他说，我期待回滋水和我共事……（陈忠实《白鹿原》）（≠你找＋见他 / 他见了）

这里需要指出，我们认为做补语的“见”与本书所讨论的现代汉语中的其他动结式有区别。一般动结式的宾语都是其补语的主论元，即补语谓词是不及物的，起码动结式中作补语的谓词是不及物的（上文多次论述这一观点），所以动结式分解出的两个结构一般是“S＋V＋R＋O=（S＋V）＋（O＋R）”，经历语法化变为“S＋V＋R＋O=（S＋V＋O）R（完成结束）”，虚化结果补语从表示具体事物O的状态到表示动作事件的完成结束。但是“见”从古汉语至今都是及物动词，从它作实义补语的分解式只能是“S＋V＋见＋O=（S＋V）＋（见＋O）”可见。“见”最开始形成的“视觉动词＋见”是一种连动结构，表示的是先进行了一个视觉动作，然后达成了视觉动作的结果“看到”。“见”在一个谓语动词后面的结果意义，源自它自身的词汇意义，而不是汉语动结式的前项动词发生导致后项补语结果这样的句法结构意义。"见"的虚化也是在其词汇意义的基础上完成的，与其他虚化结果补语并不完全相同。虽然虚化后的结果差不多，都表示动作的完成,"见"也可以与"到""着（zháo）"等补语替换，但是这是由"见"表示一类谓词（表"视觉动作"的谓词）的完成、实现到表示多类谓词的完成、结束，是"见"自身词义的引申、扩展，是词义演变；而其他虚化的补语是由表示动结式宾论元的结果状态到表示谓语动作的完成结束发展而来，二者截然不同。既然"见"并不是作为动结式补语而虚化的，也不属于本书研究的虚化结果补语（详见玄玥，2010）。

5.3　意义虚化的动结式的句法语义特点

以上虚化结果补语虽然各有分类，但是却有共同的特点，体现在一些相同的句法表现上。又由于虚化结果补语是实义结果补语向体标记的过渡阶段，它们会兼有二者的性质、又不同于二者，下面我们将它们分别与实义结果补语和体标记进行比较，用一些句法形式测试来说明它们作为意义虚化的结果补语的特点。有的测试方法在以往的文献中提及，是描述虚化结果补语性质的有效手段。

5.3.1　渐变性和歧义性

意义虚化的动结式具有渐变性和歧义性。虚化结果补语，在现代汉语中的实义用法和虚化用法是共存的，而且由于个人语感和假设的语境不同，学者们对同一个主要动词后的结果补语也有是否虚化的分歧。比如：

（166）我做好了红烧排骨。

没有语境的时候，“好”可以作实义结果补语理解，表示宾语论元“红烧排骨”“好”了、“完成”了；也可以作虚化结果补语理解，表示“做红烧排骨”整个事件“好”了、“完成、结束”了。单看这句时，往往归类不同，也很难分辨。其实，无论做哪种判断，大家心中都有自己的语境。例如：

（167）a. 我做好了红烧排骨（，你们大家快趁热吃吧）。

b. 我做好了红烧排骨（，还把屋子都打扫干净了）。

前一句语境强调宾语论元，补语倾向为实义，表示宾语论元所代表的事物的结果情况；而后一句语境强调动作事件的承接，补语应为虚化结果补语，着重说明事件的结束、完成。

我们都知道，语法化的过程具有渐进性的特征，边界并不是清晰分化的（沈家煊，1994）。现代汉语中虚化结果补语，也就是语法化的结果补语，它们都同时存在实义结果补语的用法，也符合语法化过程的渐进性。

有时候一个例句中的补语并不能厘清到底是实义的用法、还是虚化的用法，每个人所假设的语境也不同，可能会得出不同的结论。但是具体例句的归属不同并不影响这种语言事实的存在和对它们句法结构的分析，以及我们理论模型的建立。因为语法化的过程是一定的。

虚化结果补语是从实义补语语法化而来的，而虚化结果补语进一步语法化的方向是体标记。下面分别通过与实义结果补语和体标记的区别来探讨虚化结果补语的性质。鉴于语法化的渐变性和虚化结果补语所处语法化中间阶段语义不清晰的特点，所描写的特征并不是每条都带有强制性，有的特征还只是一种倾向。

5.3.2　与实义结果补语的对比

虚化结果补语是一种结果补语，但是却不是普通的实义结果补语，它们是从实义结果补语发展而来的，是语法化链条中的下一阶段。由于意义虚化，虚化结果补语主要有以下的特点，相应地在句法上有一些不同于实义结果补语的表现。与实义结果补语相比，它意义虚化、形成类义。

（一）语义指向动词、不能指派论元

一般性补语都可以根据其语义指向进行分解式变换，即将动结式变为叙述两个事件的主谓结构。例如：

（168）我听明白了他的话＝我听他的话＋我明白了他的话

（169）他摔碎了杯子＝他摔杯子＋杯子碎了

（170）他吃没了一盘排骨＝他吃排骨＋一盘排骨没了

（171）他哭醒了＝他哭＋他醒了

但是虚化补语结构不能进行这样的分解变换，因为虚化结果补语是对事件的整体说明，而不是另一个结果性事件。下面将每个虚化结果补语都选取一个例句，分别列出它们的虚化和实义结果补语的用法进行对比。例如：

（172）a. 我擦完了客厅≠我擦了客厅＋客厅完了

b. 我吃完了三大碗面＝我吃三大碗面＋三大碗面完了

（173）a. 小朋友们捂好了眼睛≠小朋友们捂眼睛＋眼睛好了

b. 小朋友们修好了椅子＝小朋友们修椅子＋椅子好了

（174）a. 我彻底忘掉那个约会≠我忘那个约会＋那个约会掉了

b. 我砍掉了树枝＝我砍树枝＋树枝掉了

（175）a. 盯住那个可疑的人≠盯那个可疑的人＋那个可疑的人住

b. 悠扬的琴声吸引住了我＝悠扬的琴声吸引我＋我住（引申义“停留”）

（176）a. 他听成了张学友的演唱会≠他听张学友的演唱会＋演唱会成了

b. 他建成了亚洲第一高楼＝他建亚洲第一高楼＋高楼成了

（177）a. 他一周里体会了（liǎo）了人生的喜怒哀乐≠他一周里体会人生的喜怒哀乐＋喜怒哀乐了（liǎo）了

b. 他吃了（liǎo）了一盘排骨＝他吃一盘排骨＋一盘排骨了（liǎo）了

（178）a. 他惹着（zháo）了小丽≠他惹小丽＋小丽着了

b. 小孩点着（zháo）了柴草＝小孩点柴草＋柴草着了

（179）a. 我吃过（guò）晚饭了≠我吃晚饭＋晚饭过了

b. 他一不留神使过（guò）了劲＝他使劲＋劲过了

通过比较，我们看到上例（a）的虚化结果补语结构不能像（b）的实义结果补语结构一样进行分解变换，说明虚化结果补语结构不表示两个事件结构的组合，虚化结果补语在动结式中也没有自己的论元结构。

但是，不是只有虚化结果补语结构不能分解。结果补语结构根据补语的语义指向分为三类：补语指向主语、补语指向宾语和补语指向动词。前两类补语指向主语和宾语的都可以进行述语和补语的分离，变换成两个结构，而补语指向动词的一类，不能如此变换。指向动词的补语除了本书所研究的虚化结果补语——指向动词表示动作完成的一类，还有很多补语，如表示时间长度的形容词“长、短、久”等，表示速度的形容词“快、慢、急”等，表示时间早晚的形容词“迟、晚、早”等，表示动作强度的形容词“轻、重”等。它们所在的动结式结构也不能进行分解变换。例如：

（180）这块面包烤久了≠烤这块面包＋这块面包久

（181）他走急了（，现在岔气了）≠他走＋他急

（182）我来早了≠我来＋我早

（183）我昨天睡晚了≠我昨天睡＋我晚

（184）这句话说重了≠说这句话＋这句话重

虽然这些语义指向动词的补语也不能进行上述两个语义事件的分解变换，但是它们与虚化结果补语的不同之处在于它们的词汇意义本身就是表明动作的性质的，也就是只能指向动词，与动结式中的论元没有语义关系。而虚化结果补语则是经历了对论元

结构的约束力减弱的语法化过程。为什么这样讲呢？因为它们都有实义结果补语的用法，在现代汉语的动结式中还可以表示某论元的结果状态，还可以有自己的论元结构，如上文对它们实义用法的描述。简单再举例如下：

（185）张三写完了语法学的作业＝张三写语法学的作业＋语法学的作业完了

（186）他修好了我的自行车＝他修我的自行车＋我的自行车好了

（187）我跑掉了一支笔＝我跑＋一支笔掉了

（188）张三做成了红烧排骨＝张三做红烧排骨＋红烧排骨成了

这些所谓的指动补语[①]在现代汉语中都可以表示实义的结果补语，它们自身的词汇意义并不是指向动词的，而是经历语法化之后由指向名词短语虚化为指向谓语动词的，这也是它们值得研究的关键点。

语义指向理论中所谓的指向主语和宾语的补语，其实是具有论元结构、即可以指派论元的谓词，所以我们可以判断虚化结果补语由于指向动词，不具备指派论元的能力，也就没有论元结构。这在后文的句法分析中还会被进一步阐述。

（二）具有后附性和黏着性

后附性和黏着性主要是说明虚化结果补语动结式的结合程度。一些学者曾指出虚化结果补语没有扩展形式，可以用插入“得”

---

① 李讷、石毓智（1997）曾称虚化结果补语为“指动补语”，经过上面的分析，证明这个术语并不准确。

和进入“一……就……”格式来测试。这两种句法格式也都是为了分解开述语和补语，使补语作独立谓语的能力得到凸显。

首先用组合式动补结构测试，普通动词、形容词作补语时一般可以在中间插入“得”或其他成分，成为组合式动补结构。例如：

（189）他吃胖了。⇒ 他吃得都胖了。

（190）他吓跑了。⇒ 他吓得飞跑。

（191）他打死了张三。⇒ 他打得张三都死了。

（192）他逗乐了大伙。⇒ 他逗得大伙乐了。

（193）她喝多了。⇒ 她喝得太多了。

（194）你这话说重了。⇒ 你这话说得过重了。

这几个例句中补语语义分别指向主语、宾语和动词，都可以变为组合式的动补结构。我们再看虚化结果补语的情况，它们都不能插入“得”变换为相应的组合式动补结构，例如，

（195）他擦完了客厅。⇒ * 他擦得客厅完了。

（196）小朋友们捂好了眼睛。⇒ * 小朋友们捂得眼睛好了。

（197）我彻底忘掉了那个约会。⇒ * 我彻底忘得那个约会掉了。

（198）你盯住那个可疑的人。⇒ * 你盯得那个可疑的人住。

（199）张三听成了演唱会。⇒ * 张三听得演唱会成了。

（200）他吃了（liǎo）了一大盘红烧肉。⇒ * 他吃得一大盘红烧肉了（liǎo）了。

（201）他惹着（zháo）了小丽。⇒ * 他惹得小丽着了。

（202）我吃过（guò）晚饭了。⇒ * 我吃得晚饭过了。

再用紧缩复句格式“一……就……”测试，实义动结式一般

可以进入，因为述语和补语都表示实有所指的动作、行为或状态，如“一吃就胖，一吓就跑，一打就死，一逗就乐，一喝就多”等；而虚化结果补语的动结式不能，如上述例句中“一跳就完，一捂就好，一忘就掉，一盯就住，一看就成，一吃就了（liǎo），一惹就着（zháo），一吃就过（guò）”等在原来的表示“事件完成”的语义基础上都不成立。

（三）不是动结式的语义重心

前人研究一般认为动结式的语义重心是补语（与句法结构中心是述语并不矛盾）。虚化结果补语则不是，我们用“V 得 C 不 / 没 C？”式提问来测试①。这一般的动结式都可以有“V 得 C 不 C？”或者“V 得 C 没 C？”式提问。例如：

（203）吃得饱不饱？

（204）绳子拉得断没断？

（205）你过年回家吃得胖没胖？

（206）我这话说得重不重？

然而虚化的结果补语就不能用这种提问方式。例如：

（207）* 客厅擦得完不 / 没完？

（208）* 小朋友们把眼睛捂得好不 / 没好？

（209）* 那个约会忘得掉不 / 没掉？

（210）* 那个可疑的人盯得住不 / 没住？

（211）* 演唱会听得成不 / 没成？

（212）* 鸡蛋吃得了（liǎo）不 / 没了（liǎo）？

---

① 是薛红（1985）提出的一种证明虚化补语异于实义补语的方法，但是并没有提出此方法验证的是虚化结果补语不易成为动结式语义重心这一性质。

（213）* 小丽惹得着（zháo）不 / 没着（zháo）？

（214）* 那片子放得过（guò）不 / 没过（guò）？

"不"和"没"不能出现在单个的虚化补语之前，说明不能单独对虚化补语进行提问。而如果是可以成立的句子，所谓的虚化结果补语的意义就有所转变，一般是它们的词汇意义在起作用。例如：

（215）玩得好不 / 没好？

（216）演得成不 / 没成？

这些例句中的补语是实义补语，表达的是它们的词汇意义，而不是表示整个事件完成、结束的意思。并不是我们论述的反例。

我们认为这是因为实义的结果补语是动结式的语义焦点，可以单独进行提问，所以才有针对结果补语的"V 得 C 不 / 没 C"式提问；而虚化的结果补语没有实在的词义，只是表示一个事件的完成，很难作为整个动结式的语义焦点，所以不能被单独提问。

语义重心是在短语层面，与句子层面的"焦点"并不等同。在强对比语境中，表示事件完成的虚化结果补语也可以称为对比焦点。例如：

（217）我擦**完**了客厅，收拾**好**了阳台，还做**成**了一桌晚饭，你还说我没干活？

这种测试方法，包括前面的扩展法测试，在一定程度上都改变了动结式的句法结构。如果说，插入"得"变成组合式动述补结构，其结构关系和黏合式动结式还差不多，都是动作–结果关系；那么"V 得 C 不 / 没 C"似乎与"V 得 C"这样的组合式述补结构更为接近，而语法研究中一般认为“V 得 C”表示的是状态补语（陆俭明，1990）。但是补语中的状态是动作有了结果之后的状态，本身也是一种结果，状态补语和结果补语有语义上的联系性，这样状态补语也可以看作是一种结果补语。所以用近似的句式来测试动结式中补语的性质，不会改变它们自身的性质，只是放大它们的谓词性质，便于我们更清楚地认识语法事实。

本节的测试，都说明做虚化结果补语的成分丧失了单独做谓语或谓语中心语的能力，没有自己的论元结构，只能作补语，因而相对主要谓语动词和实义结果补语来说具有后附性、黏着性。“黏着性”是非自由语素的性质之一，与词缀类似；再加上“后附性”说明虚化结果补语近于后缀。

5.3.3 与体标记的对比

以上的虚化结果补语基本都表示“完成、完结”的意义。它们都是来源于完成义动词，语法化的方向为表示“完成、完结”的虚化结果补语也很容易理解。这是一种体貌意义，本节主要讨论表示“完成、完结”意义的虚化结果补语，所以与之比较的体标记是完成体标记“了”。虚化结果补语虽然表示一定的体貌意义，但是和汉语中真正的体标记相比还有很大不同，并不是真正的动态助词，比完成体标记的时态性弱，有以下几点表现。

（一）对前项动词具有选择限制性

从适用范围上讲，虚化结果补语比完成体标记范围小。虚化结果补语还有一定的词汇意义，而体标记只有语法意义。一个动词只要可以进入一种体态，就可以与该体标记搭配。

而虚化结果补语在与主要动词搭配的时候，体现出选择限制性，每个虚化结果补语的搭配能力也不同，要求前项动词具有不同的语义特征，说明虚化结果补语成分的词义还在起作用。“完”的基本词义是“完成、结束”,“成”的基本词义之一是“完成”,“了(liǎo)”也具有“完成”的意义，所以它们用于表示事件“完成、结束”也比较自然，搭配比较广泛。但有的虚化结果补语还有词义限制。

“好”是从“优点多”“完满”等义引申为“完成”的，所以偏向表示褒义事件的完成，贬义的事件有时很难用“好”作补语表示“完成”。例如：

(218) * 日本鬼子抢好了张庄，现在正奔向李村。

(219) * 大火毁好了他们全部的资料。

虽然“掉”是表示事件的完成、完结的用法比较多，但是也受到它的基本意义的影响，多用于表示失去、脱离、远离的动词后，即它的前项动词的语义特征是[＋离开]。与[－离开]的动词不能搭配。例如：

(220) * 革命者从四面八方聚掉了。

(221) * 大家都想掉了一个好主意。

由[＋离开]的语义特征也引申出向下的方向感，所以多与向不好的方向发展的动词连用，如很难说“好掉了”“成功掉了”。

由于“住”的本义“停留”的影响，只能表现静止的状态或动作完成后保留、伴随的状态的持续，它的前项动词需要有[＋持续]的语义特征，而不能是瞬间动作动词。例如：

(222) * 木板断住了。

（223）* 花儿谢住了。

“着（zháo）”对前项动词语义的主要限制也在于[＋持续]，不能与瞬间动作动词搭配。例如：

（224）* 他断着（zháo）了食指。

（225）* 水手们沉着（zháo）了船。

（二）可以与否定词“没”共现

从否定形式上看，二者不同。虽然绝大部分虚化结果补语所表达的语法意义比较接近于完成体，但是和完成体标记“了”不同，完成体标记“了”不能和完成体的否定形式“没（有）”共用，二者是对立互补的。例如：

（226）* 他没看了（le）三遍《英雄》。

（227）* 他昨天没完成了（le）作业。

但是表示完成的虚化结果补语就可以与完成体的否定形式“没（有）”出现在同一语境中。例如：

（228）a. 我没擦完客厅。

b. 小朋友们没捂好眼睛。

c. 我没忘掉那个约会。

d. 我没有盯住那个可疑的人。

e. 张三没听成演唱会。

f. 他没吃了（liǎo）一大盘红烧肉。

g. 他没惹着（zháo）小丽。

h. 我今天没吃过（guò）晚饭。

可见，虚化结果补语在汉语中并不是完成体标记，至少是还没有语法化到体标记的程度，只是表示动作事件的完成、终结。

（三）可以形成可能补语、仍是实词

虚化结果补语和完成体标记不属于同一词类。体标记都是虚词，一般称为助词。而充当虚化结果补语的成分还都是实词，是动词。范继淹（1963）等学者曾指出“动＋了（le）、着（zhe）、过（guo，表经历义）”中间都不能插入“得、不”。也就是体标记都不能转化为可能补语。例如：

（229）* 我吃得 / 不了（le）一个馒头。

（230）* 他看得 / 不着（zhe）窗外的风景。

（231）* 他去得 / 不过（guo）桂林。

但是我们看到，述语和虚化结果补语之间可以插入“得、不”，形成可能补语。例如：

（232）a. 他擦得 / 不完客厅。

b. 小朋友们捂得 / 不好眼睛。

c. 我忘得 / 不掉那个约会。

d. 侦察员盯得 / 不住那个可疑的人。

e. 张三听得 / 不成演唱会。

f. 他吃得 / 不了（liǎo）一大盘红烧肉。

g. 他惹得 / 不着（zháo）小丽。

h. 我吃得 / 不过（guò）晚饭。

以上的例句说明总体上虚化的结果补语可以变成可能补语，虽然有些例句似乎并不常用，但是母语使用者都是可以理解的。而已经成为体标记的成分就不能变为可能补语了。对于动趋式、动结式都可以插入“得、不”，助词类（动态助词、结构助词、语气助词）都不能插入“得、不”的现象，我们的解释是实词类成分可以作可能补语，而虚词类成分不能够。这也证明虚化结果补语虽然是虚化的，但是还是实词，在词类划分上并没有成为完全的虚词。

（四）可以做所在句子的焦点

虚化结果补语虽然一般不是述补结构的语义重心，但它们可以作为述补结构所在句子的焦点，下面我们用对比焦点来测试。例如：

（233）a. 他擦了客厅，可是没擦′**完**。

b. 小朋友捂了眼睛，可是没捂′**好**。

c. 我开始忘了那个约会，最终想起来了，没彻底忘′**掉**。

d. 我盯了会那个可疑的人，可是没盯′**住**，让他给跑了。

e. 张三要去听张学友的演唱会，可是一直没听′**成**。

f. 他吃一大盘红烧肉，最后没吃′**了**（liǎo）。

g. 别总去惹小丽，等惹′**着**（zháo）了，看你怎么收场。

h.（下一个考生是小张。）小张考′**过**（guò）了，叫其他人。

上述例句中后一分句中的虚化结果补语都可以带句子的重音（用“′”表示），成为该分句的焦点（用黑体标出）。而体标记，也即动态助词则很难充当句子的焦点，焦点重音不可能放在体标记上。例如：

（234）a. ？？我刚才吃′了（le）一只大螃蟹。

b. ？？他看′着（zhe）窗外的风景。

c. ？？我曾经吃′过（guo）那么大的螃蟹。

如果要强调动作的完成、持续或者经历，句子的重音也只能在动词上。例如：

（235）a. 我刚才′吃了（le）一只大螃蟹。

b. 他′看着（zhe）窗外的风景。

c. 我曾经′吃过（guo）那么大的螃蟹。

可见作为体标记的虚词很难承载句子的重音，也不可能作为句子的焦点。而动结式中的虚化结果补语虽然意义虚化，但是还没有虚化到体标记的程度，还可以做焦点。

（五）可以自由地进入定语从句

一般认为定语从句中的时态不是十分自由，不能带有句末语气词，动词后的完成体标记“了”也有一定限制。例如：

（236）a. ？他去了医院的那天，我正加班。

b. 他去医院的那天，我正加班。

（237）a. ？小明拾到了钱包的一刻改变了他的命运。

b. 小明拾到钱包的一刻改变了他的命运。

（238）a. ？我打伤了李四的地方就是这个教室。

b. 我打伤李四的地方就是这个教室。

带有表示完成的虚化结果补语的动补结构都可以没有限制地作定语从句的谓语，注意它们与完成体标记“了”替换后句子的合格度。例如：

（239）a. ？他擦了客厅的时候我刚进来。

b. 他擦完客厅的时候我刚进来。

（240）a.？小朋友们捂了眼睛的时候大家开始藏起来。

b. 小朋友们捂好眼睛的时候大家开始藏起来。

（241）a.？我忘了和他的约会的那个下午，他出事了。

b. 我忘掉和他的约会的那个下午，他出事了。

（242）a.？他盯了那个可疑的人的时候中枪了。

b. 他盯住那个可疑的人的时候中枪了。

（243）a.？张三买了房子的那天请大家吃饭。

b. 张三买成房子的那天请大家吃饭。

（244）a.？鸡蛋吃了（le）以后才能上学。

b. 鸡蛋吃了（liǎo）以后才能上学。

（245）a.？他惹了小丽的原因还不清楚。

b. 他惹着（zháo）小丽的原因还不清楚。

（246）a.？我吃了晚饭的时候还没黑天。

b. 我吃过（guò）晚饭的时候还没黑天。

虚化结果补语结构比完成体标记"了"更自如地进入定语从句，也说明它们不是汉语的时体标记。虚化结果补语比动词后完成体标记"了"具有更加实义的意义，与谓语动词的联系也更紧密。这为我们后文的对虚化结果补语和体标记的句法结构位置分析提供了语言事实依据。

（六）可以后接完成体标记"了"

体标记是不能重复使用的。一方面，由于一个句子的体态的唯一性，表示不同"体"的体标记不能共用。例如：

（247）* 他吃了（le）着（zhe）一个苹果。

（248）* 他吃了（le）过（guo）一个苹果。

（249）* 他吃着（zhe）了（le）一个苹果。

（250）* 他吃着（zhe）过（guo）了一个苹果。

（251）* 他吃过（guo）了（le）一个苹果[①]。

（252）* 他吃过（guo）着（zhe）一个苹果。

另一方面，同一个体标记也不能在句中连续使用。例如：

（253）* 他吃了（le）了（le）一个苹果。

而虚化结果补语虽然也是表示事件的“完成、结束”，与完成体在语法意义上相近，但是却可以与完成体标记“了”共用，说明它们并不等同，虚化结果补语还不是完成体标记。例如：

（254）a. 他擦完了客厅。

b. 小朋友们捂好了眼睛。

c. 你要忘掉了那件事。

d. 我盯住了那个可疑的人。

e. 大家听成了演唱会。

f. 你们吃了（liǎo）了（le）这盘红烧肉。

g. 别惹着（zháo）了小丽。

h. 我吃过（guò）了晚饭。

5.3.4　虚化结果补语的完结功能

参见 1.6 节对实义结果补语的功能的研究，仍然采取那些测试方法，来看虚化结果补语的句法功能。

① 这里容易与非经历体标记“过（guò）”混淆，当“过”有声调，是虚化结果补语时，句子可以成立；而经历体标记“过（guo）”却不可以。

第一，不能进入短时尝试体。同实义动结式一样，带有虚化结果补语的动结式也不能重叠使用。因为动结式表示事件的完成结束，虚化的结果补语表示前项动词所表示的动作的完结，在语义上与动词重叠结构的“未完成”和多次重复不相容。例如：

（255）a. * 他擦完擦完客厅。

b. * 小朋友们捂好捂好眼睛。

c. * 你要忘掉忘掉那件事。

d. * 盯住盯住那个可疑的人。

e. * 大家听成听成演唱会。

f. * 你们吃了（liǎo）吃了（liǎo）这盘红烧肉。

g. * 别惹着（zháo）惹着（zháo）小丽。

h. * 我吃过（guò）吃过（guò）晚饭。

第二，不能进入进行 / 持续体。虚化结果补语也表示动作已经完结，就不能有进行或持续的状态了，所以与二者都不兼容。例如：

（256）a. * 他正（在）擦完客厅。

b. * 小朋友们正（在）捂好眼睛。

c. * 我正（在）忘掉那个约会。

d. * 他正（在）盯住那个可疑的人。

e. * 张三正（在）听成演唱会。

f. * 他正（在）吃了（liǎo）一大盘红烧肉。

g. * 他正（在）惹着（zháo）小丽。

h. * 我正（在）吃过（guò）晚饭。

（257）a. * 他擦完着客厅。

b. * 小朋友们捂好着眼睛。

c. * 我忘掉着那个约会。

d. * 他盯住着那个可疑的人。

e. * 张三听成着演唱会。

f. * 他吃了（liǎo）着一大盘红烧肉。

g. * 他惹着（zháo）着小丽。

h. * 我吃过（guò）着晚饭。

第三，与时量短语的搭配的情况。用时框时量短语来测试虚化结果补语动结式，看到它们都可以搭配，表示动作具有完结点。例如：

（258）a. 我三分钟内擦完客厅。

b. 小朋友们要三秒内捂好眼睛。

c. 他刚说完，一分钟内我就忘掉了那个约会。

d. 我们要三天内抓住那个人，之前跟踪这条线索。

e. 他答应自己，三年内听成张学友的演唱会，而且买最好的票。

f. 他一分钟内吃了（liǎo）了三个鸡蛋。

g. 他果然一小时内就惹着（zháo）小丽，向我们求助了。

h. 学校要求他三天内必须做过（guò）公开检查才可保留学籍。

再看时段时量短语，发现虚化结果补语动结式不能置于动结式和宾语之间。例如：

（259）a. * 他擦完了三个小时客厅。

b. * 小朋友们捂好了一分钟眼睛。

c. * 我忘掉了三年他的生日。

d. * 他抓住一个小时那个可疑的人。

e. * 张三听成了一个月张学友的演唱会。

f. * 他吃了（liǎo）三个小时一大盘红烧肉。

g. * 他惹着（zháo）了三天小丽。

h. * 我吃过（guò）两个小时晚饭。

而时段短语放在整个谓语后面，即动结式的宾语后面时，表示的意思也不是动作本身的持续，而是动结式动作完成结束后状态的持续。例如：

（260）a. 他擦完客厅三个小时了。

b. 小朋友们捂好眼睛一分钟了。

c. 我已经忘掉他的生日三年了。

d. 他抓住那个可疑的人一个小时了。

e. 张三听成张学友的演唱会一个月了，还那么兴奋。

f. 他吃了（liǎo）一大盘红烧肉三个小时了，还不饿呢。

g. 他惹着（zháo）小丽三天了。

h. 我吃过（guò）晚饭两个小时了。

虚化结果补语动结式与时段短语的搭配体现了典型的非持续动词的特征。这样与两类时量短语的搭配可以测试出含有虚化结果补语的动结式都是有完结点的句法结构，这个完结点正是虚化结果补语所体现的。

第四，与动量短语的搭配。带有虚化结果补语的动结式可以和动量短语搭配，说明所表示的动作可以有次数，具有可重复性。例如：

（261）a. 我这两天擦完三次客厅，你却一次都没擦？

b. 小朋友们都捂好两次眼睛了，你还没藏起来。

c. 我不止一次忘掉那门课的上课地点。

d. 我盯住那个可疑的人好几次了，可是每次都等不到后援。

e. 他最近听成三次张学友的演唱会。

f. 我都把剩菜吃了（liǎo）几百次了，就这么一次没吃你就批评我。

g. 他一天时间惹着（zháo）小丽三次。

h. 我们昨天放过（guò）那片子五次了，今天不再放了。

可重复性是动作有界性的典型标志之一，只有一个动作过程完成后形成一个整体，才可以被量化、重复，所以这是虚化结果补语动结式有完结点的又一证明。

经过本节的分析，我们可以明确，虚化结果补语在句法表现上与实义结果补语有所区别，但是在句法功能上，与上文分析的实义结果补语是一致的，都是谓语的完结功能。

5.4　意义虚化的动结式与完结短语理论

前人研究对虚化结果补语很少涉及，我们套用他们的理论简单说明一下以往的研究方法不能解释虚化结果补语的现象。

一是生成语法的控制理论，句法结构参见 1.1.1，以“张三打伤了李四”为例，并套用分析虚化结果补语动结式，如：

（262）

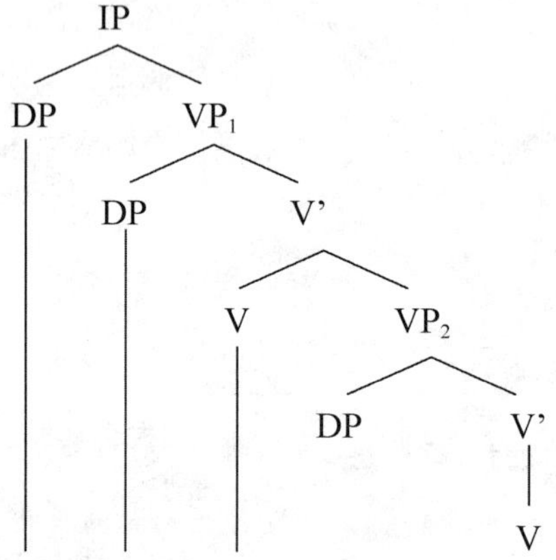

a. 张三 李四$_i$ 打 PRO$_i$ 伤

b. 小朋友们$_j$ 眼睛$_i$ 捂 PRO$_{*i/*j/?}$ 好

c. 张三$_j$ 演唱会$_i$ 听 PRO$_{*i/*j/?}$ 成

a 句是控制理论对实义动结式的处理方法，按此结构，我们分析 b、c 两句虚化结果补语，可以看出由于虚化结果补语没有自己的论元，如果用 PRO 来指代述语 V 的某个论元，无论是主论元（下标 j），还是宾论元（下标 i），都显然与句子的语义不符。而如果 PRO 指代整个事件也不符合控制理论，因为 PRO 是论元，是名词短语性质。

小句理论更加重视补语的论元结构，所以当补语是没有论元结构的虚化结果补语时，句子的语义和句法结构的语义也不相符。例如：

（263）

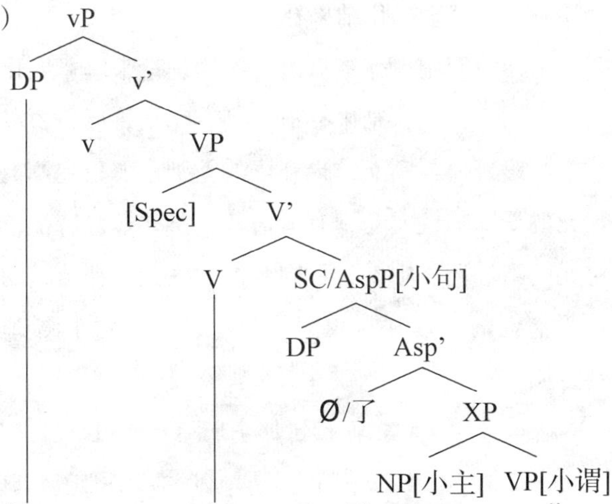

a.　张三　打　了　李四　伤
b. 小朋友们　捂　了　眼睛　好
c.　张三　听　了　演唱会　成

根据“小句理论”的句法结构意义分析，动补结构的意义是主句动词表示的动作导致了一个由述补结构宾语（结构上是小句的主语）发生了“补语”这样一个事件，并持续到补语事件发生为止。上例的意思 b 句是“小朋友们”进行“捂”的动作导致“眼睛好”的结果，c 句是“张三”进行“听”的动作导致一个事件结果“演唱会成”了。这种结构解释显然与句子真实的意思相去甚远。这些补语表示一个动作事件完成结束，即“张三看《英雄》”、“小朋友们捂眼睛”等动作完成、事件结束了。所以“小句理论”的研究方法不能很好地解释虚化结果补语的结构意义。

总之，生成语法理论的前人研究不仅存在诸多技术操作和理论的问题，也没有注意到汉语中虚化结果补语的语言事实，不能套用它们来处理虚化结果补语。

下面我们用“完结短语”假说理论来解释虚化结果补语的结构。很明显，虚化结果补语也具有完结特征，所以也是完结短语的中心语，那与实义结果补语的差别在哪里呢？上文多次提到过论元的受影响性问题，有的语言有某些显性特征，汉语中既没有论元的格标记、也没有不同介词的区分，动结式的宾语是否也有受影响性的表现呢？我们仍然通过后续句来测试论元的受影响性，如，

（264）a. 张三打了那个玻璃杯，可是玻璃杯没事。

b. 张三打完了那个玻璃杯,可是玻璃杯没事。(虚化)

c. * 张三摔碎了那个玻璃杯,可是玻璃杯没事。(实义)

→张三把那个玻璃杯摔碎了。

（265）a. 小朋友捂了眼睛，可是眼睛没受影响。

b. 小朋友捂好了眼睛,可是眼睛没受影响。(虚化)

c. * 小朋友捂坏了眼睛,可是眼睛没受影响。(实义)

→小朋友把眼睛捂坏了。

d. * 小朋友捂好了眼睛,可是眼睛没受影响。(实义)

→小朋友把眼睛捂好（治疗好）了。

以上两例可以看出，带有虚化结果补语的 b 句都可以用后续句否定，证明动结式的宾语是非受影响性的论元，而实义结果补语的 c 句（包括“好”为实义结果补语时的 d 句）都不能被后续句否定,说明其宾语都是受影响性的。这样在“完结短语假说”下，虚化结果补语的动结式的宾语是主要动词的论元，位置在 [Sepc VP]，其句法结构如下：

（266）

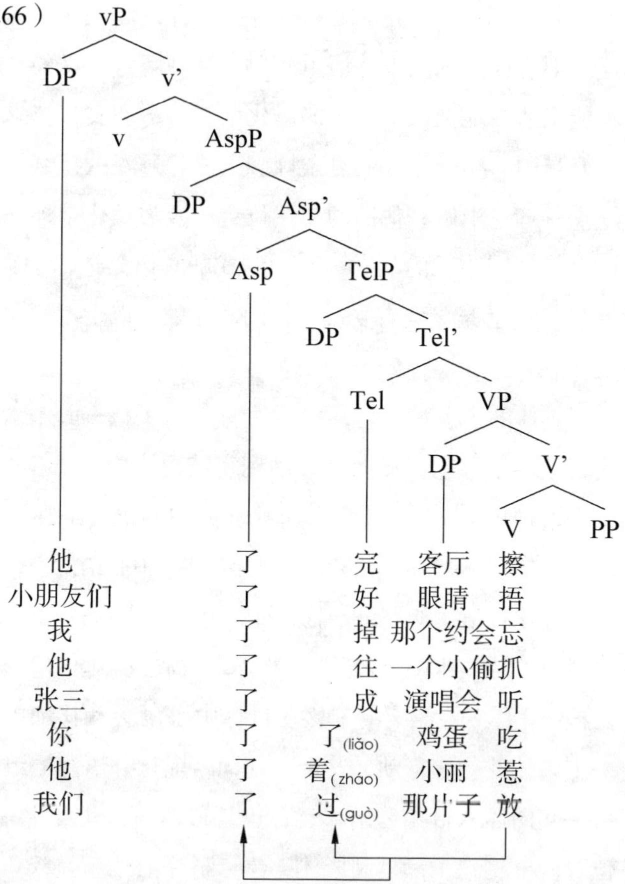

这个句法结构的意义是，主语进行的一个动作事件（“擦客厅”“捂眼睛”“忘那个约会”“抓小偷”“听演唱会”“吃鸡蛋”“惹小丽”“放片子”等）有一个完结点，该事件结束了。这也和前人研究中将这类虚化结果补语称为指向动词的动结式的研究得到了一致的结论。

不过，确实有的虚化结果补语不容易用后续句的方法否定，如“我吃了（liǎo）了（le）鸡蛋，可是鸡蛋还有”很难成立，这是因为此时的结果补语更倾向于被理解为实义的。事实上我们不能很清晰地把每个句子的虚化结果补语和实义结果补语情况分开，是因为实际语言的复杂性和语法化过程的连续性，但是这不影响从理论上解释他们的句法位置，因为虚化结果补语是表示谓语事件“完成”的状态，而动结式的宾语是述语动词 V 的论元，单音节的 V 是无法有受影响性的论元的，以上都说明动结式的宾语在 [Sepc VP]。

具体的生成过程是，主要动词 V 为了核查其谓语相关的特征进行中心语移动，先向上移动到完结短语中心语 Tel 的位置，以核查谓语的 [完结] 特征，所移动的中心语一般在移动目标位置中心语的左侧，即从 V 移动的动词在 Tel 中心语的左侧，形成了“动词＋虚化补语”的谓语结构，如上例中“擦完、捂好、忘掉、抓住、听成、吃了（liǎo）、惹着（zháo）、放过（guò）”等。动词还要核查 [体] 特征，由于移动目标中心语会和移动中心语结合成一个整体并一起行动，这个“动词＋虚化补语”的组合（cluster）将一起向体 Asp 中心语移动，也是移动到移动目标中心语的左侧位置。上例句子都是完成体，体 Asp 中心语就是汉语完成体的标记“了”，这样就形成了“动词＋虚化补语＋了”的组合。在动词短语 VP 内，由于及物动词还有轻动词 vP 功能层，表示执行等一种施事性行为，谓语动词还需要核查此特征才能确定可以带主语论元，所以“动词＋虚化补语＋了”组合从 Tel 中心语的位置还要向上移动到轻动词 v 中心语的位置。前面我们也介绍其实这个谓语组合还需要到更高的功能层核查特征，如到屈折短语 IP

的中心语位置核查时态特征，即是过去时、现在时还是将来时等；它还要到标句词短语 CP 中核查其他功能特征。

通过本章的分析，实义和虚化的动结式的基本句法结构是相同的，差别在于实义动结式中的宾语是受影响的，是补语的论元，而虚化动结式的宾语是非受影响的，是述语的论元。这也符合前面对虚化结果补语性质的分析，动词性减弱，在动结式中没有自己的论元结构。至于从实义结果补语语法化为体标记的过程也更加清晰。

第六章　动结式的历时演变过程及其结果

动结式的历时研究，是汉语史研究中的重要课题。这方面的研究不胜枚举，也使我们对动结式的认识不断加深。动结式在汉语发展历史上如何形成以及什么年代形成、判定标准等问题，得到广泛深入的讨论，本书并不直接涉猎此类问题，但是汉语史的研究给我们很多启发。本章注重思考在动结式的发展历程中，如何形成了新的语法范畴，即从动词的完结语义范畴发展到了“体”的语法范畴。

上一章研究了意义虚化的动结式中的结果补语。虚化结果补语是语法化过程的中间一环，并不是终点。学者们都意识到这样一个语法化的过程：“主要谓语动词 ⇒ 实义结果补语 ⇒ 虚化结果补语 ⇒ 体标记（动态助词）”（如曹广顺，1995；吴福祥，1998 等）。但是以往的研究多是从汉语史发展的角度来考察，虽然挖掘了大量语料，多是求证汉语的体标记产生的年代。生成语法理论对语法化的研究很有限，对汉语体标记的发展轨迹更是缺乏理论解释。本书所提出来的结果补语为完结短语的理论假说，可以从生成语法理论上很好地解释这一语法化过程。

完结短语和体短语都是动词短语 VP 内部的功能性成分，它们的位置都在轻动词短语 vP 和谓语动词短语 VP 之间，在我们的理论中完结短语 TelP 比体短语 AspP 位置更低，更靠近谓语动词短语 VP。这样的理论假说为完结短语中心语位置上的补语最终语法化为功能性更强、句法位置更高的体短语中心语提供很好的解释。

6.1 体标记的来源

汉语史研究者普遍认为汉语的体标记是由动词做结果补语发展而来，起码完成体标记“了”是这样的语法化机制。对于持续体标记“着”有异议，我们将在后文说明。

从语言类型学角度看，根据 Bybee，Perkins& Pagliuca（1994）的研究，所调查的 76 种语言中，30 多种语言具有表示“completive（完成体）”的体标记，这种“completive”会进一步发展为“anteroirl”（语法意义更强的完成体），然后再发展为“past（过去时）”或“perfective（完整体）”。也与“perfect（完成体）”有密切关系。而“completive”体标记的词汇源头都是动态性动词或方向性动词，即它们都暗示动作或运动。

Bybee 等人的研究对体貌的区分非常细致。我们可以从这些体貌研究中看出，语法学上经常讲的“完成体（perfect）”与“完整体（perfective）”有密切的关系，而它们又都是从动态性动词或方向性动词经由语法化而得来的，其中间过程在体貌研究中也称为“体”，可见相关范畴的体貌性质。第五章总结的汉语的虚化结果补语也是从表示完成的动词（即一种动态动词）语法化而来，与他们所总结的语言类型学的规律是一致的。

我们认为，动词的内部体“完结”是动词的基本特征情状之一，动作有了“完结”状态，可以推演出动作已经“完成”，所以“完结”这个内部体也容易发展出“完成”外部体这样的语法范畴。6.3 节我们将用汉语的实例（完成体标记“了”的演变）进一步阐述。

另外，Bybee，Perkins& Pagliuca（1994）还指出完成体和经历体、持续体等都有联系。他们描述如下，“完成体”标志某个情状（situation）先于某个参照时间（reference time）发生，并且该情状和参照时间的情状有关联。完成体在关于时和体的跨语言的著作中受到很多关注。以英语的完成体为例，完成体主要有以下几种用法：

（一）英语完成体的典型用法通常被定义为“具有现时相关性的过去动作”（a past action with current relevance）。例如：

（1）I’ve just eaten dinner.（So I don’t want any more food.）

（我刚刚吃了晚饭。）（所以我不想要任何食物了。）

这种用法包含“不定过去时”（Indefinite Past）的意义，即话段（utterance）的目的不是要给某个情景在过去的时间中找到一个限定的点，只是说它有现时相关性，证据是完成体不和表示过去某个特定时间的时间副词一起使用。例如：

（2）*I’ve gone to the bank at nine o’clock this morning.

（* 今早 9 点，我已经去过银行。）

（二）另一种相似的用法表示一个“新的情景”或“最新的消息”。例如：

（3）Mt. St. Helens has erupted again!

（圣海伦火山又爆发了！）

（4）Nixon has resigned!

（尼克松辞职了！）

Bybee 等人猜测，经常被认为和完成体有联系的“强调”（emphasis）可能指的就是这种用法。

（三）和完成体相联系的还有“经历体”（experiential），过去经验中的某些特性或知识对施事是有益的。例如：

（5）Have you ever been to London？

（你曾经去过伦敦吗？）

（四）完成持续体（anterior continuing），指过去的动作持续到现在。例如：

（6）I’ve been waiting for him for an hour.

（我已经等了他一个小时。）

学者们对完成体的研究，都表明有几个功能在跨语言的范围内有规律地与完成体这一范畴联系在一起。其中包括结果性完成体（resultative perfect），表示当前的状态是由过去发生的动作所引起的，这种完成体一般用于描写状态变化的完结（telic）动词；经历性完成体（experiential perfect），表示特定的情状在过去到现在的一段时间内至少发生过一次；持续性完成体（continuative perfect），表示一个过去发生并持续到现在的情状；以及“现时相关性”（current relevance）功能等。

上面（三）（四）两种用法很少被提及。但正是这种理论中完成体相关的后两种语法指出了持续体标记和经历体标记与完成体标记的渊源关系。这与我们下文对汉语的持续体标记“着”和经历体标记“过”的研究一致，也使我们有信心按本书提出的完结短语假说来处理持续体标记“着”和经历体标记“过”，详见 6.4 节和 6.5 节的讨论。

6.2 语法化现象的生成语法解释

以往对于汉语体标记的语法化研究，多是从功能语法的角度出发，鲜有从生成语法角度出发的文章。这和一直以来生成语法宣称自己研究的是共时平面的语法、不涉及历时的语言变化，以及语法化理论被认为是功能主义语言学有关。

但是生成语法学者们也开始重视语言的历时演变。Roberts & Roussou（2003）采用了最简方案的理论框架，对语法化进行了不同于功能学派的新的分析。以下为对该书内容的介绍。

以英语中情态词的产生为例。古英语中与现代英语情态词相对应的前情态词，原本在动词结点之下，其所在的结构是一个双句（biclausal）结构，前情态词与其他动词一样要经历一个从 V 到 T（时态功能）的移动。如“may（可以）”在 13 世纪的用法如下：

（7）Sone hit mai ilimpen.

（Soon it may happen.）

（很快 它 可以 发生）

此句在双句结构基础上分析为：

（8）$[_{tp}$ sone $[_{tp}$ hit mai $[_{vp}$ t_{mai} $[_{tp}$ T $[_{vp}$ ilimpen]]]]]

可见，“mai（may）”是动词，在句中投射出自己的动词短语，并以一个省略了主语的句子 TP 作为自己的补足语。在 T 是 C 和 VP 之间唯一的功能语类的假设中，动词“mai（may）”需要向上移动到 T 的位置，核查其作为谓语的特征。

但是，在十六世纪这个移动（movement）被合并（merger）替代，因为后者更为经济，（其触发因素是不定式形态的消失，）前情态词被合并在 T 结点之下，前情态词就被重新分析为情态词，即发生了语法化，其所在的结构也由双句结构简化为单句结构。如：

（9）[$_{tp}$ soon [$_{tp}$ it may [$_{vp}$ happen]]]

十六世纪晚期以后，所有的动词都丧失了从 V 到 T 的移动，这就形成了现代英语中词汇性动词与情态助动词的严格分野。当然在从 V 到 T 的发展中有中间的状态，如英语中曾共存没有论元结构和变化形式的表时态的“can”和作为及物动词、有完整变化形式、表示“学习”意思的“con”。现在英语中“dare（敢）”和“need（需要）”都有动词和情态词两种用法，可见其语法化的过程。

我们看到，语法化所遵循的路径是由结构所定义的，基本上遵循 Cinque（1999）关于功能范畴的层级，即从 L（词汇性成分）到 F（功能性成分）的移动。Roberts & Roussou（2003）认为语法化与其他句法变化的不同，是一种在结构上向上的重新分析（upward reanalysis），它的性质是使结构简化。这或者带来语序变化，或者使词汇性成分被重新分析为功能性成分。

Kayne（1994）也认为新的词缀一定是在中心词移动的结构中产生的。

这些理论都与我们对汉语虚化结果补语的界定和完结短语假说吻合。汉语的体标记也是从虚化结果补语演变而来，而虚化结果补语所投射形成的完结短语正体现了这一语法化过程。在“完结短语”假说下的动结式生成过程中，“完结短语”中心语到“体短语”中心语所进行的中心语移动，也是虚化结果补语向体标记语法化的重要条件。下面我们分别介绍完结短语假说理论对汉语中三种体标记语法化过程的解释。

6.3 完成体标记“了”

6.3.1 “了”的历时演变过程

本书不是体标记的专门研究，对所涉及的语法化过程和汉语史上的语料都遵从成说。本节只是简单介绍对于“了”的前人研究。

王力（1958）指出“动词词尾‘了’和‘着’的产生，是近代汉语语法史上划时代的大事。”关于完成体标记“了”有很多研究成果，如王力（1958），太田辰夫（1958），赵金铭（1979），梅祖麟（1981、1988），潘允中（1982），曹广顺（1995），吴福祥（1996、1998、2003），廖名春（1990），柳士镇（1992），杨秀芳（1992），刘坚、江蓝生、白维国、曹广顺（以下称“刘坚等”）（1992），孙锡信（1992），孙朝奋（1997），冯春田（1988），蒋冀骋、吴福祥（1997），志村良治（1984），蒋绍愚（1994、1999、2001），曹广顺（2000），张赪（2000），石锓（2000），杨永龙（2009）等。我们根据前贤的研究，简要介绍一下“了”的历时发展。

“了”最初是一个表示“了结”意义的完成动词，最早见于晋宋时期（曹广顺，1995）。例如：

（10）公留我了矣，明府不能止。（《三国志·蜀书·杨洪传》）

（11）益郭耆旧传令送，想催驱写取了，慎不可过淹留。（王献之《杂贴》）

（12）左来右去，二主各了。若还悔者，罚毯一张供献。（《吐鲁番出土文书·前凉升平十一年王念卖驼券》）

这种处于“V＋O＋了”位置的“了”不是动态助词，只是连动式的一个谓语。

到了晚唐五代时候，连动式已经转化为动结式，不及物动词也可以进入第二个谓语的位置、且后面带有宾语。可以作为补语的不及物动词“了”的位置也出现了变化，出现了“V＋了＋O”的格式，“了”也从处于宾语后变到紧贴在动词后，研究者一般把这种“了”看作词尾或动态助词。

据刘坚等（1992）等研究，“了”字的虚化是从中晚唐开始的，在当时的韵文中能看到几例。例如：

（13）见了师兄便入来。（《变文集·难陀出家缘起》）

（14）唱喏走入，拜了起居，再拜走出。（《变文集·唐太宗入冥记》）

孙锡信（1992）还举例：

（15）看经须解义须修行。若依了义教，即入涅磐城。（《祖堂集》）

到了宋代，动态助词“了”大量出现；到了南宋，“此期的禅宗语录，已经很难找到不用‘动＋了＋宾’格式的了”（刘坚等，1992）。

尤其“了”出现在动结式谓语之后，更体现了它的体标记性质。例如：

（16）长大了择时聘与人，六亲九族皆欢美。（《变文》P686）

（17）恰则心头托托地，放下了日多萦系。（毛滂《惜分飞》）

（18）如今都教坏了学生，个个不肯读书。（《朱子语类》卷一）

汉语史的研究主要集中在体标记“了”的产生年代和形成原因两方面。

动态助词[1]“了”产生时代的确定是与其判断标准联系在一起的，这方面学者们有很多争论，如梅祖麟（1994）把“动作动词”后面的“了”看成“状态补语”，把“成就动词”后面的“了”视作“完成貌词尾”；蒋绍愚（2001）把出现在持续动词和非持续动词后面的“了”都看成动相补语，前者表示完结，后者表示完成，语义都指向动作；吴福祥（1996）把用于“瞬间动词”后作为判定动态助词“了”的标准之一，其后（1998）又把持续动词和非持续动词后面的“了”分别处理作“结果补语”和“动相补语”。虽然各家所用术语不同，但在判定动态助词“了”上达成了一个共识：“了”用于持续动词和非持续动词后面时虚化程度不同，后者的虚化程度高于前者。不过，各家对两类格式中“了”的虚化程度的认定和归类上仍有分歧。

关于动态助词“了”的形成原因，梅祖麟（1981）认为是词汇兴替的结果，代替了“毕、已、讫、竟”等表示完成的动词，而且“了”位于动词之后、宾语之前是由于受到同类格式补语前移的影响；曹广顺（1986）、梅祖麟（1994）认为动态助词“了”的形成是受到“却”的影响，只是前者认为“却”是唐代表示完成体的助词，而后者认为它是状态补语。吴福祥（1998）认为是

---

①“动态助词”是从词类角度的名称，与本书的“体标记”所指相同。为保持以往研究的原貌，此处也用这个术语。

“了”先在“动+了”格式中虚化为动相补语,形态化后带上宾语。但蒋绍愚（1994）、蒋绍愚、曹广顺（2005）仍认为前移说正确，即“V + O +了”中“了”是完成动词，有的已经发展为动相补语（如“辞父娘了”）；这种格式里的“了”语法化的程度进一步加深，对动词的依附性加强，就可以改变语法位置，“前移”到动词后面,成为“Vt +了+ O”。也是受到同类结构的影响,如“却、取、得、将”等，可在动宾间，所以“了”类化作用也可以进入这种语法槽。

但是如何判断在历时材料中“了”的性质，也即体标记“了”产生的年代，与本书对完成体标记“了”的语法化分析没有直接关系，本书的研究旨趣与前贤们从历时材料出发的研究并不完全相同，我们更注重探讨在生成语法理论框架内，如何解释汉语体标记的形成和发展。所以我们只要在汉语史的研究中找到了这样共识的结论，即“了”的语法化过程是“实义动词做谓语——结果补语——虚化结果补语——体标记”就可以开始我们的理论解释了。至于体标记形成原因和发展轨迹，本书也只从理论上结合句法结构中的完结短语假说来探讨。

6.3.2　“了”的语法化过程和完结短语理论解释

本节将在完结短语假说的理论下把汉语实义动词发展为体标记的语法化过程完整地描述一下。我们仍然以虚化结果补语最接近的完成体标记“了”的语法化过程为例。

“了（liǎo）”最初是动词,可独立做谓语动词,有“了解”的意思，如（19）a 句;也表示“完成、结束”的意思，如（19）b 句，

（19）a. 恐此三事，当待贤能然后了耳。(《三国志·魏书九·夏侯玄传》)

b. 吾常疑汝于文伟优劣未别也，而今而后，吾意了矣。(《三国志·蜀书十四·费祎传》)

因为“了”前还可以有副词作状语进行修饰，证明是“了”是谓语。独立作谓语时，就是句子的唯一主要动词，结构比较简单：

（20）

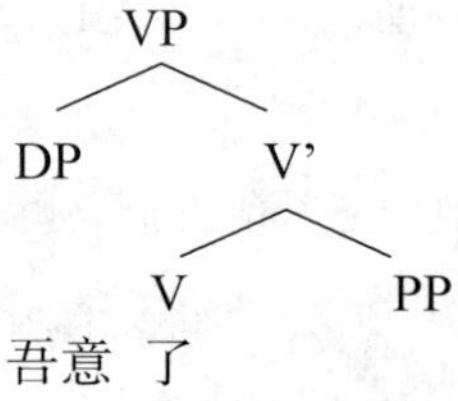

当动词的“了”的主语是复杂的主谓短语时，“了”表示前一个主谓结构所表示的事件完成、结束。例如：

（21）师住庵时，有一僧吃粥了，便辞师。(《祖堂集》)

（22）今公读二南了，还能不正墙面而立否？（《朱子语类》卷二十五）

（23）

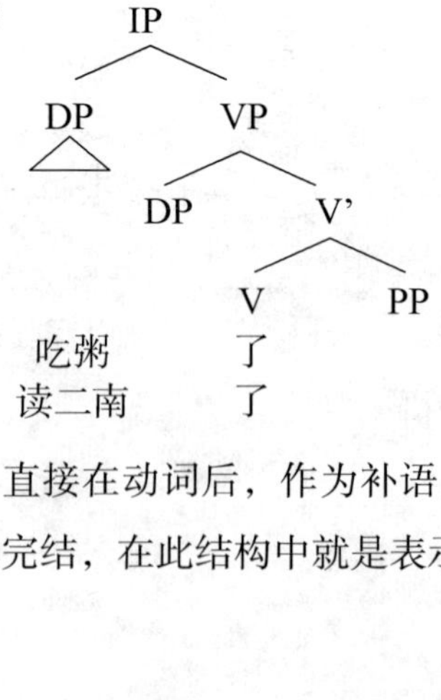

当“了”直接在动词后，作为补语，先仍是保留动词意义，表示某事物的完结，在此结构中就是表示动结式宾语所表示的事

物完成了，这是实义结果补语。例如：

（24）凝了一双秋水。（白居易《如梦令》）

（25）将军破了单于阵，更把兵书仔细看。（沈传师《寄大府兄侍史》）

其句法结构为：

（26）

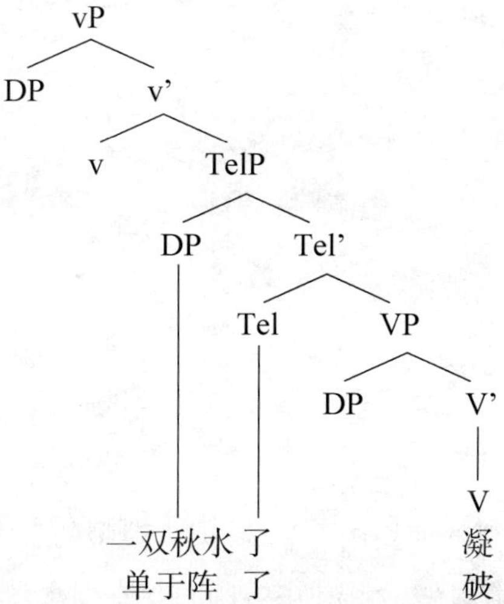

实义动词的“了（liao）”作补语，有指派论元的能力，“一双秋水了”这样有结点的结果状态能够使主句动词“凝”完结。由于“了（liao）”的意义是表示完成完结，所以当主句动词带有非受影响的宾语时，“了”常会用于表示动宾短语的结束。当“了”在补语位置上，表示的是事件的完成时，相当于虚化结果补语。例如：

（27）见了师兄便入来。（《变文集·难陀出家缘起》）

（28）自本朝罢了藩镇，……（《朱子语类》卷二十五）

“了”已经虚化,因为不是“见师兄+师兄了”,“了”指的是“见师兄”这个事件完成了，此时的“了”就是虚化结果补语，不能指派论元，结构如下：

（29）

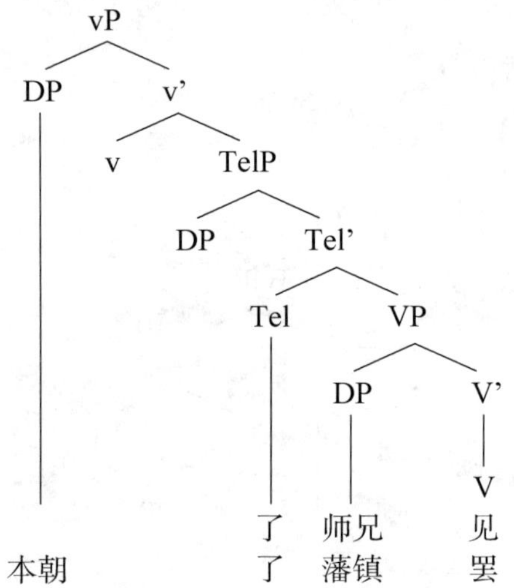

在长期频繁的使用中，“了”成为典型的表示完结的词语，但是语义也渐渐弱化，相应地完结功能渐渐弱化。单独出现“了”做完结短语中心语的句子，已经不足以表达主句谓语动词的完结点，所以人们又加入新的完结短语，即补语。“了”出现在动结式谓语之后。如，

（30）如今都教坏了学生，个个不肯读书。(《朱子语类》卷一）

（31）与摩则大唐国内山总被阇梨占却了也。(《祖堂集》卷六）

例（30）中的结果补语“坏”是实义结果补语，宾语是受影

响性宾语，结构为下例 a 句。而例（31）中的补语“却”也是近代汉语中经常表示完结的词语，此例中主要谓语动词“占”后先有一个表示完成的“却”，接着是一个表示完成“了”，宾语“山”（在句中被动句式前置于动词前）是非受影响性宾语，句法结构为下例 b 句，

（32）

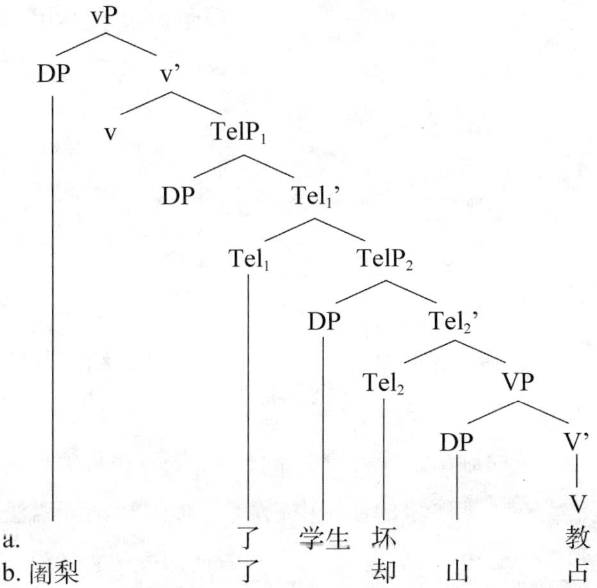

其实表示完成、完结的补语“却”也是比较容易虚化的，许多研究表明“却”在汉语史上也作完成体标记。此处例句中的“却”也是虚化的结果补语，所以也可以认为“了”已经从一种较虚化的完结短语变成体短语，而自身也可看作是完成体标记，此例更可以证明“了”由补语逐渐虚化为体标记的过程。所以最终句法结构为：

（33）

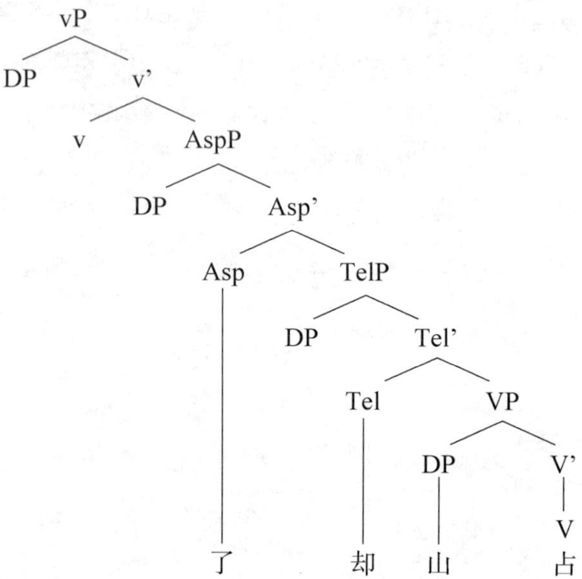

由于“了（liǎo）”表示“完成”“完结”的意义，与完结短语的基本意义趋同，与其他表示完结的动词“毕”“已”“讫”“竟”等竞争而胜出，成为最经常使用的表示事件完成的完结短语中心语。在长期频繁的使用中，“了（liǎo）”渐渐语法化，成为完结短语中心语的典型。但是在经常使用中，它的语音渐渐弱化，变成“（le）”，相应地完结功能也在高频使用中渐渐弱化。单独出现“了（le）”做完结短语中心语的句子，已经不足以表达主句动词的完结点，所以人们又加入新的完结短语，而以“了”作为中心语的完结短语也会保留在句中。最终长期作为完结短语中心语的“了（liǎo）”变成了体貌标记，成为完成体必备的成分，这样处于上层的完结短语$_1$（$TelP_1$）也演变为体短语（AspP）。

我们对完成体标记“了（liǎo）”的语法化的解释符合人类语

言体标记的语法化方式。语法化的过程是从词汇层向功能层转变、再由位置较低的功能层向较高的功能层转变的过程。

在从 V 到 T 的发展中是有中间状态的，比如现代英语中“dare（敢）”和“need（需要）”都有动词和情态词两种用法，可以看出情态词由动词演变而来的痕迹。汉语中也有类似情况。“了（le）”在普通话中虽然已经是典型的完成体标记了，但是北方方言中还保留动词“了（liǎo）”。这个动词几乎很少单独做谓语，而主要做补语。例如：

（34）张三吃了（liǎo）了（le）那锅饭。

（35）

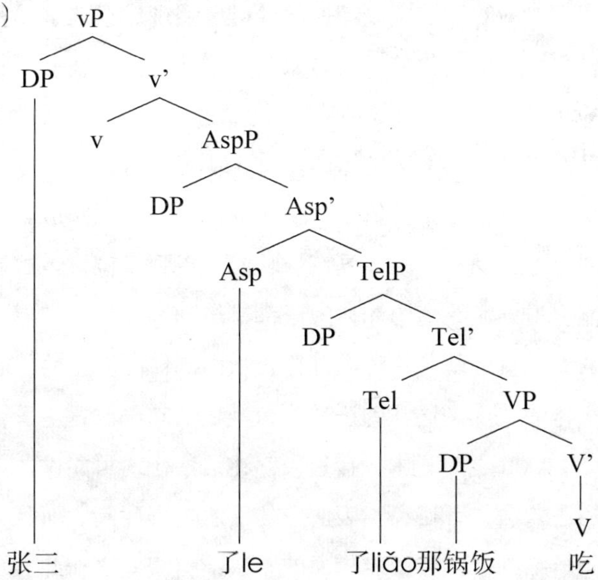

Travias（2005）也指出两种语素共现说明他们是不同短语的中心语（the co-occurrence of these two morphemes suggests that they are generated in different heads）。而汉语中还能出现“了（liǎo）”

与“了（le）”共现，说明动词性的“了（liǎo）”和体标记“了（le）”已经是不同的语素，需要分别投射不同的短语。我们认为这也是完成体标记“了”语法化的痕迹。

小结一下，我们看到其他动结式的研究往往忽略汉语的体貌，也不考虑完成体标记与动结式的补语的渊源关系。小句理论虽然将体标记“了”放在补语小句中，力图找出补语与体标记的关系，但是作为功能成分的体标记在主句动词之下也不符合生成语法的一般处理；而且在生成过程中两次与谓语动词有关的移动并不一致，理论上很不统一。

本书的完结短语理论假说可以顺理成章地解释补语与体标记的关系。语法化的过程是从词汇层向功能层转变以及由位置较低的功能层向较高的功能层转变的过程。汉语的动词都是开放性、没有终结点的，完结短语 TelP 和体短语 AspP 都是给动词一个完结的终点。结果补语作为主句动词的完结功能成分，投射在动词的上方，而真正的体具有的功能性更强，位置也更高。从句法功能上看，完结短语和体短语都是给动词一个终结点，补语所形成的完结短语就是一种内部体，从内部体向真正的体貌标记发生语法化的转变是通常的语法化途经；从句法位置上看，二者都是在 vP 和 VP 之间，十分接近，存在语法化的可能性，体短语比完结短语句法位置略高正表明它的语法化程度高。而且，共时平面的句子结构如此，历时平面的句法结构演变也如此。二者同为功能性成分，但强弱有别，汉语的虚化结果补语最终演变为句法位置临近的体标记具有很强的理论可行性。而由并列结构转向主从结构，符合语法化的轨迹，汉语的体标记由主要动词到动结式补语再到动态助词的过程，同其他语言的体态助词、词缀一样都体现了人类语言共同的发展轨迹。

6.3.3　两个不同的动词后“了”

关于动词后“了”的语法意义一直是有比较大的争议，有的学者认为它表示动作的完成，是完成体标记，如赵元任（1968），王力（1944），高名凯、石安石（1979），吕叔湘主编（1980），卢英顺（1994），吴福祥（1998）等；有的学者认为“了”表示实现，如刘勋宁（1988、1990），刘月华（1988a），竟成（1993），张家骅（2004），潘文国（2003）等；也有的学者认为它表示动作的开始，是“起始体（inchoativity 或 inceptive aspect）”，如 Rohsenow（1978），戴耀晶（1990、1997）等；还有“完成－延续”体标记（金立鑫，1998）、表示“实现－延续”（房玉清，1992a）、表示“达成”（史有为，2003）等提法。也有的学者不拘泥于名称之争，认为“完成”不等于动作结束，“完成”和“实现”是一致的，如王还（1990）等。以上对动词后“了”的语法性质的研究都是基于“了”的语法意义是均质统一的，即只有一个动词后“了$_1$”。

也有的研究对“了”进行语法环境的区分，有人甚至区分出谓语动词后的几种“了”。朱德熙（1982）提出动词后的“了”“表示动作的完成”，形容词后的“了”“表示已经实现了的事”；马希文（1982）也区分出具有补语性质及动词后的体标记“了”；木村英树（1983）提出“结果补语性词尾”这一个语法范畴来说明区别于完成体标记的“了”；房玉清（1992a）提出“了$_1$”在结束性动词（包括述补式动词或短语）后表示“完成”，用在持续性动词后表示“实现”。李小凡（2000）也提出动词后“了”所表示的完成体有两个次范畴，一个是“完毕体”，当它用在表示动作的谓词后面，表示动作“完毕”，基本都是单音节动词；另一个是“生成体”，当它用在形容词和动结式、动趋式之后，表示“动作变化在某一时刻已经生成了某种结果”。其他研究者，如范方莲（1963），于根元（1983），戚晓杰（1995）等对动词后的“了”有两个意义也有模糊的意识。左思民（1997）、金立鑫（1998、2002）等也主张把动词后的“了”进行细化分析。可见学者们都注意到了动词后“了”的两种不同情况。以往的分析只是将它们解释为不同的义项，并主要从语义上来区分，本书的分析将很好地从句法结构上来说明这种差别。

本书的研究支持将动词后“了”进行异质分析。经过我们前面的句法结构分析，动词后存在两个同形的“了”，一个是表示完结，是谓语核心语义的一部分，是虚化结果补语“了（liǎo）”进一步虚化的形式。例如：

（36）你吃了晚饭再走。

由于动词后表示完结的“了（le）”和表示完成体的“了（le）”同形，我们很难区分开。只能通过否定形式进行证明。

朱德熙（1982）曾指出“和‘VP 了’相对应的否定形式是‘没（有）VP’，‘没’和‘了’通常是不能在同一个句法单位中共现（co-occur）的”，这个观点得到学界普遍承认。例如：

（37）* 我没吃了（le）那块饼。

宋玉柱（1980）曾明确指出汉语里没有“没去了（le）几次”

这样的结构，只有读“liǎo”才可以。但是普通话中却确实存在“没（没有）+谓语+了（le）”的结构，如陈刚（1981、1985）和毛敬修（1985）等举出的例句：

（38）虎妞并没有怀了孕。

（39）他又活了，但地风没治服了他。

而且他们所举的表示损失义的句子，“了”都可以读“(le)”。例如：

（40）他丢了官与钱财，但是还没丢失了自信与希望。(《偷生·十九》)

（41）项羽后悔当初没杀了刘邦。

（42）他可没烂了心肝肺。

（43）这回总算没赔了本。

（44）我可没得罪了谁。

（45）说真格的，二爷可没亏待了你。

（46）并没有为了这事掉了脑袋。

（47）没忘了教育他的孩子。

（48）祥子自己可并没轻描淡写的随便忘了这件事。

（49）在家没住了几天，我又到外边去了两个月。

（50）我家自管蚕花不好，可并没害了谁。（茅盾《春蚕》）

（51）但还没有磨了三升，就向她叫。（柔石《为奴隶的母亲》）

（52）但他并没有放弃了他的专业。（徐迟《哥德巴赫猜想》）

（53）肉切得好不好的，总算切出来了，没耽误了事。

他们还指出很多例句中的“了”都可以换为“掉”或“上”等。

虽然有的例句可以读（liǎo），但是读作（le）也是很多人都接受的。关于读音，马希文（1982）认为是“lou”（你把鸡蛋吃了lou 再上学），一些以北京话为母语的学者认为只能是 lou，但是东北话（笔者作为东北话母语使用者，也小范围调查其他北方方言区的人）中，读 liao 可以说，甚至更自然，（如“昨天的西瓜已经吃了 liao 了 le 吗？”）。

吕叔湘主编（1980）的《现代汉语八百词》也指出一类动词如“忘、丢、关、喝、吃、咽、吞、泼、洒、扔、放、涂、抹、擦、碰、砸、摔、磕、撞、踩、伤、杀、宰、切、冲、卖、还、毁”后面的“了$_1$”表示动作有了结果，相当于补语“掉”。还指出“用‘没’的否定句里的动词后面一般不能再有‘了$_1$’，但与‘掉’相似的‘了$_1$’可以有”，例如：

（54）幸亏没扔了它，今天又用上了。

这里的“了（le）”也不是动词义很明显的“了（liǎo）”。

所以我们认为，汉语中这个问题之所以存在争议，是由于动词后同形的两个“了（le）”造成的。一个是完成体标记，和普通语言学中的概念基本一致；一个是具有完结动作功能的结点标记，只是动作的一个完结点，不标志动作的完成实现。能与完成体否定形式“没”共现的是后一种表示完结的“了（le）”。表示完结的“了（le）”是同样表示完结的动词“了（liǎo）”的虚化形式，它在语音上更加弱化，但是在句法位置上还是“完结短语 TelP”的中心语；它也是完成体标记“了（le）”的前身，因为它在语音上的进一步虚化，使得它在使用中表意更加不清晰，也促使新的完结短语的使用出现，并最终变成同形的体标记。结构见上节。

现代汉语中两个"了（le）"的存在也是在共时层面印证了我们对完成体标记"了（le）"的语法化过程的分析。

6.4　持续体标记"着"

6.4.1　"着"的历时演变过程

汉语史对现代汉语中持续体或称进行体标记"着"的产生和发展过程有很多研究，如吕叔湘（1942），王力（1958），太田辰夫（1958），赵金铭（1979），志村良治（1984），梅祖麟（1979、1988、1998），杨秀芳（1992），刘坚等（1992），柳士镇（1992），曹广顺（1986、1995），江蓝生（1995），孙朝奋（1997），蒋冀骋、吴福祥（1997），吴福祥（1996、1998、2003），李讷、石毓智（1997），俞光中、植田均（1999），张赪（2000），蒋绍愚（1994、2005、2006），龙国富（2005a），陈宝勤（2006）等等。

这些研究对现代汉语体标记"着"的形成过程有不同的认识，但也取得了一些共识：一、"着"是由表示"附着"意义的实义动词虚化而来；二、"着"是在动结式中的补语位置实现语法化的；三、"着"在语法化的过程中经历过表示"完成"的意义。这些汉语史研究的认识是本书进一步分析"着"的句法位置的依据。

下面我们主要依据蒋绍愚（1994、2006）的观点，对"着"的形成过程进行简要描述。学者们关于持续体标记"着"的产生时期、表示完成体的"着"何时与完成体标记"了"分工明确等问题的分歧与本书的研究关系不大，不做深究。

从先秦到东汉，“着”是一个“附着”义动词，也写作“著”。例如：

（55）著于丁宁。(《左传·宣公四年》)

（56）风行而著于土。(《左传·庄公二十二年》)

（57）甘露……著于树木，不著五谷。(《论衡·是应》)

（58）八十种虫生身中,二种发根生,三种著头,一种著脑,二种著中脑，三种在额。(《道地经》)

在东汉时,“着”可以放在另一个动词后面,构成连动式。如:

（59）不留心于明，贪着世间。(《大宝积经》卷九三）

（60）犹如花朵缠着金柱。(《佛本行经》卷二）

（61）新买五尺刀，悬着中梁柱。(《乐府诗集·琅玡王歌辞》)

此时的“着”只是连动式的第二个谓语，仍是“附着”义的动词,表示物体位移或停止以后附着于某一处所。受“V”和“着”的语义的制约，后面所跟的总是表处所的名词。

一般认为汉语的动结式是魏晋南北朝时期由连动式演变而成的。“V＋着”在一个具体例句中是连动式还是述补式，对于本书的句法分析而言不太重要。所以我们不讨论究竟何时或在何种情况下的“着”由第二谓语变成了补语，只是承认这种语法化的过程。大概是南北朝到唐代，“着”开始在动词或动宾结构之后充当表示结果的补语。

述补结构“V＋着”中的动词，有动态和静态之分，二者的区别在于是否有位移性。述补结构“V＋着”中的“着”性质都是一样的，都是表示经过空间运动（包括位移和停止），物体处于某个处所。但是由于前面动词“静态”“动态”的区别，“着”的意思也略有不同。今天读来，在静态义动词后的“着”相对于介词“在”。例如：

（62）长文尚小，载著车中；……文若亦小，坐著膝前。（《世说新语·德行》）

（63）虽长大，犹抱著膝上。（《世说新语·方正》）

在动态义动词后面的“着”相对于“到”。例如：

（64）负米一斛，送著寺中。（《六度集经》四）

（65）先担小儿，度著彼岸。（《贤愚经》）

到了隋唐时期，“V＋着”有了很大的变化：一是“着”前面的动词，已经不限于表示物体在空间的运动（包括位移和停止）；二是“V＋着”后面不但可以是处所名词，而且可以是实体名词，是动作的对象。和魏晋南北朝相比，“着”进一步语法化，它已经完全失去了“附着”的意义，只表示动作的态，成为动态助词。但“着”前面的动词有可持续和不可持续的区别，“着”也有表持续体和完成体的区别。在表示可持续动作的动词后，“着”发展成持续体标记。例如：

（66）余时把着手子，忍心不得。（张鷟《游仙窟》）

（67）见他宅舍鲜净，偏即穴白占着。（《敦煌变文集·燕子赋》）

在表示不可持续动作的动词后，“着”表示完成体。例如：

（68）莫为此女损着符（府）君性命。（《敦煌变文·叶净能诗》）

（69）宋江写著书，送这四人去梁山泊寻著晁盖去了。（《宣和遗事·元集》）

（70）自说孤舟寒水畔，不曾逢着独醒人。（杜牧《赠渔夫》）

（71）又只恐你，背誓盟，似风过，共别人。忘着我。（杨无咎《玉抱肚》）

（72）那个底下人又来了，还同着一个人，手里拿着一个包袱。（《官话指南》P113）

蒋绍愚（2005）认为"着"首先发生了词义变化，然后才导致其组合关系的变化。并认为"着"的词义演变是由于从空间向时间投射的隐喻作用。

我们注意到蒋绍愚（2005）描述汉语史中"着"的意义说今天读来相当于介词"在"或"到"。但是学者们对"着"的历时发展过程存在以下分歧。

很多学者认为持续体标记"着"的直接来源是介词"着"。如吕叔湘（1955），太田辰夫（1958），王力（1958），赵金铭（1979）曾经指出，"附着"的"著"是介词"著"的直接来源，普通话持续貌"著"字的间接来源。梅祖麟（1988）用方言材料、并考察语音源流来支持这一观点。赵金铭（1979）考察《敦煌变文集》中的"着"有两种用法，也用来证实这种演变关系。吴福祥（2003）认为持续体标记"着"源自"到"义趋向补语"着"。认同这种观点的还有孙朝奋（1997）和高增霞（2005）等。

孙朝奋（1997）认为"着"从表示趋向发展为持续体标记，

然后再发展为完成体标记，其语法化路径为：

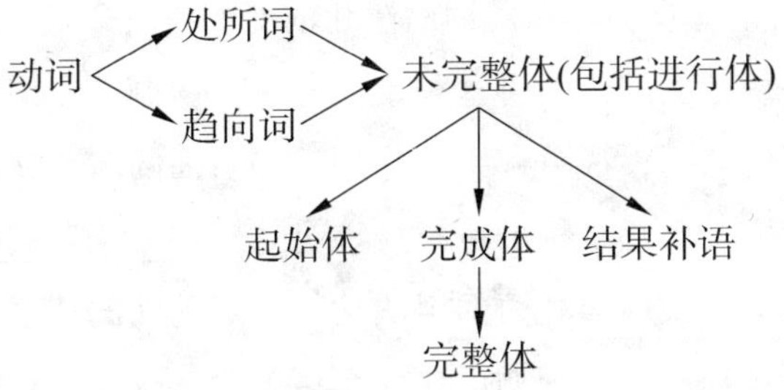

吴福祥（2001/2002，2003）进一步把“着”的语法化过程概括为：

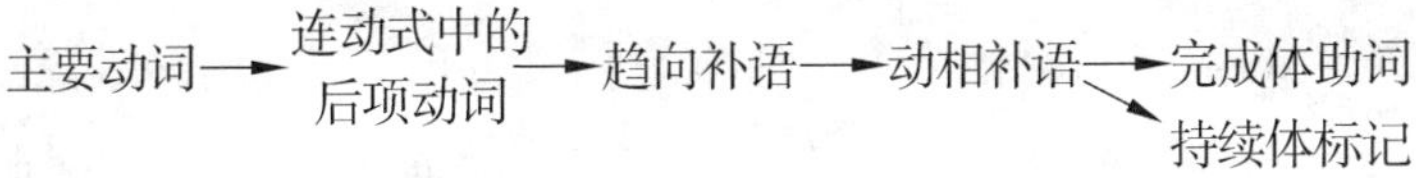

以上研究基本认为，无论“着”表示完成体和表示持续体孰先孰后，完成体标记“着”（宋元时期）的前身——表示“完结”的“着”，都来源于表示趋向的作为介词的“着”。这是“着”语法化研究的主流观点。

但也有学者认为体标记“着”是直接从结果补语语义虚化而来，没有经历介词阶段，如曹广顺（1986），林新年（2004），张爱民、王媛媛（2004），陈宝勤（2006）等。陈前瑞（2003）提出的“着”的语法化双路径是这种观点的体现。

前贤们主要从汉语史上“着”用法出现的先后、语法化的理论等方面来说明这个问题，但是往往会陷入对语料中“着”的定性上，由于在解释语料的时候也会有不同的看法，即使用汉语史的大量语料也很难证明这个问题时间出现上的先后顺序和发展源流。语料的考察已经很多，本书并不从分析汉语史的语料入手，而是从理论上提出自己的取舍。

“着”从介词向动态助词语法化演变的说法一直是主要的声音，但是从语法理论上讲这种说法有很大漏洞。介词的语法功能对其后的名词性成分起引介作用，和后面的名词在语法上联系更加紧密，句法结构的分析应该为“动词＋（介词＋名词短语）”；而动结式中的补语的语法功能是对前面的述语起到补充说明作用，和前面动词的语法联系更为紧密，带上宾语后句法结构会分析为“（动词＋补语）＋名词短语”。动态助词即体标记是谓语动词的性质，它的一个重要特点是后缀化，即作为动词后的一个黏附性成分，所以它与动词的语法关系更紧密。我们认为不可能经历反复的重新分析使动词从补语变为介词、然后再发展为体标记。所以我们支持体标记“着”是由作补语的动词直接发展而来的，中间不经过介词阶段。以下是我们构拟的“着”的语法化路径[①]：

6.4.2 “着”的语法化过程和完结短语理论解释

所以“着”的语法化过程和完成体标记“了”一样，都经历了做虚化结果补语的阶段。初期，汉语中也没有发展出经历体标

① 至于作为完成体标记的“着”怎样在历时演变中消失是另外一个问题。

记，vP 和 VP 之间同样只有完结短语（TelP）功能层，主要在表示不可持续动作的动词后，“着”表示动作完成、完结，如“莫为此女损着符（府）君性命（《敦煌变文·叶净能诗》）”等句子主干结构为：

（73）

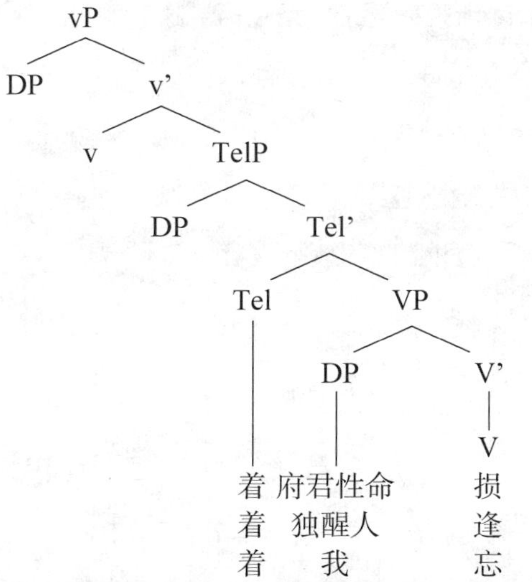

此时，“着”表示的是主要谓语“损”“逢”或“忘”的动作的完结、完成，但是由于“着”的基本意义是“附着”，所以在做虚化结果补语表示动作“完成”“完结”这一结构意义的同时，也说明谓语动词所产生的结果状态有所延续。这时也会形成两层完结短语。我们在曹广顺（1995）中找到一些例句。例如：

（74）《孟子》辩《告子》数处，皆是辩倒着《告子》便休，不曾说尽道理。（《朱子语类》卷五九）

（75）且放下着许多说话，只将这四句来平看，便自见。

（《朱子语类》卷七九）

在唐代的语料里，在动补结构后出现“着”，这时的“着”不是表示持续义，而是表示完结义。因为动补结构是有结点的，不可能在持续体或进行体中，所以在动补结构后面的“着”一定是表示完结，所投射的是完结短语。这时的“着”与“了”一样，由于自身的完结性质不强，而使结构追加了新的完结短语，所以有两层完结短语，句法结构为：

（76）

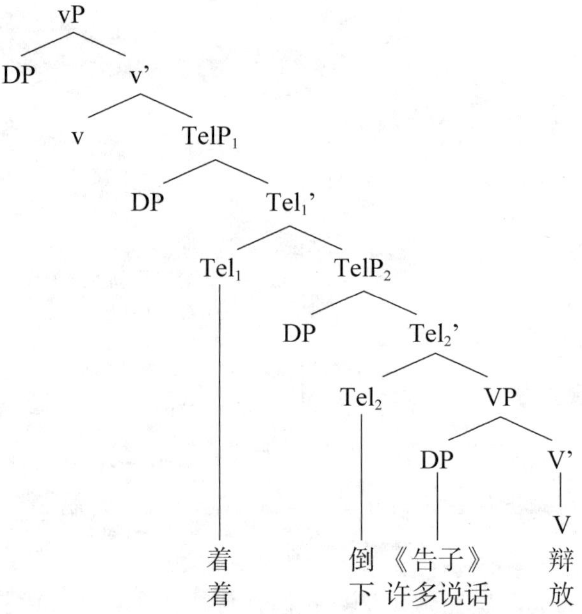

经过语言演变，上层的完结短语$_1$（$TelP_1$）演变为了体短语（AspP），“着”在中古时期就有完成体动态助词的用法。其结构为，

（77）
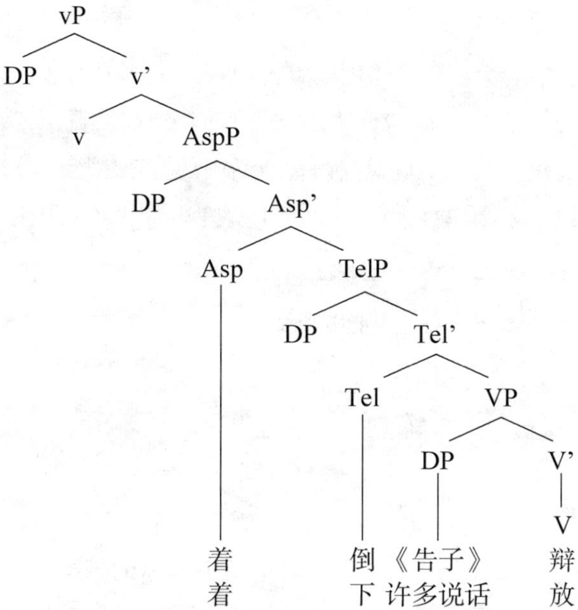

在竞争中,完成体标记“了”由于自身语义的优势而胜出,“着”则不再具有完成体标记的功能。

沈家煊（1994）指出语法化具有歧变性，即一个实词向一个方向演变为一种语法成分后，仍然可以向另一个方向变为另一种语法成分，这样就形成了语言中不同的语法成分可以从同一个实词分化演变而来的现象。也就是同一个实词可以有不同的语法化方向。如拉丁语动词 habere 在法语里变为将来时后缀 -ai（je chanterai），该动词又向另一个方向先变为动词 avoir（有），最后变为完成态助词 ai（j’ ai chanté）。汉语中的“着”也是这种情况，由其基本词汇意义“附着”义决定它可以表达动作的结果状态的持续，这样成为体貌成分的“着”最终形成了汉语的持续体标记，使汉语的体貌表达更加丰富。完成体与持续体在理论上也有联系

（参见 6.1）。

当然持续体标记“着（zhe）”形成的过程，以及与表示完成体的“着（zháo）”的关系，非本书所能涵盖，需要另文专题研究。这里只是表明现代汉语普通话中的持续体标记“着”并不能否定汉语史中出现的完成义虚化结果补语“着（zháo）”及其语法化过程，因为语法化的性质允许不同方向的语法化，只是作为完成体标记的“着”被淘汰了。

6.5　经历体标记“过”

6.5.1　“过”的历时演变过程

汉语史中对现代汉语中经历体标记“过”的研究相比“了”和“着”要少一些，因为“过”的语法演变过程比较清晰，分歧较少，下面我们也是根据王力（1958），木霁弘（1989），刘坚等（1992），曹广顺（1995）等研究，简述它在汉语中的发展历程。“过”最初也是实义动词，表示“从一个地点移到另一个地点、经过某个空间”，是表达空间上运动的动词，这种运动都是以处所为起点，以处所为终点的，所以一般带处所宾语。例如：

（78）齐侯之出也，过谭，谭不礼焉。（《左传·庄公十一年》）

唐代，“过”变为助词时，词义不是指空间运动，而是运动状态，处所宾语与之搭配的机会就减少了。例如（转引自曹广顺（1995））：

（79）谁知花雨夜来过，但见池台春草长。（李贺《荣华乐》）

（80）每至义理深微，常不能解处，闻醉僧诵过经，心

自开解。（纪闻《太平广记》卷九四）

唐代“过”所表达的意义主要是动作的“完结（结束和完成）”，而不是时间的过去。从其在将来时态中使用，表示的是动作应当、需要结束，而不是过去经历过。例如：

（81）婆云：“水不妨引，婆有一问，须先问过。”（《大藏经·瑞州洞山良价禅师语录》卷四七）

（82）蒙使君报云：“本司检过。”（圆仁《入唐求法巡礼记》卷二）

这种用法在近代汉语（宋、元、明）一直存在。例如：

（83）圣人言语，岂可以言语解过一遍便休了！（《朱子语类》卷二六）

（84）如已后都省不准，情愿将已支过米粮抵数还官。（《元典章》卷一五，户九）

（85）欲请舅爷看过，上铁笼蒸熟，与舅爷暖寿哩。（《西游记》四三）

宋代及之后，当表示“完结”的“过”用在表述过去发生的事件的语境中，就有了“曾经”的意义，并随着使用的增多而在“过”的功能中固定下来，最终形成动态助词经历体标记“过”。例如：

（86）圣人事事从手头更历过来，所以都晓得。（《朱子语类》卷三六）

（87）看文字须仔细，虽是旧曾看过，重温亦须仔细。（《朱子语类》卷一零）

（88）从来不曾断过如此体例，乞照验。（《元典章》卷

一八，户六）

（89）前日已做过百日了。(《警世通言》一三）

由上述过程可见,“过”是表示地点的经过到表示动作的过去、结束，到表示时间的过往，成为经历体标记。经历体标记“过”语音弱化，读轻声。“过”的本义是地点上的经过，与趋向词表示地点方位的本义相同，可以看作是趋向词进行彻底语法化成为体标记（参见第七章)。

6.5.2 “过”的语法化过程和完结短语理论解释

“过”的发展过程也和“了”和“着”一样，下面简要介绍它从作虚化结果补语、投射完结短语到发展为经历体标记的句法演变过程。

“过”语法化为虚化结果补语的初期，汉语中也没有发展出经历体标记，vP 和 VP 之间同样只有“完结短语（TelP）”功能层，如上节中例句“(婆）问过（此事）”的结构为：

（90）

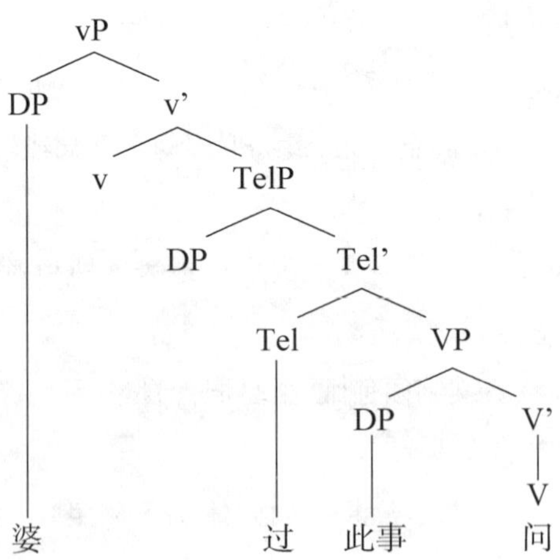

由于“过”基本意义是“经过”，所以在作虚化结果补语表示“完成”、“完结”的意义的同时，也说明谓语动词所表示的事件经历过。在其他虚化结果补语出现表示动作完结、完成时，即谓语有结点的时候，“过”就不再主要表示动作的终结点，而是表示“经历”。这时也会形成两层完结短语，以现代汉语例句为例：

（91）（李四每次都能问到重磅消息，）张三也问到过大消息。

（92）

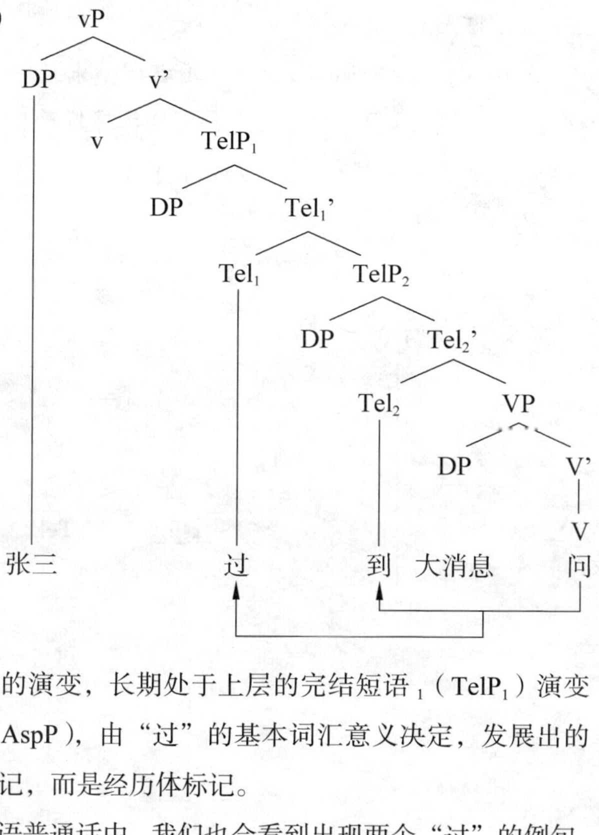

经过历时的演变，长期处于上层的完结短语$_1$（$TelP_1$）演变为了体短语（AspP），由“过”的基本词汇意义决定，发展出的不是完成体标记，而是经历体标记。

在现代汉语普通话中，我们也会看到出现两个“过”的例句。

例如：

（93）笑死了记得以前在涯叔上也看过过吐槽快递员的，都是一样的闷骚。（BCC 微博语料库）

（94）好久没听过过别人这样叫我呢谢谢。（同上）

连续两个“过”的说法，有的人感觉并不是很通顺，但是确实存在这样的用法，说明在现代汉语使用中仍可以看到“过”语法化的痕迹，至少在一部分汉语母语使用者看来，“过”的经历性和完结性是共存的。

其中紧挨主要动词的“过”是虚化结果补语，投射出完结短语（TelP），后面一个“过”是经历体体标记，投射出体短语（AspP）。所以这样的句子也正好印证了我们的完结短语理论模型，其结构为：

（95）

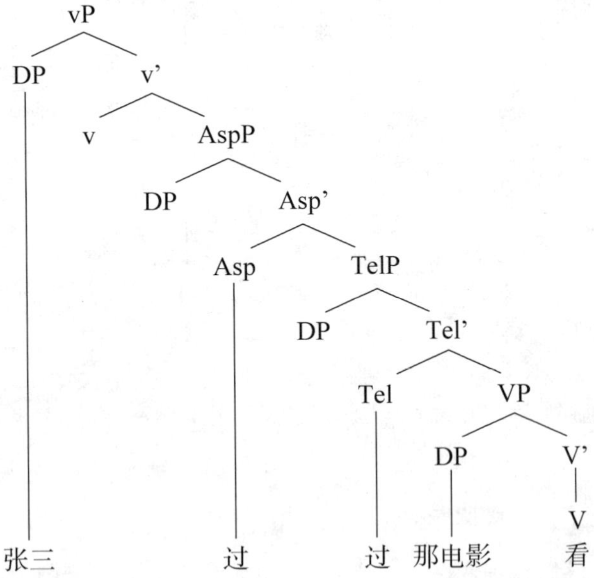

最终虚化为体短语（AspP）的成分“过”由于其基本词汇意义“空间经过”而发展成为表示时间经过的经历体标记。分化了汉语的体貌表达，并形成汉语中日益完善的体貌系统。

6.6　其他相关问题

6.6.1　吴语“脱”与“完结短语”的递归性

赵元任（1967）指出吴语作补语的“脱”有两种，一种相当于官话的“掉”，一种跟官话的动词后缀“了”相似（中译本P69）。范晓（1988）从句法分布和语法意义的角度，把吴语中动词性成分之后的“脱”区分为三种：

一是结果动词，“V- 脱”中间可插入“得、不”、可构成“VV-脱”。例如：

（96）拔脱仔牙齿　卖得脱水果

揩勿脱齷齪　拿坏牙齿拔拔脱

二是结果助词，“V- 脱”中间不能插入“得、不”、不能构成“VV- 脱”，可以用在述结式之后、完成貌词尾“仔”之前。例如：

（97）弄乱脱仔毛线　牛肉烧酥脱才好吃

衣裳湿脱勒　　白讲脱仔勿少闲话

三是结构助词，不能出现在述结式之后、完成貌词尾“仔”之前，后面一定要有表示时量或动量的成分，通常用于述说未来事件的句子中。例如：

（98）坐脱一歇再走　想脱十分钟再讲

打脱伊一顿　　拿伊打脱一顿

现在的讨论只涉及上述第一、二两种用法，并且对它们不加区分。

刘丹青（1996）指出苏州话“脱”的句法作用主要是作结果补语，如“杀脱一只狗”，基本意义是表示消失性结果，相当于普通话的“掉”或北京话的“喽”（字常写作“了”，如“把狗杀了”）；同时，他还指出“脱”还可以用在动结式之后，形成双重动结式，如“敲杀脱一只狗”，成为表示消失兼完成的语法范畴意义，并据此把“脱”列入体标记（P39—42）。但他并不严格地区分这两种“脱”。

袁毓林（2002b）指出“述语＋补语＋仔”中的述语动词具有[＋去除]的语义特征、补语是“脱”一类表示结果、完成意义的动词时，这种补语可以省去。例如：

（99）搿块蜜糕倷吃〔脱〕仔吧！（苏州话语法例句）

（100）俚拨倷吃末倷就吃〔脱〕仔。（苏州话语法例句）

（101）隔〔脱〕仔三日，替陈夫人商量，……（苏州评弹《珍珠塔》）

（102）三家头输（脱）仔十几万哚。（《海上花列传》61回）

（103）等红喜养（脱）仔小囡再讲吧。（评弹《白毛女》）

（104）生仔一场病，身体轻（脱）仔五斤。

（105）物事臭（脱）仔就勿好吃。

在上组例句的前3例，方括号中的“脱”是原文没有的，但可以加上去；在后4例中，圆括号中的“脱”是原文有的，但可以省去。

袁毓林还指出吴语述结式比官话有更强的递归能力和支配能力，表现为i）述结式可以带虚化的结果补语“脱”（简称完成补语），并且，这种双重述结式不仅可以带受事宾语，而且在双重述结式和受事宾语之间还可以插入完成貌词尾“仔”。例如：

（106）a. 打煞脱仔一只野狗

b. 打煞脱〔　〕一只野狗

c. 打煞〔　〕仔一只野狗

d. * 打〔　〕〔　〕仔一只野狗

（107）a. 敲碎脱仔一只茶杯

b. 敲碎脱〔　〕一只茶杯

c. 敲碎〔　〕仔一只茶杯

d. * 敲〔　〕〔　〕仔一只茶杯

从上例可以看出，一方面吴语的述结式可以构成双重述结式这种叠床架屋般的繁复形式，另一方面虚化补语“脱”跟完成貌词尾“仔”在意义上互相隐含，可以交替出现。在其他包含 [+ 去除] 意义的动词之后的“脱”和“仔”，也有这种互相隐含和可以交替出现的特性。例如：

（108）a. 吃脱仔一碗冷饭

b. 吃脱〔　〕一碗冷饭

c. 吃〔　〕仔一碗冷饭

（109）a. 瞎脱仔一只眼睛

b. 瞎脱〔　〕一只眼睛

c. 瞎〔　〕仔一只眼睛

关于吴语“脱”的研究引起了我们的注意①。吴语中的“脱”

① 本节以上部分感谢袁毓林先生的提示和所提供的文献。

类似于普通话中的“掉”，学者们已经注意到它是一种虚化的结果补语，但是普通话中虚化结果补语“掉”等不能再加在动结式的后面，即普通话中虚化结果补语和实义结果补语是互补的，基本不能共现；而吴语中的“脱”可以出现在动结式的后面。

我们认为，吴语的“脱”正好是我们对完结短语中心语语法化路径分析的又一证明。“脱”应该也是从实义结果补语在高频的使用中变为了虚化结果补语，吴语中的“脱”比其他的虚化结果补语使用更为频繁，向体标记的方向发展，可以放在其他结果补语的后面。而吴语中还有一个体标记“仔”，这样就出现了多层表示完结意义的功能层次。所以“打煞脱仔一只野狗”的句法结构是：

（110）

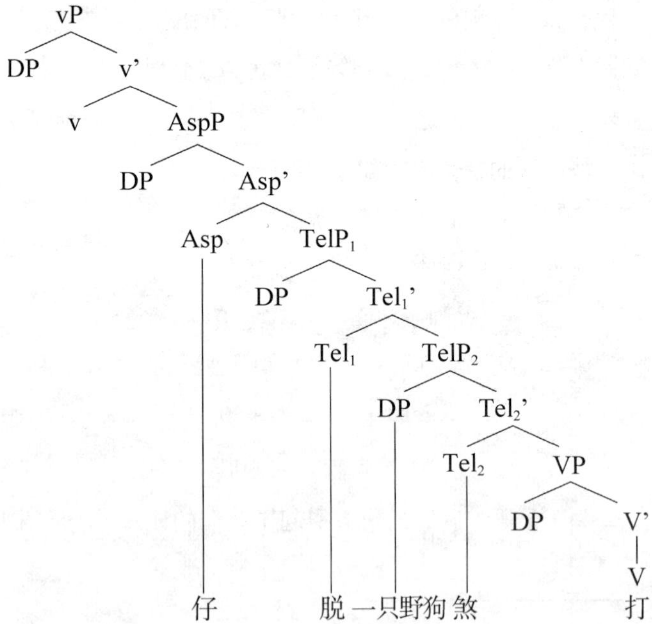

这也是袁毓林（2002b）所说的递归性。我们认为“完结”意义在语言中是可以递归的，当一层“完结短语”不足以表达对动作的终结，就会加上其他“完结”功能层，所以也就形成了吴语中多层完结功能短语共现的情况。

这与本章论述的汉语体标记的形成也是一脉相承的。有学者曾质疑完结短语假说的合理性，认为设定是随意的，尤其是有了完结短语已经起到终结性作用，却还设定另一个完结短语，如本章对“了、着、过”产生过程中的分析。我们的完结短语假说是建立在对语言现象更充分、更合理的解释的基础上的，上文已经不断论述并统一解释尽量多的句法结构。至于说设定多层完结短语就说明完结短语的设定是不科学的，我们不同意。句法结构的分析是根据句子的实际情况，句子中既然出现不同的完结短语，就需要如实在句法结构分析上体现出来。如果说，我们对“了、着、过”体标记产生过程中出现双层完结短语还是一种理论上的推演，那么现代吴语中仍存在的多层结果补语现象就是对我们的理论假说的有力证明。吴语中的两个结果补语“煞”和“脱”，还有一个完成体标记“仔”，可以同时共存，“脱”是虚化意义的结果补语，可以与很多动结式（“打煞”是实义动结式）组合，或者说可以跟在动结式后面。不止如此，一些吴语地区的人在说普通话时，也常常在动结式后面再加上一个“掉”，相当于吴语中的“脱”，如“打碎掉”、“杀死掉”等。语言现象中出现多层补语，在句法结构上有多层完结短语，看似冗余，其实是因为某层完结短语的功能性减弱，而增加的补充性手段。在语言的发展中，功能层的功能性质本来就可以发生变化，才会有语言的演变、语法化的现象出现。

另一方面，动词后的多层“结果补语”，更说明结果补语是一种功能性成分，而不是句子的第二谓语，因为谓语性质的成分的多层叠加意味着多个事件，那么“动作－结果”两个事件的组合后，后面为什么还加一个结果性事件？即使是意义较为虚化的结果事件，也是缺乏理据的，更缺乏跨语言的支持。而如果按照本书的理论解释，动结式的结果补语是动词的“完结”意义，表达“完结”功能，当此功能受到减损时，语言中会补充类似成分来完成这个功能。功能性成分是可以不断累加的，也说明我们将动结式结果补语分析为“完结短语”是合理的。

6.6.2 “完结短语”与“体短语”的区别和联系

“完结短语”和“体短语”都是动词短语 VP 内部的功能性成分，既然都是对谓语动词进行某种功能上的限定，它们之间有什么区别呢？

从它们的句法位置来看，它们虽然都在轻动词短语 vP 和主要谓语动词短语 VP 之间，但是完结短语 TelP 比体短语 AspP 位置低，更靠近谓语动词短语 VP。句法位置说明句子生成时特征核查的先后，也就是谓语动词从词库中选出后，越早核查的特征与动词的关系越密切。“完结”特征是一个动作最基本的特征之一，而且“完结”功能是动词内部结构中的功能，很多语言中“完结”功能体现为词义整合或词缀，是构词形态中的一部分，汉语中的动结式是复合词还是短语之争也是源于对这部分功能所在层次的界定不同（第八章具体讲）。这些事实都说明“完结”功能和动词自身的性质有很大关系，和动词的关系更密切，所以完结短语在句法位置上也更接近动词短语。

体短语也在动词短语内部，这是遵循“小句理论”的研究，“体（Aspect）”是VP层（相对于IP层和CP层的VP层）内部的体貌成分，是“事件时间（event time）”和“参照时间（reference time）”共同作用得出的。“事件时间”是动作发生的时间，可见“体”是对动词所表示的动作作为一个整体进行评价，而“完结”特征是动词所表示的动作的一个阶段，是谓语动词自身重要的组成部分。所以“体（Aspect）”与“完结（Telic）”相比，与V的关系更疏离，其功能性更强，AspP的句法位置也比TelP的位置高。

至于二者的联系，本章从以往研究成果到主要运用的生成语法理论、再到汉语三个体标记的语言事实都说明了其中的联系。汉语表示“体（Aspect）”的标记词都是从完结短语位置上的结果补语语法化而来，虚化结果补语作为完结短语中心语给主要动词提供完结点，但在长期语言使用中，这项功能会逐渐弱化，当人们使用完结语义更强的新的词语来充当完结短语时，高频使用的语义更接近“完成”等体貌意义的词语就成为体标记。我们的理论假说中二者的句法结构位置关系，为完结短语中心语位置上的补语最终语法化为功能性更强、位置更高的体短语中心语提供很好的句法理论解释。

第七章　趋向义动结式

黏合式述补结构中除了表示极性的程度补语之外，其余两种形式——动结式和动趋式的补语都与“动作”之后的情形有关。虽然动结式和动趋式在句法表现上有差别，如有学者（刘虹，2012 等）关注到这种差异性，但是一般的研究中都比较关注二者的共性，也将动趋式视为动结式的一种，本书前面所提的诸多文献都是这样的观点。我们也秉承这样的研究理念，在全面分析了汉语动结式之后，也尝试用完结短语假说来解释汉语动趋式的情况。

7.1　趋向补语的性质

一般认为现代汉语中，有 10 个单音节趋向词及其组合而成的 14 个双音节趋向词，共 24 个，如下表：

	上	下	进	出	回	过	起	开
来	上来	下来	进来	出来	回来	过来	起来	开来（少用）
去	上去	下去	进去	出去	回去	过去	—	—

（注：“起去”在方言中有，普通话中没有；“开去”是动结式。）

趋向词是汉语研究中讨论较多的范畴，它们从语义上讲都表示趋向，即动作的方向。它们在句中表达的意义、与宾语的位置关系、历时发展等都引起广泛研究。不在上面列表中的“到”，也表示趋向意义，句法表现更复杂，在动词用法和介词用法的区分上引起诸多争论，本书着重考察“到”作为补语的用法、功能和句法结构，对其词性不做过多纠缠，也一并放在趋向补语的研究中。

语法学家曾经把结果补语和趋向补语分成并列的两类（陆俭明，1990 等），因为从语义上来讲二者确实表示不同的补语意义。但是，也有学者注意到二者的联系，如马庆株（1992），王红旗（1998）把趋向补语归入结果补语，把趋向补语作为结果补语的一个小类，张旺熹（1999）认为趋向词作补语是结果补语。杨希英(2003)等也都注意到趋向补语表示结果的意味。某种程度上说，趋向补语是一种广义的结果，所以动趋式也是动结式的一个特殊类别。前人研究中谈到动作的完结范畴时也常将动趋式放入动结式的大框架中进行研究，如吕叔湘（1984、1987）、张伯江（1991）、沈家煊（1995）、柯理思（1997）等，当然他们用的术语是内在的自然终止点，或有界的，但是与本书的完结语义范畴是一致的。

我们也认为趋向词作补语从更高的层面来说也是结果补语，因为趋向词作补语表达前项动词所表示的动作的方向或动作的到达等,这也是动作完成或实现的一种结果。2.5 节中也说明“完结”的意义不是字面上理解的完成结束，而是更广义的抽象的语法意义。可以说，趋向补语也给述语动词所表示的动作一个方向性的完结点，在动词短语内部也投射出完结短语。而且趋向补语也有实义和虚化之分，它们的句法性质与结构同结果补语一致。

7.2 趋向义虚化的动结式

刘月华（1988b）曾指出趋向动作补语的意义分为由实义到逐渐虚化的三类：趋向意义（即方向意义，表示人或物体在空间的位置移动）、结果意义（表示动作有结果或达到目的）、状态意义（表示动作或状态在时间上的展开、延伸，或进入新的状态）。趋向词作补语所表现出的结果意义是公认的，这里说的结果意义不是说趋向词作为补语所体现述语的方向性的结果意义，而是说趋向词在做补语时所体现的语义中倾向于表现达成结果、趋向意义有些虚化的意义，就是本书提到的虚化结果补语用法。

趋向词虽然在理论上都表示动作的一个方向性结果，既然表示结果，就有一种"完结"的蕴涵意义在里面，就可能变为虚化的结果补语；但是由于使用频率不同，它们在虚化的程度上并不一致。我们研究的主体是虚化结果补语，所以我们只讨论作补语虚化得比较成熟、在现代汉语研究中得到认可的几个趋向词，有"到、来、去、上、下、出、上来、下来、过去、起来"等。

相比实义动词来源的虚化结果补语，判断趋向词作结果补语是否虚化有难度，只从句法形式上看它们在语境中是否可以分解、是否有自己的论元结构不足以区分趋向词的情况。因为趋向词最根本的实义用法是表示空间上的方向，严格地说，只有表示述语V1动作在空间上的方向才是趋向词的实义补语用法；当趋向词表示的方向不是空间意义上的，转喻而表示心理上的方向感时，就是虚化的用法，但此时动结式还有方向的意义，将补语的论元还原后的短语结构也被接受；最后，当趋向词不再有方向意义，只表示述语 V1 动作的“完成、结束、达到”结果时，才是趋向词彻底虚化的用法。

但是在现代汉语中，作补语表示“完成”语义的趋向词，发展并不一致。下面列出的趋向词有的直接可以表示“完成”，有的则是在《现代汉语八百词》等研究中指出在表示方向义或其引申义的同时还“表示动作的完成”的趋向词，也就是非彻底虚化为表示“完成”、还带有心理上的方向感的虚化结果补语。具体分析之后，我们将总结它们的虚化程度。

7.2.1　趋向补语的个体研究

（一）“到”

“到”是表示趋向的词，在现代汉语中有动词和介词两种用法。对现代汉语普通话中补语位置上的“到”的研究多是界定动词后的“到”是介词还是动词的词性问题，对其他方面研究较少。

“到”在现代汉语中有动词的用法，表示“到达”，可以作句中的主要谓语，并且可以后加体标记。例如：

（1）我昨天上午就到了上海。

（2）先到我那儿再说。

“到”也能用在谓语后面，我们认为动词后存在两种不同意义的“到”。一种是介词的用法，“到”与其后的名词短语的语义关系更紧密，是主要谓语动词后面带有一个“到＋ NP”的介词短语，句法结构是“V ＋ [到＋ NP]”。一般表示达到某一地点或时间。例如：

（3）来到北京开会，我心情特别激动。

（4）你一定把他送到车站。

（5）他们风风雨雨走到今天。

因为动词V和“到＋NP”的组合是可以分解开的，如可以变成：

（6）到北京来开会。

（7）你一定亲自送他到车站。

（8）到今天我还不知道送我去医院是谁。

以上“到”引出的是动词的目的或终点处所，是表示介引作用的，是介词，与本书所研究的表示“完成”的虚化结果补语没有语源关系，所以不讨论这种介词“到”。当“到”独立作补语时，表示动作有了某种结果或达到某种目的，与主要谓语动词的语义关系更紧密，是一个黏合式动补结构，所以句法结构是“[V＋到]＋NP”。这种和动词关系更为密切的补语“到”，才是本书研究的重点，语义上可以解释为“获取、得到”某种结果。

当“到”保留其“到达、得到”的实义，表示其前面的主要动词表达的动作实现了一种结果，结果是宾语所表示的事物“到达、得到”了，就是实义结果补语的用法。例如：

（9）他花了好多钱才请到那个演员。（＝他请那个演员＋那个演员到）

（10）他去县里哭到了这笔钱。（＝他去县里哭＋这笔钱到）

在现代汉语中，“到”作补语更多是“到达、得到”的引申用法，表示其前面的主要动词表达的动作实现了，有“实现、完成”义，一般读轻声。例如：

（11）我买到了奥运门票。（≠我买奥运门票＋奥运门票到了）

（12）他收集到各式各样的邮票。（≠他收集各式各样的邮票＋邮票到了）

（13）今天碰到一个老朋友。（≠碰一个老朋友＋老朋友到了）

这种作补语的“到”已经失去了它的主要词汇意义，只是表示事件的完成、实现，而“见到”“听到”“想到”“看到”等动结式中的“到”更是和“着（zháo）”“成”等虚化结果补语意思相近，表示动作的“完结”。“到”可以被替换，可见其已经失去了方向义。例如：

（14）他终于看到 / 着 / 成了刘德华。（≠他看刘德华＋刘德华到）

（15）你这么一提醒，我想到 / 着 / 成一个线索。（≠我想一个线索＋一个线索到）

甚至宾语都可以不是名词短语，而是表示达到一种状态，“到”是一种虚化的结果补语。

（16）她感觉到很幸福。（≠她感觉很幸福＋很幸福到了）

但是，另一方面，“到”进一步虚化为表示动作或性质状态达到某种程度。例如：

（17）事情已经发展到十分严重的地步。

（18）这里的冬天冷到零下 30 度。

以及接近于状态补语标记“得”表示状态达到的程度。例如：

（19）有些生物小到连人眼都看不见。

（20）他哭到嗓子都哑了。

后两种用法虽然也是“到”的语法化方向之一，并且与现代汉语的补语标记“得”有同样的语法化倾向，是表示“完成、完结”的虚化结果补语进一步语法化。

（二）“来”

“来”也有动词的用法，表示从其他地方向说话人方向移动。例如：

（21）他昨天来过两次。

（22）学校来了个新同学。

（23）上面又来新任务了。

做补语时，可以是实义的结果补语，即“来”的方向意义很明显。例如：

（24）明天一定要把作业带来。（＝带作业＋作业来）

（25）班长喊来了主任。（＝班长喊主任＋主任来了）

（26）阿姨，我给你买来一些点心。（＝我买一些点心＋点心来）

有的时候，“来”的方向意义不是很明显，表示的是动作的实现或完成。例如：

（27）等了三年，居然等来这样的结果。（≠等（三年）＋这样的结果来）

（28）他翻箱倒柜找来两只酒杯。（≠他找酒杯＋两只酒杯来）

（29）几句话引来一片喝彩。（≠几句话引喝彩＋喝彩来了）

以上例句中“来”和动结式宾论元所组成的短语似乎也可以

接受，但是仔细推敲发现只是心理上的方向感觉，句中并没有宾论元的真正位移。而且即使有心理上的方向感，“来”主要表示的也不是位移方向，而是完成、达到的结果，和“到”等相似，也可以与“到”替换，如“居然等到这样的结果”“找到两只酒杯”。说明这是趋向词“来”的虚化结果补语用法，而不是实义的表示方向的结果补语用法。

（三）“去”

“去”是动词，可以独立做谓语，表示“离开、离去”，从说话人的地方移动到其他地方。例如：

（30）他去你家好几趟都没碰到你。

（31）我给他去过几封信。

也表示“除去”义。例如：

（32）喝点绿豆汤去火。

（33）这可去了我一块心病。

做补语时，“去”表示动结式中某一论元所代表的事物的“由此及彼的移动（或变动）”，可以是实义结果补语。例如：

（34）他叫去了村里最好的劳力。（＝他叫村里最好的劳力＋劳力去了）

（35）一群孩子向河边跑去了。（＝一群孩子向河边跑＋一群孩子去了）

当“去”表示完成，带有“失去”等引申义时，是虚化结果补语。例如：

（36）照顾孩子占去了她大部分的时间。（≠照顾孩子占她大部分的时间＋她大部分的时间去了）

（37）疾病夺去了他的生命。（≠疾病夺他的生命＋他的生命去了）

（38）已经用去了好几吨水泥。（≠用好几吨水泥＋水泥去了）

同样，“去”所表示的“完成”意义也不是彻底虚化的，而是带有心理上由此及彼方向的位移，就是有失去的意味。

（四）“上”

“上”在现代汉语中的用法比较多，本书不谈它作为名词（如“朝上看”“上有天堂”）、状态形容词（如“上半年”“上品”“上两批”）和后置方位词（如“桌子上”“报上说”）等的用法，因与虚化结果补语不相关。“上”有动词用法，本义是表示由低处向高处的运动，还可以引申为“前进”“添加”“涂抹”“登载”“达到”等义。例如：

（39）他已经上了公交车了。

（40）五号快上，接球！

（41）今天上了不少货。

（42）他的事迹上报纸了。

（43）每周上12节课。

（44）截至今天，报名人数已经上万。

“上”作补语时，表示由低处向高处的运动结果，有比较强的语义制约，是实义结果补语。例如：

（45）他请上一位观众来助演。（＝他请一位观众＋一位观众上（台））

（46）他穿上大衣出门。（＝他穿大衣＋大衣上）

（47）他在请愿书上签上名字。（＝他在请愿书上签名字＋名字上）

上例说明“上”的方向性词义还起一定作用。词义引申后，“上”由表示方向的“达到”变成可以表示目的或标准、数量等的“达到”，是心理上由低到高的方向感，已经开始虚化。例如：

（48）他们都住上了新房子。（≠他们都住新房子＋新房子上）

（49）我跑了三家饭馆儿，才吃上可口的饭。（≠我吃可口的饭＋可口的饭上）

（50）为了写论文，他每天只能睡上四五个小时。（≠他每天只能睡四五个小时＝四五个小时上）

（51）去年他考上大学了。（≠他考大学＋大学上 / 上大学）

（52）她爱上了北京这座城市。（≠她爱北京这座城市＋北京这座城市上了）

还可以表示动作有结果，有“完结”义，是虚化结果补语。例如：

（53）村里铺上了柏油路。（≠村里铺柏油路＋柏油路上了）

（54）报上这笔账就请你。（≠报手头这笔账＋这笔账上）

（55）开上自己的车，心里就是高兴。（≠开自己的车＋自己的车上）

（56）听说他传染上一种怪病。（≠他传染一种怪病＋一种怪病上）

这些例句中的“上”作补语，已经虚化，和自身的语义关联较小，甚至可以取消，替换为完成体标记“了”，句子意思不发生改变，可见只是表示事件的完成。例如：

（57）村里铺了柏油路。

（58）等我手头这笔账报了就请你。

（59）开了自己的车，心里就是高兴。

（60）听说他传染了一种怪病。

（五）“下”

“下”和“上”一样，有很多用法，也可以作为名词（如“往下看”“下不着地”）、状态形容词（如“下半段”“下等”“下一年”）、后置方位词（如“月光下”“坐在树下”）和动量词（“敲三下”“等一下”）等的用法，与虚化结果补语不相关，不再展开。“下”有动词用法，本义是表示由高处向低处的运动，还可以引申为“降落”“发布”“进入”“投入”“取下”“做出（结论）”“生产”等义。例如：

（61）他今天还没下过楼。

（62）马上就要下今年第一场雪了。

（63）上面下了道通知。

（64）厂长下车间了。

（65）他在英语方面可没少下功夫。

（66）师傅刚下了那道破窗户。

（67）没想到他竟下了这样的决心。

（68）这里一只鸡一天下多少蛋啊？

作补语时，表示动作所引起的某物由高处到低处方向的位移，是遵循词汇本义的实义结果补语。例如：

（69）他快速跳下电车。（＝他快速跳＋他（从电车）下）

（70）他换下那双皮鞋。（＝他换那双皮鞋＋那双皮鞋下）

（71）小偷丢下皮包跑了。（＝小偷丢皮包＋皮包下）

当表示心理上的由高向低的方向感，产生“遗弃”等引申义，是逐渐虚化的结果补语。例如：

（72）他扔下一点钱。（≠他扔一点钱＋一点钱下）

（73）她留下一双儿女走了。（≠她留一双儿女＋一双儿女下）

当表示动作事件的“完成”，没有方向义，是本书所说的虚化结果补语。例如：

（74）我们立下约法三章。（≠我们立约法三章＋约法三章下）

（75）他犯下严重的错误。（≠他犯严重的错误＋严重的错误下）

（76）好不容易谈下一笔生意。（≠谈下一笔生意＋一笔生意下）

（77）苦战三百天，拿下这个大项目！（≠拿这个大项目＋这个大项目下）

有些例句中的“下”作补语，已经虚化，和自身的语义关联较小，甚至可以取消，替换为完成体标记“了”，句子意思不发生改变，可见只是表示事件的完成。例如：

（78）我们立了约法三章。

（79）他犯了严重的错误。

（80）好不容易谈了一笔生意。

（六）“出”

“出”有动词用法，表示从里面到外面的运动，也表示“移出”“超出”“产生”“发生”等。例如：

（81）出了这条街，就看到一个茶馆。

（82）你给我们出个主意吧。

（83）不出一年，他就回来了。

（84）他还从未出过事故。

（85）他走路不出一点声音。

做补语时，也表示如上的意义，有比较明显的方向义，是实义结果补语。例如：

（86）我从银行取出一笔钱。（＝我取一笔钱＋一笔钱出）

（87）我们要为祖国贡献出全部的力量。（＝我们贡献全部的力量＋力量出）

（88）他把客人送出大门。（＝他送客人＋客人出大门）

（89）他已经比我高出 10 厘米了。（＝他比我高＋ 10 厘米出）

以上例句中的“出”是表示具体事物实现了从里到外的位移；而渐渐虚化时，就只是表示心理上的方向感，表示逐渐显现、从无到有的意思，也带有表示动作的完结的意味。例如：

（90）我看出了他的心思。（≠我看他的心思＋他的心思出）

（91）在这么短的训练时间内做出成绩并不容易。（≠做＋成绩出）

（92）大家显示出极大的热情。（≠大家显示极大的热情＋热情出）

（93）老大爷卖出两筐梨。（≠老大爷卖梨＋两筐梨出）

（94）一定要找出规律。（≠找规律＋规律出）

（七）“上来”

“上来”表示从低处向高处的运动，可以独立作谓语。例如：

（95）你上来扶一下。

（96）月亮上来了。

作实义补语时，仍表示趋向词汇本义，是动结式的论元所代表的事物实际发生了这样的位移。例如：

（97）敌人就要攻上来了。（＝敌人攻＋敌人上来）

（98）我钓上来一条大鱼。（＝我钓鱼＋一条大鱼上来）

（99）国家队今年又选拔上来两名选手。（＝国家队选拔选手＋两名选手上来）

当“上来”虚化时，表示的位移是在心理上对述语V1动作过程的认定，表示成功完成某一动作，就是表示“完结”的虚化结果补语。例如：

（100）他脑子好，念几遍文章就背上来了。（≠他念几遍文章＋文章上来了）

（101）你能答上来这个问题吗？（≠你答问题＋问题上来）

（102）他哭得连话都说不上来了。（≠说话＋话上来）

（八）“下来”

“下来”表示从高处向低处的移动，可以独立作谓语。例如：

（103）山上下来一只猛虎。

（104）这两天下来一个工作组。

作补语时，“下来”表示趋向，是实义补语，有时有脱离的意味。例如：

（105）山上冲下来一只猛虎。（＝山上冲一只猛虎＋一

只猛虎下来）

（106）这两天上面派下来一个工作组。（＝上面派一个工作组＋工作组下来）

（107）他撕下来一张纸。（＝他撕一张纸＋一张纸下来）

当“下来”不表示具体某物的从上到下的位移，而是表示在心理上述语V1动作经由某种过程、终于结束时，是虚化结果补语，有“完结”的意味，此时在句中没有论元结构，不能分解。例如：

（108）他几分钟就把长诗背下来了。（≠他背长诗＋长诗下来）

（109）要把会议圆满地开下来。（≠开会＋会议下来）

（110）八圈牌打下来，小张有些心虚了。（≠打牌＋八圈牌下来）

（九）“过去”

“过去”表示离开或经过叙述对象所在地向另一地点移动，也表示某种情况、状态消逝等。例如：

（111）请靠边让他过去。

（112）危险期过去了。

作补语表示实义的趋向意义，表示某物经过由一地点向另一地点移动过程，是实义结果补语。例如：

（113）他跑过去扶住了老爷爷。（＝他跑＋他过去）

（114）把卷子翻过去。（＝翻卷子＋卷子过去）

当“过去”表示心理感觉上的位移，是渐渐虚化的结果补语。例如：

（115）他考过去了。（≠他考＋他过去）

（116）病人又昏迷过去了。（≠病人昏迷＋病人过去）

（117）你把一个重要数据忽略过去了。（≠你忽略一个数据＋一个数据过去）

（118）你不带头报名，说不过去吧。（≠说你不带头报名（这件事）＋这件事过去）

"过去"进一步虚化，有表示事情通过、动作完毕的意思，可以与"完"等虚化结果补语替换，是彻底虚化的用法。例如：

（119）这事情，说过去就算了。（≠说这件事＋这件事过去）

（十）"起来"

"起来"本义是指身体由坐卧而站立或由躺而坐等上升的动作，可以独立作谓语。例如：

（120）快起来，要迟到了。

（121）别总坐这看书，起来活动活动。

作补语时，它的趋向位移义比较明显的时候，是实义补语，表示人或物体由低处向高处移动。例如：

（122）气球升起来了。（＝升气球＋气球起来）

（123）他很吃力地把手抬起来。（＝他抬手＋手起来）

也引申为"突出""隆起"等义，也是实义结果补语。例如：

（124）她哭得眼睛都肿起来了。（＝眼睛肿＋眼睛起来）

"起来"作为虚化结果补语时，也有心理上的上升的位移感觉。例如：

（125）我们已经培养起来一批青年骨干教师。（≠我们

培养一批青年骨干教师＋一批青年骨干教师起来）

（126）建立起来自己的体系。（≠建立自己的体系＋体系起来）

（127）把那条臭水沟填起来。（≠填那条臭水沟＋那条臭水沟起来）

当“起来”的趋向意义不明显，表示动作完结，有达到一定目的的意思，是比较彻底的虚化结果补语。例如：

（128）她们勾结起来欺骗他不是第一次了。（≠她们勾结＋她们起来）

（129）他差点没让公安局给抓起来。（≠公安局抓他＋他起来）

（130）把门封起来。（≠封门＋门起来）

后两类的虚化结果补语“起来”都可以省略,用“了”来表示，句子意思基本不变。

7.2.2 虚化趋向补语小结

趋向词作补语虽然都可以说是表示一种动作的结果状态，但是只有当这种结果不再或很少表示方向义的时候，才是虚化的结果补语。基于此，我们认为“进、回、过、上去、进来、进去、出来、出去、回来、回去、过来”等在使用中还有比较强的趋向意义，词汇意义保留较多，不是虚化结果补语。

前面所列出的趋向词，在补语位置上的虚化程度不同，我们简单总结如下表：

表 7：虚化趋向补语例释

趋向词	实义结果补语	心理方向感的虚化结果补语	“完结”语义的虚化结果补语
到	他花了好多钱才请到那个演员。	我买到了奥运门票。	他终于见到了刘德华。
来	班长喊来了主任。	几句话引来一片喝彩。	
去	他叫去了村里最好的劳力。	疾病夺去了他的生命。	
上	他请上一位观众来助演。	她爱上了北京这座城市。	报上这笔账就请你。
下	他快速跳下电车。	她留下一双儿女走了。	他犯下严重的错误。
出	他把客人送出大门。	我看出了他的心思。	
上来	敌人就要攻上来了。	他脑子好，念几遍文章就背上来了。	
下来	山上冲下来一只猛虎。	要把会议圆满地开下来。	
过去	他跑过去扶住了老爷爷。	病人又昏迷过去了。	这事情，说过去就算了。
起来	他很吃力地把手抬起来。	建立起来自己的体系。	他差点没让公安局给抓起来。

“到”“上”“下”“过去”“起来”等趋向词发展到了“完成”语义的虚化结果补语，即可以用“完”“好”“成”等虚化结果补语替换或省略直接使用完成体标记“了”而句子意思基本不变。其他表示完成的趋向词都一定程度地兼有原来的方向义，虽然不是物理上的方向，起码也是一种心理上的方向，不易随便替换使用，如“来”和“去”、“上来”和“下来”等方向上的对立等。

哪些趋向词会虚化呢？我们根据语法化理论认为，一个趋向词是否虚化取决于它的使用频率。趋向词虚化的一个条件是趋向意义减弱，后面不再带有处所宾语，趋向词和宾语的语义依赖关系消失。使用频率高的趋向词易于与非处所成分搭配使用，导致其趋向词汇意义逐渐消失，逐渐虚化成为或表示动作完成、或表示状态开始并持续的体貌成分；使用频率低的趋向词没有广泛使用，且不能与非处所成分搭配，更多保留其词汇意义，所以没有虚化。

我们还注意到双音节趋向词作补语的例句中动结式后面直接带宾语的情况较少，而多是把宾论元用话题句或把字句等形式提前，这主要是由于韵律制约。

通过我们上面的分析，可以看出趋向词虚化后有的表示动作完成，如“来、去、上、下、出、上来、下来、起来、过去、到”等，而有的则表示状态开始并持续，如“上、起、开、上来、下来、下去、起来”等。这是趋向词虚化的两个不同方向，当趋向词的语义着眼点在终点时，虚化后易于表示动作的完成；而当趋向词的语义着眼点在过程时，虚化后就可以表示动作状态的开始和持续，同动词“着（zháo）”的发展规律相似。

7.3 虚化趋向补语的“完结”意义

以往虚化结果补语的研究中都提到一些趋向词，如范晓（1985）的“起来、下去”，吕叔湘（1955）的“上、下、出、入、来、去、起”等，刘丹青（1994）的“来、起”等。通过我们上节对有虚化用法的趋向词的分析，“到、来、去、上、下、出、上来、下来、过去”等趋向词，都具有表示事件完成、结束的意义，也即虚化结果补语的用法，它们都具有与其他虚化结果补语一致的体貌特征。当然由于实义的趋向补语和结果补语本身的语法特征有一定差别，趋向词的结果性虚化用法和实义趋向补语的差别并不与相应的虚化和实义结果补语的差别一一对应，但是最基本的特征还可以看出虚化趋向补语的“完结”性质。

一是与实义趋向补语相比，虚化的趋向词语义指向述语动词，而不是指向动趋式的宾语，即虚化的趋向补语不能指派论元，没有自己的论元结构。也是用分解法进行句法测试，虚化的趋向补语不可以带有论元，动趋式也不能分解成两个事件结构（以下 a 句），而实义的可以（以下 b 句）。例如：

（131）a. 我买到了奥运门票≠我买奥运门票＋奥运门票到了

b. 他一夜未睡开到了北京＝他开（车）＋北京到

（132）a. 几句话引来一片喝彩≠几句话引喝彩＋喝彩来了

b. 班长喊来了主任＝班长喊主任＋主任来了

（133）a. 张三用去了她全部的积蓄≠张三用她全部的积蓄＋她全部的积蓄去了

b. 疾病夺去了他的生命＝疾病夺他的生命＋他的生命去了

（134）a. 她爱上了北京这座城市≠她爱北京这座城市＋北京这座城市上／上北京

b. 他终于挤上了公交车＝他挤公交车＋上公交车

（135）a. 他谈下一笔生意≠他谈一笔生意＋一笔生意下／下一笔生意

b. 他脱下潮湿的鞋子＝他脱潮湿的鞋子＋潮湿的

鞋子下

（136）a. 小女孩卖出一盒火柴就回家≠小女孩卖一盒火柴+一盒火柴出

b. 我把他送出大门=我送他+他出大门

（137）a. 他终于答上来这个问题了≠他答这个问题+这个问题上来了

b. 敌人攻上来了=敌人攻+敌人上来了

（138）a. 他几分钟就把长诗背下来了≠他背长诗+长诗下来了

b. 山上滚下来一根圆木=山上滚一根圆木+一根圆木下来

（139）a. 你把一个重要数据忽略过去了≠你忽略一个重要数据+一个数据过去

b. 你快跑过去把他们截住=你跑+你过去（把他们截住）

（140）a. 他让公安局给抓起来了≠他让公安局给抓了+他起来了

b. 他吃力地把手抬起来=他吃力地抬手+手起来

句式分解是最基本、最有效的方法，它测试出趋向补语虚化后谓词性逐渐减弱甚至消失的情形。但是5.3.2节中说明虚化结果补语的后附性、粘着性、不易成为语义重心等特点的其他测试方法，并不适用于虚化的趋向补语，主要因为那些方法都是将结果补语转变为更加强调结果状态的状态补语，如变成“V得OR”“一V就R”“V得R不/没”等，而实义趋向补语同状态补语差距较大，本身不能进行这种变换，所以这些测试对于实义和虚化的趋向补语不起作用。但是这并不妨碍我们对虚化趋向补语的“完结”性质的认定，因为没有论元结构这条性质是最重要的。

二是与体标记相比,不是真正的动态助词,比完成体标记“了”的时体性弱。主要也是和完成体标记“了”相比，句法测试的内容和 5.3.3 节中的相同。首先是对前项动词具有选择限制性，如上节的描写所示，只有“到”“上”“下”“过去”“起来”的部分例句虚化的程度很高、没有方向性语义的限制，可以被自由替换掉,它们在其他语境中,以及其他趋向词“来”“去”“出”“上来”“下来”等都保留一定心理上的方向感，需要和表示方向的动词结合，也说明它们还在虚化的进程中，并不彻底。

其次，与完成体标记“了”不能用“没”否定的情况不同，可以用“没”否定。例如：

（141）我没买到奥运门票。

（142）他没找来酒杯。

（143）照顾孩子没占去她大部分的时间。

（144）她没爱上北京这座城市。

（145）我没谈下那笔生意。

（146）我没看出他的心思。

（147）他没答上来这个问题。

（148）他今天还没把长诗背下来。

（149）你没忽略过去重要的数据。

（150）他没给抓起来。

再次，趋向补语虚化后仍然可以做所在句子的焦点，而体标记本身不能成为焦点。能作句子的焦点说明虚化趋向补语不是体标记，还有一定词义，例如：

（151）（你买奥运门票了吗？）买了，没买**到**。

（152）他去找两只酒杯，可最后没找**来**。

（153）他一直想占那笔公款，最后由于审查制度很严才没占**去**。

（154）（听说他染了一种怪病？）他是接触过病人，可没染**上**。

（155）我谈了一个月，今天终于谈**下**这笔生意。

（156）我看几眼就看**出**他的心思。

（157）（这文章太长我背不了。）他脑子好，念几遍就背**上来**了。

（158）（资格证，考得怎么样？）考**下来**了。

（159）他有意忽略一个重要数据，可是没能忽略**过去**。

（160）那个犯罪团伙，公安局抓了两年，现在才抓**起来**。

最后，虚化补语比完成体标记"了"更自如地进入定语从句，说明它们比体标记具有更加实义的意义，与谓语动词的联系也更紧密。例如：

（161）？我买了奥运门票的时候网络通道马上要关闭了。

（162）我买到奥运门票的时候网络通道马上要关闭了。

（163）？他找了酒杯的时候，客人们都等不及走了。

（164）他找来酒杯的时候，客人们都等不及走了。

（165）？照顾孩子占了大部分时间的那几年，她业务荒疏了。

（166）照顾孩子占去她大部分的时间，她业务荒疏了。

（167）？他传染了一种怪病的那家医院已经倒闭了。

（168）他传染上一种怪病的那家医院已经倒闭了。

（169）？我谈了这笔生意之后再去找你。

（170）我谈下这笔生意之后再去找你。

（171）？我看了他的心思的时候，他已经把东西偷走了。

（172）我看出他的心思的时候，他已经把东西偷走了。

（173）？他把长诗背了的时候我还没看完呢。

（174）他把长诗背上来的时候我还没看完呢。

（175）？八圈牌打了之后，小张有些心虚了。

（176）八圈牌打下来之后，小张有些心虚了。

（177）？一个重要数据忽略了的段落要再检查几遍。

（178）一个重要数据忽略过去的段落要再检查几遍。

（179）？他让公安局给抓了的那天，他爸爸心脏病犯了。

（180）他让公安局给抓起来的那天，他爸爸心脏病犯了。

所以我们认为趋向补语虚化后的某一个状态[①]是表示述语动

---

① 趋向词作补语语法化后有不同的发展方向，表示事件“完结”只是其中某个状态，语法化的其他情况参见郑红明（1990），张瑞宣（1995），庄义友（1996），陶振伟（2006），全国斌（2006），项开喜（2007）对“到”的研究；刘坚等（1992），江蓝生（1995），曹广顺（1995），吴福祥（1996），孙斐（2005），李明（2004），龙国富（2005b），梁银峰（2004a、b、2005）徐丹（2005）对“来”的研究；木村秀树（1987），岳中奇（1996），陈泽平（1992），曹广顺（1995），吴福祥（1996），孙斐（2005），伍和忠（2004），王国栓（2003a、b），徐丹（2005）对“去”的研究；史锡尧（1993），邱广君（1995），张燕春（1995），关键（1997），刘广和（1999），蒋华（2003）对“上”的研究；杉村博文（1983），张燕春（1995），卢莉（2006）对“下”的研究；杨桦（1992）对“出”的研究；吴洁敏（1984），房玉清（1992b），刘广和（1999），陈秀兰（2003），陈忠（2006）对“起来”的研究；杉村博文（1983）高顺全（2001）徐静茜（1985）对“下来、下去”的研究；卢英顺（2002）对“下去”的研究”等。

作事件完结的，和虚化结果补语具有同样的句法功能。

Bybee，Perkins& Pagliuca（1994）从语言类型学的角度对 76 种语言的体貌做了考察，从他们的研究中看到语法学上经常讲的"perfective（完成体）"标记的词汇源头都是动态性动词或方向性动词，而中间过程在体貌研究中也称为"体"，可见其体貌性质。汉语中的表示"完结"语义范畴的完结短语也应该有这两方面的来源。依据本书的研究，汉语中从表示完结义的动词（结果补语）和表示方向性的动词（趋向补语）也会语法化为"完成体"，其中间的过程正是我们提出的"完结"体。这也和人类其他语言的规律是一致的。汉语中表示方向性的动词就是趋向动词。动词体态也可以说是动词所表示的动作在时间上的一种方向，时间上的范畴一般是由空间上的范畴语法化而来，所以表示动作空间方向性的趋向词也是动词体貌的一个源头。

趋向词，在汉语普通话中语法化的程度并不高，从上节的描写可见。尤其完成义动词"了"在汉语普通话中胜出，发展为完成体标记后，其他词汇意义为"完成"的虚化结果补语都受到一定程度的抑制。而由趋向词表达的"完成"意义更加受阻，但是它们中有的在汉语其他方言中却被高频使用，接近真正的体貌标记。比如：

（一）到

前面也谈到"到"的词义由［＋达到目标］衍生出表［＋有结果］即到了某一地步的程度的意义，这一空间结构模式便有了动作结果状况的抽象表达。普通话的"到"虚化程度也比较高，虽然郑红明（1990）、张瑞宣（1995）等已经认为它是动态助词，但这种观点还未被广泛接受。方言中的情形则不同，方小燕（2003）指出广州话里已经演变为完成体标记，可以和表示完成体的谓语前的“有”（否定式“冇（没有）”）连用，共同表示完成体，有很强的体标记性质。例如：

（181）朵花有冇红到呀？（那朵花已经变红了吗）

（182）前日我有返到工。（前天我上班了）

（183）我冇同佢跳到舞。（我没跟他跳舞）

徐海东（2005）对咸宁话的研究指出“到”也有表示完成体貌的用法。例如：

（184）我在桌上搁到几本书。（＝了）

在咸宁话中“到”还向持续体标记方向发展，与普通话中的“着”相似。例如：

（185）伊正搬到盆水。（他端着一盆水）

（186）桌上放到好多书。（桌上放着好多书）

（187）伊笑到说要我给弟弟讲个故事。（他笑着说要我给弟弟讲个故事）

这是由于“到”的基本词汇意义“达到”也有“达到目的地而停住”的含意，进而也产生出结果状态的持续义，为语法化为持续体标记创造了条件。咸宁话中的“到”与普通话中的“着”发展轨迹（见6.4）一样，经过表示“完成”的体貌意义，还能在静态动词后转化成持续体标记。这对我们关于体标记之间关系的分析又是一个很好的证明。

（二）去

“去”在闽方言中也进一步虚化。李如龙（1996）指出在闽南泉州方言里“去”可以表达动作的完成或事件的结束，与普通话的完成体标记“了$_1$”相同，是体标记。例如：

（188）鞋拖颂歹去唠。（拖鞋穿坏了）

（189）我拍破去（一块）碗。（我拍破了碗）

陈泽平（1992）也认为至少在五代时期“去”已由动词虚化为表状态变化完成貌的助词（如“只恐夜深花睡去”“死去元知万事空”等），并在现代福州话中保留此用法。

（三）起来

丁雪欢（2005）指出在沅江话中表示完成的虚化结果补语“起来”用法比普通话广。例如：

（190）文章已经写起来哒。（文章已经写好了）

（191）衣服早就做起来哒。（衣服早就做好了）

这里的补语“起来”和“好、完”一样，表示的是动作的完成结束，比普通话中的用法更加虚化。

7.4　趋向义动结式与完结短语理论

前几章中对虚化的和实义的结果补语的分析，用大量语言事实证明完结短语假说的可行性。本节我们直接用完结短语假说来分析趋向补语的句法结构，实义的和虚化的趋向补语都对应于结果补语的相应结构。下面我们给出两组趋向补语对比的句法结构。

表示事件“完结”的虚化趋向补语句中，宾语是非受影响的，位置在 [Spec VP]，结构如下：

（192）

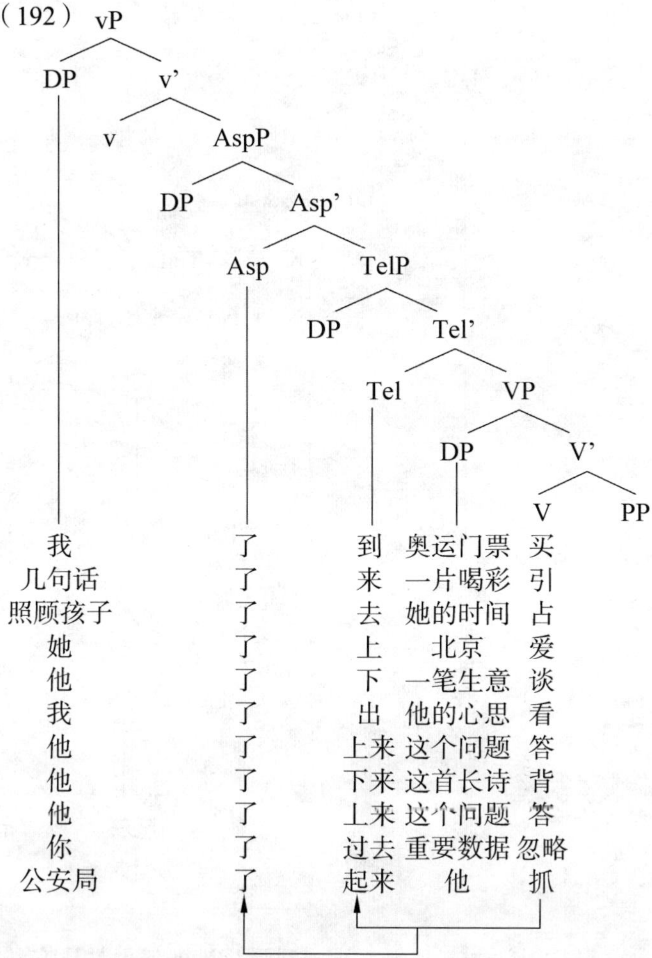

而实义的趋向补语，也是给述语所表示的事件一个方向性的完结点，只不过动趋式的宾语是受影响性宾语，位置在 [Spec TelP]，结构如下：

（193）

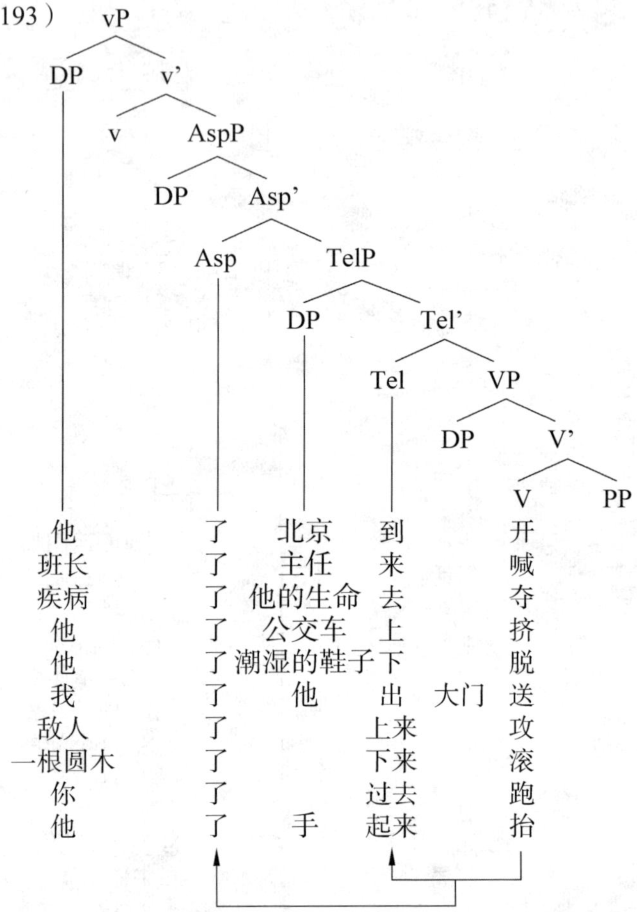

趋向补语或者说趋向词也是谓词性的，也是从实义补语转化而来的。

综上所述，动趋式本质上也是一种动结式，趋向补语也是一种“完结短语”中心语，也给谓语动词所表示的动作一个完结点；不过，不同于多数结果补语的是，趋向补语有自己的词汇意义带来的特点，所提供的完结点的结点意义不是显性的，是具有方向性的，而且往往不是一个固定的点，而是一个线性的趋势，与形容词性结果补语一样（参见 2.5.2），在句法表现上也可以与持续体或进行体标记共现。

第八章　动词“完结”范畴及其跨语言类型

我们完成了对汉语黏合式动结式（含动趋式）的句法结构分析，用完结短语假说理论较为统一地分析了相关句式。本章我们将扩大研究视野，从跨语言的角度来深入探讨这个问题。

8.1　“完结范畴”的性质

生成语法的基本理念是人类都具有相同的语言能力，存在与生俱来的普遍语法。理论上讲，生成语法以哪一个语言的语法体系总结出来的规律都应该是同一个结果，都应该符合普遍语法的一般规律。但是从实际操作方面看，以单个语言为基础来建立整套普遍语法理论，风险很大（石定栩，2002）。所以依据不同的语言所得出的结论，需要经过更多语言的检验。或者说，一种语言中得出的某些规则，应该对更多语言进行解释，才能体现语言理论的解释充分性。本章就是秉承这样的理念，希望将“完结短语”假说理论置于更多的语言，来验证该理论，也期望解释不同语言的类似语法现象。

我们上文在对前人研究进行评判时也不断指出某些分析缺乏语言普遍性，是单独为汉语特设的。即使不考虑生成语法理论的理念，以其他语法理论为研究背景，我们认为也应该考虑到跨语言相关现象的适用性。

在对汉语动结式分析的过程中，我们也不断思考，既然“完结”特征是决定动词性质的两个基本特征之一，具有非常重要的意义，这也是跨语言得出的结论，那么人类语言都应离不开这个语义范畴，都需要在谓语动词中有所体现。那么除了我们熟悉的现代汉语动结式这样的表达形式，人类其他语言是如何表达“完结”范畴的呢？不同语言的表达方式是否有共性、是否有类型的区别？汉语动结式的表达方式在其中又是什么样的地位？本章将带着这些问题对其他语言进行考察。

这方面的研究有没有？答案是肯定的。

一方面，是民族语言（指中国境内少数民族的语言）的研究者，研究对象为中国境内的汉藏语系、阿尔泰语系的一些语言。汉语动结式的特殊性使其成为其他语言学习者的研究重点，所以有大量与汉语动结式以及述补结构的对译、偏误等研究。除了个别语言的研究，民族语言研究者也思考某语系或语族、语支的特点。所以，这方面研究不仅对语言的现象进行充分的描写，也不断挖掘语言现象背后的联系，进行了有益探讨。但是由于受汉语动结式等研究的深刻影响，更加重视动结式的句法形式，研究多为考察汉语述补结构在其他语言中的对应形式，如王志敬（2003）、黎意（2004、2009）等学者对语言的述补结构进行研究。尤其是黎意（2004）的研究，将汉藏语系和阿尔泰语系、印欧语系的述补结构进行了对比分析，从语序类型到语系特点对述补结构的不同表达方式进行了分析，提出了有价值的见解。

但是从动结式或述补结构的句法角度出发，进行语言之间的对比研究并进而进行类型划分，是不科学的。因为不同语言表达形式可能是一样的，但是表达的语义范畴不同；而不同的表达方式却有可能是同样的语义范畴。所以当民族语言的研究关注点为“述补结构”时，基本都考察与汉语动结式对译的各语言的句法表现形式，也就多倾向于 VR 形式或 VOC 形式，对其他表达形式比较忽视。

另一方面，Winkler（1997）、Washio（1997、1999）、Strigin&Demjjanow（2001）等也关注到不同类型的语言在“结果”表达上的类型差异。根据结果指称的变化意义是否为动词所固有，即 VOC 的形式中 C 是不是 V 的固定语义，区分不同“结果”。如果动词的意义和结果形容词的意义各自完全独立是强结果（strong resultatives）（如“The horse dragged the logs smooth.”），动词的意义和结果形容词的意义不完全独立是弱结果（weak resultatives）（如“Mary dyed the dress pink.”）。英语、荷兰语、汉语、捷克语、德语等二者都有，日语、韩语、土耳其语只有弱结果句，而法语、意大利语、俄语、西班牙语没有这样的结果句。并探讨了无结果型语言不能形成这种 VOC 形式的原因，如语法体或动词前缀的语义阻碍动结式形成（帅志嵩，2009）。这样研究很有价值，也是从多语言的角度来考察。但是他们关注的是表达结果的句法形式的比较，是 VOC 或 VC 的形式。虽然这个形式是表示动词的结果，但是他们却没有考察其他表达“结果”语义的句法可能性。而且，本书的“完结”是更抽象的语义范畴，是动词的基本特征之一，而“结果”则并不是动词中最基本的特征属性，所以这方面的研究范围小于本书的研究。

可以说，前人有这方面的研究，尤其民族语言研究者的成果丰厚而具体，本书借鉴了大量语料，但是由于研究界定的不同，前人并没有关于动词“完结”语义范畴方面的全面研究[①]。

另外，对动词起到“完结”“终结”“给予终止范围”的成分有很多，如汉语中除了黏合式动结式，还有如带“得”的结果补语从句（也称状态补语，但状态也是动词V的一种结果）（如“他笑得岔气了”“他打得手肿了”），介词结构补语（如“走到天安门”“写在黑板上”），时量短语补语（如“他哭了三小时”“他喝了三天粥”），动量短语补语（如“他来过几次”“他走了几趟”）等。这些在汉语研究中称为补语的成分，对动词也起到限制动作范围、使其具有界限性的作用。但是，汉语中同为动词后补语的这些形式，在很多语言中与主要谓语动词的关系非常松散，是句子中其他成分的相关成分，如介词结构、时量短语、动量短语等，都是谓语的附加成分（生成语法用“Ajunct（附加语）”表示），带“得”补语更是类似另一个从句。所以说这些汉语中统称为补语的成分，并不具有同质性[②]。而且，人类语言中也可以用另一个从句来给予动词作用的范围，如“我做了这道题，这道题错了”“张三打了李四，李四受伤了”等。本段所列举的形式，虽然对动词的实际作用范围有所限定，但是并不是直接作用于动词之上的，而是在动词短

① 目前的类型学研究（Bernc Heine & Tania Kuteva 2012 等）中均不涉及动词完结语义范畴。

② 金立鑫（2009c）等也有论述。

语或句子层面的，我们认为不是真正的可以决定动词情状类型的“完结”范畴。

本书专注于最靠近动词的谓词性成分，而这部分也是动词生成过程中最核心的“完结”意义表达形式,是动词的基本语义特征。我们再将动词的四种基本情状进行特征分析，如下表：

表 8：动词短语的基本类型

动词类型	解释	示例 \ 特征	过程性 Process	完结性 Telic
状态动词 State	描述进行中的事件	know（知道）, believe（相信）, love（爱）	–	–
活动动词 Activity	具有模糊的时间，没有明确的终点	Run（跑）,cry（哭）, sleep（睡），push（推）	+	–
完成动词 Accomplishment	在确定的时间段内发生的事件，有明确终点	make a chair（做一把椅子），draw a circle（画一个圈）	+	+
成就动词 Achievement	描述瞬间发生且有终结点的事件	Recognize（认出）, lose（丢失），find（找到）	–	+

动词情态理论和生成语法内部体理论将动词的特征区分为最基本的两种：“[± PROCESS] 过程性”和“[± TELIC] 完结性”。这也是决定动词类型的基本语义特征体现于语法中的范畴。“完结”范畴直接决定谓语动词的情状类型，具有语言类型学的研究价值。但也为了区别其他对动词完结与否有影响的成分，我们称

动结式中 R 类“完结”表达为动词的动词性完结范畴。这里“动词性”其实是谓词性，主要以动词为主的，也包含形容词。趋向词也可以看作是动词的一种。行文中也会将这个语法范畴称为动词“完结”范畴。

最靠近动词的谓词性成分，且这部分才是动词生成过程中最核心的“完结”意义表达形式，是动词的基本语义特征，是本文研究的动词“完结范畴”。

决定动词类型有两个基本特征，我们之所以关注“完结”特征，一是因为作为母语为汉语的研究者从汉语观察到，VR 的 R 集中体现了该特征，“完结”对汉语句法结构有重要作用；二是我们认为 [– 过程] 是个相对的概念，应该是时间极短，一个动作行为完全没有过程是无法想象的，所以“过程”特征相对于“完结”特征是缺乏句法分析意义的①。

8.2　动词性“完结”范畴的类型总论

我们对汉藏语系、印欧语系、阿尔泰语系、南亚语系、南岛语系等的 66 种语言的动词“完结”范畴表达形式进行整理和归纳，只涉及与谓语动词情状密切相关的、直接作用于动词之上的动词的完结范畴。总结出五种表达形式，现在梳理为下表。

① Travis（2005/2010）、Ramchand（2008）等在更高一层功能投射 ProcessP，我们持保留意见。即使以后证明 ProcessP 确实存在，本书所关注的“完结”特征也应该是更有语言学意义。

表 9：动词“完结”范畴的类型及语言示例总表

	表达形式	释义	语言	示例
1	词义整合完结范畴	完结意义包含在词语的意义当中，是一个词语内部的义素。	古代汉语（上古时期）	单音节词“污”“损”“破”
			英语	词汇“kill（杀死）”“break（打破）”“find（找到）”
			独龙语	sət^{55} 打死、ŋɑ^{ʔ55} 推倒
			法语、意大利语、俄语、西班牙语、尼泊尔语、泰语、维吾尔语、蒙古语、保安语、鄂温克语、哈萨克语、柯尔克孜语、越南语、印尼语	
2	屈折形式完结范畴	特定语法形式，如表示“完结”的词缀等。也分为前缀和后缀两种情况。	马达加斯加语	前缀“aha-”
			法语	前缀“a, ac, af, ag, al, an, ap, ar, as, at, en, em”
			鄂伦春语	后缀 -mdak/-mdək
			Tagalog 语、保加利亚语、俄语、傣语、珞巴语、独龙语、鄂伦春语、柯尔克孜语、越南语、印尼语、韩语	
3	动前完结范畴	用动词前的副词来表达动作的“完结”或某种状态。	维吾尔语	Sən hata sθzliding. 你 错 说－过去时（你说错了）。
			Navajo 语	句中特定副词性位置
			鄂温克语	guun pʊʃa tixiʃəə. 玻璃 粉碎 摔－过去时
			蒙古语、保安语、鄂伦春语、嘉戎语、羌语、缅甸语、俄语、德语、尼泊尔语、印尼语、日语	

（续表）

	表达形式	释义	语言	示例
4	动后完结范畴	由一个谓词性的补语成分来表示前一个述语动作的完结点，即VR结构。	现代汉语	杀死、打破、找到
			英语	throw out, look up, eat up
			勒期语	nɛː^{55}（染）nɛː^{53}（红）
			侗语	ça^{3} je^{1} kən^{1}、kit^{9} təi^{1} kən^{1} 写 歪 了、病 死 了
			西班牙语、维吾尔语、哈萨克语、蒙古语、满语、鄂温克语、撒拉语、塔塔尔语、赫哲语、仙岛语、阿昌语、纳西语、怒苏语、哈尼语、彝语、浪速语、傣语、水语、壮语、景颇语、仡佬语、仫佬语、苗语、黎语、拉祜语、白语、傈僳语、珞巴语、毛难语、畲语、布依语、基诺语、载瓦语、缅甸语、泰语、佤语、布朗语、德昂语、京语、越南语、日语、印尼语	
5	小句形式完结范畴	VOR，宾语在动词和补语之间，使宾语和补语OR形成一个主谓结构的小句形式。可以看作VR结构的变体。	古代汉语（中古时期）	打汝口破。
			英语	She shot John dead.（她射约翰死）
			傣语	jɯ^{2} sə^{1} ta:i^{1} 射 虎 死
			壮语	jum^{2} ka:i^{5} paŋ^{2} hoŋ^{2} lo. 染 布 红 了
			德语、蒙古语、仫佬语、水语、侗语、黎语、苗语、瑶语、毛难语、畲语、尼泊尔语、泰语、京语、越南语、印尼语、韩语	

用生成语法理论来看，不同类型的完结范畴的生成位置是不同的。第 1 类是词汇形式表达，在词义中蕴含着完结意义，所以是在语义层中生成；第 2 类是屈折形式，或称形态形式表达，在形态层中生成；而第 3、4、5 类虽然形式不同，但都是用独立的词来表示动词的完结意义，无论是第 3 类在动词前副词，还是第 4 类在动词后补语，还是第 5 类中间补语前插入了宾语，可以说都是句法形式，也都是句法层中生成的。

本节只是概览，生成的理论阐释将在 8.8 节中具体说明。以下 5 节我们将分别说明这五种完结范畴表达形式在不同语言中的具体表现，让读者们先有更直观、更清晰的认识。语系有多种不同的分类，语言较多的基本的语系差异不大，但是体系名称和分类也存在一定差别，某些语言归属也存在争议，我们考察的都是学界了解较多的主要语言，我们的语系分类也采取大类，不作过细区分。主要有汉藏语系、印欧语系、阿尔泰语系三大语系，和南亚语系、南岛语系。古代汉语和现代汉语分为不同类型，并单独列出；日语、韩语等目前归类有争议的语言也单独列出。

本书的基本理念是从前人相关但不直接的研究中考察出“完结”范畴的表达方式，对语言材料不作统一地妄自的分析。因“完结”概念为首次提出，所查找的资料中不会使用这种概念来表述，为了展现资料的原貌，书中引用时保留了部分原有术语，如表“结果”义、充当结果补语、述补结构、终结意义等，对于语法术语如“助词、语助词、完成体动词”等也尽量保持资料原貌，以便读者核实并进一步研究。

8.3　语义层的词义整合完结范畴

词义整合完结范畴是指动作的完结意义包含在词的意义当中，是一个词语的内部义素。也可以称为动词本身编码的完结范畴。体现在如下一些语言中。

8.3.1　古代汉语

我们熟知的上文提到的古代汉语（上古时期），用单音节词来表示现代汉语动结式表达的意思,如"污""损""破"等词语。如：

（1）古代汉语——现代汉语

污	弄脏
损	弄坏
破	打（弄）破

现代汉语中虽然绝大多数单音节动词都是没有完结点的，但是也还有一个单音节词表达如动结式的意思就是"𥐻（cèi）"，意思是"打碎、摔碎"，曾经收录到《现代汉语词典》（第5版），新版中被删除，但是仍活跃于北京话等北方方言中。

8.3.2　汉藏语系2种语言

（一）独龙语

戴庆厦、黎意（2004b）考察了藏缅语的述补结构，指出藏缅语缺乏汉语的述补结构，都是用其他方式来表示动作结果意义的，也就是我们说的完结意义，其中之一就是用含有述补语义的单个谓词来表示，并给出独龙语的例子。如：

（2）$ŋɑ^{ʔ55}$ 推倒　　$sət^{55}$ 打死

（二）泰语

泰语的动词构词法比较丰富。汉语中不同的表达法“碰见”“看到”在泰语中都可以用“เจอ”一个词来表示，如（曹国安 2016）：

（3）หนู　เจอ　คุณครู　ของ　หนู
我　碰见了　老师　的　我
我碰见了我的老师。

（4）ที่　โรงหนัง　ฉัน　<u>เจอ</u>　ดารา
这　电影院　我　见到了　名人
我在电影院看到了明星。

用单独的一个词“จอด”来表达一个“完结”的状态，即火车现在不动了，如：

（5）รถไฟ　<u>จอด</u>　แล้ว
火车　停止　了
火车停了。

8.3.3 印欧语系 6 种语言

（一）英语

英语中也有大量词汇，带有动作完结的语素意义，研究中也称为 Achivements（完成动词或实现动词），该类动词无需后加词缀等形式，词内直接就包含了动作和结果的双层意义。如：

（6）break（打破）　spot（认出）
find（找到）　recognize（意识到）

lose（失去） drown（淹死）

hear（听到） reach（到达）

cure（治好） open（打开）

该类动词与汉语中的动词结果补语相对应。如：

（7） The scandal **kill**ed the man.

定冠词 丑闻 杀死－过去时 定冠词 男人

是丑闻**杀死**了那个男人。（林忠，2008）

（8） A sudden scream **pierced** the silence.

不定冠词 突然的 尖叫 划破－过去时 定冠词 安静

一声尖叫**划破**了沉静。（邹香娜，2006）

（9） The box was **crammed** with letters.

定冠词 信箱 be 动词过去式 塞满 介词 信

信箱里**塞满**了信。

（10）He **crashed** the glass on the table.

他 撞碎 定冠词 玻璃杯 在……上 定冠词 桌子

他把桌子上的玻璃杯**撞碎**了。

（11）Water-pipes often **burst** in cold winter.

水管 经常 破裂 在……里 寒冷的 冬天

水管经常在寒冷的冬天**冻裂**。

我们考察到还有很多印欧语系的语言用词义整合的方式，将“完结”意义包含在一个词中。

（二）法语

在法语中存在着单独的动词来表达完整的完结意义，法语中的词义整合完结意义的动词非常多，如：

（12）déborder（溢出） déchoir（下降）
décroître（减少） croitre（增长）
pourrir（腐烂） embellir（变美）
empirer（变坏） grosser（变粗）
maigrir（变瘦） rajeunir（变年轻）
（陈振尧、周世勋 1983）

（13）En cas d'incendie, il faut **couper** l'électricité.
介词 情况 火灾 无人称动词的主语 必须 切断 电源
发生火灾时，一定要**切断**电源。（张丹，2002）

（14）En écrasant son mégot, le chef du
介词 掐灭 他的 烟蒂，定冠词 主任 介词
bureau se mit à parler.
办公室自反代词 开始 介词 发言
办公室主任**揿灭**烟蒂，开始发言。（同上）

（15）Ouvrez votre livre s'il vous plaît.
打开 你的 书 如果他 你 开心
请**打开**书本。（同上）

（三）意大利语

意大利语有一些动词，直接含有完结的意义。如下面例词的对比，前者含有完结意义，后者则没有（赵秀英 1991）。

（16）trovare 找到——cercare 寻找
imparare 学会——studiare 学习
vedere 看到——guardare 看
addormentarsi 睡着——dormire 睡觉

（17）Da lì ci vedi？

能 他们 我们 看见

他们能看得见我们吗？

（18）Vuole prendere quella cosa, ma non ci arriva.

要 拿 一 东西 但是 不 给我们 够着

想拿一个东西，但够不着。

vederci（看见）（变式 vedi）和 arrivarci（够着）（变式 arriva）词义都含有完结意义。

（四）俄语

俄语也有词义整合完结范畴，即一个动词本身就是包含完结意义的动词，如：

（19）прочить написать закрыть

读完 写完 关闭

починить продать

修好 卖掉 （赵一凡，2013）

（20）**ламать** палку

折断 棍子

спасти больного

救活 病人

узнать это дело

弄清楚 这件 事 （杨烨燊，2012）

俄语中有些动词分为含有完结意义的动词和没有完结的动词[①]，

① “含有完结意义的动词”在俄语研究中的术语为完成体动词，“没有完结的动词”在俄语的术语为未完成体动词。根据本书前面的说明，这并不是完成体，而是动词完结意义。

含有完结意义的动词表示动作已经达到或将要达到终点，没有完结的动词表示动作的持续和重复，且这两组动词一一对应，如：

（21）взять——брать　　　написать——писать
拿走　　拿　　　写完　　写
построить——строить　　увидеть——смотреть
建成　　建　　　看见　　看
услышать——слушать　　найти——искать
听见　　听　　　找到　　找
（徐涛，2012）

（五）西班牙语

在西班牙语中，有些动词本身含有完结义，如：

（22）oír（听见）　　ver（看见）　（谢阳洋，2014）
infiltrarse（渗入）　descubrir（看穿）
agotar（用光）　　（陈国坚，1983）

（23）Muchas personas han **calado** la esencia del problema.
很多 人 现在完成时 看穿 定冠词 本质 定冠词 问题
很多人已经看穿了问题的本质。（陈国坚，1983）

（六）尼泊尔语

尼泊尔语中存在一种实现义的动词（成就动词），该类的动词无需后加词缀等形式，词内直接就包含了动作和结果的双层意义。该类动词有“लड्नु（ladnu）（摔倒）、पुग्नु（pugnu）（到达）、चिन्नु（chinnu）（认出）、हराउनु（haraunu）丢失、भुल्नु（bhulnu）（忘记）、सम्झनु（samjhanu）（想起）、खोल्नु（kholnu）（打开）、मार्नु（maarnu）（杀死）、बुझ्नु（bujhnu）（听懂/看懂）、भेट्टाउनु

（bhettaunu）（找到）、पक्रनु（pakranu）（抓住）、देख्नु（dekhnu）（看见）”等。例句用法如：

（24）राम निदायो।

Ram nidayo

Ram 睡着

Ram 睡着了。

（25）मैले हरीलाई भेटे।

Maile Harilai bhete

我　Hari　碰见

我碰见了 Hari。（大龙，2015）

8.3.4　阿尔泰语系 6 种语言

我们考察部分阿尔泰语系的语言，发现很多语言也有词义整合的方式。

（一）维吾尔语

维吾尔语属于阿尔泰语系突厥语族葛逻禄语支。

一种情况是，维吾尔语中用一个谓语动词表示，该谓语动词是由形容词加上含使动义的词缀构成的。例如维吾尔语“sundurux”的意思是“折”，含有使动义，可表达汉语“打折”的意思（拜立民，1983）；“urtum”有使动意义，意思是“听懂”（王琴霄，1992）。下面的例句中也有此类情况。

（26）bɪz　unɪŋ　maʃɪnɪsɪnɪ øɾʏwɛttuq.

我们 他的　车　翻（使动）

我们撞翻了他的车。（郭兰，2008）

另一种情况是，一些动词既可以表示没有明确终点的动作，也可以描述瞬间发生且有终结点的事件，即一个动词本身包含了“动作+完结”的意义。例如：

（27）jalpaqlaʃ（压扁）　ruslaʃ（伸直）

（二）蒙古语

汉语的结果补语无论是动词还是形容词，因述补结构整体性的词化，在蒙古语中以动词谓语形式表达。但是在蒙古语中述补短语整合成一个动词义位时，汉语述语和补语所占的语义分量不同，或整合成以述语义位为主的动词，或整合成以补语义位为主的动词（德力格尔玛、高莲花，2013:89），也就是词语中含有“完结”意义。例如：

（28）xatagaxu——晾干　ulailgaxu——染红

xɔrɔxu——缩小　marijalaxu——长胖

butugəxu——办成　tʃəgədʒiləxu——记住

nəgəgəxu——打开

（三）保安语

保安语中某些动词本身包含“结果义”（布和、刘照雄，1982），即可以表达“完结”意义。如：

（29）A：(tɕī) makuedʑinə ndʑiəgtə (o)　u？

你　马会计　看见（了）语气词

（你）看见马会计了吗？

B：ndʑiəgt(ə) o.

看见　了

看见了。

（30）　isma urɡuma, bǔ ɡoɡ(ə)o.

伊斯玛　叫　　我　听见　了

伊斯玛一叫，我（立刻）就听见了。

（四）鄂温克语

汉语中某些需要用动结式表达的意义，如“打破”“弄碎”“折断”等，在鄂温克语中可以直接用一个动词表达，这些动词含有“完结”意义，如（胡增益、朝克，1986）：

（31）əmu-（带来）　　　　　əddə-（弄坏）

xəŋkəti-（弄碎）　　　xataga-（弄干）

xənʃɔɔtɪ-（折断）

（32）Bii dunʃi əddəʃuu.

我　盅子　弄破

我把盅子打破了。

（33）Bii əriwə tirəʃuu.

我　　它　　弄倒

我把它弄倒了。

（五）哈萨克语

汉语动结式中的补语如果为形容词，在哈萨克语中有时只需用一个动词表示，这个动词本身就包含了“完结”的意义。通常情况下，该动词是由形容词附加某些词缀形成的（耿世民，1989）。后面的例词有致使意义，但也是含有完结意义的词汇。如：

（34）kök（蓝）＋ er——kōger（发蓝）

qǐsqa（短）＋ ar——qǐsqar（缩短）

qǐzǐl（红）＋ ar——qǐzar（发红）

aq（白）＋ ar——aɤar（发白）

köp（多）＋ ey——köpey（增多）

az（少）＋ ay——azay（减少）

qara（黑）＋ y——qaray（发黑）

（六）柯尔克孜语

柯尔克孜也存在这种形式（胡振华，1986），如：

（35）sen anə ojʁotpo! 你别叫醒他！

你 把他 别叫醒

（36）men balamdə uqtattəm.

我 把我的孩子 哄睡了

我把我的孩子哄睡着了。

（37）sen munu buzup taʃtadəŋ. 你把这个弄坏了。

你 把这个 弄坏 了

8.3.5　南亚语系 1 种——越南语

马雪燕（2013）指出汉语里一些表"脱落、消失"意义的动词如补语"失、破、掉、着"等用在动词后表示结果，即"丢失、弄破、碰掉"等，在越南语常用单个谓语动词来表示。如：

（38）Em Hài đà ngú rồi

小海 已经 睡 了。

小海已经睡着了。

"ngú（睡）"和汉语的"睡着"对应。

（39）Ví tiền của tôi bi mất rồi

钱包 的 我 被 丢失 了。

我的钱包丢失了。

“mất”是带有完结意义的“丢失”。

（40）Anh ta phá kỳ luc thế giới rồi

他　打破 纪 录　世界　了。

他打破世界纪录了。

“phá”是带有完结意义的“打破”。

8.3.6　南岛语系 1 种——印尼语

印度尼西亚语（Bahasa Indonesia）属于马来–波利尼西亚语系。印尼语中也有一些词可以单独使用来表达“完结”意义。

（41）mendengar　听到　　mengerti　懂

menguasai　学会　　　　　　　　　（陈光，2007）

（42）Saya ketemu dia

我　见到　他

我见到他了。　　　　　　　　　　（萧素珍，2014）

8.4　形态层的屈折形式完结范畴

屈折形式，指用特定语法形式来表示动词的“完结”特征，如固定句法位置、词缀等。Travis（2005）指出 Tagalog、Malagasy 等语言，有专门的表达完结意义的词缀，Tagalog 中的重复语素。我们又对其他语言进行考察，也找到一些固定表示“完结”意义的形态形式。

8.4.1 南岛语系 3 种

Travis（2005）的研究中列举了西马来波西尼亚语系（Western Malayo-Polynesian languages）的 2 种语言表示完结的方式，本小节为转引自该书。

（一）Tagalog 语

Maclachlan（1996）指出 Tagalog 语（居住在菲律宾吕宋岛和棉兰老岛的塔加路族人）有两个表示体的形态，一个是 n-/-in-，表示动作是否开始，一个是 redupilcative 重复形态，表示动作是否完结。如：

（43）START INCOMPLETE

+	+	*nagtutumba*	Imperfective
+	–	*nagtumba*	Perfective
–	+	*magtutumba*	Contemplated
–	–	**magtumba*	

虽然例词没有具体的分析，但是我们可以看出 Tagalog 语中动作完结意义有固定的表达方式，是用重复性的形态来表示的。在这种语言中动作是否有完结意义，在动词的形态上直接体现出来。如：

（44） Sinipsip niya ang buko, pero may

N.TT.PERF. 吸 GEN.3 他 NOM 椰子，但 有

nakabara sa istro, kaya hindi niya **nasipsip**.

阻塞 *SA* 吸管 因此 NEG 没 GEN.3 他 A.perf. 吸

他吸椰奶，但是吸管堵住，什么都没吸到。

（二）马达加斯加语（Malagasy）

Phillips（2000：22）指出马达加斯加语（Malagasy）也有类

似的情况，如下两个例句：

（45）a. nisambotra ny alika ny zaza,

PST.*I*. 抓 DET 狗 DET 孩子

...nefa faingana loatra ilay alika

但　　快　　太　那　狗

那孩子抓那只狗，可是狗太快了。

b. nahasambotra　ny　alika ny zaza，

PST.*A.HA*. 抓 DET　狗 DET 孩子

*.... nefa faingana loatra ilay alika

但　　快　　太　那　狗

那孩子抓住那只狗（，* 那狗太快了）。

在马达加斯加语中，如果是一个没有完结意义的中性的动词，进行动作后，是可以被否定的，如 a 句，动词“nisambotra”相当于汉语的“抓”；而当动词中附加了“aha-”这个词缀（“maha-”用在现在时中，“naha-”用在过去时中）时，动作的完结意义明确显示出来，结果便不能再改变被否定，如 b 句，动词“nahasambotra”相当于汉语的“抓住”。

再比如：

（46）a. mijery ‘to look at’ 看——mahajery ‘to notice’ 注意到

b. mandinika ‘to examine’ 检查——mahadinika ‘to remark’ 觉察到

前缀“i-/an-”表示活动动词，前缀“aha-”表示完成动词。

Rabenilaina（1985:372）还举出了一些带有“aha-”词缀的例词：

（47）mahazo ‘to understand, to seize’　理解、抓住
mahalala ‘to know’　知道
mahatsiahy ‘to feel, to remember’　感到、记住
mahatsikaritra ‘to remark’　觉察
mahatsiaro ‘to perceive’　感到

（三）印尼语

印尼语也有前缀“me-”表示动作完结（后辍“-kan”表示致使），如（陈光，2007）：

（48）me**mati**kan　关掉　　menemukan　找到
memecahkan　打破

（49）Dia　me**rupa**kan　patung　itu.
他　Tel- 改变 - 致使义后缀　雕塑　那个
他雕刻了那个雕塑。

（50）Sampai　mereka　menemukan
直到　他们　Tel- 词根 temu 找 – 致使义后缀
seorang　Belanda.
一个人　荷兰
直到他们找来了一个荷兰人。　（唐慧贤，2012）

（51）Dia malah dari atas pohon　memotong　batang pohon.
他　却　从　上　树 Tel- 词根 potong 砍　枝　树
他还从树上砍下树枝。　（同上）

还有部分形容词加前缀“ke-”和后缀“-an”构成的形式，表示“Adj.着”，意为主语从中受到伤害，有完结义，如（陈光，2007）：

（52）Kepanasan　烫着　　　Kedinginan　凉着
　　Kelaparan　饿着　　　Ketakutan　吓着

8.4.2　印欧语系 3 种语言

（一）保加利亚语

Slabakova（2001：82–83）指出保加利亚语（Bulgarian）的前缀“na-”表示动词动作有完结意义，如：

（53）a. pis-a
　　写 – 第三人称 / 过去时
　　他写了。

b. na-pis-a
　　Tel– 写 – 第三人称 / 过去时
　　他写完了。

c. Toj　na-pis-a　pisma *3 casa/za 3 casa
　　他　Tel– 写 – 第三人称 / 过去时 信　* 三个小时 / 在三个小时内
　　他花三个小时写完信。
　　* 他写完信写了三个小时。

有词缀“na-”的动词只能表示有“完结”意义的动作，如 b 句和 a 句的对比，也因为如此，所以不能与表示持续时间的成分共同出现，如 c 句。

（二）俄语

俄语表达动词“完结”的屈折形式为:前缀＋动词（＋后缀）。动词只表示动作，而最后的完结意义则是前缀或者是后缀赋予的，且词缀的含义有所区别，根据词缀意义的不同，大概分为以下四种情况：

第一、“вз-（взо-, вс-）, вы-, на-, по-, при-”等前缀包含“行为的完成与终结”的意义，所以在与动词结合之后，表示相应的结果含义，如：

（54）вспахатв　написать　вытопить　помыть

使疏松　写完　烧热　洗完

（嵇周，1996）

выжать　выжечь　побить　рекорд

榨干　烧尽　打破　记录

（徐涛，2012）

вычесать　вылечить　привернуть　приготовить

梳好　治好　拧好　准备好

выучить　текст　выстирать　брюки

读熟　课文　洗干净　裤子

（杨烨燊，2010）

第二、“от-（ото-）, пере-, раз-（рас- розо-）”等前缀则包含“离开，分开”的含义，如：

（55）отлететьь　разрвать

飞走　撕裂　（嵇周，1996）

отрезать　отрубить

切断　砍断

разбить　вазу

打破　花瓶　（徐涛，2012）

第三、“из-（изо-，ис-），пере-，про-，об-，у-，за-”等前缀则包含“充分，彻底，达到极限”的含义。

（56）избегать　перецеловать

跑遍　吻遍　（嵇周，1996）

увешать　усыпать　зарасти

挂满　撒满　长满

（57）исписать всю тетрадв

写满　全部 练习本

写满练习本　（杨烨燊，2010）

（58）Гусенисцы объсли листьу.

毛虫　吃光 叶子

毛虫吃光了叶子。　（张志军，2001）

第四、带前缀和后缀“при—ся”“о--ся”的动词表达“动作发生错误或对行为表示腻、惯、厌”等含义，如：

（59）огориться　обознаться　присчитаться

说错　认错　算错　（杨烨燊，2010）

（60）Все песни припелись.

所有 歌曲　唱腻

所有的歌都唱腻了。　（张志军，2001）

（三）法语

乐盛楠（2012）认为法语中的前缀“a、ac、af、ag、al、an、ap、ar、as、at、en、em”表明是完成体动词，我们经过考察后认为这些前缀表达的不是外部体完成体，而是动词的内部体“完结”体，是动词所表达的动作自身的性质。所以我们将法语列入屈折形式表达“完结”范畴中。如：

（61）**a-** aborder（容纳）

ac- accourir（跑来）、accommoder（领来）

af- affermir（加强）

ag- aggraver（走来）

am- amoindrir（减少）

ap- apporter（承担）

av- avilir（降解）

en- encercler（圈起来）、enlever（删除）、encager（囚禁）、enfuir（逃跑）

em- amener（带来）、emporter（带走）、emballer（包装）、embellir（美化）、embaumer（腐化）

8.4.3 汉藏语系 3 种语言

（一）傣语

罗美珍（2008）介绍傣语中的动词 se^{1}（“失”，借自汉语），意义已经虚化，在动词或宾语后面作助词，表示动作结果为原来的东西或状态消失不见，相当于汉语的虚化结果补语“掉”。消失、损坏、减少、偏离等意义的词后都可以接 se^{1}。

（62）sə^{3} teu^{3} fɛt^{8} se^{1} sam^{4}.

衣 裤 丢 掉 完

衣裤全扔掉了。

（63）man^{2} pɔk^{8} pai^{1} hən^{2} nɔn^{2} lap^{7} se^{1}.

他 回 去 家 睡 闭 掉

他回家里睡着了。

（64）bai¹ mai⁴ ləŋ⁵ se¹ sam⁴.

叶　树　黄　掉　完

树叶全黄了（原来的绿色不见）。

上例的 se¹ 和结果补语在用法上没有多大差别，如：

（65）xa³ to¹ niʔ⁸ taːi¹

杀　只　这　死（杀死这只）

xa³ to¹ niʔ⁸ se¹

杀　只　这　掉（杀掉这只）

傣语的 se¹ 还被研究者罗美珍认定为动词，我们无法确切考察它是否已经虚化为一个词缀，但是至少可以说，动词 se¹ 是一个虚化的结果补语，表达的意义更加抽象化，已经进入到了语法化的末端。这和汉语虚化结果补语有相似性。

（二）珞巴语

欧阳觉亚（1985）指出珞巴语有些表示完结意义的词缀，组成系列词语。如：

（66）-poŋ	koŋpoŋ	看见	taːpoŋ	听见
	koːpoŋ	穿上	maːpoŋ	找到
-raŋ	oraŋ	扔掉	kəraŋ	赶走
-kap	tɕopkap	夹着	mɯŋkap	记得
-kak	titkak	擦掉	pɯkak	冲走
-tak	beːtak	裂开	peːtak	剖开
-raː	lɯkraː	交换	gɯtumraː	遇见

（67）koː pɯrɯ ɦam tuppet gəŋ.eː.

他　碗　（结助）打破（尾助）

他打破了碗。

（68）taːpə ɦam　koː nɯŋ　pupak gəɲe.
绳子（结助）他（结助）拉断（尾助）
他拉断了绳子。

（三）独龙语

独龙语，孙宏开（1982）指出有表示完成的时间状态助动词，“u˥˥lɔn˥、tɔn˥、beŋ˥”完，放在动词后，如：

（69）mɯ˩ɟǎl˥ wɑ˥ u˥˥lɔn˥　bǎi˥，pɑ˥ɹɯ˩nɑ˥!
事情　做　完（连词）　休息
事情做完的话，（你）就休息！

（70）kuŋ˥se˩　dɔ˩　ci˩sɑ˥ pɹǎʔ˥, tɔn˥(bɯ˩).
公社（助词）麦子　收割　完（后缀）
公社的麦子收割完了。

（71）ǎŋ˥ ɑ˩mɹɑ˥ tɔi˥ mɹɑ˥　beŋ˥bɯ˩.
他　火山地 已经　犁　完（后缀）
他已经犁完火山地了。

8.4.4　阿尔泰语系 2 种语言

（一）鄂伦春语

鄂伦春语（– 满 – 通古斯语族 – 通古斯语支）中有一种动词后缀 -mdak/-mdək，表示该动词的动作完结，然后再接续后面的动作（胡增益 1986），如：

（72）tarɪ bəjə ˌnna-mdak dʒəəktəwətin banbʊr dʒəbtʃəə.
那　人　到　饭　全部　吃
那个人到了以后，把他们的饭全吃了。

（73）biiurələə mʊrɪnma gələə-mdək məliktəjə təwltʃəw.

我　山　　马　　　找　　　山丁子　　采

我去山上找马顺便采了山丁子。

（74）nʊganɪn bitəgəjə buurgi-mdək tukuwə itʃinətʃəə.

他　　　书　　　　还　　　　土库　　　看

他去还书顺便看望了一下土库。

（二）柯尔克孜语

胡振华（1986）指出柯尔克孜语中“bol-”原意为“成为”、“是”，助动词意义表示动作的完成。例如：

（75）men køryp boldum. 我看完了。

我　看　完了

（76）alar kelip boldu. 他们来齐了。

他们 来　齐了。

“tʃəq-”原意为“出”，助动词意义表示动作是从头到尾进行的。例如：

（77）siz《manas》tə oqup tʃəqtəŋəzbə?

您 把《玛纳斯》通读　　了吗

“dʒiber-”原意为“派遣”、“寄”，助动词意义表示坚决地进行某种动作。例如：

（78）men anə satəp dʒiberdim. 我把它卖掉了。

我　把它 卖　　掉了。

（79）al tʃənənə tyʃryp dʒiberdi. 他把碗弄掉地下了。

他　把碗　使落下

以上都为动作的完结。

8.4.5 南亚语系 1 种——越南语

马雪燕（2013）介绍越南语有充当结果补语的助词“đuọc”，固定表示结果意义,对应于汉语的不同结果补语“住、通、成、会、着”等。

（80）Tôi muộn（đuọc）“Tù điên Anh Hán” rồ

我　借　（助词）　词典　英汉　了

我借着《英汉词典》了。

（81）Điện thoại gọi（đuọc）rồi.

电话　打（助词）了

电话打通了。

（82）Tôi đã hoc（đuọc）nhiều câu.

我 已经 学（助词）许多 句子

我学会了许多句子。

“đuọc”虽不能确定是否已经语法化为一个词缀，但至少是与汉语虚化结果补语相当的成分。

8.4.6 韩语

1 后缀“- ㅆ다”放在动词后表明动词已经完结，如，

（83）기차표를　샀니?

火车票　买 – 完结 – 疑问式

火车票你买到了吗?　（金晶炫，2006）

（84）주식　값이　100 원으로　올랐다 .

股票　价格　100 元　涨 – 完结

股票价格涨到了一百元。

（85）다　먹어　치웠다.

全部　吃　－完结

都吃掉了。（刘沛霖，2009）

此例句中“吃掉”表明食物没有了，动作已彻底完结。

有学者认为韩语对应于汉语动结式的是动前完结范畴形式，但据我们的调查，韩语中主要表达“完结”语义的，是动词的后缀“－ 쓰다”，动词前的副词性成分只是修饰动作的情况，不具有真正“完结”的意义；因为去除掉这个副词，动作仍然具有完结意义。如（金晶炫，2006）：

（86）친구들이　모두　이미　술을　(충분히) 마셨다.

朋友们　都　已经　酒　足　喝－完结

朋友们都已经喝饱 / 完了酒。

（87）이　연습문제를　모두　(바르게) 풀었다.

这些　练习　都　对　做－完结

这些练习都做对 / 完了。

2 中缀“－ 내 －”，在动词中间，表示很难完成的事情，终于达成目的，完结。

（88）사내다　买到　공부해내다　学到

만들어내다　做完

3 后缀“- 가지고”，出现在两个动词之间，表示 V1 动作结束，在其结果的基础上进行 V2 动作。类似于汉语的“一 V1 就 V2”。下面 2 个例句中的 V2 也是完结形式如（宣德五，2008）：

（89）그는 건설 계획을 작성해 가지고 건설현장에 왔다.

他　建设　计划　做　建设工地　来－完结

他做好了建设计划，来到了建设工地。

词缀 - 아（어，에）가지고的出现表明，“做建设计划”这个动作已经完结。

（90）그는 소포를 싸 가지고 우체국에 가서 부쳤다.
他 包裹 包 邮局 去 寄 – 完结
他包好了包裹，到邮局寄出去了。

4 后缀“- 고 나다”，与 3 的后缀位置和功能类似，V1 动作完结后停留时间稍长，如（宣德五，2008）：

（91）그는 한참 생각하고 나더니 다시 말하기 시작했다.
他 一会 想 完 再 讲 开始
他想了一会儿，又开始讲起来了。

词缀“고 나더니”表示“想”这个动作结束了，有明确的完结点。

（92）그는 회의를 하고 나서 도서관에 가 신문을 펼쳐보았다.
他 会 开完 图书馆 去 报纸 翻阅
他开完会，到图书馆翻阅了报纸。

“开会”这个动作结束即为动作的完结点。

8.5 句法层的动前完结范畴

Travis（2005）曾指出 Navajo 用句中的特定副词性位置来表示动词的内部完结体。Navajo 语（纳瓦霍语（美国最大的印第安部落））（Speas，1991：205）的形态非常丰富，并且可以同时出现在动词前面，其顺序是：

（93）ADV ITER DIST-PL D-OBJ DEIC-SBJ ADV

1　2　3　4　5　**6**

MODE SBJ VOICE/TRNS STEM

7　8　9

1 ADVERBIAL：方式，方向…… 间接宾语代词

2 ITERATIVE：体 / 副词性前缀

3 DISTRIBUTIVE PLURAL：复数和分配，“每一个分别的”

4 DIRECT OBJECT：直接宾语的数和人称

5 DEICTIC SUBJECT：不定指（某人）或第四人称（泛指）

6 ADVERBIAL：副词性 / 体的概念

7 MODE：时态系统的核心

8 SUBJECT：主语的人称和数

9 VOICE：语态

其中的 6 就是表示完结意义的内部体的位置。我们在考察中也发现一些语言中用动词前的副词来表示动作的“完结”意义。

在中国境内的一些语言，由于熟悉汉语的学者研究汉语动结式在其他语言中的对应形式，也指出有些语言用“状述”结构来表示汉语的“动补”结构，下面我们就介绍一些。

8.5.1　阿尔泰语系 5 种语言

（一）维吾尔语

对应于汉语补语为形容词的动结式，补语词义基本没有改

变，维语可以通过 [状语＋述语] 表示“完结”意义。如（王琴霄，1992）：

（94）Sən hata sθzliding.
你 错 说
你说错了。

（95）Doskidiki hətlərni mən oquʁ kθrdūm.
黑板上的 字－复数 我 清楚 看－过去时
黑板上的字我看清楚了。

（96）oquʁ kθrūwal!
清楚 看（祈使式）
你看清楚！

（97）Bu sooɪaloɪa u tooɪra jawab bərdi.
定冠词 问题 他 正确 回答（助动词）
这个问题他答对了。

当汉语述补结构中补语语义发生变化，表示程度时，维吾尔语会选择与补语语义相近的副词或形容词作状语，其后加上动词作述语。有时，主动词后还需要加上助动词共同构成述语，以此形式来表示“完结”意义。“状语＋动词＋助动词”（王琴霄，1992），如：

（98）U daolini toluʁ sθzlidi.
他 道理 完全 说
他把道理都讲透了。

（二）蒙古语

对应汉语的动结式，蒙古语 [（把补语变成）状语] ＋述语]，构成状述结构（德力格尔玛、高莲花，2013：86–88），如：

（99）tʃəbər ugijɑxu　　burugu bitʃixu
干净　洗（洗干净）　错　写（写错）
mɑgu bɔlgɑxu
坏　成为（搞坏）

（100）sirəgə-ji　bɑlbɑ dɑru-bɑ.
桌子（宾格）烂　压－过去时
把桌子压坏了。

（101）ɑrɑsun bombogə-ji dəlbə isgul-bə.
皮　球（宾格）破　踢－过去时
把皮球踢坏了。

（102）suirətələ urɑxu　　tʃadtɑlɑ idəxu
碎　撕（撕碎）　饱　吃（吃饱）

（三）保安语

保安语将表达“完结”意义的词放在主动词前，补充说明其后主动词，形成状述结构（布和、刘照雄，1982），如：

（103）tɕɪ̆ mənə gatɕinə samogədʑi ɣoɣo ʂa?!
你　我　话　清楚　听 语气词
你把我的话听清楚了吧？！

（104）bŭ ndʐaŋnə hoŋdədʑi dʑi-G(ə)-o.
我　他　赶　去－使动态－了
我把他赶走了。

（四）鄂温克语

鄂温克语中有些动词可以放在另一动词前作状语，常见的有

"dəlp（劈成两半）、xɔltɔ（连根地）、taw（透彻）、xɔnʃɔ（断）、puʃa（粉碎）"等（胡增益、朝克，1986：97），表达结果性的完结意义，如：

（105）bii tarɪwa taw iʃiʃuu.
我　他　透彻　看
我把他看透了。

（106）gara xɔnʃɔ xɔnʃɔɔgɔʃɔɔ.
树枝　断　　断
树枝折断了。

（107）guun pʊʃa tixiʃəə.
玻璃　粉碎　摔
玻璃摔得粉碎。

（五）鄂伦春语

前一个动词词干后黏合附加成分 -mdʊr/-mdur，表示该动作是后一个动词产生的结果，如：

（108）pʊʃan kʊʊnɪ-mdʊr urutʃəə.
甫生　　叫　　高兴
甫生高兴的都叫起来了。

（109）əri kɔɔkan tʃaŋgal-amdʊr əwitʃəə.
这　小孩　　累　　　玩
这个小孩玩到累了为止。

（110）əri tʃɔmɔ pitʃirəəŋnən əbdəwtʃəə.
这　茶碗　　粉碎　　弄坏
这个茶碗被摔得粉碎。　　　（胡增益，1986）

8.5.2 汉藏语系 3 种语言

（一）嘉戎语

戴庆厦、黎意（2004b）指出汉语的述补结构在嘉戎语、独龙语、羌语等中用别的语法结构表示，比如状中结构，就是我们说的动词前副词位置。他们举了嘉戎语的例句，如：

（111）kə-mʃor ka-tʂop
漂亮 缝（缝漂亮）

（112）ŋə- mɲak ko- ktsəm.
前缀 眼睛 前缀 闭
（我）闭上眼睛了。

（113）ndʑo nə- mbak.
竹子 前缀 裂
竹子裂开了。

（二）羌语

孙宏开（1981）指出羌语中也有一类表示趋向完结的成分，放在核心动词的前面，给予不同的完结状态，如：

（114） tə˩po˥ əɹ˩po˥ zɿ˩po˥
上买（买上） 下买（买下） 进买（买进）
sɿ˩phɑ˥ χɑ˩phɑ˥ sɿ˩dʒɿ˧
掉卖（卖掉） 出卖（卖出） 下吃（吃下）

（三）缅甸语

作状语的形容词和谓语动词之间有时需要助词连接（李菊广，2011），如：

（115）နီ　　အောင်　ဆိုး　ပြီးပြီ။

红　助词　染　了

染红了。

（116）သန့်ရှင်း　အောင်　လျှော်ဖွတ်　ပြီးပြီ။

干净　助词　洗　了

洗干净了。

状语形容词表示动词的完结。

8.5.3 印欧语系 3 种

（一）俄语

俄语也可以用“副词＋动词”的结构来表达“完结”意义，副词在这里做状语修饰动词，如：

（117）плохо постирать　　ясно слышать

坏　　洗　　　清楚　听　（听清楚）

没洗干净

высоко вырасти

高　　长大　　（长高）　　　（杨烨燊 2010）

сошибками написать

错　　　写　（写错）

терять ботинки　на　　бегу

遗失　　鞋子　前置词　跑步

跑丢了一双鞋　　　　　　　　　（徐涛 2012）

（二）德语

（118）heiser reden　　　　　　kaput laufen

沙哑　喊　（喊哑了）　　坏　　跑　（跑破了）

müde redden

疲乏　喊（喊累了）　　　　（常玲玲 2007）

（三）尼泊尔语

尼泊尔语表示结果的是副词性的语法成分，出现于谓语动词的前面。用副词状语表示动结意义的时候，表示结果的动词或形容词后要增加后缀 -गरी（-gari）或 -संग（sanga）。并且宾语总在表示结果的副词的前面。如（大龙，2015）：

（119）मैले लुगा सफासंग धोय।

maile luga safasangga dhoye

我　衣服　干净　　洗

我洗干净了衣服。

（120）उसले हरीलाई मर्नेगरी पिट्यो।

usle harilai marnegari pityo

他　Hari　　死　　打

他打死了 Hari。

（121）रामले शयामलाई ठाक्नेगरी लखट्यो।

Ramle shyamlai thaknegari lakhatyo

Ram　Shyam　　累　　追

Ram 追累了 Shyam。（Shyam 累了）

8.5.4　南岛语系 1 种——印尼语

印尼语中也有用状述结构表示的“完结”范畴，如（陈光，2007）：

（122）Selesai membaca majalah

完 看 杂志

看完杂志

“selesai”是动词“完”，放在动词“membaca”前表完结。

（123）Berhasil membelinya

到 买

买到

动词“berhasil”的意思是“成功”，放在动词“买”之前做状语，当东西到手之后，“买”这个动作就完结了。

8.5.5 日语

（124）布 を 赤く 染め た。

布 助词 红 染 了

染红了布

（125）おなか いっぱい 食べ た。

肚子 饱 吃 了

吃饱了。

（126）顔 を きれい に 洗っ た

脸 助词 干净 助词 洗 了

洗干净脸了。

（127）この時計 は 高く 買ってしまった。

这块表 助词 贵 买 了

这块表买贵了。（张蓓，2010）

8.5.6　辨别依据

本节中的动词前副词，虽然是表示动作的结果状态，体现动词的完结意义，但是有些例句并不十分典型，因为是形容词性的描述性的结果，和汉语的结果状语类似，就是下例的 a 句，如：

（128）a. 他浓浓地泡了杯茶。

b. 他泡浓了茶。

（129）a. 我错误地理解了老师的意思。

b. 我理解错了老师的意思。

而 b 句才是表示动作完结的结果补语。

有学者提出质疑，认为这种形式先有完结后有动作不符合认知规律，认为用这样的“RV”形式表达动结式在认知上不可接受。可是熟悉语言类型学的人都知道，人类语言的差异性非常大，认知理论无法简单地解释这种差异，比如说汉语的人认为主动宾 SVO 是符合认知规律的语序，因为先有施动者，才能发出动作，动作才能引出受动者，这也是汉语研究者先入为主地接受这种解释，可是语言基本语序的丰富性让我们难以置信，不必说 SOV 的语言，更有 OSV、OVS、VSO 等语序的语言，那么认知理论如何解释？所以语言事实与认知规律的对应不是简单的、单一的，而是应该承认不同语言的使用者有巨大认知差异，在此前提下进行更深入地理解和解释。

当然，由于语料采集限制，本书不能特别确定以上语言中动词前副词每一例都是 b 句类的“完结”意义，有可能有 a 句类混入。但是蒙古语、保安语、嘉戎语中的例句以过去时态的角度看还是较为准确对应汉语中的结果补语；另外，通过对维吾尔语使用者的直接调查，也确认维吾尔语这样表达。所以可以确定的是某些语言存在用动词前副词表达“完结”意义范畴的情况。

而且，本节前 5 种语言都是中国境内语言，是由熟悉汉语和该语言的学者进行的研究，而研究的目的是如何在这些语言中表达汉语的动结式，是系统性地表达动词的完结范畴，而不是简单的某一句的对译，所以这些研究的结论可信度很高。我们认为，动词前副词表达“完结”意义范畴的情况，是可以确定的。而这种表达形式的存在就值得我们研究。

8.6 句法层的动后完结范畴

这就是汉语的动结式的情况。以往研究常常认为动结式是汉语较为特殊的句法现象，或者仅在汉藏语系中存在，我们调查发现很多的语言有类似的表达方式。

8.6.1 印欧语系 1 种——西班牙语

西班牙语中存在“动词+形容词 / 副词”形式，类似汉语的动结式，如：

（130）Veo claro.

看 清楚

你看清了。（任芷萱 2014）

（131）Cocina **bien rica** la comida.

烹饪 煮 可口 定冠词 食物

他饭菜煮得很可口。（陈国坚 1983）

（132）El profesor ha explicado **claramente** este problema.

定冠词　老师　解释　清楚　定冠词　难题

老师已经把这个问题解释清楚了。（同上）

8.6.2　阿尔泰语系 8 种语言

（一）维吾尔语

维吾尔语主要通过“动词＋助动词”的形式来表达动词的“完结”意义。其中第一个动词是主动词，助动词充当补语。

主动词主要以 -p/-a/-ɛ/-j 结尾，是实词，表示动作的完成或结束意义的助动词主要有：bol、qɑl、qoj、tʃiq、tɑʃlɑ、kɛt、ɛt 等（赵相如、朱志宁，1985：120），如：

（1）助动词 bol

bol 本身有“是、存在、成为”的意思，放于 -p 形式副动词后主要表示动作的完成或结束，如：

（133）mɛn bu kitɑpni oqup bol-dum.

我　这　把书　读　助动词完－过去时

我读完了这本书。（赵相如、朱志宁，1985）

（134）Būgūnki tapxuruʁni yezip bol-dum.

今天　作业　写　助动词完－过去时

今天的作业我写完了。（王琴霄，1992）

（2）助动词 tʃiq

词义是“出”，放于动词后可以表示动作完成的彻底性（从头至尾）或使动作完成的过程具有短促、迅速等情态（赵相如、朱志宁，1985：121），如：

（135）ɑt izlirini ɑjlinip tʃiq-tim.

马 把足迹 转 助动词－过去时

我找遍了马（走过）的所有足迹。

（136）kinoni køryp tʃiq-tim.

把电影 看 助动词－过去时

我看完电影了。

（3）助动词 aldim

还有达成意义的助动词（王琴霄，1992），如：

（137）Mən u kitabni ariyət aldim.

我 定冠词 书 借 助动词

我借到（着）那本书了。

（138）Mən u kitabni tepip aldim.

我 定冠词 书 找 助动词

我找到（着）那本书了。

维吾尔语中也有带有自身词汇意义的补语（拜立民，1983），如：

（139）urup θItūrūx urup ixxitwelix

打 死（打死） 打 肿（打肿）

（二）哈萨克语

哈萨克语中表示“完结”的助动词，意义相对固定，置于动词后面，有以下四种类型：

（1）-p 形式动词＋助动词 ket-（走开）

ket-（走开）和 -p 形式动词结合后，从程度、次数、延续的时间等方面加强该动作（耿世民、李增祥，1985：92），如：

（140）kyn　suwəp　kettɨ.

天　　冷　助动词

天气冷起来了。

（141）æj, dʒɑnəm-ɑj, ʃɑrʃɑp kettɨm.

哎　　　命　　　　累　助动词

哎，真要命，可把我累死了。

（2）-p 形式动词＋助动词 bol-（成为）

助动词 bol- 有“是，成为”的意思，表示动作的完成；与 -p 形式副动词结合后，表达动词的“完结”性质（耿世民，1989：158），如：

（142）jazĭp boldĭm

写　助动词

我写好了。　　　　　　　　　　（耿世民，1985）

（143）keletɨnder kelɨp boldə, dʒəjəndə ɑʃɑjəq.

来的人　　来　助动词　　会议　　　开

要来的人都来齐了，咱们开会吧。

（144）sɨz ælɨ dɑjɑrlɑp bolmɑdəŋəz bɑ?

您　还　　准备　　　助动词　　吗

您还没准备好吗？

（145）ol kitɑptə oqəp boldəm.

书　看　　　助动词

那本书我看完了。　　　　　　　（张定京，2004）

（3）-əp/-ip/-p 形式动词＋助动词ʃəq-

助动词ʃəq- 有“出去、出来”的意思，表示动作是由头到尾进行的；与 -əp/-ip/-p 形式副动词结合后，可以表示与某事物相关的动作或行为是否出现、完成，兼有使一种新的事物产生或从无到有的意思（耿世民、李增祥，1985：94）。例：

（146）mundaj dʒɑqsə ʃɑrɑlɑrdə kɨm ojlɑp ʃəqqɑn?

这样　好　办法　谁　想　助动词

这样的好办法是谁想出来的？

（147）olɑr tædʒɨrɨjbenɨ der kezɨnde qortəndəlɑp ʃəqtə.

他们　经验　及时　总结　助动词

他们把经验及时总结出来了。

还有带有自身词汇意义的词作补语。如：

（148）osə mæselemen bɑjlɑnəst bɑrləq ɑxwaldɑrdə

这个　问题　有关的　所有　情况

tekserip ɑnəqtɑdə.

调查　弄清

把与这个问题有关的所有情况调查清楚。（耿世民、李增祥，1985：110）

（149）oqǐp šǐɣǐw

读　完　（读完）　（耿世民，1989：142）

（三）蒙古语

蒙古语用"ab-（要）、gar-（出）、bara-（完）、dag-（结束）"几个动词辅助实义动词，它们部分丧失词汇意义或者完全丧失词汇意义，构成述语词干＋动词连接形＋助动词结构（德力格尔玛、高莲花，2013：90）。如：

（150）surtʃu ɑbxu——学会

bɑridʒu ɑbxu——抓住

bɑiguldʒu dɑgusxu——建成

xulɑgɑilɑdʒu ɑbxu——偷走

udʒədʒu bɑrɑxu——看完

noxodʒu bɑrɑxu——补好

suldʒidʒu garxu——（来往）穿梭

（151）jəxə xogorgə-ji onodor bɑiguldʒu dɑgusnɑ.

大 桥－宾格 今天 建 结束（将来时）

大桥今天建成。

（四）满语

满语中与汉语动结式相对应的结构，其表达形式可归纳为：动词（多用完成体）＋形容词（赵杰，1989：177），如：

（152）kitɕir vɑtʂəmi tʂəmə jiɤəɕje

说 完（说完） 吃 饱了（吃饱了）

pɑntɕiɤə muʁɑ(n) ɑrɤə ts'ʌn

长了 粗（长粗了）做了 好（做好了）

（五）鄂温克语

鄂温克语中也可通过在主要动词后加上助动词充当补语，表达动作的“完结”性质，此类助动词有“ətə-、xɔtɔ-”等（胡增益、朝克，1986）。例：

（153）tarǐ xaltmʊlt dʒʊrɪmɪ ətəʃʃi uginəʃəə.

他 匆匆忙忙的样子 写 完 玩

他匆匆忙忙地写完去玩了。

（154）ʃii tɪmaʃmɪn əddə bəədʒin xɔtɔndʊ nən-dəə-wi!

你　明天　早晨　北京　成　去

你（做完某事以后）明天早晨去北京吧！

（155）tatʃtʃil əʃi oo-dʒir gəbbəwəl oom ətəsə gi?

他们　现在　做着的　活儿　做　完了　吗

他们把现在正在做的活儿弄完了没有？

（朝克，2009：175）

（六）撒拉语

（156）men ji dos-ɢan ɑrmud bɑlɑ-si-nə dʒɑʁɑ-ɑʒi.

我 吃 完　梨　核　扔

我把吃完了的梨核扔了。

（157）sen pidi vo(l)-ʁɑn u ʃin-nə vur-duʁu.

你 写 完成　那 信　投

你把写好了的那封信寄去。　　（林莲云 1985）

（七）塔塔尔语

（158）bɑlɑʁəz ojəntʃəʁən buzəp tɑʃladə.

您的孩子 玩具－宾格 弄坏 抛－过去时

（您的孩子把玩具弄坏了。）

（159）mɑqɑlɑsənəŋ ɨtʃɨndɛgɨ bu ɑbzɑsən ɑləp

他文章的　在里面的 这 段－宾格 拿了

tɑʃlɑʁəz.

抛－第二人称

请把他文章中的这一段删去。（陈宗振、伊里千 1986）

（八）赫哲语

赫哲语有表示“完结”的助动词“ot-”，与动词结合时，词汇意义虚化，只起辅助作用，如（安俊，1985）：

（160）ti irkin tərgələwə toχom otiχəiɕi a?
　　那 新　 船　　 装　　 完　吗
　　那新船造完了吗？

（161）imaχawə umiŋji dʐəfəm odiχəni.
　　鱼　 吴明义　吃　　完
　　吴明义把鱼吃完了。

（162）niani naχandu tuxtirə dʐəfəm odimi soŋom dəriwχəni.
　　他　 炕　 上　 吃　 完 哭　 开始
　　他上炕吃完就哭开了。

（163）ɕini ioχortɕχəndə, bi əi adiliwə təni tatam
　　你的　　串门　　我 这 网子 才 拉
　　odiχan bitɕin.
　　完　有着。
　　你来时。我刚织完这网子。

8.6.3　汉藏语系 28 种语言

根据戴庆厦、黎意（2004b），汉藏语系中很多语言都有述补结构表示“完结”意义，还有很多学者的研究成果证明这一点。

（一）仙岛语

（164）$ʐu^{31}$　$\underline{pɛ^{35}}$
　　看　完（看完）　　（戴庆厦、黎意，2004b）

（二）阿昌语

（165）ɔŋ55 zə35 thoʔ˥ lɔ˥ 出去

进 来（进来） 出 去

kam˥ xɔʔ ʂʅ˥ 冻死 kuak˥ xɔʔ˩ khzəp˥ 打烂

冻（助）死 打（助）烂

（戴庆厦、崔志超，1985）

（三）纳西语

（166）ndzɯ33 gɯ33 la˥ ŋgɑ˧ 打赢了

吃 饱（吃饱） 打 赢

ndzɯ˧ mu˥ 吃够了 ndʑi˥ xy˩ se˩ 烧红了

吃 够 烧 红（助）

so˩ thɑ˥ se˩ 学好了 pe˧ ndo˥ se˩ 绊倒了

学习 好（助） 绊 倒（助）

（和即仁、姜竹仪，1985）

（四）怒苏语

（167）do33 ʒi42

喝 醉（喝醉）

虚化动词 thɑ˥ 原义是“得到”，用在主要动词后边时补充说明行为动作获得了结果，类似汉语的“着”，如：

（168）zɑ˥ŋe˥ nɑ˥ khui˥ i˩ tshuɑɹ˥ thɑ˥ gɑ˩.

小孩（助词）狗（助词）咬（虚化动词）（助词）

狗把小孩咬着〔tʂau˥〕了。

（169）ʔn̥o˥ thi˥ ʂɤ˥ iɔ˥ thɑ˥ gɑ˩.

他 一 下 睡（虚化动词）（助词）

他睡着一觉了。 （孙宏开、刘璐，1986）

（五）哈尼语

（170）tshi^{31}　so^{55}　　　　　bɑ$^{31/55}$　lɑ^{33}

洗　净（洗净）　　　拿　来（拿来）

di^{31}　na^{55}　　　　　ȵe^{31}　the^{31}

打　伤（打伤）　　　抓　住（抓住）

de^{31}　lɯ^{31}　　　　　ba^{31}　ʤe^{33}

推　倒（推倒）　　　拿　掉（拿掉）

（李泽然，2011）

bɤ^{38}　si^{55}　射死　　　ɔ^{55}　mɯ^{81}　做好

射　死　　　　　做　好

（171）ŋa^{55}du^{33}　ɕa^{55}de^{33}　tshe^{31}　sa^{31}　a^{55}ne^{33}　ga^{55}dzɿ^{33}　dzu^{31}.

咱们　田　犁　完（连）　街子　赶

咱们犁完田去赶集。　（李永燧、王尔松，1986）

（六）彝语

（172）hɯ^{31}　sa^{55}　　　　　si^{31}　la^{33}

看　完（看完）　　　拿　来（拿来）

tshɿ^{33}　nza^{55}

洗　干净（洗干净）

（七）浪速语

（173）tʃam^{31}　pɛʔ^{31}khɔʔ^{55}　　kjɔ^{55}　lɔ^{55}

打　破（打破）　下　去（下去）

（八）勒期语

（174）nɛː^{55}　nɛː^{53}　　　　　thuːʔ^{55}　lɔː^{55}

染　红（染红）　　　出　去（出去）

（戴庆厦、李洁，2006）

（九）侗语

（175）nən^{1} hi^{6} nai^{6} ça^{3} je^{1} kən$^{1'}$。

个 字 这 写 歪 了

这个字写歪了。

（176）jau^{2} ȶe^{1} ȶaŋ^{5} əu^{4} kən$^{1'}$。

我 吃 饱 饭 了

我饭吃饱了。

（177）mau^{6} tən^{3} lai^{1} tu^{3} kən$^{1'}$。

他 穿 好 衣服 了

他衣服穿好了。

（178）ni^{1} ti^{2} wai^{6} ma^{1} kən$^{1'}$。

雪 打 坏 菜 了

雪把菜打坏了。（石林，1997）

（179）sət^{7} wo$^{1'}$　　beu$^{3'}$ təi^{1}

扫 干净 （扫干净）　　打 死 （打死）

we^{4} ljeu^{4} 做完

做 完（梁敏，1980b）

（十）傣语

（180）kin^{1} ʔim^{5}　　nɔn^{2} di^{1}

吃 饱 （吃饱）　　睡 好 （睡好）

phot^{9} pin^{1}　　jɯ^{2} taːi^{1}

救 活 （救活）　　射 死 （射死）

tɛm^{5} mon^{4}　　sak^{8} saɯ^{1}

写 完 （写完）　　洗 干净 （洗干净）

（罗美珍，2008）

（181）lɛŋ^{1}tin^{5}　me^{2}　li^{6}　hau^{4}.

自行车　修　好　了－完成体标记（自行车修好了。）

（182）kɔ^{1}　mai^{4}　loŋ^{1}　pam^{3}　lum^{4}　lɔ^{6}.

棵　树　大　砍　倒　了（大树砍倒了。）

（183）man^{2}　tsɔ^{4}　ku^{1}　xɛʔ^{5}　tɯn^{5}　lɔ^{6}.

他　着　我　叫　醒　了（他被我喊醒了。）

（喻翠容、罗美珍，1980）

（十一）水语

（184）kaːŋ^{4}　tok^{7}　a^{5}　mai^{4}.

吹风　断　枝　树

风吹断了树枝。

（185）kuk^{7}　haːi^{1}　laːk^{8}ti^{3}　sit^{7}　tiu^{5}　liu^{4}.

衣服　被　孩子　撕　破　了

衣服让孩子撕破了。

（186）man^{1}　qat^{7}　tju^{5}　tjeu^{2}　laːp^{7}　tsa^{5}　ljeu^{2}.

他　割　断　条　绳　那　了

他割断了那条绳子。

（187）man^{1}　qop^{8}　tin^{1}，ʔbjət^{7}　sjaːŋ^{3}　ȶau^{5}　ljeu^{2}.

他　失　脚，扭　伤　腿　了

他失足，扭伤了腿。　（冯英，2005）

（十二）壮语

补语表示结果的述补结构，补语一般由动词、形容词充当，补充说明动作行为的结果，如（李艳玲，2009）：

（188）tam^{3}　pan^{2}　　lo^{5}　ɣan^{1}

doːn^{3} teu^{2}　　　　tɯk^{7} taːi^{1}

织　成（织成）　　梦　见（梦见）

nin^{2} dak^{7}　　　　hap^{8} kan^{3}

溜　走（溜走）　　打　死（打死）

ȵiŋ^{2} faːŋ^{2}　　　　laŋ^{2} taɯ^{2}

睡　熟（睡着）　　咬　紧（咬紧）

射　瞎（射瞎）　　拦　住（拦住）

（189）kɯn^{1} im^{5} le^{1}, te^{1} ɕou^{6} kɯːp^{8} kvak^{7} bai^{1} na^{2} lo.

吃　饱 了 他 就　抗　锄头　去　田 了

吃饱了，他就扛着锄头去田里了。

（190）ta^{4}pu^{2} muːn^{6} lam^{4} jou^{5} ɤoːk^{8} paːk^{7} tou^{1}.

阿婆　晕　倒　在　外　口　门

阿婆晕倒在门口。

（191） tu^{2} kuk^{7} siːŋ^{3} hap^{8} ɤak^{8} kai^{4} lam^{4} ko^{1}fai^{4} huŋ^{1}.

老虎 想　咬　断　拱 倒 棵　树　大

老虎想咬断拱倒大树。

（192）hau^{4} tak^{7} haɯ^{5} lo.

稻谷 晒　干　了

稻谷晒干了。

（十三）景颇语

（193）ju^{33} ŋut^{55}　　　　thu^{55} kă^{31}lau^{31}

看　完（看完）　　推　倒（推倒）

kă^{31} wa^{55} tiʔ^{31}　　　　kă^{31}jat^{31} sat^{31}

咬　断（咬断）　打　杀（打死）

kă^{31}jat^{31} tʃă^{31}then^{31}	kă^{31}wut^{31} ʃă^{31}tʃiʔ^{55}
打 使坏（打坏）	吹 使燃（吹着）
ʃa^{55} khʒu^{55}	ka^{33} ʃut^{55}
吃 饱（吃饱）	写 错（写错）
lam^{33} tʃă^{31}khʒoʔ^{55}	tsun^{33} ʃă^{31}tan^{31}
晒 使干（晒干）	说 使清楚（说清楚）
a^{31}ʒut^{31} tʃă^{31}san^{31}	kă^{31}jat^{31} thiŋ^{31}nut^{31}
擦 使亮（擦亮）	打 退（打退）
koʔ^{31} kau^{55}	mu^{31} ton^{31}
铲 掉（铲掉）	见 到（见到）
mă^{31}tsiŋ^{33} la^{55}	la^{31} la^{55}
记 得（记得）	等 到（等到）

（戴庆厦、黎意，2004a）

ʒaŋ˥ ŋut˥ 修完	ʃa.|tu˧ khut˩ 煮熟
修 完	煮 熟

（刘璐，1984）

（十四）仡佬语

（194）

je^{33} mai^{13}	phaŋ^{55} ŋua^{31}
杀 掉（杀掉）	碰 遭（碰着）
tai^{31} pha^{13}	hui^{13} pai^{31}
打 破（打破）	吹 断（吹断）
zɔ^{13} ləɯ^{31}	ʐi^{13} qa^{31}
捏 灭（捏灭）	听 见（听见）
tie^{31} tai^{13}	ni^{33} hau^{13}
装 满（装满）	睡 着（睡着）

（195）ve^{13} tai^{31} vlai^{31} səɯ^{31} təɯ^{33} tia^{33}.

他 打 死 两 只 老虎

他打死了两只老虎。（韩林林，2012）

（十五）仫佬语

（196）ci^{5}lai^{3} 记得 tən^{5}ta^{6} 相信 theŋ^{5}hai^{5} 听见

记得 信过 听闻

suk^{7} sjaːu^{5} 洗干净 cɛ^{1} ljeu^{4} 卖完

（197）həi^{2} tsaːn^{1} kɤaŋ^{5} hu^{3} lɔ.

我 吃 饱 饭 了

我吃饱饭了。（王均、郑国乔，1980）

（十六）苗语

黎意（2005）比较了不同地区的苗语，我们只选取了川黔滇地区的苗语，如：

（198）nua^{24} <u>ta^{21}</u> l̥a^{55} <u>tʂei^{44}</u>

看 完（看完） 削 尖（削尖）

thai^{43} <u>qou^{13}</u> ntsua^{55} <u>ho^{55}</u>

推 倒（推倒） 洗 干净（洗干净）

^{N}qa^{13} <u>qhua^{55}</u>

晾 干（晾干）

（199）ʐã^{55} nã^{31} gui^{35} a^{55}na^{31} nã^{31} ɯ^{55} ʐo^{33}.

羊 吃 完 哥哥 的 菜 了

羊吃完哥哥的菜了。

（200）wu^{24} ba^{33} da^{31} a^{55} le^{55} ne^{33}.

他 打 死 一 个 人

他打死一个人。（戴庆厦、余金枝、杨再彪，2005）

（201）vi^{11} hei^{33} <u>tɕaŋ^{55}</u> ʑaŋ^{55}. 我编成了。

我 编 成 了

（202）nen^{55} ɕo^{31} <u>su^{55}</u> ʑaŋ^{55}. 他学会了。

他 学 会 了

（203）to^{11} tɕu^{33}mɛ^{55} ɕhu^{33} <u>tɕu^{11}</u> ʑaŋ^{55}.

些 高粱 收 完 了

高粱收完了。

（204）lɛ^{33} zoŋ^{11}ka^{35} noŋ^{35} tɕi^{13} <u>pɛ^{35}</u> ʑaŋ^{55}.

个 粮仓 这 装 满 了

这粮仓装满了。（王辅世，1985）

（十七）黎语

（205）na^{53} vuk^{55} rek^{55} he^{53}

他 做 坏 了（他弄坏了。）

（范中树，1994）

（206）riːm^{2} ɬen̥^{1} 修理好　　thaːi^{2} <u>ɬaːu^{2}</u> 打死

修理 好　　打 死

roːŋ^{2} tha^{2} <u>fui^{1}</u> 煮熟了饭

煮 饭 熟（欧阳觉亚、郑贻青，1980）

（十八）拉祜语

（207）xv^{35} <u>vi^{33}</u>　　tɕA^{21} <u>pA^{31}</u>

晾 干（晾干）　　推 倒（推倒）

xɔ^{33} <u>ni^{35}</u>　　dɔ^{54} <u>pɛ^{31}</u>

染 红（染红）　　打 死（打死）

（黎意，2004）

dɔ^{5} ba^{2} 打掉　　　dɔ^{5} lv^{2} 打破
打 掉　　　　　　打 破
py^{2} nɛ^{5} 浇透　　　dzɔ^{2} ɤa^{1} 学会
浇 透　　　　　　学 会

（208）tsa^{2} thɔ^{3} zɛ^{2} mi^{4} tɔ^{2} xɯ^{4} mi^{3} vɤ^{1} lɛ^{1}
扎 妥 老 熊 吓 昏（助）
扎妥被老熊吓昏了。

（209）i^{4} ka^{5} tɛ^{1} bɤ^{2} ɔ^{2}. 水烧开了。
水 烧开（沸）（助）　　　　（常竑恩，1986）

（十九）白语

（210）pu^{33} tɕhio^{55}　　　sua^{44} tɕie^{ɹ55} me^{ɹ21}
补 好（补好）　说 清 白（说清楚）
（黎意，2004）

xa^{55} uo^{31}　　　ja^{21} tɕie^{ɹ33}
看 完（看完）　抓 住（抓住）
（徐琳、赵衍荪，1984）

（二十）傈僳语

（211）e˥ dʒi˧phɯ˩ do˧ ʒi˦ le˧ uɑ˧. 他喝醉了。
他 酒 喝 醉 了 了

（212）bɑ˧ tshɿ˩ tshɿ˩ phu˧ le˧ uɑ˧. 衣服洗白了。
衣 服 洗 白 了 了

（213）nu˧ o˩phiɛ˩ nio˥ dzɑ˩. 你拣吃菜。
你 菜 拣 吃

（214）ŋuɑ˧ nu˩ guɑ˧dze˧ ʈshe˥ hɑ˥.　我们商量定了。
　　我　们　商　量　断　了
（徐琳、木玉璋、盖兴之，1986）

（二十一）珞巴语

（215）tɯŋ kum　喝醉　　jit keː　打死
　　喝醉　　　　　　打死

（216）akeː kəŋ nu　pa.　饭煮熟了。
　　饭　煮　熟（尾助）

（217）əmə mit dor　to.　把火吹着吧。
　　火　吹　着（语助）　　（欧阳觉亚，1985）

（二十二）毛难语

（218）na⁴ tjaŋ⁵　吃饱　　vɛ⁴ daːi²　做好
　　吃　饱　　　　　做　好
　　sak⁷ waːi³　洗完
　　洗　过
　　ɦaːk⁵ daːi² wa⁵naːn⁵
　　学　好　毛难话
　　学好毛难话。　　（梁敏，1980a）

（二十三）畲语

（219）tsji³ si¹　洗干净　　tshui² taŋ⁵　坠断
　　洗　净　　　　　坠　断

（220）ne³ pai⁶ thjeu⁴ fu⁴ tiu³ kɤ⁵ hɔ³.
　　这　次　豆　腐　煮　老　了
　　这次豆腐煮老了。

（221）tsa^{5}nɔ^{1} kja^{3} tsɔŋ^{3} ta^{1}mɔ^{6} thɤ^{6} tha^{4} hɔ^{3}.

昨天 狗 将 猫 咬 死 了

昨天狗将猫咬死了。 （毛宗武、蒙朝吉，1986）

（二十四）布依语

（222）kɯn^{1} im^{5} 吃饱 ȵiŋ^{2} taːi^{1} 射死

吃 饱 射 死

（223）ti^{1} ti^{2} taːi^{1} tu^{2} kuʔ^{7} diau^{1}.

他 打 死 只 老虎 一

他打死一只老虎。 （喻翠容，1980）

（二十五）基诺语

（224）khu^{42} tshu^{42} 召集 ŋɑ^{55} phɑ^{42} 掰开

叫 拢 掰 开

thø^{42} mə^{44} 捣碎 tɕɑ^{42} mɑ^{55} 捆紧

捣 碎 捆 紧

（225）nə^{42} khœ^{42} ɬu^{35} fɑ^{44}. 你做错了。

你 做 错（助词）

（226）ŋɔ^{42} khə^{42} ɛ^{55} ɑ^{33} tɕhə^{44} xuɑ^{55} jɔ^{35} fɑ^{44}.

我 他 的 像 画 好（语助）

我画好了他的像。

（227）khə^{42} ɑ^{44} ȵə^{44} ɛ^{55}kɔ^{44} tø^{33} tshi^{44} kɹɑ^{55} fɑ^{44}.

他 他 的 衣服 洗 干 净（语助）

他洗干净了他的衣服。

（228）khə^{42} nɑ^{42} ɛ^{44} ɑ^{44} kho^{44} ɬo^{44} sɛ^{33} mɤ^{35} fɑ^{44}.

他 悄悄地 箱子 锁 好（语助）

他悄悄地锁好了箱子。 （盖兴之，1986）

（二十六）载瓦语

（229）sai˥ ke˧˩ 修好 thau˩ tʃheʔ˥ 刺破

修 好 刺 使破

（230）thuʔ˥ pat˩ khoʔ˥ pe˧˩.

竹筒 打 使裂 了

竹筒打裂了。

（231）ŋo˧˩ tso˩ kji˩ pe˧˩.

我 吃 饱 了

我吃饱了。

（232）muʔ˩kjup˥ tshau˩ ne˧˩ pe˧˩.

帽子 染 红 了

帽子染红了。 （徐悉艰，徐桂珍，1984）

（二十七）缅甸语

缅甸语的动词的完结语义，在动词后，可以是语素，也可以是词，如：

（233）ချော်လဲ ရပ်တည် လဲကျ

滑倒 站立 摔倒 （汪大年，2012）

ရေး မှားသည်။

写 错

写错了。 （汪大年，1997）

（234）မင်းတို့ အားလုံး ဝင်လာ ပါ။

你们 都 进来 吧

你们都进来吧。 （李菊广，2011）

（二十八）泰语

（235）วิทยานิพนธ์　ของ　ผม　เขียน　เสร็จ　แล้ว
　　论文　　的　我　写　完　了
我的论文写完了。

（236）ลง　ถึง　ลบ　สาม　สิบ　กว่า　องศา
降　到　零下　三　十　多　度
降到零下三十多度　　　　（柯伟智，2013）

（237）เธอ　พูด　ถูก　แล้ว
你　说　对　了
你说对了。

（238）พี่ชาย　มา　สาย　แล้ว
哥哥　来　晚　了。
哥哥来晚了。　　　　（刘婷婷，2013）

8.6.4　南亚语系 5 种语言

（一）佤语

（239）sɔm　sak　　　　krāi　si　dɔŋ
吃　饱（吃饱）　　讲　清　楚（讲清楚）
hu　hmɔm
走　好（走好）　　　　（王俊清，2011）

（二）布朗语

（240）laʔ^{1}　kaʔ^{4}　kah^{1}　说明　tɕhɤp^{2}　kaʔ^{4}　tuan^{1}　抓紧
说　明　白　　　握、抓　　牢实
tchɤp^{2}　pun^{2}　抓住　　laʔ^{1}　pieʔ^{2}　说服
握、抓　得到　　　说　信服

laʔ^{1} khɛm^{4}　说清楚　　kaʔ^{4} tɯʔ^{2} m̥ot^{2}　洗干净

说　清楚　　　　　　洗　干　净

（李道勇、聂锡珍、邱锷锋，1986）

（三）德昂语

（241）jaŋ dʊiʔ　卖完　　　ŋah jam　杀死

卖　完　　　　　　　杀　死

thai lɯk　犁深　　　bai lu　弄坏

犁　深　　　　　　　做 坏

（242）ʔo hɔiʔ hɔːm lar. 我已经吃饱了。

我　已　吃　饱

（243）k′lɔːʔ hɔiʔ bai lah jɔʔ　碗已打破了。

碗　已　打　破　了

（244）ʔʊm daːŋ tɕuh klah pɔt tɛn rɔːŋ jɔʔ.

大　水　冲　垮　了　堤　沟　了

大水冲垮了堤岸。

（陈相木、王敬骝、赖永良，1986）

（四）京语

（245）dɯŋ^{5} jəi^{6}　站起来　　mə^{3} ja^{1}　打开

站　起　　　　　　　开　出

thoi^{3} ɣai^{3}　吹断　　　kwɛt^{7} that^{8}thɛ^{3}　扫干净

吹　断　　　　　　　扫　干净

baːt^{7} dan^{5} və^{3} joi^{2}.　碗打破了。

碗　打　破　了

（欧阳觉亚、程方、喻翠容，1984）

（五）越南语

（246）nhìn thấy（看见）　　nghe hiểu（听懂）

đánh chạy（打跑）　　viết xong（写完）

làm cười（逗笑）　　đến muộn（来晚）

trả lời đúng（答对）　　viết sai（写错）

nói rõ ràng（说明白）

（247）Chúng ta đã chuẩn bị xong rồi

咱们　已经　　准备 完　了。

咱们已经准备好了。

（248）Tôi lau sạch bàn rồi

我　擦　干净 桌子 了。

我把桌子擦干净了。　　（马雪燕，2013）

越南语的"thấy（见）"可以用在感官动词后，形成"nhìn thấy（看见）、nghe thấy（听见）"等，也可以用在其他动词后表示结果，如"gặp thấy（遇见）、mơ thấy（梦见）"。

8.6.5 南岛语系1种——印尼语

（249）Pegang erat-erat　　Melupakan samasekali

抓　　牢　　　　忘　　　净（忘掉）

Meleleh membasahi

滴　　湿（滴湿，淋湿）

（250）Saya membuat kotor baju

我　　弄　　脏　衣服

我弄脏了衣服。　　（萧素珍，2014）

8.6.6　日语

（251）打ち殺す　　　　　思い浮かべる

打 杀死 （打死）　　想　 出现（想起）

担ぎ上げる　　　　　立ち疲れた

扛　起（扛起）　　站　 累（站累）

（252）この本　を　　　　読み終わったか。

这本书　助词　　　　读　 完 了 吗

你读完这本书了吗?

（253）目　を　泣き腫らした。

眼睛　助词　哭　肿　了

把眼睛哭肿了。　　　　　　　（张蓓，2010）

本节我们看到，一直以来被认为是现代汉语独特的句法结构的动结式（黏合式述补结构）形式，在很多语言中都存在。

8.7　句法层的小句形式完结范畴

还有一种表示“完结”范畴的形式就是小句结构，动作V达成了一个类似句子的主谓结构的“完结”结果。这也是我们比较熟悉的表达方式。

8.7.1　古代汉语（中古时期）

关于汉语史中述补结构的演变历程有很多研究，学者们基本达成的共识是中古汉语可以用小句形式来表示现代汉语中的述补结构，简单举例，如：

（254）吹我罗裳开。（子夜四时歌）

（255）当打汝口破。（幽明录）

（256）列士抱石而行，遂即打其齿落。（变文·伍子胥变文）

（257）何为夺他宅舍，仍更打他损伤。（变文·燕子赋）

8.7.2　印欧语系 3 种

（一）英语

英语的小句表达完结意义时，是 VOC（V 动词、O 宾语、C 补语）的形式根据补语性质的不同，还可分为两类：

一是动词＋宾语＋形容词，形容词补语表达动作的结果，如：

（258）I kicked the hubcap flat.

我 踢－过去时 定冠词 轮胎罩 瘪

轮胎罩被踢瘪了。

（259）I washed my shirt clean.

我 洗－过去时 我的 衬衫 干净

衬衫洗干净了。

（260）She shot John dead.

她 射击－过去时 约翰 死

她射死约翰了。

二是动词＋宾语＋副词，副词确定动作的完成，表示结果，如：

（261）He kicked the ball off.

他 踢－过去时 定冠词 球 离开

球踢走了。

（262） The boy ate the food up.

定冠词 男孩儿 吃－过去时 定冠词 食物 光

那个男孩儿把食物吃光了。

（263） The police hunted the fugitive down.

定冠词 警察 搜寻－过去时 定冠词 逃亡者 下

警察搜到了那个逃亡者。

（二）德语

常玲玲（2007）指出德语有一种动词“完结”范畴的表达形式是 VOC，如：

（264） Er **heilte** den Kranken granye gesund.

他 治疗 定冠词 病人 完全 康复

他医好了这个病人。（何玲 2013）

（265） Er **fütterte** die Katye satt.

他 喂 定冠词 猫 饱

他喂饱了这只猫。（何玲 2013）

（266） Die Mutter **bügelt** die Hose glatt.

定冠词 母亲 熨 关系代词 裤子 平

母亲把裤子烫平了。（常玲玲，2007）

（267） Er **hängt** das Bild gerade.

他 挂 定冠词 画 正

他把画挂正了。（同上）

（268） Sie **fuhr** das Auto zu schrott.

她 开 定冠词 汽车 连词 烂

她把汽车开烂了。（同上）

上例不及物动词在句中及物化了。

（三）尼泊尔语

宾语与补语有语义关系时，句子结构为 VOC，如（大龙，2015）：

（269）उनिहरुले डुबाएर उ मर्यो।

Uniharule dubayera u maryo

他们　淹　他 死

他们淹死了他。

（270）त्यो केटाले खाएर खाना सक्कियो।

Tyo ketale khayera khana sakkayo

那 男孩　吃　食物　光

那个男孩把食物吃光了。

（271）मैले पुछेर टेबुल सफा भयो।

maile puchera table safa bhayo

我　擦　桌子　干净

我擦干净了桌子。

8.7.3　阿尔泰语系 1 种——蒙古语

蒙古语还可以通过小句形式来表达动词的“完结”范畴。即并列谓语式结构（有人称之为复合句），后一动词的语态差别取决于其语义指向（德力格尔玛、高莲花，2013：92），如：

（272）（bi）　dʒɔgsu-gsɑgɑr　xol　bur

（我）站（连接形延续式）脚（主格）都

mintʃugurə-tʃi-dʒəi.

麻（完成体、过去时）

我的脚都站麻了。

（273）Bi nigələ ugə xələgsən-tʃini dəguu xurgən-u

我 一个 话 说（第二人称领属）妹夫 脸

tʃirɑi-ni ulɑi-tʃi-dʒɑi.

红（完成体、过去时）

我一句话把妹夫说红了脸。

（274）tədənər xərəldu-gsəgər dʒərgəldəgə gər-un-ijən

他们 吵架 旁边的 邻居–属格–复数

xɑsir-gɑ-tʃi-bɑ.

烦–使动态–完成体–过去时

他们把邻居吵烦了。

（275）tərə ɑju-gɑd tʃirɑi-ni

他 害怕（连接形先行式） 脸–第三人称领属

tʃɑi-tʃi-dʒɑi.

变白–完成体–过去时–

他的脸吓白了。

（276）bi ugu-gsɑgɑr gədəsu bur

我（主格）喝–连接形延续式 肚子（主格）都

dugur-tʃi-dʒəi.

饱–完成体–过去时–

我肚子都喝饱了。

8.7.4 汉藏语系 12 种语言

（一）傣语

傣语中宾语置于补语之前，如：

（277）kin^{1} xau^{3} ʔim^{5}

吃 饭 饱 （吃饱饭）

（278）jɯ^{2} sə^{1} taːi^{1}

射 虎 死 （射死老虎）

（279）fai^{3} ȵɔm^{4} lɛŋ^{1} lɔ^{6}.

布 染 红 了（布染红了。）（罗美珍，2008）

（280）ŋo^{2} tsaŋ^{5} kin^{6} lam^{4} man^{4}.

黄牛 才 吃 水 完

黄牛才吃完水。

（281）maŋ^{6} haɯ^{3} man^{2} taːi^{6}.

打 给 她 死

打死她。

（282）ŋo^{2} ŋɯn^{2} xo^{2} ka^{5} kin^{6} lam^{4} hɛ^{1} ʔim^{5}.

黄牛 伸 脖子 去 吃 水 了 饱 （冯英 2005）

黄牛伸出脖子喝饱了水。

（二）壮语

（283）te^{1} θi^{3} ɕi^{6} θaɯ^{1} lok^{7} lo.

他 写 字 错 了（他把字写错了。）

（284）bou^{4} vun^{2} te^{1} baːn^{3} tu^{2} ŋɯ^{2} taːi^{1} lo.

个 人 那 摔 蛇 死 了。

（那个人把蛇摔死了。）

（285）mɯŋ^{2} siːŋ^{3} faːp^{7} ɕim^{6} fuk^{7} kim^{3} ɕuːŋ^{6} ma^{1}.

你 想 法 找 幅 锦 壮 回

（你想法把壮锦找回来。）

（286）çeːk^{7} baɯ^{1} çei^{3} nei^{4} pai^{1}.

撕 张 纸 这 去（把这张纸撕掉。）

（287）jum^{2} kaː^{5}paŋ^{2} hoŋ^{2} lo.

染 布 红 了（把布染红了。）

（李艳玲 2009）

（三）仫佬语

（288）ki^{44} ɲ̥ɛ^{53} mɤa^{42} ləm^{11} ljeu^{11}

他 哭 眼睛 肿 了

他眼睛哭肿了。

（289）jəi^{11} suk^{55} kuk^{55} sjaːu^{44} ljeu^{11}

我 洗 衣服 干净 了

我洗干净衣服了。

（290）ki^{44} tan^{44} je^{42} tat^{12} ljeu^{11}

他 穿 鞋 错 了。

他穿错鞋了。

（291）ki^{44} thjau^{44} luk^{55} təu^{44} ljeu^{11}

他 跳 腿 断 了

他跳断腿了。

（292）ki^{44} ŋɤau^{24} ŋo^{121} kip^{55} ljeu^{11}

他 叫 声音 哑 了

他叫哑了嗓子。

（293）ki^{44} set^{12} ŋɤa^{121} køn^{121} ljeu^{11}

他 跌 皮 破 了

他跌破了皮。（张勇生 2008）

（四）水语

（294）ju^{2} ta^{3} ŋam^{5} qo^{3} ʔaːu^{1} ʈit^{8} man^{1} tai^{1} lje^{2}!

我 一 口 就 要 咬 他 死 咧

我一口就要咬死他咧！

（295）sot^{7} ni^{4} məm^{4}："ȵa^{2} tai^{2} tsuŋ^{5} ʈan^{3}, ju^{2} ʔdaːi^{1} ʔdjok^{7} wi^{1} lie^{2}!"

说 老 虎 你 拿 枪 紧，我 好 点 火

老虎说："你拿紧枪，我好点火。" （冯英 2005）

（296）kha^{3} ja^{1} he^{4} ɣaːŋ^{5}.

砍 茅草 使干净

把茅草砍光 （张均如 1980）

（五）侗语

（297）maːu^{6} nu^{5} pəi^{4} naːi^{6} tuŋ^{1} gən^{4} kwən^{11} la^{4}.

他 看见 姑娘 这 煮 饭 完 了

他看见这姑娘煮完饭了。

（298）jeu^{1} ʔi^{1} tu^{2} ləm^{2} təŋ^{1}, ʈap^{8} ʈak^{8} kaːu^{2} laːu^{2} ʈa^{3} təi^{1} la^{4}.

飘 一 股 风 来，压 个 老 头 那 死 了

刮来一股风，把那个老头儿压死了。

（冯英 2005）

（299）jaːu^{2} sət^{7} jaːn^{2} wo$^{1'}$ la^{4}.

我 扫 屋 干净 了

我把屋子打扫干净了。 （梁敏 1980b）

（六）黎语

（300）pheːŋ^{3} tshiːn^{1} plun^{2} baːi^{3}.

扔 石子 尽 了

（他）扔完了石子。

（301）de^{3} han^{3} nei^{2} khwei^{3} thaːi^{2} meɯ^{1} ɬaːu^{2}.

我 现 在 要 打 你 死。

我现在要打死你。

（302）pha^{3} baŋ^{1} ɬaɯ^{2} pleɯ^{1} thiːu^{1} baːi^{3} fan^{1} ŋai^{3} be^{1}.

烧 炭 人 听 声 完 便 哭 了

烧炭人听完话便哭了。（冯英 2005）

（七）苗语

（303）naŋ^{55} ka^{35} tɕu^{11}

吃 饭 完（吃完饭）（黄行，2014）

（304）nan^{2} khɔm^{4} ka^{2}deŋ^{3} set^{8}.

他 砍 尾巴 断（他把尾巴砍断了。）

（305）ʑa^{1} gjou^{3} ȵin^{6} so^{7} ʔbiːu^{3}.

我 早 吃 饭 饱（我早就吃饱饭了。）

（谭晓平，2011）

（八）瑶语

（306）hop^{7} tiu^{3} ɡjwin^{1}

喝 酒 醉（喝醉酒）（黄行，2014）

（九）毛难语

（307）ɦaːk^{5} wa^{6}naːn^{6} vɛ^{4} daːi^{2} 学好毛难话。

学 毛难话 使 好

（308）jaŋ^{4} siːm^{3} uk^{7}taŋ^{1} 伸手出来

伸 手 出来（梁敏，1980a）

（十）畲语

（309）muŋ^{2} nuŋ^{2} kwei^{5} tsu^{5} ma^{1}?

你 吃 饭 饱 吗？（你吃饱饭了吗？）

（毛宗武、蒙朝吉，1986）

（十一）泰语

（310）ฉัน หุง ข้าว เสร็จ แล้ว

我 做 饭 好 了

我做好饭了。

（311）แฟนของเขา ฆ่า เขา ตายแล้ว

他的女朋友 杀 他 死 了

他的女朋友杀死了他。

（312）เธอ ขาย บ้าน ไป แล้ว

她 出售 房子 去 了。

她卖掉了房子。（刘婷婷，2013）

（313）ฉัน ชน ผู้หญิง คนหนึ่ง ล้มกลิ้ง ลง ไป

我 撞 女孩 一个 滚 下 去

（车）就撞倒了一个女孩。（柯伟智，2013）

（十二）京语

（314）uəŋ^{5} jiəu^{6} thai^{1} joi^{2}. 喝醉了酒。

喝 酒 醉 了

（315）kɔn^{1} juə^{2} thut^{3} dəu^{2} vaːu^{2}. 龟把头缩了进去。

只 龟 缩 头 进

（316）duəi^{3} nɔ^{5} di^{1}. 把他赶走。

赶 他 走（欧阳觉亚、程方、喻翠容，1984）

8.7.5　南亚语系 1 种——越南语

越南语中也可以用小句结构来表示，如：

（317）Chúug tôi đánh bóng xong rồi.

我　们　打　球　完　了（我们打完球了。）

（318）Chúug tôi đánh bóng thắng rồi.

我　们　打　球　赢　了（我们打赢球了。）

（319）Tôi ăn com no rồi

我 吃 饭 饱 了。

我吃饱饭了。　　　　　　（马雪燕，2013）

（320）Tôi lau bàn sach rôi.

我　擦 桌子 干净 了

我擦干净桌子了。

（321）Anh ấy tháogiầyra, bước vào phòng.

脱 鞋 下（脱离） 走 进 房间

他脱下鞋，走进房子。　　　　（杜氏月，2012）

8.7.6　南岛语系 1 种——印尼语

（322）Mencuci bajunya bersih

洗　衣服　干净

洗干净衣服。

Mencelup rambutnya hitam

染　头发　黑

染黑头发。　　　　　　（曹国安，2016）

8.7.7 韩语

韩语的后缀"-어서",S1 + V1（-어서）+ S2 + V2,用在V1后，表示V1完结，然后产生后续动作，但是后接的是小句形式，如，

（323）그는 울어서 눈이 부었다.

他 哭 眼睛 肿－完结

他哭肿了眼睛。

（324）그는 소리를 질러서 목이 쉬었다.

他 声音 喊 嗓子 哑－完结

他喊哑了嗓子。

8.8 "完结"范畴与完结短语理论

8.8.1 生成位置与语言类型

生成语法理论是将语言看成是一个完整的大系统，下面分成许多子系统（modules），如词库、语音、逻辑（语义）、句法等。这些子系统相对独立，具有各自独特的功能，但又相互联系，必须在大系统下共同发挥作用。前期研究，如（Chomsky，1975、1981、1982、1986；Huang，1982）等都着力在分析子系统内部结构，以结构形式来表示不同的功能或性质；在讨论各种语言之间的差别时，通常将其归纳为子系统内部结构所容许的差异，即所谓的参数（parameters）设置区别。但是在生成语法进入最简方案阶段，各系统之间是相互联系的，语音与句法过程平行运作，适时调整。进入句法中的词汇形式也不再局限于词典中的词语，而是有更大的选择空间，复杂的词汇形式也可以直接进入句法过程。

著名的例子是英语中同源的名词和动词，如基本词干相同的名词“shelf（书架）”和动词“shelve（置于书架上）”

（62）a. I put the books on the shelf.

（我将这些书放在书架上。）

b. I shelve the books.

（同上）

动词“shelve”在过去的分析中，同其他及物动词一样，直接从词库中取出，形成自己的动词投射，指派自己的宾语论元，像这样的结构：

（63）

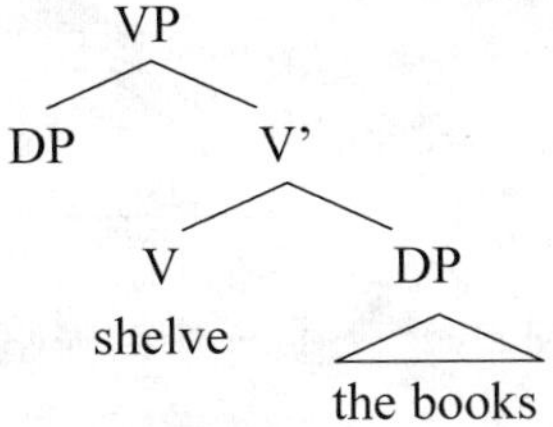

但是，Hale& Keyser（1993）不再将同源的动词和名词视为词库中两个不同的条目，而是把句法结构分析引入到词库中。以上两句的基本结构是相同的，a 句经过移动才形成 b 句，句法结构如下：

（64）a.

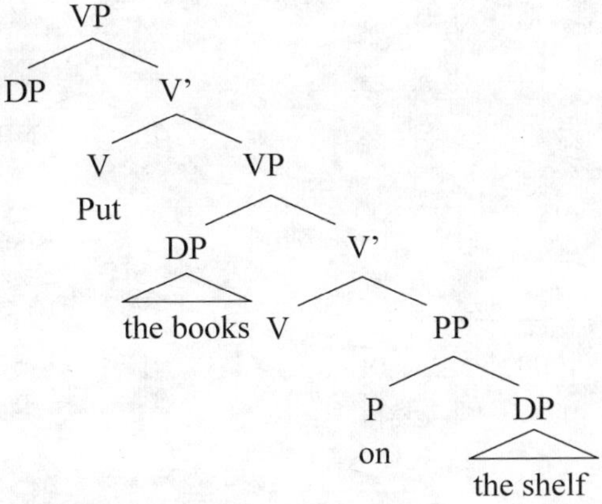

b.

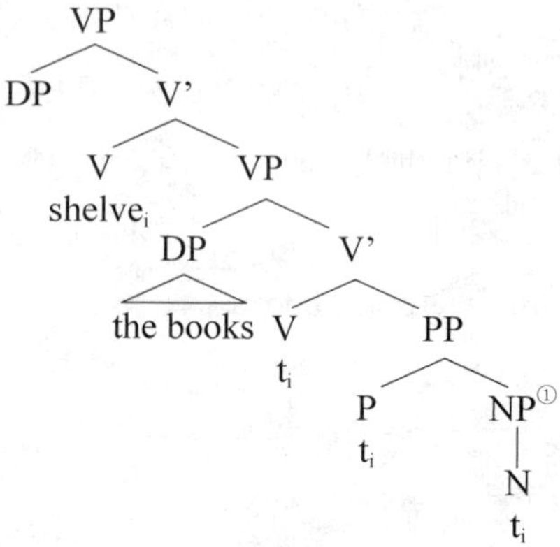

t 也是动词“shelve”都是由名词“shelf”经过移动（N—P—V—V）而形成的语迹，带有名词“shelf”的 a 句是基本结构。Hale& Keyser（1993）认为词库中是没有直接的动词“shelve”的，而只有名词“shelf”。名词“shelf”经过句法手段 – 移动才能形成动词“shelve”，所以动词“shelve”在词库中的完整结构就是：

（65）

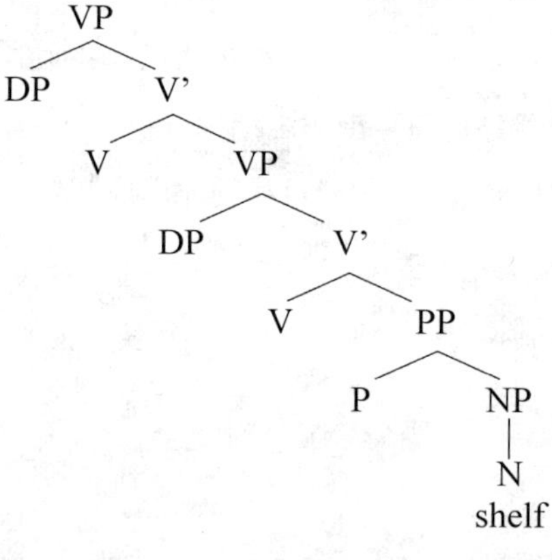

① 此处用 NP，而非 DP，是为了是移动过程简化明晰，不影响名词短语是 DP 的假说以及本书其他结构。

这种观点也被应用到解释汉语不同词性间的转类现象，如王玲玲（2001），沈阳、何元建、顾阳（2001），王玲玲、何元建（2002）等的分析。汉语中的词语“繁荣”有如下用法：

（66）a. 经济繁荣了。

b. 新政策繁荣了经济。

c. 新政策使经济繁荣了。

以往的语法分析将 a 句中的“繁荣”视为一价的动词或形容词、或二者的兼类，把 b 句中的“繁荣”视为二价动词，并作为 c 句中形容词或动词“繁荣”的使动用法。但在词法中有句法结构分析的观点下，用双层动词结构就可以解释同一个形式的词在词性上的变化，结构如下：

（67）

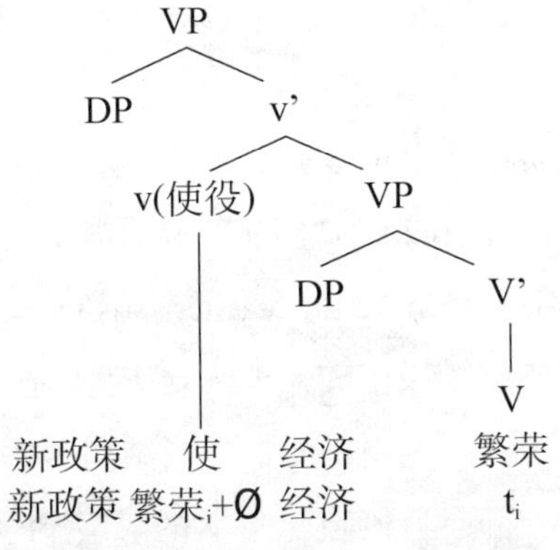

也就是基础结构是 a 句“经济繁荣了”，是主要动词短语下层 VP 的结构；在双层 VP 结构中，上层的轻动词是使役轻动词，在汉语中的语音形式是“使”“令”等，如果出现就形成 c 句使役句；如果使役轻动词是零形式，将吸引谓语动词向上移动合并，形成 b 句，表面上看是“繁荣”这个词获得了“使役”的语义，

其实是句法结构导致的。

每种语言对同一语义语法范畴的表现并不相同，再以使役范畴为例，何元建（2004）等认为各种语言中不同形式的使役结构都可以用以上这个带有轻动词短语的双层动词短语结构来解释：

（一）表示使役的轻动词 v 是零形式，主要谓语动词上移至此得到使役义，生成有使动意义的谓词结构，如古代汉语中“食（si4）”“饮（yin4）”（语音有转变，是语音输出操作）；

（二）使役轻动词 v 也可以是词缀形式，在构词的形态中体现使役意义，如英语中表示使役的后缀“-fy”（如名词“beauty（美丽）”移动到 v 处生成动词“beautify（使美丽）”）、“-ize”（如名词“polity（政治）”移动到 v 处生成动词“politicize（政治化）”）和前缀“en-”（如形容词“rich（丰富）”移动到 v 处生成动词“enrich（使丰富）”）等；

（三）使役轻动词 v 也可以是词汇形式，如汉语中的“使”“令”等词，英语中的“make”“have”等词语，生成分开式的使动结构，“使老师满意”“make the teacher satisfied”。

人类所有语言表达使役范畴无外乎这三种情况，表面上语言表达形式差别很大，其实内在的句法生成结构是一样的，都是上层为使役轻动词 v、下层为核心动词 V 的双层 VP 结构；只是它们生成的位置不同，第一类是在词库中，直接生成了有使役意义的动词，第二类是在形态层中生成，第三类是在句法层中生成。不同的语言选择不同的表达方式，同一种语言也可以同时有几种表达方式。而且一种语言的表达方式也会变化，如古代汉语中存在具有零形式或语音形态的使动表达方式，如某些词语变为去声，表示使动意义，如“食（si4）”“饮（yin4）”，并主要采用这种方式；而现代汉语则更多倾向于使用词汇手段，使令词语与动词分开表达。Huang（2004）、沈家煊（1999、2005）等学者也将这点作为汉语由综合性语言发展为分析性语言的一个有力证据。

使役轻动词投射就是功能性短语，所以用功能短语来解释不同语言的相关语法现象是一种可行的研究方法。

8.8.2 “完结”范畴的三大类型——“完结短语”假说

本书讨论的动词的“完结”范畴也是一种功能成分，给予主要动词提供完结意义，所以也具有语言类型学研究价值，也体现了语言的类型特征。上文考察到人类语言中有5种动词“完结”范畴的表达方式，它在人类的语言表达中也主要有三种类型：

A类是词义整合，即完结意义包含在词语的意义当中，即第1类；

B类是屈折形式，有专门的表达完结意义的词缀，前缀或后缀等，即第2类；

C类是句法结构，包括我们列出的第3类动词前副词、第4类动词后补语、第5类动词后有小句三种子形式。

人类语言对动词“完结”特征的句法表现虽然有较大差异，但是它们的内在句法结构是一致的，并有内在的联系性。既然我们相信生成语法的基本理论，人类语言有共同的深层句法结构，这是语法原则，而每种由于各自的参数设置不同，才会形成纷繁差异的表层句法结构，所以我们也希望对动词的“完结”范畴进行统一的句法解释。在生成语法框架下，我们再次提出具有语言共性的“完结短语”假说：

动词情状的两个基本特征之一“完结”特征在句法结构中投射为“完结短语（Telic Phrase）”，简称 TelP，带有 [完结] 特征，它的功能是给予动词 V 一个终结点，使之具有一定范围和到达的终点。TelP 是紧邻动词短语 VP 的功能性成分。TelP 的补足语是主要动词短语 VP。“完结”Tel 的论元是受影响性的论元，句法位置是完结短语的指示语位置 [Spec TelP]。一个有终止范围的动词 V 必须核查其 [完结] 特征，核查特征时 V 移动到 Tel 的位置。

动作投射为主要谓语动词短语的中心语 V，是句法结构的基础，动作的“完结”特征投射为 VP 上层的“完结短语（Telic Phrase）”，简称 TelP，这是一个功能层，它给动词 V 提供一个“完结”意义的功能特征。我们认为，“完结”范畴的三种表达形式的内部结构是一样的，如下，只是这种结构在不同的语言中出现的位置并不相同。

（86）

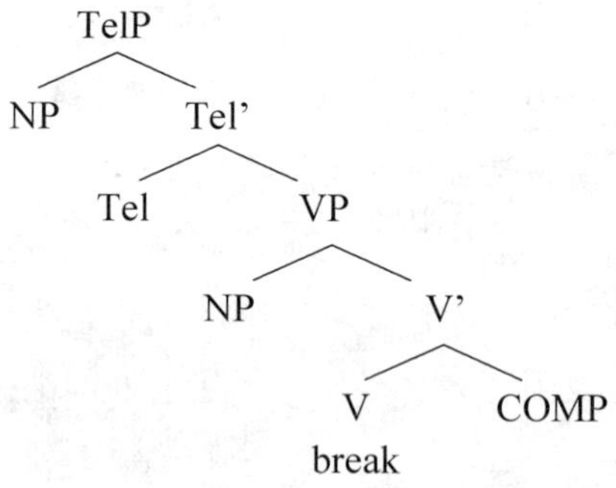

A 类　Tel 义素　break　（英语）

[break]

B 类　на　писать（写）　（俄语）

[написать（写完）]

C 类 1　pʊʃa（碎）tixiʃəə（摔）　（鄂温克语）

[pʊʃa　tixiʃəə（碎摔）]

C 类 2　破　打　（现代汉语）

[打破]

up　look　（英语）

[look up]

C 类 3　破　打　（古代汉语）

[打 sth. 破]

A 类形式，“完结”特征是一种语义素，词义整合的生成过程在语义层中。看起来“完结”包含于词语意义之中，所以这个结构常被看作是词库（Lexicon）中的词法结构。词义整合也可以说是逻辑语义层发生的。有“完结”特征的词，即成就动词和完成动词，其深层结构中是有“完结短语 TelP”的；而没有“完结”特征的词，即状态动词和活动动词，其结构中没有 TelP。有终止意义的成就动词和完成动词，如英语中的“break”，在句法生成中要核查其 [完结] 特征，向上移动到 TelP 的位置。

B 类形式，“完结”特征是一种词缀，也可称为词素（语素），依附于表示动作的动词上，这个结构是在形态层（Morphology）中生成的。比如在 Tagalog 语中的重复语素表示动作的完结，俄语表示“完结”的词缀“нva”等。形态层中的完结短语就形成了语言的屈折形式。上例中俄语的 V“писать（写）”上移到完结中心语 Tel 位置，核查动词完结特征，与词缀“на（完）”合并，生成“написать（写完）”。

C 类形式,“完结”特征是由一个独立的词汇来实现的,这样“动作 – 完结”关系就是两个词语形成的句法结构，这个结构是存在于句法层面（Syntax）中的结构。比如上例中 C1 类就是动词前用副词来表示“完结”的形式，这个副词性的成分也是 TelP 的中心语，鄂温克语中“pʊʃa（碎）”这个副词性的成分是 TelP 的中心语，与 V 中心语“tixiʃəə（摔）”合并，形成“pʊʃa tixiʃəə（碎摔）”。而 C2 类是现代汉语中的动结式和英语中的完结意义短语类，是动词后的补语表达“完结”范畴，补语是 TelP 的中心语。C2 类的英语还是相对固定的一类副词“up、out”等，而如现代汉语和汉藏语系一些语言的动结式，补语词汇较多，可细分为很多语义类型，但是我们认为尽管语义类型众多，它们都是表达“完结”功能的内部体，投射为动词短语 VP 内部的紧挨动词的完结短语。

C 类还有小句形式，小句形式的 C3 句法结构与 C2 类的动结式差别不大，只是宾语的位置不同。

C 类 3 种形式虽然都是在句法中生成的，但是表面句法形式却不同，我们依据生成语法的研究中是通行的解释，认为原因是语音实现的过程不同。当然这方面需要更多的论证，本书限于材料，只能先做出这样的理论解释。

A、B 两类语言中，无论是词内包含完结意义，在词库中直接生成，还是用词缀形式表示动作结点，都是在词汇形态层（Lexical-Morphology）来体现这一语法范畴，所以这些语言中就直接有“完成动词（Accomplishments）”和“成就动词（Achievements）”。但是在C类语言中，表示动作完结点的形式是词汇，这样就变成两个词语的句法结构，属于“句法层（Syntax）”。

8.8.3　实词与功能语类

值得注意的是，现代汉语这样的C类，其动词“完结”范畴，由于表达“完结”功能的成分是一个独立的实词，它有自身的词汇意义。在前期研究中，词汇成分投射形成功能短语不断被质疑，认为实词成分不能投射功能层。

固然早期理论认为实词和虚词分别对应于词汇性投射和功能性投射，但是随着理论的发展，实词和虚词是不是必然是词库中规定好的，还是有可能根据其充当的句法成分来分析的，都值得讨论。我们倾向于后者的理解，认为“实词”可以投射为功能层短语。并提出以下理由。

第一，“完结短语”是词汇层动词短语VP内部的功能投射，不是IP（屈折层）、CP（标句词层）的功能性成分，所以具有较强的词汇性质。

第二，实词是否能进行功能性投射，与实词在句法结构中的实际功能有关，不宜教条。上文的语料可以看出C类的“完结”成分虽然是实词，但是在句子中的作用却与语义层中和形态层中生成的“完结”表达是一致的，体现为它只是表达动词的完结功能，而不是一个具有自身结构的谓语性实词。这如同，“种植花卉”，可以是动宾结构，如a，也可以是定中结构，如b，例如：

（87）a. 这个村今年都种植花卉。

b. 今年的种植花卉带来了很大经济效益，而野生花卉则不太理想。

a 句动宾结构中“种植”当然投射为主要谓语动词 V，有谓语的句法特点，而 b 句定中结构的“种植”就失去了谓语动词的特征，因为它投射为“花卉”的附加语，是定语修饰性成分。

我们强调的 C 类“完结”表达方式，虽然与上例情况不完全相同，但是道理是一样的，都是需要从词汇在句子中的功能出发来确定句法结构，而不能因为补语是实词就必须被认定为是句子中的另一个谓语。

第三，一些语言还有词与语素同形的问题，如汉语。传统语法所称的“成词语素”，同样的形式“破”可以是实词的动词作谓语，如“窗户破了”，也可以是语素，如“破窗理论”。语言类型的不同形成句法表现不同，在汉语这类语言中看似是实词作补语，也许只是同形的语素而已。如果我们可以接受语义素和词素投射为功能层，即 A 类和 B 类语言，那么汉语这类语言的语素也可以投射功能层，只不过该类语言的语素与词同形，才造成一定的理解困扰。

所以 C 类语言的动词“完结”表达方式，需要从词汇在句子中的功能出发来确定句法结构，而不能因为补语潜在的实词性质就必须被认定为是句子中的另一个谓语。

8.8.4 “完结”范畴类型的共存与转化

几种“完结”表达方式并不是非此即彼的关系，而是可以共存于同一语言中，上文介绍中的很多语言都不只有一种表达方式，如英语中就同时有 A 类词义整合和 C3 类小句形式，古代汉语（从较长的时期来说）也如此。德语中也有 C2 类述补结构和 C3 类小句形式。8.2 节中的表格已经将本书所考察语言全部列出，也可以直接看出，很多语言都出现不止一次。可见很多语言的表达方式都不单一。

“完结”表达方式也可以在语言发展中发生转化。

如英语从 A 类词义整合为主的表达方式，发展出 C2 类动后补语和 C3 类小句形式。汉语也从上古汉语主要是 A 类词义整合形式为主，发展到中古汉语出现 C3 类小句形式，直至现代汉语以 C2 类动后完结形式——动结式为绝对优势的表达。这些发展变化在语法史的研究中得到细致观察和广泛讨论，本书不再展开。我们提出的动词完结范畴，也与其他语义范畴一样，在语言的发展中经历了表达方式的转化，并且与其它语义范畴的转化方向具有一致性。以汉语和英语为例，都从综合性语言向分析型语言转变，动词完结范畴的表达方式也是从词义整合方式向句法方式转化。

几种表达类型中，C2 类动结式和 C3 类小句形式有密切的关系。如古代汉语中“列士抱石而行，遂即打其齿落”（变文·伍子胥变文），在现代汉语中表达为“打落他的牙齿”，而“何为夺他宅舍，仍更打他损伤”（变文·燕子赋）在现代汉语中则表达为“打伤他”。蒋绍愚（1994）等指出汉语的动结式和小句形式 VOR 都在六朝时期产生，两种形式并存，宋代后 VOR 形式减少，只用 VRO 动结式了。

在其他同时具有 C2 和 C3 类“完结”表达形式的语言中，也有类似的现象。马雪燕（2013）指出越南语的一些结构既可以用 C2 类述补结构，也可以用 C3 类小句结构，如：

（88）a. Tôi lau sạch bàn rồi.

我 擦 干净 桌子 了

b. Tôi lau bàn sạch rồi.

我 擦 桌子 干净 了

我擦干净桌子了。

李艳玲（2009：54）指出壮语一般表达动词“完结”范畴用 C3 类小句“V ＋ O ＋ C”形式，但随着发展，述语和补语的关系渐趋紧密，补语向述语靠拢，有的慢慢变为“V ＋ C ＋ O”式。继而随着补语独立性的逐渐减弱而与述语凝结为一个整体，产生了一种新的结构形式“VC ＋ O”式。

（89）a. $kɯn^{1}$ $θoːŋ^{1}$ kan^{1} lau^{3} liu^{4}.

吃 两 斤 酒 完

b. $kɯn^{1}$ liu^{4} $θoːŋ^{1}$ kan^{1} lau^{3}.

吃 完 两 斤 酒

喝了两斤酒。

（90）a. $kɯn^{1}$ $θoːŋ^{1}$ $vaːn^{3}$ liu^{4}.

吃 两 碗 完

b. $kɯn^{1}$ liu^{4} $θoːŋ^{1}$ $vaːn^{3}$.

吃 完 两 碗

吃了两碗。

王均、郑国乔（1980）指出仫佬语有 C2、C3 类两种表达方式，但是有差异。如“我吃饱饭了”可以说：

（90）a. həi^{2} tsaːn^{1} hu^{3} kɤaŋ^{5} lɔ.

　　我　吃　饭　饱　了

b. həi^{2} tsaːn^{1} kɤaŋ^{5} hu^{3} lɔ.

　　我　吃　饱　饱　了

而“我把脸洗干净了”只能说：

（90）a. həi^{2} suk^{7} na^{3} sjaːu^{5} ljeu^{6}. 我把脸洗干净了。

　　我　洗　脸　干净　了

b.* həi^{2} suk^{7} sjaːu^{5} na^{3} ljeu^{6}.

　　我　洗　干净　脸　了

张勇生（2008）也认为仫佬语的存在 C3 类小句形式向 C2 类述补结构形式转化的情形。而且由于宾语 O 的形式不同，C2 类动结式的表达方式逐渐强化。

（91）ki^{44} kui^{44} tui^{121} pɤe^{53} ljeu^{11}

他　打　蛇　死　了

他打死蛇了。

（92）a. ki^{44} kui^{44} pɤe^{53} naːu^{53} to^{11} tui^{121}

　他　打　死　，条　蛇

b. ki^{44} kui^{44} naːu^{53} to^{11} tui^{121} pɤe^{53}

　他　打　一　条　蛇　死

　他打死了一条蛇。

毛宗武、蒙朝吉（1986）指出畲语也共存 C2 类动结式和 C3 类小句形式,如“你吃饱饭了吗？”可以说 muŋ^{2}（你）nuŋ^{2}（吃）tsu^{5}（饱）kwei^{6}（饭）ma^{1}（吗）？，也可以说 muŋ^{2} nuŋ^{2} kwei^{6} tsu^{5} ma^{1}。

从共时的角度来看，状语和仫佬语都是C3类小句形式为主，向C2类动结式转变，但是不排除受到汉语影响的可能。毛宗武、蒙朝吉（1986）认为畲语是C2类动结式为主，可以有C3类小句形式的用法。这和研究者的观察角度有关,也可能和语言接触有关。

汉语中到底是C3类小句形式演变为C2类动结式，还是C2类动结式自行产生，学者们还有争议。但是可以看出，C2类和C3类在句法形式上关系更为紧密，只是宾语位置不同，推断应该存在一定转化关系。以往研究中也由于受到汉语动结式的研究影响，多数认为是C3类小句形式转化为C2类动结式，需要今后研究中考察更多历时语料加以论证。

8.8.5　汉语动结式的性质及其句法位置

“完结”范畴不同表达方式之间的转化和关联，还涉及其他类型之间的，如A类、B类、C2类的完结范畴所生成的最终结构的相似性。这使我们想到研究者关于汉语动结式是复合词还是短语、是词库生成还是句法生成的分歧，这是动结式的一个经典问题，即动结式到底是词还是短语，这可以视为是动结式性质的问题，在生成语法中主要是讨论动结式的生成位置。

（一）传统语法研究倾向于句法生成——动结式是短语

传统的语法研究虽然没有生成位置的概念，但是这种研究体现在对汉语的动结式是词还是短语的定性研究上。太田辰夫（1958），赵元任（1968），志村良志（1984）等倾向于认为是一种复合词。朱德熙（1982），丁声树等（1961）等认为动结式“在语法功能上相当于一个动词”，是“临时创造新动词的语法手段”

的句法构词，但很多还是临时组合的短语。吕叔湘（1972）区分为两部分，加入“得/不”扩展时是短语，不加入时是词。一般认为汉语中既有动结式的短语，也有动作结果关系的复合词。汉语的词法和句法基本相同，也具有动作–结果语义关系的“革新、阐明、打倒、放活、放松、降低、救活、抬高、缩小、说服、增强、削弱”这样的述补式复合动词。短语和复合词二者插入“得”或“不”的扩展能力不同，体现出复合动词中两个词素的关系更紧密，论元与整个动词相关性大，使用中一般不分析两个词素的具体语义与论元的关系；而动结式短语中的谓语和补语关系较松散，论元与两个语素的关系也较容易考察，更容易理解为代表两个独立动作的谓词的结合。述补复合动词在现代汉语中基本是一个封闭的类，而动结式短语则具有很强的能产性。这种两分法得到很多支持，一些教材中一般都这样处理，“离合词”也成了汉语研究中一个特有的语法概念。

董秀芳（2004、2007、2011）也支持动结式是词汇化、而非语法化的结果，认为动结式经历了词汇化过程形成双音节复合词。并根据 Bybee（1985）对五十多种语言的调查分析结论：在语义上与动词相关性越大的语素越容易与动词融合或者变得依附于动词，来解释汉语动结式的形成，结果与动作行为在认知上非常接近、概念距离接近促进了 V 与 R 的黏合，所以动结（结果）式复合词在述补结构中词汇化数量最多。

动结式是复合词的观点常常不再关注动结式的生成过程，而注重 V 与 R 如何结合为动结式的研究一般也不为动结式做出明确界定。配价语法理论对动结式的研究也取得很多成果，包括黄锦章（1993），郭锐（1995、2002、2004），王红旗（1995、1996），袁毓林（1986、1998、2000、2001、2002a），施春宏（2003 等）等。这些文献提出各种语法规则、使述语和补语的原论元通过计算而最终形成动结式的论元结构，无论是郭锐的论元提升的方法，还是王红旗、袁毓林的并价、消价和共价等论元整合方法，还是施春宏的分层级配价，都认为动结式是述语和补语两部分经过某种运算生成的，本质上是一种句法生成说，或者是强调生成过程处理的句法理论。甚至宋文辉（2003、2007）引入比论元角色更深的语义层面"概念结构"（Talmy，2000），在功能主义语言学的背景下，从句法和语用层面解释动结式的组配规律，也是强调句法生成的方法。总体上说，配价语法等研究着重研究动结式生成的过程，重视两个词素的谓词性质，是动结式在句法中生成的理论。

以上是理论上的定性，而考察人们的语感，查看词典中收录的带有结果补语的词汇，可以看到"动作 - 结果"类的动词很多进入词典，整体习得或学习。

（二）生成语法中的句法生成说和词库生成说

对汉语动结式生成位置的讨论在生成语法理论中由来已久。用生成语法理论研究动结式的学者几乎都需要回答自己的理论分析中动结式生成的位置。

在词库中生成动结式的观点主要认为汉语的动结式都是复合词（compound），以一个词的身份直接从词库进入句法系统，然后向有关的名词性成分指派论元。基本持有这种观点的有 Li（李亚非 1990、1993、1995、1999、2000、2004），Gu（顾阳，1992、1996），Cheng& Huang（郑礼珊、黄正德，1994），Li（李朝，2006）等。

他们将汉语的动结式看成是一个词汇形式，认为在词库中生成的动结式复合词可以直接指派句中的论元，避免了述语 V1 和补语 V2 两套论元结构在句法中比较复杂的选择、整合、增删等操作。Li（李朝，2006）也支持动结式是在词库规则中产生，认为虽然有的不是词库条目，但却是语言记忆库中的条目；并认为动结式复杂的论元关系本来就是在语义和语用层面形成的，不应在句法层面来解释。他还从类型学角度考察汉语动结式在表示结果意义上的价值，在语义层面上来解释。

词库生成动结式的观点的优点是省掉了动结式生成过程的麻烦，不必再考虑 V 和 R 的论元结构关系。但是在减少句法操作手段的同时，很少有学者明确说明动结式的词法结构，即由什么样的词法规则形成词库中的动结式，往往只是说到 V 和 R 合并在一起，没有具体的词法规则。由于汉语中的动结式复合词（如果是复合词的话）并不是从古至今都存在于语言中的，持有这种观点的学者至少应该说明古代汉语（上古时期）词库中没有、而在某一阶段的汉语词库中突然出现了这种复合词的原因。而且从语法化的理论来看，昨日的句法就是今日的词法，即使在现代汉语中有一些动结式已经是复合词了，似乎不需要句法操作而形成，但是从汉语动结式的产生和发展角度来看，词法生成说还需要做更多的解释。

句法生成说也分为两种情况，就是两种不同的处理。一种观点是认为动结式是合成谓语（complex predicates），早期的研究有 Hashimoto（余蔼芹，1965），Lu（陆孝栋，1977）和汤廷池（1992）等，近年来的研究以王玲玲、何元建（2002），Sybesma

Rint（1999），彭国珍（2006）等为代表；另一种观点是认为句法生成动词（syntactically derived verbs），如石定栩（1994、1998）等。句法生成说认为动结式是在句法层面生成的，即述语动词 V 和补语动词 R 分别从词库向句法投射，向各自所支配的名词性成分指派论旨角色，然后再通过移动等句法操作手段构成动结式。后一种观点更进一步认为动结式是在句法中生成的动词，而前一种观点并不认为发生了词化。

句法生成的观点除了我们前述的古代汉语动结式的发展和词法由句法语法化而来等原因，还主要考虑到汉语有许多动结式述补结构十分能产，如此大量的动结式都存在于词库之中可能性不大。而且语言使用临时产生的动结式很多，如“吃穷（公款吃喝吃穷了教育）”、“洗湿（张三洗衣服洗湿了自己的袜子。）”、“借怕（张三老是向别人借钱，都把别人借怕了）”等等，动结式整体的意义基本是由述语 V 和补语 R 各自的意义组成的，看不出通常复合词对词素意义的合成和整合。而且汉语使用者可以在没有习得某些动结式的情况下，在语境中接受和理解它们。

关于动结式的生成位置或称为语法性质，我们在论证动结式的句法结构、生成方式等方面后，现在可以给出一个更具有说服力的答案了。

（三）句法生成与句法形态层次

结合上文的分析，我们支持下面的观点：动结式是在句法层面生成的，述语 V 和补语 R 分别从词库向句法投射，向各自所支配的名词性成分指派论旨角色，然后再通过移动等句法操作手段生成动结式。

本书的观点虽然还是句法生成，但是和以往的观点有不同之处。首先，以往的学说对移动的动因交待不明。词库说，如 Li（1990）认为内嵌动词可以移动并与主句动词合并形成复杂的致使性动词即动结式，但是不能解释为何在词库中出现这样的核心词移动。词库中词法的规则是需要深入研究的，并不因其在词库中就忽略生成的规则和理论原则。句法说中多用事件结构关系来解释，如 Huang（1992），王玲玲、何元建（2002）等，但是事件结构之间的因果或致使等关系本身不能直接导致移动，因为这缺乏语言类型学的证据，其他语言中的事件结构的相关性并没有导致动结式的形成。“小句理论”将移动动因归为谓语动词相关特征性质的相连，已经很接近补语的本质，只是还差一步未能抛开以往研究思路的窠臼、对补语的功能性未做更明确的界定。本书将补语认定为动词 V 的内部体，也为动结式的形成原因找到一个生成语法理论的普遍原则：

即由词汇性成分向功能性成分移动，以核查其句法特征。

其次，而且无论是词库生成，还是句法生成，都是两个谓词性成分经过某种规则合并在一起，形成动结式，区别只在于发生在词库还是句法层。这种争论经常从语义上入手，所以在现阶段是很难证明并有结论的。我们的处理方法是从句法要求出发，认为汉语的单音节动词在词库中缺乏完结点，如果表达具有完结意义的谓语概念时，就需要在 VP 内由补语 R 投射出表达完结功能的完结短语，才能形成动结式。当然，也很可能一部分汉语动结式进入到词库中，像语义层生成的语言一样，但是那需要更多的证明。

正是由于无论是词义整合表达形式还是动补结构都具有相同的深层句法结构，只是生成的子系统不同，而各子系统还存在一定联系，才造成众多学者的认识差异。但是无论大家如何争议汉语动结式的生成位置，或动结式性质，本书的完结短语理论都可以很好地解释二者之间的差异性和关联性。

8.8.6 “完结”范畴的类型学分析

行文至此，我们应该完成对动词性完结范畴的语言类型学分析[①]。我们在对汉语进行深入的理论分析和推演之后，考察了汉藏语系、印欧语系、阿尔泰语系的一些主要语言，还有南岛语系、南亚语系中的部分语言，虽然有60多种语言的材料，但是我们在做类型学分析时仍然很忐忑。一是这些语料是其他研究中的材料，限于时间和能力，我们暂时没有办法考察这些语言中的一手材料。二是这些研究的目的有些虽然与本书的动词完结范畴有关，但毕竟关注点是其他方面，上文提到本书所讨论的动词性“完结”范畴是一个具有语言共性的动词的基本语义范畴，但是前人研究中未见深入分析，所以其他语言的相关研究并不直接与完结范畴对应。我们只能在研究汉语动结式在其他语言中的对应形式、其他语言的述补结构、其他语言的形态特征等方面来搜寻我们需要的语料，所以一定有疏漏的地方。另外，不同语系的语言数量有差别，可能对按语系分析的结论有一定影响，比如所考察的汉藏语系语言较多，相对而言，其他语系语言较少。

---

① 本节的写作特别鸣谢唐正大先生的鼓励和所提供的分析思路。

有如上的情况，我们来全面考察某一语言的完结范畴的所有表达形式，并不能确保这些语言只有本书中列出的表达形式，但是可以较为肯定的是人类语言中动词的完结范畴表达形式只有我们总结出的 5 种情况，并可以分为三个大的层面。根据现有的考察情况，我们大胆地做出以下分析和预测，以供后续研究检验和批评。

一、动词的完结范畴，是动词的基本特征之一，其表达方式也体现语言类型特点，与该语言的其他语义范畴表达方式类型特点有共通性。

二、印欧语系的语言，以词汇为核心，富有屈折形式，是词汇核心语言，所以词义整合和屈折形式的表达方式使用较多，动词完结范畴的表达也集中在这两个方式。屈折形式包括构词和构形两方面，广义上看构词也是屈折形式的一种，所以二者有相关性。印欧语系的一些语言发生了类型的转变，在动词完结范畴上也有体现，如很多学者指出英语等印欧语从屈折型语言向分析型语言转变，我们看到英语除了有词义整合形式外，还有小句形式的句法表达形式，可见完结范畴与其他语义范畴的句法表现正相关。

三、汉藏语系的语言，注重语序，屈折形态欠发达，易于采用句法形式表达完结范畴；又以 SVO 语序为多，句法形式中采用动词后完结表达的形式多，所以动结式形式多。

四、阿尔泰语系的语言，以 SOV 语序为多，核心动词在后，与之有关的语义范畴置于动词前，所以在完结范畴的表达上，采用动词前状语形式表达完结的一般是阿尔泰语系语言。

本小节的类型学分析较为粗疏，但是总体的方向应该是可信的。本书是在类型学视野下，对汉语动结结构和跨语言的完结范畴进行了研究，研究的理论框架是生成语法的，并不是类型学的研究,类型学只是扩大了本书研究的视野,使所提出的“完结短语”假说理论在更多的语言中得到检验，也进一步对生成语法的普遍原则进行深入研究。所以语言类型的分析是基于生成语法框架的语言类型研究。

第九章　结语

动结式的研究是汉语研究的重中之重，是语法体系建构的必要环节，本书尝试用生成语法理论再次讨论动结式，并提出“完结短语”假说理论，对动结式及其相关问题进行了较全面的探讨。

本书是在生成语法理论框架内进行的研究，但又不拘泥于生成语法某一特定阶段的理论和某些学者的成说。众所周知生成语法理论自创立以来就不断更新、变化，它吸引人的地方也正在于——为了探索人类语言的能力、与生俱来的语言机制，敢于不断扬弃自我已经成熟的理论和规则。所以虽然本书的理论不是紧跟最新的生成语法理论的前沿成果，但是却秉承了生成语法理论的研究精神，并用此来深入探讨汉语和其他语言的语言事实。虽然我们的研究仍有需要精深的地方，“完结短语”假说理论和动词“完结”范畴的提出还是具有一定的意义的。

（一）完结短语假说的理论优势

第一，完结短语假说使汉语动结式的分析符合语言共性。以往对汉语动结式的研究，都将其作为两个事件结构来分析，述语V和补语R两个谓词性成分带有自己的论元结构，通过某种规则而组合成动结式这样的复杂谓语。由于动结式被认定为动作－结果事件关系的两个谓词的组合，所以研究关注点就集中在探讨V和R的特性上，这样的分析缺乏语言类型学上的普遍性。本书重新审视动结式补语R的功能，认为汉语里动词后的补语具有“完语所形成的完结短语就是一种动词短语结构内部的体，从内部体向语言中的体貌标记发生语法化的转变是通常的语法化途经，而这个演变的语义基础就是它们对主要动词的完结功能；从句法位置上看，二者都在主要动词短语 VP 和轻动词短语 vP 之间，位置十分接近，存在语法化的可能性，易于解释从实义的补语即对具体事物的结果状态的说明、到对整个事件完成终结的认定、再向更加具有语法功能意义的体标记语法化的过程，体短语比完结短语句法位置略高正表明它的语法化程度更高。

第七，所提出的完结短语句法结构对其他语言的完结范畴也有相当强的解释力。本书考察了大量语言材料，总结出 5 种不同类型的完结范畴表达方式，并在完结短语的理论下进行了统一的解释。本书通过类型学考察出语言表达动词完结范畴的不同方式，对汉语补语的分析与其他语言中对同谓语相关的特征的分析一致。补语只是动词的一种完结特征，不是句子中的另一个谓语。动结式也不再是两个事件结构相互作用的结果，不是复杂的谓语结构，而只是动词内部体貌的一种表达方式。不再把汉语的补语结构变得特殊，使汉语中的补语在普遍语法中找到自己真正的位置。完结短语假说理论的跨语言分析，扩展了理论的适用范围，比其他分析方法更具有语言学的解释力，探究出了一条生成语法理论所追求的语言共性。

综上所述，我们提出的完结短语假说比以往的研究具有一定优势。生成语法认为人类语言存在普遍语法，我们也追求这种统一的、简约的解释。目前无法证明人类头脑中如何存在这样的语言结构，那么只能通过理论推演，看哪种理论更具有理论的简约性、解释的充分性。任何一个理论假说的验证标准都是看其是否可以解释更多的语法现象，生成语法理论也主张深入研究某一语言后得出人类语言普遍的规律，再推广到其他语言。本书虽然主要在汉语普通话范围内研究，但所提出的完结短语假说还是比较全面地涵盖了汉语结果补语的实义和虚化的情况，可以更好地在语言类型学中解释汉语的动结式（包括动趋式），还能从结构上解释体标记的整个语法化历程，宾语受影响性对汉语很多问题也能进行系列的解释，对与动结式相关的句法结构都进行了以同一句法结构为基础的有效分析。可以说，横向上，研究考察了多种语言的完结范畴表达方式，完结短语理论可以解释语言中出现的不同情况；纵向上，本书对补语位置上的历时发展及最终语法化为体标记有深入研究和理论解释。

本书提出的“完结短语”假说理论是从汉语事实出发，反思既有的生成语法理论，大胆地提出新的理论假说，而不是简单套用国际理论、不顾汉语研究现状的“理论分析”。可以说本书是用汉语研究对生成语法理论作出理论贡献的一种尝试。

（二）动词“完结”范畴的语言学意义

本书的研究从汉语动结式入手，关照到动词的体貌研究，在生成语法框架内进行句法分析，最后在考察 60 多种语言的动词完结意义表达方法后，提出动词的“完结范畴”概念，这个范畴是语义范畴，具有语言共性，本书对其的提炼、考察和研究具有一定的语言类型学意义。语言类型学考察的是语义范畴在不同语言中的表达方式，寻找其中的差别和联系。所以语言之间某种形式的对应，远没有相同语义的对应重要。以往的研究如果关照到汉语动结式与其他语言的联系，也往往从“VR”这样的形式出发来考察，尤其是中国境内民族语言的研究，或者汉语母语者对外语的研究，这种倾向比较明显。本书提炼出的动词“完结”语义范畴，是动词最核心的语义特征，它在不同语言中表现出的具有类型特征的联系和系统性差异，不仅使汉语研究与其他语言研究结合起来，不再孤立分析汉语的“特殊”句式，更使语言类型学研究多了一个考察的维度，使人类语言的动词研究更加深入。

另外，动词完结范畴的提出，对动词体貌研究提供了一个新视角。以往的动词体貌研究将动词的情状作为整体来命名和分析，如完整体的相关研究，都是把动词或动词短语直接分为两种对立，还对不同语言的差别进行有无完整体的划分。近年来的语言类型学研究对完整体等体貌范畴也比较关注，如陆丙甫、金立鑫（2015），都是观察到很多语言（尤其是斯拉夫语言）的完整体是一种将动词的内部情状投射到词汇中，在语言中显性表达出来的情况，而且指出这种完整体不仅仅是作为语法范畴的“体”，更重要的是一种语义范畴，具有语言普遍性。他们观察了多种语言，强调汉语研究应区别完整体与完成体、重视完整体的研究，完整体的类型学研究进展，给我们很大鼓励和启发。但是对体貌的这种研究，还是停留在发现不同语言的类型区别上，研究结论还是在某些语言有完整体，而某些语言没有完整体。可是这种动词体貌的语言共性怎么样才能表达出来呢？

本书将动词情状的核心特征“完结”特征分解出，提出完结范畴的概念，并进行跨语言的研究，事实上“完结”范畴是“完整体”范畴的一个内部特征，而且是最显著的特征。完结范畴是人类语言的动词体貌研究中的一环，这个概念范畴的提出和研究使动词的体貌系统、尤其是动词情状研究更加深入，为动词体貌系统研究提供新的思路，具有语言学意义。

汉语动结式 VR 的分析是我们的出发点，而补语 R 的“完结”功能在跨语言中呈现出的共性和个性以及对此进行普遍语法解释是我们的目的地。

参考文献

安　俊 1985《赫哲语简志》，北京：民族出版社。
拜立民 1983 结果补语和情状补语的区别及其在维语中的表现方式，《西北民族学院学报（哲学社会科学版）》第4期。
布　和、刘照雄编著 1982《保安语简志》，北京：民族出版社。
曹国安 2016 亚洲六种语言的动词完结范畴考察，北京语言大学硕士学位论文。
曹广顺 1986《祖堂集》中的“底（地）”“却（了）”“著”，《中国语文》第3期。
曹广顺 1995《近代汉语助词》，北京：语文出版社。
曹广顺 2000 试论汉语动态助词的形成过程，《汉语史研究集刊》二辑，成都：巴蜀书社。
朝　克 2009《鄂温克语参考语法》，北京：中国社会科学出版社。
常竑恩 1986《拉祜语简志》，北京：民族出版社。
常玲玲 2007 结果补语对德语结果句式和汉语动补结果句式的影响，《语言研究》第2期。
陈宝勤 2006 试论“着”的语法化过程，《语文研究》第1期。
陈昌来 2002 论成事及其相关动词，《汉语学习》第3期。
陈　刚 1981 谈“没动了宾/补”式，《中国语文》第1期。
陈　刚 1985 关于“没V了1”式，《中国语文》第5期。
陈　光 2007 汉语结果补语在印尼语中的表述形式及其对印尼学生习得的影响，暨南大学硕士学位论文。
陈国坚 1983 汉语述补结构的西译，《现代外语》第2期。
陈　平 1987 释汉语中与名词性成分相关的四组概念，《中国语文》第2期。
陈　平 1988 论现代汉语时间系统的三元结构，《中国语文》第6期。
陈前瑞 2001《词汇体与语法体的语义和语用模式》评介，《当代语言学》

第 3 期 [Mari Broman Olsen, A Semantic and Pragmatic Model of Lexical and Grammatical Aspect.Garland Publishing 公司 1997 年]。
陈前瑞 2003《汉语体貌系统研究》，华中师范大学博士学位论文。
陈前瑞 2005《当代体貌理论与汉语四层级的体貌系统》，《汉语学报》第 3 期。
陈前瑞 2008《汉语体貌研究的类型学视野》，北京：商务印书馆。
陈绍新 2014 试析英语完整体的终结性情状表达和度量，《湛江师范学院学报》第 4 期。
陈相木 王敬骝 赖永良 1986《德昂语简志》，北京：民族出版社。
陈秀兰 2003 准时态助词“起来”源流研究，《汉语史学报》第四辑，上海：上海教育出版社。
陈艳阳 2004 论“着”的语法化，《株洲师范高等专科学校学报》第 4 期。
陈泽平 1992 试论完成貌助词“去”，《中国语文》第 2 期。
陈振宇 2007《时间系统的认知模型与运算》，上海：学林出版社。
陈振宇 2009 关于终结和非终结的区别，《东方语言学》第六辑，上海：上海教育出版社。
陈 忠 2006 “起来”的句法变换条件及其理据，《山东社会科学 · 语言文学研究》第 2 期。
陈宗振 伊里千 1986《塔塔尔语简志》，北京：民族出版社。
程 工 1999《语言共性论》，上海：上海外语教育出版社。
程 杰 温宾利 2008 动词补语并移：基于自然词序的假设，《天津外国语学院学报》第 6 期。
崔广华 2007 “V ＋完”动补结构在现代汉语中的句法和语义表现，《文教资料》第 4 期。
崔希亮 1995 把字句的若干句法语义问题，《世界汉语教学》第 3 期。
大 龙 2015 汉语和尼泊尔语动词结果表达形式对比研究，北京语言大学硕士论文。
戴浩一 1989 以认知为基础的汉语功能语法研究，见戴浩一、薛凤生编《功能主语与汉语语法》，北京：北京语言学院出版社（1994）。
戴庆厦 崔志超 1985《阿昌语简志》，北京：民族出版社。

戴庆厦 李 洁 2006 勒期语概况，《民族语文》第1期。
戴庆厦、黎 意 2004a 景颇语的述补结构，《民族语文》第6期。
戴庆厦、黎 意 2004b 藏缅语的述补结构——兼反观汉语的述补结构，《语言研究》第4期。
戴庆厦、余金枝、杨再彪 2005 小陂流苗语概况，《民族语文》第3期。
戴耀晶 1990《论现代汉语的体》，复旦大学博士论文。
戴耀晶 1997《现代汉语时体系统研究》，杭州：浙江教育出版社。
德力格尔玛 2005 汉语带结果补语的述补结构在蒙古语中的表达形式，《中央民族大学学报（哲学社会科学版）第5期。
德力格尔玛、高莲花 2013《蒙古语与汉语句法结构对比研究》，北京：民族出版社。
邓思颖 2010《形式汉语句法学》，上海：上海教育出版社。
邓守信 1985 汉语动词的时间结构，《语言教学与研究》第4期。
丁 萍 2009 动结式"V好"与"V完"的比较研究，上海师范大学硕士学位论文。
丁声树等 1961《现代汉语语法讲话》，北京：商务印书馆。
丁雪欢 2005 沅江话中"起"的意义及语法功能，《汕头大学学报（人文社会科学版）》第2期。
董成如 2014 认知语法框架下动结式的形成和论元实现，《现代外语》第5期。
董晓敏 1990 一种特殊的结果宾语句，《九江师专学报（哲学社会科学版）》第1期。
董秀芳 2004《汉语的词库与词法》，北京：北京大学出版社。
董秀芳 2007 从词汇化的角度看粘合式动补结构的性质，《语言科学》第1期。
董秀芳 2011《词汇化：汉语双音词的衍生和发展（修订本）》，北京：商务印书馆。
杜氏月 2012 汉越趋向补语对比研究，湖南大学硕士学位论文。
范方莲 1963 存在句，《中国语文》第1期。
范继淹 1963 动词和趋向性后置成分的结构分析，《中国语文》第2期。

范　晓 1985 略论V－R,《语法研究和探索》(三), 北京：北京大学出版社。
范　晓 1988 吴语“V-脱”中的“脱”, 复旦大学中国语言文学研究所吴语研究室编《吴语论丛》, 上海：上海教育出版社。
方小燕 2003 广州话里的动态助词“到”,《方言》第4期。
房玉清 1992a 动态助词“了”“着”“过”的语义特征及其用法比较,《汉语学习》第1期。
房玉清 1992b“起来”的分布和语义特征,《世界汉语教学》第1期。
冯春田 1988《魏晋南北朝汉语研究》, 济南：山东教育出版社。
冯　英 2005 水语的动结式,《民族语文》第1期。
盖兴之 1986《基诺语简志》, 北京：民族出版社。
高名凯 1948《汉语语法论》, 北京：商务印书馆(1986年重印)。
高名凯 1960《语法理论》, 北京：商务印书馆。
高名凯、石安石 1979《语言学概论》, 北京：中华书局。
高顺全 2001 体标记“下来”“下去”补议,《汉语学习》第3期。
高增霞 2005 处所动词、处所介词和未完成体标记——体标记“在”和“着”语法化的类型学研究,《中国社会科学院研究生院学报》第4期。
耿　栋 2012 汉语动结式生成语法研究, 鲁东大学硕士学位论文。
耿世民　李增祥 1985《哈萨克语简志》, 北京：民族出版社。
耿世民 1989《现代哈萨克语语法》, 北京：中央民族学院出版社。
龚千炎 1984 动结式复合动词及其构成的动词谓语句式,《安徽师大学报(哲学社会科学版)》第3期。
顾　阳 1996 生成语法及词库中动词的一些特性,《国外语言学》第3期。
顾　阳 1999 动词的体及体态, 载徐烈炯主编《共性与个性——汉语语言学中的争议》, 北京：北京语言文化大学出版社。
顾　阳 2000 试论汉语双宾语结构的语义和句法特征,《语法研究和探索》(十) 北京：北京大学出版社。
顾　阳 2001a 隐性使役动词及其句法结构, 载沈阳、何元建、顾阳著《生成语法理论与汉语语法研究》, 哈尔滨：黑龙江教育出版社。
顾　阳 2001b V—V动补复合词及使役结构的共性与个性, 载沈阳、何元建、顾阳著《生成语法理论与汉语语法研究》，哈尔滨：黑龙江教育出版社。
顾　阳 2007 时态、时制理论与汉语时间参照，《语言科学》第4期。
关　键 1997 补语"上"的意义和用法，《天津师大学报》第2期。
关　玲 2003 普通话"V完"式初探，《中国语文》第3期。
郭　锐 1993 汉语动词的过程结构，《中国语文》第6期。
郭　锐 1995 述结式的配价结构和成分的整合，载沈阳、郑定欧主编《现代汉语配价语法研究》北京：北京大学出版社。
郭　锐 1997 过程和非过程——汉语谓词性成分的两种外在时间类型，《中国语文》第3期。
郭　锐 2002 动结式的论元结构，徐烈炯、邵敬敏主编《汉语语法研究的新拓展（一）——21世纪首届现代汉语语法国际研讨会论文集》，杭州：浙江教育出版社。
郭　锐 2004 语法的动态性和动态语法观，《21世纪的中国语言学》第一辑，商务印书馆编，北京：商务印书馆。
郭　锐 2003 把句的语义构造和论元结构，《语言学论丛》第二十八辑，北京：商务印书馆。
郭伟华 2009 P1为非施受关系的动结式及其相关句式的句法语义研究，东北师范大学硕士学位论文。
韩林林 2012 比工仡佬语的述补结构，《重庆三峡学院学报》第2期。
和即仁　姜竹仪 1985《纳西语简志》，北京：民族出版社。
何元建 2004 论使役句的类型学特征，《语言科学》第1期。
侯瑞芬 2005"动（形）+死+……"的结构语义分析，《北京教育学院学报》第2期。
胡建锋、郭文国 2001"V+成"式动补结构，《绍兴文理学院学报》第4期。
胡明扬 1996《汉语方言体貌论文集》，南京：江苏教育出版社。
胡文泽 2005 也谈"把"字句的语法意义，《语言研究》第2期。
胡增益 1986《鄂伦春语简志》，北京：民族出版社。
胡增益、朝　克 1986《鄂温克语简志》，北京：民族出版社。
胡振华 1986《柯尔克孜语简志》，北京：民族出版社。

黄锦章 1993 行为类可能式 V–R 谓语句的逻辑结构与表层句法现象，《语文研究》第 2 期。
黄南松 1989 论部分宾语的有定性，《烟台师范学院学报（哲学社会科学版）》第 3 期。
黄小平 2005 浅析宁都客家话中“掉”与“过”的特殊用法，《经济与社会发展》第 2 期。
黄晓琴 2005 动结式的语义关系与句式变换，《语言文字应用》第 S1 期。
黄晓琴 2006 试论动结式的三种宾语，《汉语学报》第 3 期。
黄新强 黄婷婷 2011 保留宾语把字句的句法生成研究，《河北北方学院学报》第 3 期。
黄 行 2014 汉藏语系语言区域性特征的形成机制，北京语言大学“语言教学与研究国际学术研讨会”。
黄月圆 1996 把 / 被结构于动词重复结构的互补分布现象，《中国语文》第 2 期。
黄正德 2007 汉语动词的题元结构与其句法表现，《语言科学》第 4 期。
嵇 周 1996《俄语动词解难》，北京：中央民族大学出版社。
姜 红 2007 动结式中补语语义歧指现象分析，《安徽大学学报》第 1 期。
江蓝生 1995 吴语助词“来”“得来”溯源，《中国语言学报》第 5 期。
蒋 华 2003 趋向动词“上”语法化初探，《东方论坛》第 5 期。
蒋冀骋 吴福祥 1997《近代汉语纲要》，长沙：湖南教育出版社。
蒋 鲤（2006）复杂动结式的语义和句法分析，《华中科技大学学报（社会科学版）》第 4 期。
蒋绍愚 1994《近代汉语研究概况》，北京：北京大学出版社（2005 修订本）。
蒋绍愚 1997 把字句略论——兼论功能扩展，《中国语文》第 4 期。
蒋绍愚 1999 汉语动结式产生的时代，《国学研究》第六卷。
蒋绍愚 2001《世说新语》《齐民要术》《洛阳伽蓝记》《贤愚经》《百喻经》中的“已”“竟”“讫”“毕”，《语言研究》第 1 期。
蒋绍愚 曹广顺 2005《近代汉语语法史研究综述》，北京：商务印书馆。
蒋绍愚 2006 动态助词“着”的形成过程，《周口师范学院学报》第 1 期。

蒋 严 潘海华 1998《形式语义学引论》，北京：中国社会科学出版社。
金晶炫 2006 汉语“动结式”在韩国语中的对应形式，吉林大学硕士学位论文。
金立鑫 1997 把字句的句法、语义、语境特征，《中国语文》第6期。
金立鑫 1998 试论“了”的时体特征，《语言教学与研究》第1期。
金立鑫 2002 词尾“了”的时体意义及其句法条件，《世界汉语教学》第1期。
金立鑫 2004 汉语时体表现的特点及其研究方法，《汉语时体问题国际研讨会论文集》，上海：学林出版社。
金立鑫 2008a 试论行为类型、情状类型及其与体的关系，《语言教学与研究》第4期。
金立鑫 2008b 对Reichenbach时体理论的一点补充，《中国语文》第5期。
金立鑫 2009a “时”“体”范畴本质特征及其蕴涵共性，《汉语形式和功能研究》，北京：商务印书馆。
金立鑫 2009b 关于“时”定位和“体”的类型的一点意见，《东方语言学》第5期。
金立鑫 2009c 解决汉语补语问题的一个可行性方案，《中国语文》第5期。
金立鑫 2014 动词类型和施格、通格及施语、通语，《外语教学与研究》第1期。
金立鑫 2016“时”“体”范畴类型及共性，首尔大学讲座报告。
金立鑫 邵 菁 2010 Charles N.Li等“论汉语完成体标记词‘了’的语用驱动因素”中某些观点商榷，《当代语言学》第4期。
竟 成 1993 关于动态助词“了”的语法意义问题，《语文研究》第1期。
柯理思 1997 北方官话里表示可能的动词词尾“了”，《庆祝中国社会科学院语言研究所建所45周年学术论文集》，北京：商务印书馆。
柯伟智 2013 汉语结果补语与泰语对应形式的对比研究，北京大学博士学位论文。
孔令达 1985 动态助词“过”和动词的类，《安徽师大学报》第3期。
孔令达 1986 关于动态助词“过$_1$”和“过$_2$”，《中国语文》第4期。
孔令达 1995 从语言单位的同一性看汉语助词“过”的分合，《安徽师范大学学报（人文哲学社会科学版）》第3期。
孔令达 1997 从语言单位的同一性看助词“过”的分合，《语法研究和探索》（八），北京：商务印书馆。
兰宾汉 1992 谈一种新的把字句兼及把字句的定义，《陕西师大学报》第1期。
黎锦熙 1924《新著国语文法》，北京：商务印书馆（1982）。
黎 意 2004 汉藏述补结构研究，中央民族大学博士学位论文。
黎 意 2005 苗语的述补结构——兼与汉语对比，《中央民族大学学报（哲学社会科学版）》第3期。
黎 意 2009 壮侗语与汉语述补结构的对比分析及其类型学特征，《中央民族大学学报（哲学社会科学版）》第6期。
李大忠 1996“使”字兼语句偏误分析，《世界汉语教学》第1期。
李道勇 聂锡珍 邱锷锋 1986《布朗语简志》，北京：民族出版社。
李奉栖 2003《运用词汇映射理论对汉语动结式结构的研究》，重庆大学硕士学位论文。
李奉栖 2011 论汉语动结式复合题元角色到语法功能的映射，《外国语》第6期。
李锦姬 2003《现代汉语补语研究》，复旦大学博士学位论文。
李晋霞 2005“好”的语法化与主观性，《世界汉语教学》第1期。
李菊广 2011 缅甸学生习得汉语补语过程中的难点及偏误分析，中央民族大学硕士学位论文。
李临定 1984《现代汉语句型》，北京：商务印书馆。
李临定 1988《现代汉语变换语法》，北京：中国社会科学出版社。
李临定 1990《现代汉语动词》，北京：中国社会科学出版社。
李人鉴 1988/1991 试论“使”字句和“把”字句，《扬州师院学报》（社会科学版），1988第3期，1991第1期。
李 明 2004 趋向动词“来/去”的用法及其语法化，《语言学论丛》二十九辑，北京：商务印书馆。
李 讷 石毓智 1997 论汉语体标记诞生的机制，《中国语文》第3期。
李如龙 1996 泉州方言的体，载张双庆主编《动词的体》，香港中文大学中国文化研究所吴多泰中国语文研究中心出版。
李思旭 2008《认知视角下的汉语动结式“V 单＋完”属性研究》，上海师范大学硕士学位论文。
李思旭 2012“完全受影响”和“部分受影响”编码方式的类型学研究，《外国语》第4期。
李小凡 2000 现代汉语词尾“了”的语法意义再探讨，《语法研究和探索》（十）北京：商务印书馆。
李小荣 1994 对述结式带宾语功能的考察，《汉语学习》第5期。
李亚非 2000 核心移位的本质及其条件——兼论词法和句法的交界面，《当代语言学》第1期。
李亚非 2004 补充式复合动词论，黄正德主编《中国语言学论丛》第三辑，北京：北京语言大学出版社。
李 妍 2006《汉语完成体“过”的研究》，北京语言大学硕士学位论文。
李艳玲 2009《壮语述补结构研究》，中央民族大学硕士学位论文。
李永燧 王尔松 1986《哈尼语简志》，北京：民族出版社。
李泽然 2011 哈尼语的述补结构，《民族语文》第1期。
梁 敏 1980a《毛难语简志》，北京：民族出版社。
梁 敏 1980b《侗语简志》，北京：民族出版社。
梁银峰 2004a 时间方位词“来”对事态助词“来”形成的影响及相关问题，《语言研究》第2期。
梁银峰 2004b 汉语事态助词“来”的产生及其来源，《中国语文》第4期。
梁银峰 2005 汉语动相补语“来”“去”的形成过程，《语言科学》第6期。
廖名春 1990 吐鲁番出土文书语词管窥，《古汉语研究》第1期。
廖玉萍 2009 论能带结果宾语的动结式中的结果补语，《河南师范大学学报》，第2期。
林莲云 1985《撒拉语简志》，北京：民族出版社。
林巧莉 2012 从汉语动补复合词看词库-句法接口，中南大学博士学位论文。
林巧莉、韩景全 2009 事件终结性的语言表达，《语言教学与研究》第4期。

林新年 2004《祖堂集》"著"的语法化等级研究,《福建师范大学学报(哲学社会科学版)》第3期。

林杏光等 1994《现代汉语动词大词典》,北京:北京语言学院出版社。

林 忠 2008 英汉动词"结果"义概念化方式对比,《郑州航空工业管理学院学报(社会科学版)》第4期。

刘 彬 2002 光杆把字句的生成研究,《湖南商学院学报》第4期。

刘丹青 1994"唯补词"初探,《汉语学习》第3期。

刘丹青 1996 苏州方言的体范畴系统与半虚化体标记,胡明扬主编《汉语方言体貌论文集》,南京:江苏教育出版社。

刘丹青 2002 汉语类指成分的语义属性和句法属性,《中国语文》第5期。

刘广和 1999 说"上$_2$、下$_2$……起来$_2$"——兼谈趋向补语、动趋式,《汉语学习》第2期。

刘 虹 2012 汉语动结式和动趋式之辨,《解放军外国语学院学报》第5期。

刘 坚、江蓝生、白维国、曹广顺 1992《近代汉语虚词研究》,北京:语文出版社。

刘 坚、曹广顺、吴福祥 1995 论诱发汉语词汇语法化的若干因素,《中国语文》第3期。

刘街生 2006 动结式组构的成分及其关系探讨,《语言研究》第2期。

刘街生 2008 动结组构与名词配置,《汉语学报》第2期。

刘兰民 2003 现代汉语极性程度补语初探,《北京师范大学学报(社会科学版)》第6期。

刘 璐 1984《景颇族语言简志(景颇语)》,北京:民族出版社。

刘宁生 1985 论"着"及其相关的两个动态范畴,《语言研究》第2期。

刘培玉 2001 关于把字句的结构分析,《上海财经大学学报》第3期。

刘培玉 2009《现代汉语把字句的多角度探究》,武汉:华中师范大学出版社。

刘培玉 2012 致使性述补式的构造过程、句法性质和歧义解释,《四川师范大学学报(社会科学版)》第1期。

刘培玉 许海命 2010 把字句的生成及相关问题,《信阳师范学院学报》

第2期。
刘培玉　欧阳柏霖 2010《动结式的配价层级及其歧价现象》质疑，《长沙理工大学学报（社会科学版）》第5期。
刘巍巍 2013《现代汉语中的动结式研究》，安徽师范大学硕士学位论文。
刘勋宁 1988 现代汉语词尾“了”的语法意义，《中国语文》第5期。
刘勋宁 1990 现代汉语句尾“了”的语法意义及其与词尾“了”的联系，《世界汉语教学》第2期。
刘　焱 2007“V掉”的语义类型与“掉”的虚化，《中国语文》第2期。
刘月华等 1983《实用现代汉语语法》，北京：外语教学与研究出版社（2005商务印书馆）。
刘月华 1988a 动态助词“过$_2$、过$_1$、了$_1$”用法比较，《语文研究》第1期。
刘月华 1988b 趋向补语的语法意义，《语法研究与探索》（四），北京：北京大学出版社。
刘振平 2009 动结式语义结构及认知域投射，《求索》第4期。
刘子瑜 2004 汉语动结式述补结构的历史发展，《语言学论丛》第三十辑，北京：商务印书馆。
柳士镇 1992《魏晋南北朝历史语法》南京：南京大学出版社。
龙国富 2005a 从中古译经看形成中的动态助词“著”，《汉语史研究集刊》第八辑，成都：巴蜀书社。
龙国富 2005b 从中古佛经看事态助词“来”及其语法化，《语言科学》第1期。
罗美珍 2008《傣语方言研究（语法）》，北京：民族出版社。
卢　莉 2006《趋向补语“下”的语法化过程及相关句法语义问题研究》，上海师范大学硕士学位论文。
卢英顺 1994 关于“了$_1$”使用情况的考察，《安徽师大学报》第2期。
卢英顺 2002“下去”的句法、语义特点探析《语法研究和探索》（十一），北京：商务印书馆。
陆丙甫　金立鑫（2015）《语言类型学教程》，北京：北京大学出版社。
陆俭明 1990 述补结构的复杂性，《语言教学与研究》第1期。
陆俭明 1997 关于语义指向分析，载《中国语言学论丛》总第一辑。

罗思明 2009 英汉动结式的认知功能分析，上海外国语大学博士学位论文。
吕叔湘 1942《中国文法要略》，北京：商务印书馆，1982年重印。
吕叔湘 1948“把”字用法的研究，见《汉语语法论文集》（增订本），北京：商务印书馆（1984）。
吕叔湘 1955 与动词后得与不有关之词序问题，《汉语语法论文集》二卷，北京：科学出版社。
吕叔湘 1972《汉语语法分析问题》，北京：商务印书馆。
吕叔湘主编 1980《现代汉语八百词》（2006增订本），北京：商务印书馆。
吕叔湘 1987 疑问·否定·肯定，《语文近著》，上海：上海教育出版社。
吕文华 1994“把”字句的语义类型，《汉语学习》第4期。
马庆株 1981 时量宾语和动词的类，《中国语文》第2期。
马庆株 1983 现代汉语的双宾语构造，《语言学论丛》（十），北京：商务印书馆。
马庆株 1987 名词性宾语的类别，《汉语学习》第5期。
马庆株 1992《汉语动词和动词性结构》，北京：北京语言学院出版社。
马庆株 2005《汉语动词和动词性结构》一编，北京：北京大学出版社。
马雪燕 2013 语言类型学视野下的汉语和越南语结果补语对比研究，《濮阳职业技术学院学报》第2期。
马希文 1982 关于动词“了”的弱化形式/lou/，《中国语言学报》第1期。
马希文 1987 北京方言里的“着”，《方言》第1期。
马 真 1981《简明实用汉语语法》，北京：北京大学出版社。
马 真 陆俭明 1997 形容词做补语情况考察，《汉语学习》第1、4、6期。
马志刚 戴丽丽 2016 基于论元结构和题元指派对汉语处置义“把”字句的句法语义分析，《海外华文教育》第3期。
麦 穗 2002 广西贵港方言的“住”，《语言研究》特刊。
毛敬修 1985 关于“V（C）了”中的“了”，《天津师范大学学报（社会科学版）》第1期。
毛宗武 蒙朝吉 1986《畲语简志》，北京：民族出版社。
梅 广 1978 把字句，《台湾大学文史哲学报》第12期。
梅祖麟 1979 吴语情貌词“仔”的语源，陆俭明译《国外语言学》1980

年第 3 期。原文 The etymology of the aspect marker *tsi* in the Wu dialect, *Journal of Chinese Linguistics* 7.

梅祖麟 1981 现代汉语完成貌句式和词尾的来源，《语言研究》第 1 期。

梅祖麟 1988 汉语方言里虚词“著”字三种用法的来源，《中国语言学报》第 3 期。

梅祖麟 1994 唐代、宋代共同语的语法和现代方言的语法，《中国境内语言暨语言学》二辑。

梅祖麟 1998《朱子语类》和休宁话的完成态“著”字，《语言学论丛》第二十辑，北京：商务印书馆。

孟 琮 1987 动趋式语义举例，《句型和动词》，北京：语文出版社。

孟 琮、郑怀德、孟庆海、蔡文兰 1987《动词用法词典》，上海：上海辞书出版社。

孟 琮 2002 在第二次对外汉语教学语法研讨会的发言（上海外国语大学）。

孟艳华 2012 结果动词与补语共现的认知选择机制，《语言教学与研究》第 6 期。

木村英树 1983 关于补语性词尾“着 zhe”和“了 le”，《语文研究》第 2 期。

木村秀树 1987 汉语方位补语“来”“去”的两个功能，《徐州师范大学学报（哲学社会科学版）》第 3 期。

木霁弘 1989“过”字虚化的历史考察，《思想战线》第 2 期。

欧阳觉亚 1985《珞巴族语言简志（崩尼－博嘎尔语）》，北京：民族出版社。

欧阳觉亚 郑贻青 1980《黎语简志》，北京：民族出版社。

欧阳觉亚、程 方、喻翠容 1984《京语简志》，北京：民族出版社。

潘文国 2003 从“了”的英译看汉语的时体问题，《华东师范大学学报（哲学社会科学版）》第 4 期。

潘文娱 1978 对“把”字句的进一步探讨，《语言教学与研究》第 3 期。

潘允中 1982《汉语语法史概要》，郑州：中州书画社。

彭国珍 2006a《现代汉语动结式的句法语义研究》，北京大学博士学位论文。

彭国珍 2006b 结果宾语结构与结果补语小句理论，《语言学论丛》第三十四辑，北京：商务印书馆。
彭国珍 2012 再论汉语动结式的补语小句理论分析——兼与谢都全、郭应可先生商榷，《外国语》第2期。
彭小川 1996 广州话的动态助词“住”，载胡明扬主编《汉语方言体貌论文集》，南京：江苏教育出版社。
朴奎容 2000 谈“V掉”中“掉”的意义，《汉语学习》第5期。
戚晓杰 1995 谈汉语的完成体及其表现形式，《东方论坛》第3期。
钱乃荣 1997《上海话语法》，上海：上海人民出版社。
邱广君 1995 谈“V上”所在句式中的“上”意义，《汉语学习》第4期。
屈承熹 2005《汉语认知功能语法》，哈尔滨：黑龙江人民出版社。
杉村博文 1983 试论趋向补语“下”“下来”“下去”的引申用法，《语言教学与研究》第4期。
邵敬敏 1985“把”字句及其变换句式，见《研究生论文选集·语言文字分册》，南京：江苏古籍出版社。
邵敬敏 1988 说“V成”结构的性质，《汉语学习》第1期。
邵敬敏 1990“V成”句式语义分析，《逻辑与语言学习》第5期。
邵敬敏 2001《汉语语法的立体研究》，北京：商务印书馆。
沈家煊 1994“语法化”研究综观，《外语教学与研究》第4期。
沈家煊 1995“有界”与“无界”，《中国语文》第5期。
沈家煊 1999 语法研究的分析和综合，《外语教学与研究》第2期。
沈家煊 2002 如何处置“处置式”——试论把字句的主观性，《中国语文》第5期。
沈家煊 2003 现代汉语“动补结构”的类型学考察，《世界汉语教学》第3期。
沈家煊 2004a 再谈“有界”与“无界”，《语言学论丛》第三十辑，北京：商务印书馆。
沈家煊 2004b 动结式“追累”的语法和语义，《语言科学》第6期。
沈家煊 2005“分析”和“综合”，《语言文字应用》第3期。
沈　阳 1997 名词短语的多重位移及把字句的构造过程与语义解释，《中国语文》第6期。

沈 阳 何元建 顾 阳 2001《生成语法理论与汉语语法研究》，哈尔滨：黑龙江教育出版社。
沈 阳 2003 述补式"把"字结构中补语动词的虚化和弱化形式，郭锡良等主编《纪念王力先生百年诞辰学术论文集》，北京：商务印书馆。
沈 阳 司马翎 2010 句法结构标记"给"和动词结构的衍生关系，《中国语文》第3期。
沈 阳 魏 航 2011 动结式中动作V1和结果V2隐现的句法和语义条件，《对外汉语研究》。
沈 阳 & Rint Sybesma 2012 作格动词的性质和作格结构的构造，《世界汉语教学》第3 期。
施春宏 2003《动结式的论元结构和配位方式研究》，北京大学博士学位论文。
施春宏 2004 动结式形成过程中配位方式的演变，《中国语文》第6期。
施春宏 2005 动结式的论元结构的整合过程及相关问题，《世界汉语教学》第1期。
施春宏 2006a "把"字句的派生过程及其相关问题，《语法研究和探索》（十三），北京：商务印书馆。
施春宏 2006b 动结式的配价层级及相关的歧价现象，《语言教学与研究》第4期。
施春宏 2007 动结式致事的类型、语义性质及其句法表现，《世界汉语教学》第2期。
施春宏 2008a《汉语动结式的句法语义研究》，北京：北京语言大学出版社。
施春宏 2008b 句式研究中的派生分析及相关理论问题，《世界汉语教学》第2期。
施春宏 2008c 动结式"V累"的句法语义分析及其理论蕴涵，《语言科学》第3期。
施春宏 2010 从句式群看"把"字句及相关句式的语法意义，《世界汉语教学》第3期。
施春宏 2013 再论动结式的配价层级及其歧价现象，《语言教学与研究》

第 5 期。
施春宏 2015 边缘“把”字句的语义理解和句法构造,《语言教学与研究》第 6 期。
施春宏 袁毓林 2004 动结式的论元结构和配位方式,《语言文字应用》第 2 期。
石定栩 1999“把”字句和“被”字句研究,载徐烈炯主编《共性与个性——汉语语言学中的争议》,北京：北京语言文化大学出版社。
石定栩 2002《乔姆斯基的形式句法——历史进程与最新理论》,北京：北京语言文化出版社。
石定栩 2006 动词后数量短语的句法位置,《汉语学报》第 1 期。
石慧敏 2011《汉语动结式的整合与历时演变》,上海：复旦大学出版社。
石慧敏 2013 汉语动结式的整合度高低及其层级分布,《汉语学习》第 6 期。
石 林 1997《侗语汉语语法比较研究》,北京：中央民族大学出版社。
石 锓 2000 浅谈助词“了”语法化过程中的几个问题,《汉语史研究集刊》第二辑,成都：巴蜀书社。
史锡尧 1993 动词后“上”“下”的语义和语用,《汉语学习》第 4 期。
史有为 2003 汉语方言“达成”类情貌的类型学考察,《语言研究》第 3 期。
帅志嵩 2009“哭湿”类动结式的衍生过程及其词汇化,《语言教学与研究》第 3 期。
帅志嵩 2014a《中古汉语“完成”语义范畴研究》,北京：商务印书馆。
帅志嵩 2014b 从事件结构看汉语动结式的衍生途径,《南开语言学刊》第 1 期。
宋文辉 2003《动结式配价研究：基于概念结构》,中国社会科学院博士学位论文。
宋文辉 2007《汉语动结式的认知研究》,北京：北京大学出版社。
宋玉柱 1980 汉语里有“没去了几次”这种结构吗,《中国语文》第 6 期。
宋玉柱 1981 关于“把”字句的两个问题,《语文研究》第 2 期。
宋玉柱 1996《现代汉语语法论集》,北京：北京语言学院出版社。
孙朝奋 1997 再论助词“着”的用法及其来源,《中国语文》第 2 期。
孙敦夫 2011 前景化与“体”范畴——日语完整体标志“ta”的前景化功能,

《外语研究》第 6 期。
孙　斐 2005《"来"和"去"的语法化及其相关问题研究》，上海师范大学硕士学位论文。
孙宏开 1981《羌语简志》，北京：民族出版社。
孙宏开 1982《独龙语简志》，北京：民族出版社。
孙宏开 刘　璐 1986《怒族语言简志（怒苏话）》，北京：民族出版社。
孙锡信 1992《汉语历史语法要略》，上海：复旦大学出版社。
孙英杰 2005《现代汉语体系统研究》，哈尔滨：黑龙江人民出版社。
陶振伟 2006"到"的语法化，《河北理工大学学报（社会科学版）》第 2 期。
太田辰夫 1958《中国语历史文法》，蒋绍愚、徐昌华译，北京：北京大学出版社（1987）。
谭景春 1997"动＋结果宾语"及其相关句式，《语言教学与研究》第 1 期。
谭晓平 2011 苗瑶语的动结式，《中央民族大学学报（哲学社会科学版）》第 4 期。
汤廷池 1992 汉语述补式复合词的结构、功能与起源，《汉语词法句法四集》，台湾：学生书局。
康慧贤 2012《印尼学生汉语趋向补语偏误分析》，上海师范大学硕士学位论文。
田　原 2011《现代汉语动词分类与词汇体貌研究》，北京语言大学硕士学位论文。
仝国斌 2006"到"的语法化过程，《殷都学刊》第 2 期。
汪大年 2012《缅甸语汉语比较研究》，北京：北京大学出版社。
王辅世 1985《苗语简志》，北京：民族出版社。
王广成 王秀卿 2006 事件结构的句法映射——以"把"字句为例，《现代外语》第 4 期。
王国栓 2003a 现代汉语中的事态助词"去"，《语文研究》第 2 期。
王国栓 2003b"去"从离义到往义的变化试析，《语言学论丛》二十七辑，北京：商务印书馆。
王红旗 1993 谓词充当结果补语的语义限制，《汉语学习》第 4 期。
王红旗 1995 动结式述补结构配价研究，沈阳、郑定欧主编《现代汉语配价语法研究》，北京：北京大学出版社。
王红旗 1996 动结式述补结构的语义是什么，《汉语学习》第1期。
王红旗 1998 动趋式述补结构配价研究，袁毓林、郭锐主编《现代汉语配价语法研究（第二辑）》，北京：北京大学出版社。
王红旗 2003 “把”字句的意义究竟是什么，《语文研究》第2期。
王 还 1957《“把”字句和“被”字句》，上海：新知识出版社。
王 还 1990 再谈现代汉语词尾“了”的语法意义，《中国语文》第3期。
王健宜 杨文江 2006 篇章中的完整体スル/シタ在汉语中对应的表达方式，《日语学习与研究》第2期。
王 静 2008 汉语V–R动结式的事件结构理论研究，湖南大学硕士学位论文。
王 均、郑国乔 1980《仫佬语简志》，北京：民族出版社。
王 力 1943《中国现代语法》，北京：商务印书馆（1985）。
王 力 1944《中国语法理论》，收入《王力文集》第1卷，济南：山东教育出版社（1984）。
王 力 1958《汉语史稿》（合订本），北京：商务印书馆（1980）。
王立弟 2003《论元结构新论》，北京：外语教学与研究出版社。
王玲玲 2001《汉语动结结构与语义研究》，香港理工大学博士学位论文。
王玲玲 何元建 2002《汉语动结结构》，杭州：浙江教育出版社。
王琴霄 1992 浅析汉语的结果补语在维吾尔语中的表达方式，《中央民族学院学报》第1期。
王俊清 2011 佤语的述补结构，《语文学刊》第3期。
王秀珍 2000 关于结果宾语，《汉语学习》第2期。
王 媛 2011 现代汉语动结式的进行体，《语言科学》第1期。
王志敬 2003 藏汉语述补结构中的同源格式，《语言研究》第2期。
温宾利 2002《当代句法学导论》，北京：外语教学与研究出版社。
文卫平 2010 英汉光杆名词的语义分析，《外语教学与研究》第1期。
吴长安 1997 口语句式“W死了”的语义、语法特点，《东北师大学报》第1期。
吴福祥 1996《敦煌变文语法研究》，长沙：岳麓书社。

吴福祥 1998 重谈“动+了+宾”格式的来源和完成体助词“了”的产生，《中国语文》第6期。
吴福祥 2001/2002 南方方言几个状态补语标记的来源,《方言》第4期/1期。
吴福祥 2003 也谈持续体标记“着”的来源,《汉语史学报》第四辑，上海：上海教育出版社。
吴洁敏 1984 谈谈非谓语动词“起来”,《语言教学与研究》第2期。
吴淑琼 2013 汉语动结式非典型内在致事的语法转喻研究,《外语研究》第2期。
吴为章 1985“成为”类复合词探讨,《中国语文》第4期。
吴为章 1998“结果动词”的向及其句型,《现代汉语配价语法研究（二辑）》，北京：北京大学出版社。
伍和忠 1996 动结式述补短语带宾语的情况探析,《广西师院学报》第2期。
伍和忠 2004 中古汉语半虚化的“去”,《广西师范学院学报（哲学社会科学版）》第1期。
项开喜 2007 与“V到NP”格式相关的句法语义问题,《汉语动词和动词性结构》二编，北京：北京大学出版社。
萧素珍 2014 印尼学习者汉语结果补语习得研究，福建师范大学硕士学位论文。
谢阳洋 2014《汉语初级阶段西语学生语序习得的偏误分析》，厦门大学硕士学位论文。
熊仲儒 2004《现代汉语中的致使句式》，合肥：安徽大学出版社。
熊仲儒 2013 领属性保留宾语句的句法分析,《安徽师范大学学报（人文社会科学版）》第5期。
熊仲儒 2015 汉语非领属性保留宾语句的句法分析,《华文教学与研究》第1期。
熊仲儒　刘丽萍 2005 汉语动结式的核心,《暨南大学华文学院学报》第4期。
熊仲儒　刘丽萍 2006 动结式的论元实现,《现代外语》第2期。
徐　丹 2004《汉语句法引论》，北京：北京语言大学出版社。

徐　丹 2005 趋向动词“来 / 去”与语法化——兼谈“去”的词义转变及其机制,《语法化与语法研究》(二),北京:商务印书馆。
徐海东 2005《咸宁话的“到”》,上海师范大学硕士学位论文。
徐静茜 1985 也论“下来”“下去”的引申用法,《汉语学习》第4期。
徐　琳　赵衍荪 1984《白语简志》,北京:民族出版社。
徐　琳　木玉璋　盖兴之 1986《傈僳语简志》,北京:民族出版社。
徐　涛 2012 汉语动补结构的俄译思考,《中国俄语教学》第3期。
徐悉艰　徐桂珍 1984《景颇族语言简志(载瓦语)》,北京:民族出版社。
徐　枢 1985《宾语和补语》,哈尔滨:黑龙江人民出版社。
徐燕青 1999“使”字句与“把”字句的异同考察,《世界汉语教学》第4期。
玄　玥 2005 论汉语结果补语小句与完成体标记——从三种“V成”式动词短语说起,第13届江南语言学研讨会(荷兰 莱顿大学)
玄　玥 2006“V成”述补结构的句法形式,《华中科技大学学报(社会科学版)》4期。
玄　玥 2010“见”不是虚化结果补语——谈词义演变与语法化的区别,《世界汉语教学》第1期。
薛凤生 1987 试论把字句的语义特性,《语言教学与研究》第1期。
薛凤生 1994“把”字句和“被”字句的结构意义——真的表示“处置”和“被动”?,见戴浩一、薛凤生编《功能主语与汉语语法》,北京:北京语言学院出版社。
薛　红 1985 后项虚化的动补格,《汉语学习》第4期。
雅洪托夫 1958《汉语的动词范畴》(陈孔伦译),北京:中华书局。
延俊荣 2001 动结式V + Rv带宾语的标记模式,《语文研究》第4期。
延俊荣 2002 动结式“V + Rv”带宾语情况考察,《汉语学习》第5期。
杨国文 2001 汉语物质过程中“范围”成分与“目标”成分的区别,《语言研究》第4期。
杨国文 2011“动词+结果补语”和“动词重叠式”的非时态性质,《当代语言学》第3期。
杨　桦 1992 试论“V出”结构及其句式,《天津师范大学学报(社会科学版)》第2期。

杨敬宇 1999 广州方言动态助词“住”的历史渊源,《学术研究》第4期。
杨 平 2001 助动词“得”的产生和发展,《语言学论丛》第二十三辑,北京:商务印书馆。
杨素英 1998 从情状类型看“把”字句(上)(下),《汉语学习》第2/3期。
杨素英 2000 当代动貌理论与汉语,《语法研究和探索》(九),北京:商务印书馆。
杨希英 2003 趋向补语的语义特征和句法功能,《广东技术师范学院学报》第5期。
杨秀芳 1992 从历史语法的观点论闽南语“着”及持续貌,《汉学研究》第1期。
杨烨燊 2010《俄语区学生使用结果补语的偏误分析及教学对策》,复旦大学硕士学位论文。
杨永龙 2009 不同的完成体构式与早期的“了”,《历史语言学研究》第二辑,北京:商务印书馆。
叶 狂 潘海华 2012 逆动态的跨语言研究,《现代外语》第3期。
叶向阳 2004“把”字句的致使性解释,《世界汉语教学》第2期。
殷红伶 2010 英语动结式的语义结构问题,《解放军外国语学院学报》第6期。
殷红伶 2011《英汉动结式语义结构研究》,南京:东南大学出版社。
于根元 1983 关于动词后附“着”的使用,《语法研究与探索》(一),北京:北京大学出版社。
俞光中 植田均 1999《近代汉语语法研究》,上海:学林出版社。
喻翠容 1980《布依语简志》,北京:民族出版社。
喻翠容 罗美珍 1980《傣语简志》,北京:民族出版社。
袁毓林 1986 述结式的句法语义分析,见《袁毓林自选集》,桂林:广西师范大学出版社。
袁毓林 1998《汉语动词的配价研究》,南昌:江西教育出版社。
袁毓林 2000 述结式的结构和意义的不平衡性——从表达功能和历史来源的角度来看,《现代中国语研究》第1期,史有为主编《从语义信息到类型比较》,北京语言文化大学出版社。

袁毓林 2001 动结式配价的控制——还原分析,《中国语文》第5期。
袁毓林 2002a 动结式的论元选择及其句法配置，载《纪念王力先生百年诞辰学术论文集》，北京：商务印书馆。
袁毓林 2002b 方位介词“着”及相关的语法现象,香港《中国语文研究》第2期。
袁毓林 2012 由述结式构成的“把”字句的语义类型，澳门大学《南国人文学刊》第2期。
乐盛楠 2012《汉法动词完成体对比分析》，辽宁大学硕士论文。
岳俊发 1984“得”字句的产生和演变,《语言研究》第2期。
岳中奇 1996 体助词“去”的语法意义及其相关动词,《开封大学学报》第3期。
詹开第 1983 把字句谓语中动词的方向,《中国语文》第1期。
詹开第 1987 口语里两种表示动相的格式，载中国社会科学院语言研究所现代汉语研究室编《句型和动词》，北京：语文出版社。
张 蓓 2010 与汉语中的结果补语构造相对应的日语表达方式——从汉语与日语对照角度，大连外国语学院硕士学位论文。
张伯江 1991 关于动趋式带宾语的几种语序,《中国语文》第3期。
张伯江 2000 论“把”字句的句式语义,《语言研究》第1期。
张伯江 2009《从施受关系到句式语义》，北京：商务印书馆。
张爱民 王媛媛 2004“着”字虚化问题研究,《徐州师范大学学报(哲学社会科学版)》第1期。
张 丹 2002 汉语结果补语和趋向补语在法语中的表述,《法语学习》第3期。
张定京编著 2004《现代哈萨克语实用语法·语法形式篇》，北京：中央民族大学出版社。
张洪年 1972《香港粤语语法的研究》，香港：香港中文大学出版社。
张厚振 2005 汉语“把字句”基于最简方案的思考,《沈阳工程学院学报》第3期。
张家骅 2004 通过汉俄对比看“了$_1$”的常体意义,《当代语言学》第2期。
张 杰 2006 最简方案新框架下把字句的生成与推导，《外国语言文学》

第3期。
张均如 1980《水语简志》北京：民族出版社。
张 璐 2003《现代汉语“得”字补语句研究》，北京大学博士学位论文。
张庆文 邓思颖 2011 论现代汉语的两种不同保留宾语句，《外语教学与研究》第4期。
张全生 王宇轩 2008 述结式致使语义范畴，《汉语学报》第2期。
张瑞宣 1995 试论动词后“到”的词性，《广东教育学院学报》第1期。
张旺熹 1999《汉语特殊句法的语义研究》，北京：北京语言文化大学出版社。
张 秀 1957 汉语动词的“体”和“时制”系统，《语法论集》第一集，北京：中华书局。
张秀松 2006 动结式中“见”字的语法化，《乐山师范学院学报》第1期。
张燕春 1995 “V＋上/下”中“上/下”的意义和V的类，《赣南师范学院学报》第4期。
张 赪 2000 魏晋南北朝时期“着”字的用法，《中文学刊》第2期。
张双庆 1996 动词的体，《中国东南部方言比较研究丛书》第二辑，香港：香港中文大学中国文化研究所吴多泰研究中心。
张晓铃 1986 试论“过”与“了”的关系，《语言教学与研究》第1期。
张 翼 2009 倒置动结式的认知构式研究，《外国语》第4期。
张 翼 2013a 汉语致使性动结式复合动词的论元表达——基于构式融合的解释，《现代外语》第2期。
张 翼 2013b 概念整合理论对于语法问题的解释力：以汉语动结式为例，《外语与外语教学》第4期。
张 翼 2014 动结式复合动词组合机制研究，《外语教学》第6期。
张勇生 2008《仫佬语动词研究》，中央民族大学硕士学位论文。
张志军 2001 汉语结束体与俄语相应体的语法意义的对比分析，《中国俄语教学》第1期。
赵 杰 1989《现代满语研究》，北京：民族出版社。
赵金铭 1979 敦煌变文中所见的“了”和“着”，《中国语文》第1期。
赵 琪 2008 从动结式来看现代汉语的构式性，《复旦外国语言文学论丛》，秋季号。
赵贤德 2006《句管控下的“V成”结构及相关小句》，华中师范大学文学院博士学位论文。
赵相如 朱志宁 1985《维吾尔语简志》，北京：民族出版社。
赵秀英 1991 汉语的“补语”概念在意大利语中的表现，《汉语教学与研究》，第4期。
赵 伟 2006《现代汉语“V着（zháo）”结构研究》，上海师范大学硕士学位论文。
赵 杨 2006《汉语使动及其中介语表征》，北京：北京大学出版社。
赵一凡 2013 俄罗斯留学生汉语补语使用偏误及教学对策，《现代语文（语言研究版）》第1期。
赵元任 1967《吴语对比的若干方面》，叶蜚声 译，收入《赵元任语言学论文选》，中国社会科学出版社，1985年。
郑红明 1990“到”的动态助词词性刍议——谈现代汉语“动词＋到＋名词”结构中的“到”，《镇江师专学报》（社会科学版）第2期。
郑良伟 1988 时体、动量和动词重叠，《世界汉语教学》第2期。
志村良治 1984《中国中世语法史研究》，江蓝生、白维国译，北京：中华书局（1995）。
中国社会科学院语言研究所词典编辑室 2005/20121/2016《现代汉语词典》，北京：商务印书馆。
周长银 2012 现代汉语“追累”句式的生成研究述评，《北京科技大学学报（社会科学版）》第1期。
周磊磊 1999“V掉”的语法意义及其他，《六安师专学报》第1期。
周 琴 1999 述补式“V ＋ 好（了）”浅析，《淮阴师范学院学报》第2期。
朱德熙 1982《语法讲义》，北京：商务印书馆。
朱德熙 2010《语法分析讲稿》北京：商务印书馆。
朱文雄 1990 试论结果宾语，《广西民族学院学报》第2期。
祝敏彻 1963 使成式的起源和发展，《兰州大学学报》第2期。
庄义友 1996 说“得”“到”，《韶关大学学报》（社会科学版）第3期。
邹香娜 2006《汉语述结式与其相应英语表达的对比研究》，上海：上海外国语大学。

左思民 1997《现代汉语体的再认识》，上海师范大学博士论文。

Abney, S. P. 1987. *The English Noun Phrase in Its Sentential Aspect*. PhD. Dissertation, MIT.

Arsenijevic, Boban. 2006. *Inner aspect and telicity*. PhD. Dissertation, LOT.

Bernc Heine, Tania Kuteva 2012《语法化的世界词库》，北京：世界图书出版社 .

Bybee, Joan. Revere Perkins and William Pagliuca. 1994 *The Evolution of Grammar: Tense, Aspect, and Modality in the Languages of the World.* Chicago: Chicago University Press.

Chao, Yuan Ren（赵元任）. 1968. *A Grammar of Spoken Chinese*. Berkeley: University of California Press.《汉语口语语法》（吕叔湘译）北京：商务印书馆 1979 年 ;《中国话的文法》（丁邦新译），香港：香港中文大学出版社，1980 年

Cheng, Lisa Lai-Shen 郑礼珊 . 1988. Aspects of the Ba-construction, In Carol Tenny (ed.) *Studies in Generative Approaches to Aspect, Lexicon Project Working Papers*. Cambridge, Mass: MIT Press.

Cheng, Lisa Lai-Shen（郑礼珊）& C. -T. James Huang（黄正德）. 1994. On the argument structure of resultative compounds. In Matthew Y. Chen & Ovid J. L. Tzeng (eds.), *In Honor of William S-Y. Wang: Interdisciplinary Studies on Language and Language Change*, 187-221. Taipei: Pyramid Press.

Cheng, L. 1997, Resultative compounds and lexical relational structures. Chinese Languages and Linguistics, (3): 167- 197.

Chomsky, Noam. 1975. *Reflections on Language*. New York: Panthoen

Chomsky, Noam. 1981. *Lectures on Government and Binding*. Dordrecht: Foris.

Chomsky, Noam. 1982. *Some Concepts and Consequences of the Theory of Government and Binding*. Cambridge, Mass: MIT Press.

Chomsky, Noam. 1986. *Barriers*. Cambridge, Mass: MIT Press.

Chomsky, Noam. 1995. *The Minimalist Program*. Cambridge, Mass: MIT Press.

Cinque, G. 1999. *Adverbs and the Universal Hierarchy of Functional Projections*, Oxford: Oxford University Press.

Comrie, B. 1976. *Aspect*. Cambridge: University Press.

Crystal, David. 1997. *A dictionary of linguistics and phonetics*. Blackwell Publishers Ltd. (《现代语言学词典》，沈家煊译，北京：商务印书馆，2000年）

Dahl, Östen (ed.) 2000. Tense and aspect in the languages of Europe. Mouton de Gruyter.

Fukui, Naoki. 1986. *A Theory of Category Projection and Its Applications*. PhD dissertation, Cambridge, Mass: MIT Press.

Givón, T. 1991. *Syntax: A Functional-Typological Introduction*. Philadelphia: John Benjamins.

Gu, yang（顾阳）. 1992. *The Syntax of Resultative and Causative Compounds in Chinese*. PhD. Dissertation. Cornell University.

Gu, Yang. 1998. Reflections on Incorporation, Conflation, and the Resultative Compound Formation, In Gu Yang (eds). *Studies in Chinese Linguistics*. Linguistic Society of Hong Kong Book Series, 83-115.

Gu, Yang. 2003. On the Syntactic Projection of Causatives: Resultative Compund Predicates Revisited, In Xu Jie (eds): *Chinese Syntax and Semantic, Monograph in Language Science and Technology 1*. London and *Singapore*: Prentice Hall, 27-64.

Guéron, Jacqueline and Teun Hoekstra. 1995. The temporal interpretation of predication. In Cardinaletti Anna and Maria Teresa Guasti (eds), *Small clauses*, 77-107. San Diego, CA: Academic Press.

Hale, Kenneth, and S. Jay Keyser. 1993. On Argument Structure and the Lexical Expression of Syntactic Relations. In Kenneth Hale and S. Jay Keyser (eds), *The View from the Building 20*. Cambridge, Mass: MIT Press.

Hashimoto, Anne Yue（余蔼芹）. 1965. Resultative verbs and other problems. *Foundation of Language* 6: 22-42.

Hashimoto, Anne Yue（余蔼芹）. 1971. Mandarin Syntactic Structure. *Unicorn* 8: 1-149. Princetion: Princetion University.

Hoekstra, Teun. 1988. Small clause results. *Lingua* 74. 101-139.

HoekstraTeun. 1992. Aspect and Theta-Theory, in *Thematic Structure: Its Role in Grammar*, ed. I. M. Roca, 145-174 Berlin: Mouton de Gruyter

Huang, C. T. James（黄正德）. 1982. *Logic Relation in Chinese and the Theory of Grammer*. PhD. Dissertation, MIT.

Huang, C. T. James. 1988. *Wo Pao De Kuai* and Chinese Phrase Structure. *Language*, 64(2): 274-311.

Huang, C. T. James. 1992. Complex predicates in control, In R. Larson et al (eds). *Control and Grammar*, Dordrecht: Kluwer Academic Publishers.

Huang, C. T. James（黄正德）. 1997. On lexical structure and syntactic projection. *Chinese Languages and Linguistics* (3): 45-89.

Huang, C. T. James. 2004.《语法参数理论与汉语的若干语法特点》, 2004. 6 上海师范大学演讲稿。

Jackendoff Ray. 1991 Parts and boundaries, in B. Levin and S. Pinker (eds.) *Lexical and Conceptual Semantics*, Oxford: Blackwell, 9-46.

Kayne, R. 1994. *The Antisymmetry of Syntax*. Cambridge, Mass: MIT Press.

Koopman, Hilda and Dominque, Sportiche. 1991. The Position of Subjects. *Lingua* 85: 211-258.

Larson, Richard. 1988. On the double object construction. *Linguistic Inquiry* 19: 335-391.

Larson, Richard. 1990. Double objects revisited: Reply to Jackendoff. *Linguistic Inquiry* 21: 589-632.

Li, Audrey Y-H.（李艳惠）1985. *Abstract Case in Chinese*. Ph D dissertation. University of Southern California.

Li, Audrey Y-H.（李艳惠）1990. *Order and Constituency in Mandarin Chinese*. Dordrecht: Kluwer Academic Puhlishers,

Li, Chao（李朝）. 2006. *Mandarin Resultative Verb Compounds: Where Syntax, Semantics, and Pragmatics Meet*, PhD dissertation, Yale University.

Li, Yafei（李亚非）. 1990. On V-V compounds in Chinese. *Natural Language and Linguistic Theory* 9: 177-207.

Li, Yafei. 1993. Structural head and Aspectuality. *Language* 69(3): 480-504.

Li, Yafei. 1995. The thematic hierarchy and causativity. *Natural Language and Linguistic Theory* 13(2): 255-282.

Li, Yafei. 1999. Cross-componential causativity. *Natural Language and Linguistic Theory* 17: 445-497.

Lu, H-T john（陆孝栋）. 1977. Resultative verb compounds vs. Directional verb compounds in Mandarin. *Journal of Chinese Linguistics* 5: 276-313.

Maclachlan, Anna. 1996. Aspects of Ergativity in Tagalog, McGill: Doctoral dissertation.

Mari Broman Olsen. 1997. *A Semantic and Pragmatic Model of Lexical and Grammatical Aspect*. New York: Garland Publishing.

Phillips, Vivianne. 2000. The interactions between prefix and root: the case of *maha-* in Malagasy. In Vivianne Phillips Ileana Paul, Lisa Travis (eds.), *Formal Issues in Austronesian Linguistics*, 85-104. Dordrecht: Kluwer Academic Publishers.

Rabenilaina, Roger-Bruno. 1985. *Lexique-Grammaire du Malgache*. Département de Recherches Linguistiques, Laboratoired' Automatique Documentaire et Linguistique, Université de Paris 7.

Radford, Anderw. 1997. *Syntactic Theory and the Structure of English: A minimalist Approach*. Cambridge: Cambridge University Press.

Ramchand, Gillian. 2008. *Verb Meaning and the Lexicon*. Oxford: OUP.

Roberts Ian & Anna Roussou. 2003. *Syntactic Change: A Minimalist Approach to Grammaticalization*. Cambridge: Cambridge University Press.

Rohsenow, John. 1978. Perfect *Le*: Aspect and Relative Tense in Mandarin Chinese. in Robert L. Cheng, Ying-che Li and Ting-chi Tang (eds), *Proceedings of Symposium on Chinese Linguistics*, 269-291, Taipei:

Student Book Co.

Rothstein, Susan 2004. *Structuring Events: A Study in the Semantics of Lexical Aspect*, Oxford: Blackwell Publishing.

Shi Dingxu（石定栩）. 1994. The V-V complex predicates are complex. Paper presented at *LSHK Annual Research Forum* 94, HKU

Shi Dingxu. 1998. The complex Nature of V-C Constructions. In Gu Yang (ed.) *Studies in Chinese Linguistics,* 23-52. HongKong: Linguistic Society of Hong Kong.

Slabakova, Roumyana. 2001. *Telicity in Second Language*. Language Acquisition and Language Disorders 26: 215-229. Amsterdam: John Benjamins.

Smith, Carlota. 1991. *The Parameter of Aspect*. Dordrecht: Kluwer Academic Publishers.

Speas, Margaret. 1991. *Phrase Structure and Natural Language*. Dordrecht: Kluwer Academic Press.

Stowell, Tim. 1991. Small clause restructuring. In R. Freidin (eds.) *Principles and Parameters in Comparative Grammar*, 182-218. Cambridge, Mass: MIT Press.

Strigin, Anatoli & Demjjanow, Assinjia 2001, Secondary Predication in Russian, *ZAS Working Papers in Linguistics* 25: 1-79.

Sun, Chaofen（孙朝奋）. 1996. *Word-order Change and Grammaticalization in the History of Chinese*. Stanford: Stanford University Press.

Sybesma, Rint. 1992. *Causatives and accomplishments. The case of Chinese Ba*. PhD dissertation, Leiden University.

Sybesma, Rint. 1997. Why Chinese verb-*le* is a resultative predicate. *Journal of East Asian Linguistics* 6(3): 215-261.

Sybesma Rint. 1999. *The Mandarin VP*, Dordrecht: Kluwer Academic Publisher.

Sybesma, Rint（司马翎）& 沈阳 2006 结果补语小句分析和小句的内部结构，《华中科技大学学报》（社会科学版）第 3 期。

Tai, James（戴浩一）. 1984. Verbs and times in Chinese: Vendler's four categories. In Testen, D., Mishra, V., and Drogo, J. (eds), *Parasession on Lexical Semantics*, 289-296. Chicago: Chicago Linguistic Society.

Talmy L. 2000. *Towards a Cognitive Semantics*. Cambridge, Mass: MIT Press

Tenny, C. L. 1987. *Grammaticalising Aspect and Affectedness*. PhD dissertation. Cambridge, Mass: MIT Press.

Thompson. Sandra. A. 1973. Transitivity and some problems with the BA construction in Mandarin Chinese, *Journal of Chinese Linguistics* 1(2): 208-221.

Travis, Lisa de Mena. 1984. *Parameters and effects of word order variation,* PhD dissertation. Cambridge, Mass: MIT Press.

Travis, Lisa de Mena. 2005. In prep. *Inner aspect* (working title). Dordrecht, The Netherlands: Kluwer.

Travis, Lisa de Mena. 2010. *Inner Aspect: the Articulation of VP*. Dordrecht: Springer.

Washio, R. 1997. Resultatives, Compositionality and Language Variation, *Journal of East Asian Linguistics* 6. 1: 1-49.

Washio, R. 1999. Some Comparative Notes on Resultatives, in M. Muraki and E. Iwamoto (eds.) *Linguistics: In Search of the Human Mind*, 674-707. Tokyo: Kaitakusha.

Winkler, S. 1997. *Focus and Secondary Predicate*. Berlin: Mouton de Gruyter.

Vendler, Zeno. 1967. *Linguistics and Philosophy*. Ithaca: Cornell University Press.

Verkuyl, H. J. 1972. *On the Compositional Nature of the Aspect*, Reidel, Dordrecht.

Zou, K. 1994, Resultative V-V compounds in Chinese, *MIT Working Papers in Linguistics* (22): 270-290.

后　记

本书是我从攻读博士学位起就一直致力于研究的主要成果总汇。2004 年进入北京大学中文系读书时，我就对汉语动结式产生了浓厚兴趣，博士论文以汉语虚化结果补语为主要研究对象，对虚化趋向补语、体标记等相关问题都有涉及。2008 年进入清华大学中文系进行博士后工作时，又扩大研究范围，对实义结果补语和相关句型进行句法分析研究。2013 年申请到国家社科基金青年项目“类型学视野下的汉语动词‘完结’范畴研究”，在对汉语动结式全面研究的情况下，又进一步考察 66 种语言的动词完结范畴的表达方式，完善了完结短语理论，最终形成本书。

这是我的第一部学术著作，学业一路走来，得到很多师长的教诲和鼓励，借此机会，表达我的深深谢意。

我在东北师范大学的本科和硕士阶段，诸多师长教导我学习中国语言文学的各个分支学科，中国语言文学的博大精深吸引着我。尤其是现代汉语语法和语言学理论，其思辨性和逻辑性让人着迷。感谢硕士导师俞咏梅教授，她引领我走向语言学研究，指导我在《汉语学习》上发表了第一篇学术论文，给我继续学习语言学以莫大的鼓励，也开启了我的语言研究里程。

有幸考入北京大学中文系后，特别感谢陆俭明教授和沈阳教授的悉心指导。陆先生德高望重且平易近人，授业解惑时不断启发学生思考，循循善诱，在习焉不察的语言事实中传授语言学知识和研究方法，彼时他已年逾古稀，却每次都亲自批改作业，每一处批改的字迹不仅启迪我们思考，那种认真负责的态度也令我感动，激励着我更加努力地学习和研究。沈老师做事认真、要求严格，也经常为学生争取扩大视野的机会，鼓励我考取国家留学基金委的公派留学，给我去荷兰留学一年的机会。他的严谨认真和国际化视野，让我们获益良多。我还要感谢北京大学的诸位语言学专业师长，马真、袁毓林、郭锐、王洪君、陈保亚、詹卫东等教授对汉语各方面的精深研究、对语言现象的敏锐观察和对语言理论的得当运用，都给我深刻的印象，他们是我学习的楷模。老师们通过博士培养的完整体系不断对我进行指导和帮助，在屡次考核中鞭策我不断进步。

感谢荷兰莱顿大学的司马翎（Sybesma，Rint）教授和郑礼姗（Cheng，Lisa）教授，给我去莱顿大学攻读硕士学位的机会，使我在读博期间又增加了一次额外学习的机会。在荷兰留学期间，我更加深入地学习了生成语法理论，在莱顿大学理论语言学教授们的指导下，进行了形式语言学的系统训练。司马翎和郑礼姗教授，精通形式语言学，又不囿于既定成说，鼓励学术创新。本书的“完结短语”假说就是在那时形成雏形，并在莱顿大学的硕士论文中加以阐述，虽然对司马翎老师的原有小句理论是一种挑战，但是他们仍鼓励我辅导我，并最终欣然接受这种新的理论。我感佩于他们的学术气量，也更加有信心地继续深入研究。

清华大学的张美兰教授是我的博士后合作导师，她见长于汉语史研究的多领域，勤勉努力。蒋绍愚教授曾是张美兰老师的博士后导师。我很幸运有这样的师承，非常感谢两位先生以及很多汉语史学者对我直接或间接的指导。他们严谨的治学精神、扎实的语言事实挖掘功底令人敬佩，也指引着我细究语料，我从学习他们的研究成果，到学习他们的研究方法自己进行研究，并偶有心得。对汉语史研究的学习，也让我更加注重历时语言事实的发掘，使我的生成语法研究并不单纯地分析解释共时层面的语料，而是同时注重语言的演变发展，使理论解释更加立体。

学业上的恩师们从未因一个学位的获得而停止对我的关心和扶助，他们都持续关注我的学术成长，并给予最大力量的帮助。还有很多师长，虽不是学业上的导师，却同样给予我无私的提点和指教。形式语法研究领域的黄正德、方立、石定栩、徐杰、潘海华、何元建、顾阳、胡建华、司富珍等教授，都以不同形式与我讨论过本书的相关理论内容，他们提出的宝贵意见促使我不断思考、改进论证，他们的包容和鼓励激励着我前行。类型学研究领域的戴庆厦、刘丹青、陆丙甫、金立鑫、朴正九等教授，鼓励我的类型学研究尝试，也提出诸多有益的建议，使本书内容不断完善。戴庆厦先生还慷慨赠与我数十本参考语法资料，使我的研究有更多可信的考察材料。戴庆厦先生及其团队所做的语言研究扎实而全面，对类型学的深入研究具有重要的价值。研究过动结式的前贤学者很多，前文提到的北京大学老师几乎都进行过研究，做出过有益的论证，也更给予我许多有针对性的指导。新近动结式研究领域的施春宏、帅志嵩、宋文辉、宋亚云、彭国珍等博士，在我开始动结式研究时，已经完成大作，从不同角度对动结式进行了新的研究，给我很多启发，他们既是我的学长，也是我的老师，与他们的交流使我得到很多有益建议。我多年浸润在语言研究中，现代汉语语法领域的诸位学者，在会议、讲座、研讨时，都有一定机缘相识，前辈学者们学养深厚，对我不吝赐教，使我汲取了丰富的营养；同辈学者们才思横溢，友爱无私，学友们既给我学业成长的陪伴，也是我研究路上的榜样。写到此处，想起多年来见证我成长的各位师友，心中感慨，实难一一列举，诚挚地感谢各位学界同仁！

感谢我的工作单位北京语言大学的诸位师长同事，北京语言大学以语言教学和研究立校，也拥有很多语言学研究者，我随时可以向大家请教，在讨论中获益良多。单位的领导老师给我创造了良好的工作和生活环境，让我能够安心科研工作，给我很多支持和帮助，在此向他们表示诚恳的谢意！我也感谢我所从事的汉语教学工作，我从最初的不适到深深爱上这份不断感受不同文化人群的工作，这份工作还给我更广阔的研究视野，不仅更多地思考语言之间的差异，还使我有机会直接进行多种语言的调查研究。感谢我遇到的来自世界各地的热爱汉语的热情的学生友人们。

感谢我的硕士生李洁、吴亚、曹国安、大龙（尼泊尔）、小叶（埃及）等同学，他们在完成学业的同时也参与了我的课题研究，为本书提供了部分语料。在培养学生的过程，教学相长，我也学习到了很多新知。

本书的核心观点“完结短语”假说理论在2007年提出，2008年博士论文中确立，后来的系列文章都基于这个理论研究。早有人劝我先出版博士论文部分，可以有多一本著作，但我始终希望将此课题做得更加丰富，并不在意表面数量的增加。十年间系列文章参加过一些语法学界的评奖，有幸能够得到肯定，也陆续发表了数篇论文，不断接受各方富有建设性的意见和建议。经过多年的打磨和锤炼，我也逐渐有些信心，现在的最终呈现希望将相关问题思考得更成熟、整体论述更清晰。本书的书稿以及章节发表的相关论文，各种投稿中得到编辑老师和同行匿名评审专家们的帮助，都得到很多学者的指正，每一处字迹都有我的导师们和前辈时贤的指引和教正。

感谢国家社科基金对本书研究的资助，当我觉得我对汉语动结式的研究已经做到尽头，无法继续进行时，有幸得到国家社科基金，又给我极大的鼓励，继续考察更多的语言，来验证我们的理论假说。这些鼓励都促使我对这一问题有更深入的思考，对这个研究方向有了更高远的追求。感谢国家社科基金的成果评审专家，他们的建议使书稿进一步修改，他们的认同也使我备受鼓舞。

拙作能在商务印书馆出版，荣幸之至。感谢商务印书馆对语言学著作的奖掖扶持，为我出版此书；感谢书稿评审专家们的修改意见，使书稿得以完善；感谢周洪波总编辑的鼓励和提携，使书稿顺利出版；感谢责任编辑徐从权先生的辛勤工作，多次耐心校改，他的尽心尽责让我深受感动；也感谢商务印书馆全体工作人员，出版过程中的每个环节都浸透着他们的汗水。谨此深表谢意！

最后要感谢我的家人和亲友。在我多年求学的岁月里，我的父母从不吝惜物质上的支持，更不断给我精神上的鼓励，他们无限的关爱使我无论遇到什么困难都可以在家人的恩泽中奋力前行。父母和亲友的爱是我能够矢志不渝地进行语言学研究、积极向上生活的最大源动力！

虽然是中文系出身，但语言学和文学是截然不同的两种学科，我在语言学训练中锻炼了逻辑论证，却渐渐疏于情感的表达，平日拙于言辞。以上的致谢挂一漏万，而聊聊数笔也无法表达我对前行路上各位师友的感激之情。谨以此书献给所有关心和帮助我的人！

玄玥

2018 年 3 月